Residencia en la tierra

Letras Hispánicas

Pablo Neruda

Residencia en la tierra

Edición de Hernán Loyola

CATEDRA

LETRAS HISPANICAS

Ilustración de cubierta: Hernán Castellano-Girón

© Pablo Neruda, 1933, 1935
© Ediciones Cátedra, S. A., 1987
Don Ramón de la Cruz, 67. 28001-Madrid
Depósito legal: M. 36.818-1987
ISBN: 84-376-0707-8
Printed in Spain
Impreso en Lavel
Los Llanos, nave 6. Humanes (Madrid)

Índice

III

IV
Tres cantos materiales

V

VI

Introducción

a Simonetta

Las dos Residencias

El proceso de composición de *Residencia en la tierra* cubre casi exactamente diez años: desde el invierno chileno de 1925 (si Neruda no se equivoca al recordar —en 1931— que «Madrigal escrito en invierno» sería de 1925) hasta la primavera española de 1935. Y enlaza tres continentes: América del Sur (Chile y Argentina), Asia suroriental (Birmania, India, actuales Sri Lanka e Indonesia) y Europa (España).

Propongo seguidamente un esquema-resumen topológico y cronológico de los 56 textos que componen el libro. Hay información documentada que permite establecer, con diverso grado de aproximación, el lugar y la fecha de escritura de unos 20 de esos textos. Para los restantes me he basado en el examen minucioso y sistemático de los indicios (externos e internos a los textos) a que me ha sido posible acceder. Sobre el detalle de esos datos e indicios remito al aparato de notas (introductoras, filológicas, interpretativas) que he preparado para cada uno de los textos en la presente edición.

Residencia I

1) En Santiago o Temuco o Puerto Saavedra (Chile) durante 1925:
    - «Madrigal escrito en invierno»
    - «Serenata»

13

2) En Santiago ¿o Temuco o Puerto Saavedra o Ancud? (Chile) durante 1926:
   - «Galope muerto»
   - «Alianza (sonata)»
   - «Fantasma» (¿en invierno?)
   - «Débil del alba»
3) En Santiago (Chile) durante la primera mitad de 1927:
   - «Unidad»
   - «Sabor»
   - «Caballo de los sueños»
4) En alta mar (océano Índico) y en Rangún (Birmania) durante la segunda mitad de 1927 (o a comienzos de 1928):
   - «Colección nocturna» (¿redacción original?)
5) En Rangún (Birmania) entre mayo y octubre de 1928:
   - «Tiranía»
   - «Sistema sombrío»
   - «La noche del soldado»
   - «Juntos nosotros»
   - «Sonata y destrucciones»
   - «El joven monarca»
   - «Entierro en el Este»
   - «Diurno doliente»
6) En Calcuta (India) durante noviembre-diciembre de 1928:
   - «Tango del viudo»
   - «Arte poética»
7) En Colombo (isla de Ceilán, hoy Sri Lanka) durante 1929:
   - «Monzón de mayo»
   - «Ángela Adónica»
   - «Significa sombras» (¿octubre o noviembre?)
   - «Ausencia de Joaquín» (¿noviembre o diciembre?)
8) En Colombo (Ceilán) entre enero y mayo de 1930:
   - «Caballero solo»
   - «Establecimientos nocturnos»
   - «Ritual de mis piernas»
9) En Batavia, actual Yacarta (isla de Java, hoy integrante de Indonesia) durante la segunda mitad de 1930:
   - «El deshabitado» (a finales de junio)

- «Comunicaciones desmentidas» (a comienzos de diciembre)
10) En Batavia (Java) durante la segunda mitad de 1931:
    - «Lamento lento» (a finales de agosto)
    - «Cantares»
    - «Trabajo frío»
11) En alta mar (océanos Índico y Atlántico sur) durante febrero-marzo de 1932:
    - «El fantasma del buque de carga»

Residencia II

12) En Santiago o Temuco o Puerto Saavedra (Chile) entre abril y agosto de 1933:
    - «Barcarola»
    - «El sur del océano»
    - «Un día sobresale»
    - «Sólo la muerte»
13) En Buenos Aires (Argentina) entre finales de agosto de 1933 y comienzos de mayo de 1934:
    - «Walking around»
    - «Desespediente»
    - «Oda con un lamento»
    - «Material nupcial»
    - «Agua sexual»
    - «Maternidad»
14) En Barcelona (España) entre finales de mayo y agosto de 1984:
    - «Alberto Rojas Giménez viene volando»
    - «El reloj caído en el mar» (¿verano?)
15) En Madrid (España) durante la segunda mitad de 1934:
    - «Enfermedades en mi casa» (agosto)
    - «Vuelve el otoño»
16) En Madrid (España) entre finales de 1934 y comienzos de 1935:
    - «Entrada a la madera»
    - «Apogeo del apio»
    - «Estatuto del vino»

15

17) En Madrid (España) durante la primera mitad de 1935 (entre febrero y ¿comienzos de junio?)
    - «El desenterrado»
    - «La calle destruida»
    - «Melancolía en las familias»
    - «No hay olvido» (sonata)»
    - «Josie Bliss»
    - «Oda a Federico García Lorca»

II. Momentos de una escritura

1

En mayo de 1925 el profesor Rubén Azócar regresa a Chile desde México, donde ha seguido estudios de posgrado durante dos años. Un par de meses más tarde el ministerio lo nombra profesor de castellano en el liceo de Ancud (isla de Chiloé, unos 1.100 kilómetros al sur de Santiago). Temeroso de la soledad austral, decide proponerle a su amigo Pablo Neruda —en mala situación por entonces— que lo acompañe durante algunos meses. El sueldo del profesor secundario pasa por un período excepcional, gracias a la ley Maza, y permitirá a los dos amigos vivir cómodamente aquel "exilio". Recuerda Azócar (1964, pág. 215):

> Pablo había abandonado de hecho sus estudios y su padre ya no le enviaba su mesada. Le propuse que me acompañara a Ancud. A pesar del éxito de sus *Veinte poemas*, la situación anímica de Pablo era angustiosa y desconcertada. Me parecía que su alma giraba sobre sí misma, tratando de encontrarse. Tal vez por eso, porque deseaba renovarse en algún sentido y examinarse desde otra atmósfera y otra perspectiva, tal vez porque tenía problemas de amor y poesía, mi proposición encontró terreno favorable en mi amigo. Viajamos primero a Concepción, para ver a mi familia. Allí nos recibió Joaquín Cifuentes Sepúlveda [...]. Después pasamos a Temuco, donde Pablo tuvo un borrascoso encuentro con su padre. Don José del Carmen no podía entender las razones que hicieron a mi amigo abandonar sus estudios. La verdad es que, en ese instante, no era fácil en-

tenderlas. Sólo nosotros sus amigos, los que estábamos más cerca de él, las comprendíamos sin esfuerzo. Cosa curiosa: no solamente las comprendíamos, sino que estábamos convencidos, con una naturalidad que nadie se detenía a analizar, de la profunda seriedad y de la responsabilidad con que Pablo perseveraba en su vocación de poeta. / Después de varios días en Temuco, en casa de los Reyes, proseguí mi viaje hasta Ancud. Pablo quedó en Temuco. Corría el mes de julio de 1925.

La primera versión de «Madrigal...» (titulada «Dolencia») fue probablemente escrita en Puerto Saavedra durante ese invierno de 1925 (cfr. Aguirre, 102). La destinataria externa del poema es Albertina Rosa Azócar, hermana de Rubén, quien nunca querrá o nunca sabrá responder con decisión a los reiterados requerimientos de Neruda durante esos años, sea para pasar junto las vacaciones o, más tarde desde Ceilán, para casarse. Las cartas del poeta publicadas en *CMR* (1974) y en *NJV* (1983) documentan la mediocre historia de las reticencias o cálculos de Albertina. Historia que culminará tras la muerte de Neruda, y más tristemente aún, con la venta misma de esas cartas (aunque, por otro lado, esa venta ha permitido el acceso a tales documentos). «Albertina, muy inferior a Neruda, no estuvo a la altura de las circunstancias», resume Jorge Guillén (en *NJV*, 108). La versión primitiva de «Serenata», publicada en *Zig-Zag* el 12-XII-1925, quizás fue escrita cuando *Tentativa del hombre infinito* —de la que parece ser un texto residual— ya había sido entregada a las prensas de Nascimento.

«Madrigal...» y «Serenata» introducen desde el comienzo dos modulaciones o líneas de textualización, características de *Residencia I*. Una es la línea de las *canciones* (ver mi nota al v. 20 de «Lamento lento» y mis notas introductoras a «Ángela Adónica», «Cantares» y «Trabajo frío»): textos que aspiran a prolongar la dimensión erótica de los *Veinte poemas*, pero aislándola o separándola de la dimensión "profética" a que en cambio aspiran los textos de mayor empeño. Neruda ambiciona para su escritura un título superior al de gran poesía amorosa que los *Veinte poemas* habían conquistado (reductoramente, pues en ellos el poeta había puesto también una fuerte intención "profética" que pasó inadvertida: de ahí la voluntad de deslinde), pero no por ello renuncia al desahogo erótico-sentimental. Es la función que *Residencia I* asigna a la línea de las *canciones* inaugurada por «Madrigal...».

«Serenata» inaugura, en cambio, la línea *profética*. Pero el poeta aún no lo sabe. Refiriéndose a sí mismo en tercera persona se diseña en trance de búsqueda que todavía no logra reconocer con claridad su objeto: «sus pensamientos incompletos, / queriendo alcanzar algo...». El poeta presiente que ese *algo* requerirá todas sus potencias y reclama el auxilio de la Noche: «Oh noche, mi alma sobrecogida te pregunta / desesperadamente a ti por el metal que necesita.» Sólo que, como en *Tentativa,* nuestro joven héroe confunde aún a su deidad tutelar con el objeto de su búsqueda. En «Serenata» el poeta es todavía un residente en la Noche.

2

Hay un abismo entre «Serenata» y «Galope muerto». Y, sin embargo, sólo pocos meses separan a las primeras publicaciones de esos poemas. El puente que los une es la escritura de *El habitante y su esperanza* y de las cuatro últimas prosas de *Anillos*[1]. Y ciertas lecturas: con certeza, *Los cuadernos de Malte Laurids Brigge* (en versión francesa) de Rilke y la novela *Mon frère Yves* de Pierre Loti[2]; con probabilidad, algo de Schopenhauer y de Proust. Pero Neruda lee mucho en ese tiempo, con ávida y abierta inquietud (no es raro que por las noches devore una o dos novelas, según escribe a Albertina), por lo cual es difícil incluso conjeturar qué lecturas hayan estimulado el camino hacia «Galope muerto». Faltan datos y exploraciones al respecto[3].

Por ahora sólo podemos verificar que la prosa de Rilke ha

---

[1] Títulos de estas cuatro prosas: «Desaparición o muerte de un gato», «T. L.», «Tristeza» y «La querida alférez».

[2] Neruda publica en *Claridad* 135 (oct.-nov. 126) su retraducción —desde el francés— de un fragmento del *Malte;* introduce una cita de la novela de Loti como epígrafe al capítulo XIV de *El habitante y su esperanza.*

[3] Por lo cual es justo señalar al respecto las contribuciones de Alfredo Lozada (1971 y 1983), relativas a la presencia de Schopenhauer y Nietzsche en la obra de Neruda.

ayudado a Neruda a modificar su relación con el lenguaje y con los objetos (manifestantes del mundo social), modificación que pasa a *Residencia* a través del *Habitante* (cfr. Loyola 1978b y 1986a); y que la lectura de *Mon frère Yves* le ha sugerido materiales para renovar la imagen del obsesivo conflicto entre la poesía como sueños y la poesía como acción (ver mis notas al poema «Colección nocturna»). Pero ello es sólo una parte de la historia del crucial pasaje desde «Serenata» a «Galope muerto». El resto es, todavía, un enigma por aclarar.

3

La línea "profética" asume inicialmente en *Residencia* dos modulaciones principales: una es la modulación totalizante, con cierta ambición filosófica de cosmovisión (dominante en «Galope muerto» y en «Unidad»); la otra es la modulación anecdótica y concreta del autorretrato, que porfiadamente busca precisar o definir la imagen del yo a través de su relación con lo cotidiano, con los objetos y con los eventos inmediatos (dominante en «Caballo de los sueños»). Se trata de modulaciones que no se excluyen entre sí, y que más bien tienden a coexistir como en «Débil del alba» y «Sabor».

La segunda mitad de 1926 Neruda la vive bajo el signo de la miseria más cabal. Por entonces comparte con Tomás Lago y con Orlando Oyarzún Garcés una modesta habitación en la calle García Reyes, 25. De un modo u otro logran pagarla. El problema grave es el de comer, según documentan las cartas del poeta a su hermana Laura: «Haz que me manden telegráficamente la plata porque estoy comiendo una sola vez al día» [8-X-1926]; «Por favor contéstame con rapidez que estoy muy pobre y no sé qué hacer» [octubre 1926]; «Jorge se fue hoy y desde ayer estoy sin pensión». ¿Cómo arreglar esto? En último caso que sea donde la Anita, porque allí hay mucha gente y no me gusta. [...] En fin, lo que decidan comunícalo con rapidez porque estoy ya viejo para no comer todos los días» [27-X-1926]. Esta mísera situación condiciona muy probablemente la escritura de «Débil del alba».

Para Neruda es humillante tener que recurrir a su padre. El

poeta es perezoso en lo que se refiere a la vida práctica, y poco hábil además, pero la desesperación lo empuja a la acción. Hay que decir que sus esfuerzos son más bien torpes. Con su amigo Álvaro Hinojosa había emprendido el negocio de los *faciógrafos* —ciertas tarjetas cómicas inventadas y hechas imprimir por ambos amigos, quienes tratan de venderlas por calles, trenes, travías y restaurantes con éxito precario. Neruda logra convencer al flamante dueño de algunos cines santiaguinos de que las tarjetas (que representan a un apache parisién de móvil perfil gracias a una minúscula cadenita metálica) pueden funcionar como óptima publicidad para los filmes protagonizados por Lon Chaney, "el hombre de las mil caras". El empresario cede y le compra doscientos faciógrafos, por lo cual Neruda escribe pomposamente a Albertina: «Pienso también meterme en un negocio de cine» *(NJV,* 48; *CMR,* 340), para después tener que admitir, tras varios meses de infructuosas nuevas tentativas, que «Hasta ahora el negocio no me ha producido sino molestias, y no tengo dinero, apenas para vivir» (carta a Laura, 9-III-1927).

Con Hinojosa trabaja también Neruda, por ese mismo tiempo, en la traducción de *The Nigger of the Narcissus* de Conrad, no se sabe si por encargo o para proponerla a algún editor local. El asunto no prospera. Así evocará Oyarzún Garcés (1964: 240) aquellos días:

> Nuestra situación económica empeoraba. Recuerdo una madrugada, tal vez a comienzos de 1927, en que caminábamos silenciosos de regreso a nuestro hogar, por calle Agustinas. Nos entristecía nuestra pobreza. De pronto Pablo se detuvo y, en el silencio de la noche y en la soledad de la calle, comenzó a voz en cuello una exaltada imprecación contra la mala suerte. Tomás le hizo coro, también en alta voz. A mí me correspondió animarlos: «Muchachos, les dije, no se preocupen. Esto va a cambiar... esto no puede durar mucho más.»

4

Así será, en efecto. El nombramiento consular que le ha sido vagamente prometido dos años antes, y que Neruda persigue como única salida concebible a la miseria y a la humillación cotidiana, se hace por fin realidad en los primeros meses de 1927 (¿abril?). La historia anecdótica y externa de ese nombramiento es bien conocida (cfr. *CHV*, 92-95). Neruda no evoca en sus memorias la dimensión interna y subjetiva de esa historia, pero conviene reconstruirla —imaginarla con los indicios accesibles—, pues corresponde a un tipo de experiencia íntima muy ligada a la escritura de *Residencia I* (cotejar desde esta perspectiva las notas a «Caballo de los sueños», «Arte poética» y «Comunicaciones desmentidas»).

Mientras el cargo consular ha sido sólo una posibilidad en el horizonte, Neruda lo ha deseado y perseguido como vía de salvación. Ahora que lo posible está por realizarse, el poeta precipita en un conflicto muy suyo: ¿no estará traicionando su destino visionario, su misión "profética", al aceptar el ingreso en la burocracia de estado? Sólo pocos meses antes ha declarado negro sobre blanco: «Como ciudadano soy hombre tranquilo, enemigo de leyes, gobiernos e instituciones establecidas. Tengo repulsión por el burgués y me gusta la vida de la gente intranquila e insatisfecha, sean éstos artistas o criminales.» *(HYE*, prólogo).

Se puede suponer qué ingenuas ilusiones se hace Neruda sobre su inminente destino consular. Sus lecturas europeas (y la imagen que del Oriente transmiten el cine y las revistas de entretenimiento) condicionan presumiblemente la fantasía del poeta. Su sentido de la sinceridad y de la integridad entra en crisis. Sentimientos de culpa asedian a su conciencia poética y política. Escrúpulos anarquistas y libertarios combaten dentro de su alma contra la fascinación de un empleo público que puede darle un poco de independencia y estabilidad económicas. El conflicto es la simultánea atracción de la libertad y de la norma. ¡Si Neruda hubiese podido entrever lo que le esperaba realmente en Oriente! Más tarde, por ejemplo, entre la soledad y la pobreza de Wellawatta, alguna vez habrá sonreído el poeta al recordar aquellos escrúpulos que dejaron su huella en la escritura de «Caballo de los sueños» (ver notas).

5

Antes de instalarse en Rangún (octubre de 1927) Neruda prolonga su viaje por mar hasta Singapur y Java. Durante la travesía del Golfo de Bengala (septiembre) escribe la crónica en prosa «El sueño de la tripulación» (recogida en *PNN*, 36-38), donde la mirada del poeta en vigilia recorre y describe las posiciones, signos y comportamientos de los mineros de diversas nacionalidades —anamitas, franceses, hindúes, chinos, negros de la Martinica, árabes— mientras duermen sobre el puente, incluyendo en su examen el dormir del amigo Álvaro Hinojosa «Es de noche, una noche llegada con fuerza, decisiva. Es la noche que busca extenderse sobre el océano, el lecho sin barrancas, sin volcanes, sin trenes que pasan. [...] la tripulación yace sobre el puente, huyendo del calor, en desorden, derribados, sin ojos, como después de una batalla. Están durmiendo, cada uno dentro de un sueño diferente, como dentro de un vestido» *(PNN, 36)*.

Basándome en la visible afinidad temática con esa crónica y en ciertas características de lenguaje aún próximas a las de los textos chilenos precedentes, creo probabilísimo que Neruda haya intentado por esos mismos días su primer poema desde que dejó Chile: «Colección nocturna». (Adviértase también la colocación del texto dentro del volumen: es el primer poema tras los escritos en Chile entre 1925-1927 y otros que tienen en común su referencia a figuras del pasado chileno: el amigo Joaquín Cifuentes Sepúlveda y la Albertina Azócar de los tres "madrigales". Tal colocación me parece indicadora de que «Colección nocturna» es el primer poema de *Residencia* escrito fuera de Chile.) Pero es también probable que esa versión original no satisficiera al poeta, por lo cual habría sido reelaborada —o completada— hacia finales de 1929 en Colombo.

Neruda quiere recomenzar con un texto ambicioso que proyecte al superior plano poético su experiencia errante a través de océanos y ciudades exóticas. Esa experiencia que en prosa —es decir, en un nivel más bajo— están recogiendo las crónicas de viaje que de tanto en tanto envía a *La Nación* de

Santiago (ver bibliografía). Acuden a la escritura de «Colección nocturna» las novelas del mar en Chile: Baroja, Loti, Conrad. Reaparece un singular motivo, *el soñar de los otros,* que interesa a Neruda, al menos desde que tradujo «la cité dormante» de Marcel Schwob para *Zig-Zag* (26-V-1923). Reencontrado en *Mon frère Yves* de Loti, el motivo del soñar ajeno se proyecta al fragmento XV de *El habitante y su esperanza* (el sueño de Florencia Rivas) y después a la crónica arriba citada, «El sueño de la tripulación» (volverá en 1933 con el poema pararresidenciario «Número y nombre»).

Este interés por *el soñar de los otros* parece responder a un esfuerzo de Neruda por trascender los límites egocéntricos de su poesía y por superar, a través de un puente onírico extrapersonal, su sentimiento de separación y aislamiento (ver en especial mis notas a los versos 29-32 de «Colección nocturna»). Y en el trasfondo, la obsesión de conjugar la poesía como sueños y la poesía como acción.

6

En carta a Laura fechada en Shangai (22-II-1928):

> ... desde hace un mes estoy fuera de Rangoon y [...] he viajado por muchos países del Asia. Ahora te escribo desde el barco, de vuelta del Japón, país muy hermoso donde me gustaría haberme quedado [...] Yo estoy bastante aburrido en Rangoon y pienso irme de allí en corto tiempo. No te puedo describir el calor que hace, es como vivir en un horno día y noche. [...] Yo quiero ir a terminar mis estudios a Europa, y como es muy difícil, imposible más bien, que cambien a un cónsul antes de 5 años, creo que cualquier día haré mis maletas y me iré aunque corra el peligro de morirme de hambre. La vida en Rangoon es un destierro terrible. Yo no nací para pasarme la vida en tal infierno.

De regreso en Rangún, otra carta a Laura (31-III-1928): «Recién he vuelto, y empiezo otra vez con Rangoon, quizás hasta cuando [...], ya estoy más acostumbrado al clima y el calor me molesta menos» (*CIR*, 38). Algunas semanas después es-

23

cribe a Eandi (11-V-1928): «A veces por largo tiempo estoy así tan vacío, sin poder expresar nada ni verificar nada en mi interior» (Aguirre, 33). Y tres meses más tarde, en una importante carta del 6-VII-1928 al escritor chileno José Santos González Vera (cit. en Loyola 1967: 84-85):

> Yo sufro, me angustio con hallazgos horribles, me quema el clima, maldigo a mi madre y a mi abuela, converso días enteros con mi cacatúa, pago por mensualidades un elefante. Los días me caen en la cabeza como palos, no escribo, no leo, vestido de blanco y con casco de corcho, auténtico fantasma, mis deseos están influenciados por la tempestad y las limonadas. [...] Ya le he contado: grandes inactividades, pero exteriores únicamente; en mi profundo no dejo de solucionarme, ya que mi cuestión literaria es un problema de ansiedades, de ambiciones expresivas bastante sobrehumanas. Ahora bien, mis escasos trabajos últimos, desde hace un año, han alcanzado gran perfección (o imperfección), pero dentro de lo ambicionado. Es decir, he pasado un límite literario que nunca creí capaz de sobrepasar, y en verdad mis resultados me sorprenden y me consuelan. Mi nuevo libro se llamará *Residencia en la tierra* y serán cuarenta poemas en verso que deseo publicar en España. Todo tiene igual movimiento, igual presión, y está desarrollado en la misma región de mi cabeza, como una misma clase de insistentes olas. Ya verá usted en qué equidistancia de lo abstracto y lo viviente consigo mantenerme, y qué lenguaje tan agudamente adecuado utilizo.

En esta carta a González Vera aparece documentado por primera vez —que yo sepa— el título *Residencia en la tierra*. La invención es reciente, según indican la fórmula «Mi *nuevo* libro» y cierto énfasis en el tono de la declaración, que suena como si el poeta acabara de resolver un problema o como si hubiese encontrado un camino a seguir. Lo cual le permite asegurar que *«serán* cuarenta poemas en verso»* cuando aún no ha escrito la mitad de ellos (incluso anunciando algunos textos después desechados o perdidos). Con la cifra cuarenta, que duplica la de los *Veinte poemas* de 1924, Neruda parece querer fijarse un horizonte doblemente ambicioso, un redoblado empeño o compromiso. Pero tal declaración sugiere a la vez, en el poeta, la conquista de un cierto grado de seguridad y de confianza en sí mismo en medio de la desesperación.

Un mes más tarde (8-IX-1928) Neruda escribe a Eandi con similar tono de certeza:

> He completado casi un libro de versos: *Residencia en la tierra*, y ya verá usted cómo consigo aislar mi expresión, haciéndola vacilar constantemente entre peligros, y con qué sustancia sólida y uniforme hago aparecer insistentemente una misma fuerza (Aguirre, 34-35).

Para valorar la invención del título *Residencia en la tierra* (más allá de la influencia de lecturas o de alguna conversación con Álvaro) importa considerar dos títulos precedentes: *Tentativa del hombre infinito* y *El habitante y su esperanza,* donde el acento de la experiencia y de la revelación caía sobre la figura misma del sujeto: el hombre infinito, el habitante. *Residencia* (y no *residente)* hace depender el autorretrato de la acción y de la presión de un *afuera*, de un *no-yo*. Voluntad de instalación en el mundo concreto y real (de ahí la nueva atención inventarial hacia cosas, seres, objetos), en oposición al mundo íntimo y exclusivo de los sueños (el mundo de la noche, del amor, de lo oscuro y profundo dentro del sujeto).

Leo en el título *Residencia en la tierra* el lema o emblema de una intención ya advertida en «Colección nocturna» a propósito del motivo del soñar ajeno. Vale decir, la tentativa de superación de los límites egocéntricos del ejercicio poético. El término *residencia* (ya no *residente)* supone la aceptación del mundo con que el sujeto está obligado a hacer cuentas. A su vez el término *tierra* opone a lo *infinito* y a la *esperanza* (con tendencia a lo elevado y prestigioso) su propensión hacia abajo, hacia lo oscuramente real.

Residencia nace entonces en Rangún a mediados de 1928. Allí —entre el calor y el aburrimiento— Neruda logra *ver* la forma y el sentido unitarios que subyacen a los poemas que viene escribiendo desde 1925 (los que hasta ahora se le aparecían como textos sueltos, si bien dotados de un vago aire de familia) y al mismo tiempo consigue articular en un proyecto esos textos del pasado y su más reciente escritura. *Residencia* nace cuando Neruda descubre (inventa) el *nombre* justo para ese proyecto superior (sobre la función residenciaria del nombre, ver nota al v. 4 de «Madrigal escrito en invierno»).

7

La fundación de *Residencia* coincide en el tiempo con el período inicial y culminante de la pasión de Neruda por Josie Bliss[4]. Hay entre ambos hechos una intensa relación, denunciada por el envío *conjunto* a Eandi (con carta del 8-IX-1928) de los textos «La noche del soldado», «Juntos nosotros» y «Sonata y destrucciones».

El primero de esos textos describe (o narra) el choque entre dos experiencias opuestas. Por un lado la sensación de vacío e inutilidad, de soledad y pérdida, de ruptura y abulia, resultantes del despojamiento o disolución de antiguos valores, sentimientos y propósitos por efecto del múltiple extrañamiento en los planos natural e histórico: en suma, un extremo deterioro de la propia identidad en cuanto sostén del ser y de la escritura. Por otro lado, un encuentro sexual cuya excepcionalidad sacude al poeta al punto de proyectarse como fundamento de una identidad alternativa. Es expresiva al respecto la contraposición misma que el texto, homologando niveles, establece entre ambas experiencias. Porque aquí no se trata de ahogar el aburrimiento y la soledad en la embriaguez de una aventura sexual. Otras "evasiones" de este tipo no dejarán ninguna huella en *Residencia*.

Hay algo de extraordinario en ese encuentro que el poeta, sin embargo, en cierto modo se esfuerza por atenuar o reducir presentándolo en el texto —a través del plural: «visito muchachas de ojos y caderas jóvenes»— como una indiferenciada experiencia en algún "establecimiento nocturno". En realidad el texto registra —con modulación continuativa— el encuentro con Josie Bliss. Su párrafo final habla de «armas inútiles» y «objeciones destruidas» frente a la tentación (o amenaza) de

---

[4] Sobre Josie Bliss, aparte los textos de *Residencia*, cfr. *CHV*, 122-125 y 136-137; poemas «Amores: Josie Bliss», I y II, en *MIN*, II; Teitelboim 1984: 116-120 *et passim*.

substituir o reemplazar el antiguo fundamento por uno diverso: «el dios de la substitución vela a veces a mi lado, respirando tenazmente, levantando la espada». Imagen, entonces, de un momento que el poeta vive como un extremo riesgo para una cierta concepción de la tarea "profética" fundada en las raíces pasadas y lejanas del sujeto. (Para detalles de esta lectura, ver mis notas a «Tiranía», «Sistema sombrío» y «La noche del soldado».)

«Juntos nosotros» representa el canto-proclama de la *substitución*. El carácter celebrativo y jubiloso del texto —en medio del abatimiento— es tan significativo como el pasaje mismo de la figura de Josie Bliss desde la prosa al verso, lo que acentúa su tratamiento en clave "profética". Decir *juntos nosotros* supone por parte del sujeto la asunción textual (esto es, solemne) de una situación difícil y con graves implicaciones poéticas (ni siquiera la figura de Albertina supera en *Residencia I* el nivel de las "canciones"). En «Juntos nosotros» Neruda se reconoce y acepta en su pasión por Josie Bliss, en cuanto nueva base emotiva para su escribir. Operación importante tratándose de un hombre que no se concibe dividido (por un lado el amor, centro de su intimidad, por otro la poesía). El júbilo del texto traduce entonces el júbilo de la integración y de la reunificación interiores, del acuerdo consigo mismo, de la libertad que permite a Neruda imaginar un horizonte verdadero para su poesía[5].

El tercer poema, «Sonata y destrucciones», en la versión elegíaca y programática de la substitución. El término *sonata* alude con recogimiento al mundo dejado atrás, al espacio sentimental y familiar que desde la infancia funda la escritura del poeta. No se trata sólo del lejano espacio Chile, sino de una cierta clave de sentido y orientación para su poesía, que Neruda se propone ahora abandonar. El término *destrucciones* alude a ese mismo espacio en cuanto cenizas y renuncias sobre las cuales el poeta pretende construir una nueva perspectiva poética. En la misma carta del 8-IX-1928 con que Neruda envía los tres poemas a Eandi hay este significativo pasaje (Aguirre, 34):

---

[5] Para que en la obra de Neruda surja otro poema con el significado de «Juntos nosotros» será necesario que en la vida del poeta aparezca Matilde Urrutia.

27

Pero, verdaderamente, no se halla usted rodeado de destrucciones, de muertes, de cosas aniquiladas? En su trabajo, no se siente obstruido por dificultades e imposibilidades? Verdad que sí? Bueno, yo he decidido formar mi fuerza en este peligro, sacar provecho de esta lucha, utilizar estas debilidades. Sí, ese momento depresivo, funesto para muchos, es una noble materia para mí.

El poema «Sonata y destrucciones» parece pensado como cierre de la versión de *Residencia* cuyos originales Neruda proyecta enviar a España a mediados de 1928. Su estancia final propone la figura programática del testigo («el testimonio extraño que sostengo»), que con variantes —«vigía», «soldado... haciendo una guardia innecesaria»— aparece también en textos contemporáneos y conexos: «Sistema sombrío» y «La noche del soldado», los dos únicos en que Neruda introduce explícitamente el motivo de la substitución.

8

Muy pronto la *substitución* se revela ilusoria (pero no el impulso decisivo que ella ha dado a la escritura de *Residencia*). La convivencia con Josie Bliss no ha atenuado la pasión, antes bien ha ampliado al nivel doméstico su función consolatoria (ver notas a «El joven monarca»), pero la unidad interior del poeta ha entrado de nuevo en crisis. La reapertura de la escisión entre lo erótico y lo "profético", insinuada al cierre de «El joven monarca», deviene tema de fondo en «Diurno doliente», texto escrito probablemente hacia finales de octubre de 1928, poco antes de que Neruda abandone subrepticiamente a su *dark lady* (como dice Santí, 91) para trasladarse a Colombo vía Calcuta.

La razón explícita que Neruda ha dado de su fuga es bien conocida a través de «Tango del viudo» y de sus memorias *(CHV,* 124): los celos de Josie Bliss habían llegado a ser una amenaza mortal. Explicación comprensible y concreta, incluso cómoda (a pesar de su truculencia) y no poco verosímil, pero que al mismo tiempo tiende a dejar en penumbra la cuestión de fondo: vale decir, la incompatibilidad que el poeta, en ese momento, cree advertir entre Josie Bliss como encarnación del *destino erótico* y la escritura en cuanto *destino profético*. El signo que oblicuamente manifiesta el conflicto, y su intensidad, es la composición de «Arte poética» en Calcuta (ver nota introductora al texto).

Neruda ha cumplido veinticuatro años, pero la comprensión que ha alcanzado de sí mismo y de sus contradicciones es aún bastante nebulosa. Deberán pasar todavía algunos años antes de que pueda conjugar en armonía la sinceridad poética y la sinceridad sexual. En este momento, y a pesar de su «luto de viudo furioso por cada día de vida», persiste en poner la mayor distancia posible entre la nostalgia erótica y la misión "profética". No cederá ni siquiera cuando Josie Bliss llegue a Colombo a buscarlo, desesperadamente, con su saquito de arroz birmano, su larga alfombra enrollada y sus discos favoritos de Paul Robeson a cuestas *(CHV, 136)*.

Hay algo de heroico —mezclado a una cierta cobardía o conformismo, desde otro ángulo— en la irreductible pertinacia de Neruda. En carta a Eandi del 24-IV-1929 (tres meses después de su llegada a Colombo) confiesa su nueva y multiplicada soledad (Aguirre, 44-47):

> Sentir que usted me recuerda, me piensa, en este fantasma por completo ausente, por completo lejano, ya pariente de la nada. [...] Estoy solo; cada diez minutos viene mi sirviente, Ratnaigh, viene cada diez minutos a llenar mi vaso. Me siento intranquilo, desterrado, moribundo. [...] Eandi, nadie hay más solo que yo. Recojo perros de la calle, para acompañarme, pero luego se van, los malignos. [...] Hace dos días interrumpí esta carta, me caía, lleno de alcoholes. [...] Yo simplemente caigo; no tengo ni deseos ni proyecto nada; existo cada día un poco menos.

«La verdadera soledad la conocí en aquellos días y años de Wellawatta» *(CHV,* 130, que por error transcribe Wellawattha). El poema «Monzón de mayo» registra el desengaño incluso de las pocas esperanzas que Neruda había puesto en el desplazamiento desde Rangún a Colombo, que no significará nuevos estímulos ni para su vida ni para su escritura. Sólo los efectos del sacudón de Rangún, determinado por el encuentro y convivencia con Josie Bliss, siguen sosteniendo al poeta en su tentativa descifratoria y profética. Pero, paradójicamente, son esos mismos efectos los que dan fuerza a Neruda para rechazar en Colombo a la porfiada birmana. Derrotada, ella decide por fin retornar a Rangún (el relato de la patética despedida en los muelles de Colombo: *CHV,* 136-137). Josie Bliss no volverá a encontrarse, nunca más, con su amante chileno. Pero el tiempo la vengará, imponiéndola a la memoria y a la escritura de Neruda.

9

¿Quién era realmente Josie Bliss? Sólo sabemos de ella lo que Neruda ha querido recordar. ¿Cuál era su verdadero nombre, «su recóndito nombre birmano»? Neruda no lo transcribe. A decir verdad, le fue difícil incluso llamarla con su nombre de fachada —«su nombre de calle»: *CHV*, 124— en los textos de *Residencia.*

En «La noche del soldado» ella hace su primera aparición englobada dentro de una forma plural e intermitente: «Entonces, de vez en cuando, visito muchachas de ojos y caderas jóvenes», etc. Líneas más abajo la máscara es aún distributiva: «Yo peso en mis brazos cada nueva estatua...» Sólo ahora ella accede a un primer grado de individuación: «Tendido, mirando desde abajo la fugitiva criatura...»

En «Juntos nosotros» y en «El joven monarca» el poeta se reconoce en su convivencia con Josie Bliss. Más aún, la situación aparece presentada en esos poemas a través de signos de ponderación y exaltación: el apóstrofe elogioso en «Juntos nosotros», la analogía maravillosa en «El joven monarca». Pero en ambos casos el procedimiento sirve ante todo a un propósito de autoafirmación y reaseguración del sujeto mismo: en el primero, el *tú* apostrófico es marco y ornamento del *yo*, núcleo fuerte del *nosotros;* en el segundo, los sintagmas atributivos «la más bella de Mandalay» y «la hija del rey» confirman con ropaje de exotismo y fábula al personaje del título. En ambos textos la exaltación de la figura femenina conlleva el ocultamiento de su *nombre,* es decir, incluye una forma de negación (nombrar, para Neruda, es individuar). Al mismo tiempo, la modulación dominantemente "profética" del personaje —en los textos mencionados y en «Diurno doliente»— constituye, dentro del código axiológico de la escritura de *Residencia*, un homenaje implícito que el poeta no puede evitar. En suma, la textualización de la figura de Josie Bliss manifiesta por sí sola un importante conflicto del yo: la dificultad de este yo para ser sincero respecto de aquella figura.

Sólo en el momento de abandonarla consigue Neruda dar un nombre a su amante en el texto: la llama Maligna («Tango del viudo»). Más que un nombre, se trata en verdad de un exorcismo. *Maligna* es la transacción entre la necesidad de nombrar (individuar, identificar, recordar) y la necesidad de negar (olvidar, cancelar, confundir en lo indistinto).

A lo largo de la segunda *Residencia* el nombre de la amante birmana pugnará por abrirse paso hacia el Texto, por romper el bloqueo feroz y despiadado que el poeta le ha impuesto (y se ha impuesto). Según veremos, no será una imprevista explosión de nostalgia la que determinará la colocación del poema «Josie Bliss» al cierre del entero libro (esto es, en posición de extremo relieve).

10

«Vivo a la orilla del mar, en las afueras de esta gran ciudad [Colombo], en una aldea que se llama Wellawatta y que tiene cierto parecido con el nunca olvidado Puerto Saavedra» (carta de Neruda a su madrastra, doña Trinidad, 14-III-1929). El año 1929 transcurre para Neruda bajo el signo de Albertina Rosa Azócar, a quien pide en todos los tonos que se decida a atravesar el océano. La necesita para vencer la nostalgia (de Josie Bliss) y el aburrimiento: para reencontrar, en suma, el equilibrio interior.

Los períodos de soledad sexual quizá no son nuevos para Neruda, pero éste que ahora vive en Ceilán le es más duro y difícil de soportar (agravado por el recuerdo de su plena convivencia con Josie Bliss). También Albertina ha sido en el pasado una intensa experiencia erótica. El poeta imagina que la afinidad de orígenes y de cultura compensará la desventaja que de todos modos subsiste en el plano sensual. Se trata ante todo de recuperar la unidad entre la poesía y los sentidos, la integración aparentemente perdida.

Los meses vividos junto a Josie Bliss han significado para Neruda una extrema y violenta toma de contacto con su propio cuerpo, con su propio ser físico. Pero el poeta se resiste a aceptar o a interiorizar a fondo ese nuevo conocimiento de sí mismo. Al punto que su fuga de Rangún podría interpretarse, en grado no reducido, como resultante del desarrollo inconsciente de un miedo terrible hacia la propia sexualidad realmente entrevista (y no tanto, como declarado, hacia el cuchillo de Josie Bliss; objeto que por lo demás denuncia ya en «Tango del viudo» su ambiguo simbolismo: véase al respecto mi nota al v. 24).

En la obra prerresidenciaria de Neruda el erotismo venía generalmente propuesto en subordinación a un ideal poético estimado superior y determinante. Los llamados a Albertina buscan reconstruir de algún modo esa idealizada relación entre poesías y eros (Presente, con matices diversos, en *HOE, VPA THI*).

La esperanza del viaje de Albertina sostiene al poeta durante algunos meses. Sus cartas son contenidas y púdicas en la expresión de sus razones sexuales. A finales de 1929 está claro que ella no vendrá. Neruda le envía un ultimátum desde Wellawatta (carta del 17-XII-1929): «Porque será ésta la última vez en nuestras vidas en que tratemos de juntarnos. Me estoy cansando de la soledad, y si tú no vienes trataré de casarme con alguna otra» *(NJV,* 58). Algunas semanas después, la despedida final: «No quiero hablarte del daño que me has causado, no serías capaz de comprender. [...] He querido hacerte mi esposa en recuerdo de nuestro amor. [...] Adiós, Albertina, para siempre» *(NJV,* 64). En carta a Eandi del 27-II-1930 Neruda se abandona a una muy insólita confidencia (Aguirre, 77-78):

La cuestión sexual es otro asunto trágico, que le explicaré en otra carta. (Éste tal vez es el más importante motivo de miseria.) Y una mujer a quien mucho he querido (para ella escribí casi todos mis *Veinte poemas)* me escribió hace tres meses, y por un tiempo viví lleno de su llegada, arreglando mi bungalow, pensando en la cocina, bueno, en todas las cosas. Y ella no pudo venir, o por lo menos no por el momento, por circunstancias razonables tal vez, pero yo estuve una semana enfermo, con fiebre y sin comer, fue como si me hubieran quemado algo adentro, un terrible dolor. / Esto ha pasado, sin siquiera poder decírselo a alguien, y así aliviarse; se ha enterrado con los otros días, al diablo con la historia!

Este fragmento va seguido de alusiones a lecturas de escritores ingleses (menciona la muerte reciente de D. H. Lawrence) y a los tabúes sexuales de la gente de Ceilán (Aguirre, 79; ver nota a líneas 1-6 de «Comunicaciones desmentidas»). Hay una relación, entonces, entre la ruptura con Albertina, las lecturas de Lawrence, Joyce, Huxley, Eliot, y la repentina franqueza del lenguaje de Neruda sobre sobre asuntos sexuales. Es como si, liberado del control idealizador que ejercía la expectativa del viaje de Albertina (a quien el poeta-novio asignaba ya la figura de la *esposa,* por encima del eros vulgar, no osando hacer explícito que el atractivo sexual de su amiga era la razón de fondo de sus llamados), Neruda da rienda suelta *en su escritura* a una fantasía poética determinada directamente por crudas exigencias eróticas, sin las antiguas justificaciones "superiores".

La nueva conciencia de su cuerpo (de su *ser naturaleza)* que Neruda ha conquistado junto a Josie Bliss, y que ha logrado reprimir o al menos mantener a raya durante algunos meses, se vuelca de improviso sobre *Residencia* —«Caballero sólo», «Establecimientos nocturnos», «Ritual de mis piernas»—, pero soslayando el recuerdo de Josie Bliss. Una mediación distinta substituye ahora a las juveniles justificaciones. La representan —y le confieren autoridad— las "audacias" anglosajonas de Joyce, Lawrence, incluso de Eliot (ver nota a vv. 17-23 de «Caballero solo».

11

El 20-XI-1929 Neruda envía desde Wellawatta a Madrid una segunda compilación, corregida, de originales de *Residencia.* «He estado escribiendo por cerca de cinco años estas poesías, ya ve usted son bien pocas, solamente 19», había escrito a

Eandi el 24 de octubre (Aguirre, 57). Casi un mes después, al mismo Eandi:

> Estoy tan feliz de haber terminado y enviado mi libro, y también no sé qué pensar de él. Es tal vez demasiado lúgubre? Es tal vez monótono? Pero esta es una falta de acuerdo sólo con las ideas de este siglo: los viejos libros son todos monótonos, lo que no les impide otras cualidades. Ahora, por qué hacer cosas alegres si uno no lo es grandemente? Pienso que mi libro tiene cierta atmósfera arrulladora, embriagadora, que me agrada. (Carta del 21-XI-1929: Aguirre, 62.)

Probablemente la nueva compilación no incluye alguna de las prosas de Rangún, o quizá en octubre el poeta aún no ha escrito «Ángela Adónica», o no ha reelaborado aún «Colección nocturna». Lo cierto es que ya no habla de 40 poesías, como a mediados de 1928, sino solamente de 19. Insiste, en cambio, sobre la cohesión y la uniformidad de su escritura, única constante infaltable cada vez que en sus cartas se refiere al proyecto *Residencia en la tierra*[6]. Creo muy posible que el poema «Significa sombras» haya sido escrito durante la primera mitad de noviembre, a modo de texto conclusivo para la nueva compilación (ver nota introductora).

La esperanza de publicación no se realizará (ver Alberti 1959, 1964, y Carpentier 1974). Pero al desembarcar en Batavia, a finales de junio de 1930, Neruda ya sabe que al menos tres de esos poemas[7] han aparecido en la *Revista de Occidente* (marzo). Ello lo consuela y lo ayuda a soportar el desolador ingreso al nuevo exilio. Una breve carta a Eandi del 2-VII-1930 (Aguirre, 86) y la prosa «El deshabitado» registran por aquellos días el estado de ánimo del poeta, quien recordará, muchos años después, cómo entonces fue reconfortado por un gigan-

---

[6] Aparte lo ya citado anteriormente, Neruda escribe a Eandi desde Wellawatta el 24-IV-1929: «Pensaba ayer mismo que ya es tiempo de publicar mi largo tiempo detenido libro de versos. [...] Se llama *Residencia en la tierra*, y ya usted conoce parte de él. Son unas pocas hojas. [...] Es un montón de versos de gran monotonía, casi rituales, con misterio y dolores como los hacían los viejos poetas. Es algo muy uniforme, como una sola cosa comenzada y recomenzada, como eternamente ensayada sin éxito» (Aguirre, 48).

[7] «Galope muerto», «Serenata» y «Caballo de los sueños».

tesco y extraño eucaliptus del Jardín Botánico, bajo cuya sombra se había sentado a reposar, enfermo y abatido:

> Aquel emperador entre los árboles se había apiadado de mí, y una ráfaga de su aroma me había devuelto la salud [...], todo esto me devolvió la confianza en mi destino y mi alegría de vivir, que se iba apagando como una vela gastada.

Conviene tener en cuenta este conmovedor pasaje de las memorias *(CHV*, 148-149), asociable a la tímida evocación-invocación del océano chileno del sur en «El deshabitado» (ver nota a líneas 27-29). En su primer momento el poeta acude a signos de la naturaleza en busca de fuerzas para sobrevivir. Pero bien pronto la íntima fatiga, el desaliento y la soledad lo harán vulnerable a los signos sociales del mundo colonial holandés, algo más amable y abierto que el inglés dejado atrás. Gana un poco más, vive mejor que en Rangún y Colombo, trata de integrarse a la rutina diplomática: «La vida consular, el protocolo, las comidas, smokings, fracs, chaqués, uniformes, bailes, cocktails todo el tiempo» (Aguirre, 98). Parece decidido a transigir con la prosa de la realidad y —aleccionado por sus experiencias anteriores— a no aislarse demasiado de la sociedad colonial.

Es así cómo conoce a María Antonieta Hagenaar, de quien tenemos hasta ahora poquísima información. Sabemos que nació en Java, lo cual supone que proviene de una familia holandesa establecida desde antiguo en la isla. «Ella carece de fortuna personal; su padre se arruinó a causa de algunas especulaciones arriesgadas», escribe Neruda a su padre (15-XII-1930) al comunicarle su matrimonio (efectuado el 6-XII-1930), y agrega: «De todas maneras somos pobres, pero felices» *(CLR,* 51). En esto el poeta no ha cambiado. ¿Existiría la segunda *Residencia* si hubiese logrado enamorar a (o enamorarse de) una muchacha rica? María Antonieta (en adelante Maruca, como la llamaba el poeta) era pobre, pero jugaba al tenis. Así la vio María Teresa León (1982: 93) en Madrid pocos años después:

> Sí, era alta la mujer de Pablo, era tan alta, terminando su cuerpo con una bonita cabeza clara que, advertidos y todo, no pudimos [Alberti y yo] dejar de asombrarnos. Se sentó ante noso-

tros dejando las dos columnas magníficas de sus piernas, enfrentándonos. Le gustaba jugar al tenis. Había conocido a Pablo jugando al tenis, sonriente holandesa rubia, en una aburridísima isla lejana...

«Para qué me casé en Batavia?» se preguntará el poeta en *Estravagario* (1958). En realidad, una primera respuesta a esa interrogación la había anticipado a Eandi más de un año antes de casarse, en carta del 5-X-1929 desde Ceilán (Aguirre, 56):

> Tal vez si mi salario fuese justo e inmutable —es decir, que yo tuviera la seguridad de recibirlo a cada fin de mes— acaso me importaría poco seguir mi vida en cualquier rincón —frío o caliente. Sí, yo que continuamente hice doctrina de irresponsabilidad y movimiento para mi propia vida y las ajenas, ahora siento un deseo angustioso de establecerme, de fijarme algo, de vivir o morir tranquilo. Quiero también casarme, pero pronto, mañana mismo, y vivir en una gran ciudad. Son mis únicos deseos persistentes, tal vez no podré cumplirlos nunca.

Una segunda respuesta es legible en un texto que creo contemporáneo al matrimonio: «Comunicaciones desmentidas» (cfr. notas: introductora y a líneas 34ss). Razones económicas, deseos de estabilidad sexual y familiar, de afirmación social. Cansancio, quizás miedo o desesperanza. El amor, en cambio, está ausente del elenco explícito de razones. ¿Aburguesamiento del exanarquista? Reaparece el conflicto *norma-libertad,* como en «Caballo de los sueños», pero esta vez tematizado con lúcida y amarga ironía (autojustificadora).

12

¿Para qué me traicioné en Batavia? Tal es el verdadero sentido de pregunta del poeta de *Estravagario,* que sabe (recuerda) bien para qué, o por qué, se casó entonces. Las precarias bases de su matrimonio ya comienzan a crujir a comienzos de 1931. «Como las cosas nunca parecen estar bien del todo, ya me han caído dos grandes calamidades», escribe Neruda a Laura en carta del 23-III-1931 (no incluida en *CIR).* La primera es una enfermedad de Maruca, quien se revelará desde entonces muy vulnerable a lo que Neruda llama en esa misma carta «enfermedades de señoras». La segunda es una rebaja del sueldo a la mitad:

> Mi sueldo de aquí era ridículo para un blanco, porque los indios viven aquí con muy poco, pero uno no puede comer en el suelo como ellos, ni mucho menos un cónsul. Así es que estaba empezando a pagar mis deudas cuando la mala noticia ha llegado. [...] Ella es muy buena y me da valor, pero la situación es desesperante.

El poeta logra sobrevivir, sin embargo, y hasta engordar según escribe a Laura el 28-VII-1931 *(CLR, 53)*. En esa misma carta se refiere a la caída de la dictadura de Ibáñez en Chile (dos días antes) y expresa su alegría por los amigos desterrados que podrán regresar al país:

> La crisis económica que, partiendo del *crack* de la Bolsa de Nueva York, en 1929, se extiende por todo el mundo bajo su égida financiera, tiene en Neruda una de sus víctimas. La caída de Ibáñez fue provocada, entre otras causas, por el derrumbe de la economía chilena, una secuela del desplome de Wall Street. El gobierno que sucede al dictador declara su falencia. Notifica al pobre cónsul Ricardo Reyes, al cual, por otra parte, le paga en cada muerte de obispo, que no tiene dinero para seguir cancelando sus emolumentos (Teitelboim 1984: 134).

Septiembre 5: última carta a Eandi desde Oriente. Batavia es la más tolerable entre las ciudades que el poeta ha conocido en aquella parte del mundo («es la única ciudad con pobreza entre los blancos, con clases pobres, tal vez eso le da atractivo a la ciudad, a diferencia de los países ingleses tan herméticos, y tan caros para vivir»), pero, de todos modos, qué aburrimiento, qué inmovilidad impuesta al mundo colonial. «Hasta lo más extraño o lo más entrañable se convierte en rutina. Cada día es igual a otro en esta tierra. Libros. Films» (Aguirre, 98-99). Comentando unos cuentos que Eandi le ha enviado, Neruda declara apreciar «esas canciones» que hay en ellos, ese «sentimiento constante de movimiento, huida, sueños», y como arrebatado por su propio discurso transcribe enseguida, sin anuncio, estos versos de Mallarmé («Brise marine»):

> Fuir! là-bas fuir! Je sens que des oiseaux sont ivres
> d'entre parmi l'écume inconnue et les cieux!
> Rien, ni les vieux jardins reflétés par les yeux
> ne retiendra ce coeur qui dans la mer se trempe
> ô nuits!

Estos versos tienen que ver más con Neruda mismo que con los cuentos de Eandi. Es él —prisionero entre *les vieux jardins* de Batavia— quien añora esa embriaguez de libertad. Y hay la mención final de las noches, que indica el retorno de los fantasmas. En particular, de alguien a quien Neruda llama precisamente *fantasma* en un poema lejano: Albertina Rosa[8]. Pocos días antes de escribir esta carta Neruda ha compuesto el poema «Lamento lento» —irónico título original: «Duelo decorativo»— y durante el mismo período, «Cantares» y «Trabajo frío» (cfr. mis notas, introductoras y otras, a estos textos). Y está fresca aún la carta de Alberti sobre las dificultades para publicar *Residencia* en España, sobre Elvira de Alvear y la revista *Imán:*

> ¿Ha visto cosas? Es para ponerse a tomar whisky por tres meses. Dígame algo, déme un consejo. Siento que mi libro debe aparecer, por Cristo Padre, se está añejando y envejeciendo inédito. (Aguirre, 102).

En este clima (externo e interno) de derrota Neruda emprende el regreso a Chile a comienzos de 1932, en compañía de Maruca. Sin dinero, sin trabajo, sin publicar su libro,

---

[8] Escribo llama, en presente, porque el cambio de título, de «Tormentas» a «Fantasma», es reciente si no actual. Junto con «Lamento lento» (ver nota a su v. 20) Neruda transcribe para Eandi su versión revisada del poema «Dolencia», ahora con su nuevo título «Madrigal escrito en invierno». Es probable que por afinidad haya revisado también en esos días el texto y el título del viejo poema «Tormentas», cuya figura de referencia, como en los otros dos poemas mencionados, es Albertina Azócar. Téngase en cuenta que este proceso nostálgico y doloroso Neruda lo vive en secreto, a escondidas. En superficie el poeta se declara feliz.

con una mujer a quien él ya sabe que no ama. Un viaje infernal, interminable. No es extraña a tal conjunto de circunstancias la escritura de «El fantasma del buque de carga» (cfr. mi nota introductora al texto y los estudios de Schopf y de Terry).

13

Amargo regreso a Temuco. Para don José del Carmen Reyes, su hijo Ricardo Naftalí ha retornado tan holgazán como siempre, y más irresponsable aún a juzgar por su matrimonio. En Santiago la recepción es menos glacial, ciertamente. Tomás Gatica Martínez ayuda a su amigo poeta procurándole un modesto empleo en una biblioteca ministerial. Neruda y Maruca viven primero en una pensión de la calle Santo Domingo, 736, y después en un poco menos escuálido apartamento de la calle Catedral. El matrimonio va adelante por inercia. El verdadero hogar del poeta son el Hércules, el Jote, el Venecia, el Bar Alemán, los lugares de reunión nocturna con los amigos. Tristeza.

Recitales en el teatro Miraflores y en la Posada del Corregidor. Crónicas y entrevistas en *El Mercurio,* en *Ecran,* en *Las Ultimas Noticias,* en la *Revista del Pacífico.* Moderado interés alrededor del poeta. El fiel editor Nascimento publica en junio la segunda edición, revisada, de los *Veinte poemas de amor,* que trae además un diverso poema 9 especialmente compuesto para esta publicación. Durante 1932 Neruda no parece haber escrito otra cosa de nuevo.

Sólo a comienzos de 1933 —aparte la edición tardía de *El hondero entusiasta,* fechada el 24 de enero— surge una novedad. El 16 de febrero escribe a Eandi:

> he hecho copiar este poema reciente que le incluyo [...] para que usted lo lea y me cuente lo que piensa. Es algo diferente de lo que yo escribo, y algo como una prueba de la seguridad de mi oficio (Aguirre, 115).

La carta no trae el título del poema *reciente,* pero es sin duda «Número y nombre», publicado algunos días después por

El Mercurio (26-II-1933). Se trata, en efecto, de un texto diverso, si bien reanuda desde el primer verso («De un sueño al sueño de otros») el motivo central de «Colección nocturna»; la poesía como conexión (o circulación o interpenetración) entre los propios sueños y el soñar ajeno. Abstracta tentativa de definir y justificar la poética de *Residencia,* «Número y nombre» manifiesta al mismo tiempo, una vez más, la constante preocupación de Neruda por sacar su escritura del marco egocéntrico y por proyectarla hacia territorios que imagina más abarcadores o universales. Consciente de (y en cierto modo sintiéndose culpable por) la índole agudamente personal o visceral de su poesía, Neruda aún parece ver en ello límites para su ambición de eficacia activa sobre el mundo. Como antes en «Caballo de los sueños» y en «Colección nocturna», y como más tarde en «Estatuto del vino», este rebrote de la obsesión de conjugar en la escritura los *sueños* y *la acción* no es ajeno a la frecuentación de viejos y nuevos camaradas de taberna y de discusiones nocturnas. Ellos son todavía el único *otro* que Neruda logra ver realmente.

El otoño de 1933 le será propicio al poeta. El 10 de abril emerge oficialmente desde las prensas de Nascimento, por fin, *Residencia en la tierra:*

> Este libro, por cuya publicación luchó tan amargamente desde sus desoladas sedes consulares, hasta transformársele en una obsesión, de la cual dan testimonio sus cartas a Héctor Eandi, no ha aparecido en España, como lo quiso él y lo deseó Rafael Alberti, ni tampoco en Argentina. Verá la luz en Santiago, por intermedio de su fiel y exclusivo editor del primer tiempo, Carlos George Nascimento [...] tomando en cuenta la pobre industria editorial chilena de esa época, esa impresión es casi lujosa. (Teitelboim: 1984: 143.)

Es, en efecto, una bella edición de gran formato, hoy rara pieza de bibliófilos por su tirada limitada a sólo 100 ejemplares en papel holandés Alfa-Loeber, numerados y firmados, más 10 ejemplares de autor marcados de A. a J. El editor ha realizado al máximo de sus posibilidades, con paciencia y con activa disposición favorable, las exigencias acumuladas en el exilio por este poeta flaco y callado que, desde 1924 con los *Veinte poemas,* logra siempre convencerlo para hacer los mas extravagantes y anticomerciales experimentos. Dejando aparte lo que se refiere a la distribución del libro, Neruda no tiene muchas razones para pensar que en Madrid o Buenos Aires lo habrían impreso mejor. Reconoce ante Eandi que es «una edición estupenda» (Aguirre, 116). Y está feliz con esta criatura que lo consuela de su situación económica y afectiva.

Pero el otoño trae algo más que consuelo. En abril y en mayo de 1933 Neruda viaja al sur (según mis datos, no ha vuelto a Temuco desde los días del regreso de Oriente, un año antes) y encuentra allí otra vez, con el reabrirse de sus heridas, la energía y el impulso que necesitaba para recomenzar de verdad. Testimonio y expresión de este duro renacer son los poemas «Barcarola» y «El sur del océano» (ver notas introductoras y demás). Al regresar Neruda a Santiago la ambición de universalidad reaparece, pero esta vez en términos más consonantes —que en «Número y nombre»— con las exigencias expresivas y con el íntimo rigor autocrítico del poeta. Los textos «Un día sobresale» y «Sólo la muerte», que creo escritos a finales del otoño o ya en invierno, evidentemente buscan proponer un ciclo poético de amplio vuelo (atravesando en profundidad, y no evadiendo, la adversa experiencia personal del momento). Esos poemas confirman el retorno de Neruda a su mejor forma.

14

El invierno prolonga la buena racha del otoño. Agosto sorprende a Neruda empeñado en su batalla —al fin victoriosa— por un cargo consular en Buenos Aires:

> A última hora, ya después de publicado mi decreto en los diarios y firmado mi decreto por el Presidente [Alessandri Palma], el Partido conservador lanzó un candidato para mi puesto, y valiéndose de sus intrigas frailunas lograron convencer al presidente de que dejara sin efecto mi nombramiento. Pero como yo tampoco me duermo, hice valer todas mis influencias y logré que el presidente reconsiderara su actitud. Ahora parece, pues,

que he ganado la batalla y me iré a Buenos Aires. (Carta del 16-VIII-1933 a don José del Carmen: inédita, no incluida en *CLR.)*

El gobierno termina por aprobar definitivamente el nombramiento de Neruda, pero no le da dinero para los pasajes. Los hados propicios siguen ayudando: el dinero «me lo he conseguido aquí y allá a toda carrera, y tuve la suerte de encontrarme con Amalia y su marido que fueron muy atentos y me prestaron mil pesos, que les mandaré de Buenos Aires» (carta del 25-VIII-1933 al padre: *CLR,* 61). Se trata de Amalia Alviso, hermosa y rica, que tanto fascina a Neruda desde antes de partir a Oriente, cuando ella era una joven viuda. Pero ya se sabe que las mujeres ricas no se prendan de nuestro pobre poeta, aunque a veces, como en este caso, aprecian la devoción.

El 28 de agosto parten los Neruda («con Maruca enferma», según cuenta el poeta a Laura: *CLR,* 62). En Buenos Aires la fortuna sonríe aún al poeta: el cónsul general, su nuevo jefe, resulta ser una excelente persona (Sócrates Aguirre, padre de Margarita que entonces es una niña de pocos años). A pesar de ello, la rutina burocrática pesa como una catedral durante los primeros meses "porteños" de Neruda, según testimonian «Walking around» y «Desespediente» (ver notas).

Cuatro poemas de la primera *Residencia* son reproducidos por *Poesía,* la revista de Pedro Juan Vignale[9]. Precede a los textos una nota del mismo Vignale que informa: «ahora [Neruda] trabaja en un largo poema, de cuya intensidad tiene sólo una idea total». Ese *largo poema* y esa *idea total* (global) aluden y corresponden —según mi convicción— a la nueva voluntad cíclica iniciada en Chile con «Un día sobresale» y «Sólo la muerte». Para Neruda *largo poema* no significa en ese momento *long poem* en el sentido de Poe, sino sistema o ciclo de poemas moderadamente vinculados entre sí por el aspecto temático y al mismo tiempo dotados de una cierta autonomía. Los modelos probables que Neruda tiene en mente son *The Waste Land* (Eliot) y *Chamber Music* (Joyce). Dos poemas de *Chamber Music*

---

[9] Los cuatro poemas son: «Unidad», «Sabor», «Colección nocturna» y «Arte poética», en *Poesía,* Buenos Aires, núm. 4 5 (agosto-septiembre 1933).

traducidos por Neruda en esos mismos días aparecerán en el número siguiente de la revista de Vignale[10].

La alusión al *largo poema* en curso de escritura (alusión recogida por Vignale de sus conversaciones con Neruda) es también indicio de que al menos en un primer período el poeta chileno no se propone escribir una continuación o segunda parte de la *Residencia* ya publicada, sino algo diverso[11]. La diversidad consistiría en la orientación alocéntrica (hacia el *otro*, hacia el *afuera* del yo) que inicialmente Neruda busca imponer al nuevo proyecto, para contrastar el carácter egocéntrico que atribuye a *Residencia*. Se advierte el lenguaje distanciado, relativamente impersonal que, en efecto, domina en los poemas «Un día sobresale» y «Sólo la muerte».

Pero no durará mucho esta tentativa de desarrollar un ciclo poético de gran aliento[12], en el que la tensión lírica resultaría de un discurso a la vez visionario y reflexivo, con ambiciones cósmicas, pero fuertemente anclado en lo real inmediato. También la primera *Residencia* había comenzado (de verdad) con un poema de profundo empeño y ambicioso horizonte extrapersonal: «Galope muerto», y había continuado en esa línea con «Alianza (sonata)» y con «Unidad». Ahora, como entonces, las vicisitudes y exigencias de lo cotidiano darán otra

---

[10] Cfr. *Poesía,* 6-7 (octubre-noviembre 1933), pág. 17 y Puccini 1965. La atención de Neruda hacia la obra de Joyce, reavivada en Buenos Aires, incluye naturalmente al *Ulysses*. Ello es lo que a mi entender se manifiesta subrepticiamente con la elección —invención del título «Walking around» (por eso en inglés) y con la modulación misma del motivo que ese título indica y nombra. Ver mis notas, introductora y demás, al poema.

[11] Pero este «algo diverso» no significa a mi juicio que con la fórmula *largo poema* Neruda y Vignale hayan aludido precozmente a un proyecto de *Canto general* o «al menos al *Canto general de Chile*», como reafirma Dario Puccini en su ensayo «Consciencia mítica y consciencia histórica en el *Canto general* de Neruda» —incluido en Loyola, ed., 1987— a propósito de la nota de Vignale (sobre cuyo interés el mismo Puccini fue el primero en llamar la atención en 1955). Considerando el desarrollo de la poesía de Neruda que los textos de 1933 manifiestan, me es muy difícil compartir la hipótesis del profesor Puccini. A mi entender, aquel *largo poema* alude simplemente al proyecto apenas iniciado con los poemas escritos en Chile (pocas semanas o meses antes en ese 1933) y que con el tiempo devendrá *Residencia II*. Sólo que entonces Neruda mismo ignoraba que había comenzado a escribir el segundo volumen de *Residencia en la tierra*.

[12] Sobre la obsesión del proyecto *cíclico* de poesía, cfr. Neruda 1964.

dimensión al impulso programático inicial atrayéndolo a la perspectiva que podríamos llamar personal —o mejor, visceral—, menos ambiciosa en apariencia, pero capaz de asegurar al discurso poético un nivel constante y prolongado de altísima calidad —dado, naturalmente, el genio de Neruda. (Todo el conjunto de las *Residencias* —y en general la entera obra de Neruda— se construye y se define por este juego de modulaciones «altas» y «bajas» del discurso, en el sentido de la mayor o menor ambición de jerarquía o alcance cultural —contenido importante y abarcador— para su mensaje. La «media» de las *Residencias* es altísima en calidad gracias precisamente a su dosificada alternancia de modulaciones «altas» y «bajas». Es decir, gracias a esa variedad de registros expresivos que impide que la insistencia temática —tan deseada como temida por Neruda según sus cartas a Eandi— se convierta en monotonía.)

15

La vuelta a *Residencia* —al registro visceral[13]— tiene que ver con la experiencia de Buenos Aires, empezando por el encuentro con García Lorca. El tiempo siniestro de «Walking around» y «Desespediente» cambia de improviso a tiempo propicio, deviene *una súbita estación* («Maternidad», v. 10) cargada de estímulos y gratificaciones, de revelaciones y seguridades, de experiencias enriquecedoras. Esa especie de preámbulo que hay al comienzo de «Maternidad» (vv. 3-14) así lo indica: «El porvenir de las rocas ha llegado! El tiempo / de la red y el relámpago!» (vv. 3-5: ver nota). El proyecto del *largo poema* cíclico y alocéntrico viene así reabsorbido por la intensidad del acontecer.

¿Qué le ocurrió realmente a Neruda en Buenos Aires? El reflorecimiento de su vida erótica (extraconyugal) no basta, en

---

[13] El retorno al "registro visceral" viene marcado por la disposición misma de los cuatro primeros poemas de *Residencia II*, que antepone los ambiciosos «Un día sobresale» y «Sólo la muerte» (que habrían sido la base del *largo poema*) a los viscerales «Barcarola» y «El sur del océano», que creo escritos con anterioridad.

sí misma, para explicar la génesis y composición de los poemas de la sección III: «Oda con un lamento», «Material nupcial» y «Agua sexual». Rodeado del afecto, inteligencia y sensibilidad de amigos como los Girondo-Lange, los Rojas Paz —Tornú, Molinari, González Tuñón, María Luisa Bombal y desde luego Federico—, tal vez Neruda se sintió en un clima de confianza apto al intercambio de ideas sobre cuestiones personales o confidenciales, poco habitual en él. O bien tuvo ocasión de leer a Freud, o de informarse sobre sus teorías. Lo cierto es que esos tres textos establecen una intensa cuanto imprevista conexión entre *erotismo* y *memoria*.

Toda la obra de Neruda es, en un cierto nivel, una difícil recuperación de recuerdos[14]. Cada crisis de renovación del sujeto enunciador-protagonista incluye un nuevo grado de inmersión en la memoria, como si las sucesivas tentativas de elaboración textual de la imagen del yo (los sucesivos autorretratos) implicasen la recuperación *à rebours* de estratos cada vez más profundos del propio ser, en una tensión utópica a reunirse verticalmente con la totalidad del sí mismo, buscando superar una escisión originaria y radical.

En *Residencia I* la sexualidad y la memoria ocurren todavía en áreas separadas dentro de la imagen del yo. Durante el episodio de la sustitución, a mediados de 1928 en Rangún, el poema «Sonata y destrucciones» incluye una breve incursión en territorios asexuados del recuerdo (vv. 22-26). Durante la crisis de los primeros meses de 1930, en Wellawatta, la escritura de Neruda (poética y epistolar) aborda asuntos sexuales desde una inédita actitud de franqueza, directamente, sin apelar a justificaciones ni a mediaciones "superiores" (cfr. *supra*, momento 10), pero sin comprometer tampoco a la memoria.

[14] Grados sucesivos de la recuperación de la infancia son textualizados, por ejemplo, en *ANS*, «Provincia de la infancia» [1924]; en *PNN*, «La copa de sangre» [1938]; en *CGN*, «La frontera» [1949]; en *CHV*, 1, «Infancia y poesía» [1954]; en *ETV*, «Dónde estará la Guillermina?» [1957]; en *PNN*, «Este libro adolescente» [1960]; en las crónicas autobiográficas publicadas por la revista *O Cruzeiro Internacional* (1962); en el volumen I de *MIN* [1962]; en *CHV*, «El arte y la lluvia», «La casa de las tres viudas» y «El amor junto al trigo» [1972]. Hay signos de este proceso de recuperación también en *Residecia* (al interior de «Sonata y destrucciones», «Agua sexual», «Enfermedades en mi casa» y «Vuelve el otoño»).

«Caballero solo» y «Ritual de mis piernas» implican el reconocimiento *horizontal* de la sexualidad circundante: su presencia, su presión, su asedio, su pulular objetivo en torno al yo.

Ahora, en Buenos Aires, la poesía de Neruda cumple un salto cualitativo y convergente. Los tres textos mencionados —«Odas con un lamento», «Material nupcial» y sobre todo «Agua sexual»— suponen un primer reconocimiento *vertical* de la propia sexualidad del poeta, un inicial ahondar en (o confrontarse con) los enigmas, contradicciones, logros, fracasos, represiones, autoengaños, alienaciones, censuras y olvidos de la historia sexual del yo. No hay en esos textos complacencia o regodeo en el tema erótico, sino una inmersión en la sexualidad presente para llegar a zonas oscuras y conflictivas de la memoria sexual del sujeto. Inmersión que procede con dificultad y dolor: «como un párpado atrozmente levantado a la fuerza / estoy mirando».

De esta zambullida la red del poeta vuelve a la superficie de la escritura trayendo signos y alusiones que corresponden a diversos estratos de la memoria sexual: unos pertenecen a los *orígenes*, a la infancia en el sur, a los veranos de la adolescencia; otros, a sueños y a experiencias eróticas más recientes. Pero todo este trabajo introspectivo parece obedecer a un propósito de fondo, oscuro y subconsciente: el de desbrozar la maraña que persiste en bloquear el acceso a la memoria —a la escritura— del más traumático, significativo y revelador de los recuerdos sexuales: Josie Bliss. De algún modo Neruda sabe que los recuerdos tímidamente emersos, si bien importantes, son sólo la cáscara de un gran núcleo de autoconocimiento que lo aguarda.

La experiencia de Buenos Aires, por vías que apenas podemos conjeturar, ha provisto al poeta de nuevos ojos (interiores) que con sufrimiento y dificultad se esfuerzan por explorar las bodegas subterráneas del sujeto mismo. Pero lo que esos nuevos ojos en definitiva quieren *ver* o *rever* (sin poder o sin osar aún reconocerlo) es el azul inolvidable de Rangún. La obsesión, por años exiliada, torna a presionar en los confines de la conciencia —y de la escritura. (Para los detalles de esta lectura remito al conjunto de mis notas a los tres poemas mencionados.)

El 5-V-1934 Neruda deja Buenos Aires rumbo a Barcelona. «Buen viaje —escribe a Eandi desde el barco— si no fuera por la muerte de un monito que compramos en Brasil y que murió entre grandes llantos de Maruca. [...] Yo soy muy desgraciado de correr y correr mundo» (Aguirre, 133). A finales de mayo, apenas desembarcado en Barcelona, las noticias de la mísera muerte de un gran amigo impulsan a Neruda a escribir su primer poema del período español: «Alberto Rojas Giménez viene volando» (ver nota introductora).

No le interesaba Barcelona, quería vivir en Madrid. Por meses deberá oscilar entre las dos ciudades en espera del traslado. De hecho se intala en la capital, donde reencuentra a García Lorca:

> Cuando Pablo Neruda llegó a España [en realidad, a Madrid] —recuerda Sáenz de la Calzada—, fuimos a esperarle a la Estación del Norte Federico, Rapún[15] y yo. Hacía calor, lo cual nos animó a tomar algo fresco; fuimos, pues, a una tasca a charlar y a beber un poco; nos llevó Rapún, que entendía bastante de tascas y bebimos dos o tres de esas frascas cuadradas de vino que sólo se ven en las tabernas; supongo, aunque no estoy muy seguro de ello, que salimos cantando (pág. 26).

En Madrid encuentra también a Rafael Alberti y, por su intermedio, a Delia del Carril:

> A Delia [...] se la presenté yo a Pablo en mi terraza madrileña de la calle Marqués de Urquijo, en los días en que el poeta chileno encontró a *Niebla*, aquella perra enloquecida y silvestre que me acompañó durante toda la guerra civil... (Alberti 1985; ver también 1959 y 1964)[16].

---

[15] Rafael Rodríguez Rapún. Cfr. nota al v. 77 de «Oda a Federico García Lorca».

[16] Otras fuentes (como la cronología de Margarita Aguirre en *OCP* y en *CHV)* señalan que Neruda habría conocido a Delia en casa de los Morla Lynch (ver nota al v. 79 de «Oda a Federico García Lorca»).

Es probable que la incipiente relación con Delia haya determinado la composición de «El reloj caído en el mar», poema que creo escrito en el verano de 1934, durante alguno de los viajes de Neruda a Barcelona, y que al mismo tiempo traduce una nueva acometida de la noltalgia erótica por Josie Bliss (ver notas al texto).

Por otro lado, el 18 de agosto nace Malva Marina en condiciones precarias (ver nota introductora a «Enfermedades en mi casa»), de modo que por un tiempo los cuidados de la niña ocupan toda la atención del poeta. La crisis inicial parece aceptablemente superada hacia mediados de septiembre, cuando Neruda escribe a su amiga argentina Sara Tornú (cfr. Loveluck, ed., 1983: 421):

Al principio, y planteada de inmediato mi venida a Madrid, estuve semanas en este trajín sin saber si vivía en Barcelona o en Madrid. De todas maneras, me fijé en Madrid, pero vagamente, perdido por completo en la incertidumbre y oscilando entre un paraguas y Gabriela Mistral. Mañana firmamos nuestra permuta: ella se dirige a Barcelona dando grandes saltos y yo permanezco de cónsul en Madrid, llorando a gritos de alegría como un verdadero cientopiés. Estas imágenes me vienen porque anoche, en una gran fiesta nacional, 18 de septiembre, peruanos, cubanos, la argentina Delia del Carril, mexicanos, vinieron a mi casa, en donde bebieron de manera frenética.

No hay escritores; aunque ya es invierno todos andan de veraneo. Federico, en Granada, desde donde ha mandado unos lindos versos para mi hija. Mi hija, o lo que yo denomino así, es una ser perfectamente ridículo, una especie de punto y coma, una vampiresa de tres kilos. Todo bien [ahora], oh Rubia queridísima, [pero] todo iba muy mal. La chica se moría, no lloraba, no dormía; había que darle con sonda, con cucharita, con inyecciones, y pasábamos las noches enteras, el día entero, la semana, sin dormir, llamando médico, corriendo a las abominables casas de ortopedia donde venden espantosos biberones, balanzas, vasos medicinales, embudos llenos de grados y reglamentos. Tú puedes imaginarte cuánto he sufrido. La chica, me decían los médicos, se muere, y aquella cosa pequeñilla sufría horriblemente, de una hemorragia que le había salido en el cerebro al nacer. Pero alégrate, Rubia Sara, porque todo va bien;

la chica comenzó a mamar y los médicos me frecuentan menos, y se sonríe y avanza gramos cada día a grandes pasos marciales. (Carta fechada en Madrid el 19-IX-1934.)

17

La permuta con Gabriela Mistral tardará todavía algunos meses en realizarse oficialmente. Pero entretanto graves acontecimientos sacuden a la república española (que vive su Bienio Negro, 1934-1936). El 4 de octubre Gil Robles retira su apoyo al ineficaz gobierno de Samper. Aunque el presidente Alcalá Zamora no encarga a Gil Robles la formación del nuevo gabinete, sino una vez más a Lerroux, el resultado será de todos modos el ingreso de la CEDA (Confederación Española de Derechos Autónomos) al gobierno central con tres ministerios.

La reacción popular es inmediata y violenta. La UGT declara la huelga general en Madrid, mientras en Barcelona el líder Lluís Companys llama a proclamar el estado catalán en el marco de una república federal española. Carentes de preparación, ambas tentativas son rápidamente sofocadas y la Guardia Civil desencadena la caza de comunistas, socialistas y anarquistas (Alberti deberá refugiarse en París, como refiere Neruda a Eandi: cfr. Aguirre, 134).

Pero en Asturias la entrada de la CEDA en el gobierno encuentra a los partidos obreros (cohesionados en la Unión de Hermanos Proletarios) bien preparados y mejor organizados, particularmente en Oviedo y en las zonas mineras de Mieres y Sama. Tres días después del inicio de la insurrección gran parte de la provincia está en manos de los mineros. Las tropas locales del gobierno a duras penas resisten en la zona de Avilés, al noroeste de Oviedo. En los principales centros se constituyen *soviets* revolucionarios. Las fábricas de armas de Trubia y de La Vega (Oviedo), bajo control minero, trabajan día y noche. Durante la insurrección los *soviets* asturianos llegarán a movilizar a unos treinta mil obreros bien armados.

Este ejército popular, dominando los pasos de los montes Cantábricos, bloqueará por más de una semana el avance de los fuertes contingentes gubernativos, compuestos especialmente por tropas del Tercio Extranjero al mando del coronel Yagüe, con apoyo de regulares marroquíes y de la aviación. Pero la situación termina por hacerse insostenible para los rebeldes. Primero caen Oviedo y Gijón, y poco a poco otros centros, hasta que finalmente, exhaustos y sin municiones, los mineros se ven forzados a la rendición.

Sigue una feroz represalia. Los legionarios de Yagüe y los marroquíes se abandonan a una represión que —según el historiador Hugh Thomas (1963-86)— superará largamente en horror y atrocidad todos los desmanes cometidos por los revolucionarios en los primeros días de la insurrección. Unas cuatro mil víctimas (entre ellas unos 1.500 muertos) son el saldo aproximado de la campaña y de la represión contra los mineros. El éxito de la operación asturiana dará al general Francisco Franco (que con el general Goded la dirigió) la patente de líder para la sublevación antirrepublicana de 1936 que lo llevará al poder[17].

Estos acontecimientos, y la exasperación del Bienio Negro que ellos determinan en España, causan profundo impacto en la conciencia de Neruda a juzgar por los indicios textuales. La condición diplomática del poeta le impide pronunciarse abiertamente al respecto, pero imágenes más o menos veladas, relativas a la revolución asturiana, a su represión y a la lenta reorganización subterránea del movimiento popular, en diversos grados están presentes en casi todos los últimos poemas de *Residencia*. De modo central en «Estatuto del vino» y con particular relieve en «Apogeo del apio» y en «La calle destruida»[18], pero también, de modo más incidental, en otros poemas: «Vuelve el otoño», vv. 18-19; «El desenterrado», v. 59; «Me-

---

[17] La insurrección asturiana de 1934 sigue siendo hasta hoy una revolución olvidada, aún en espera del historiador que redescubra y explore a fondo sus causas, desarrollo y significado. Conservan su interés al menos dos testimonios contemporáneos a los hechos: de Manuel Grossi, *La insurrección de Asturias* (Valencia, 1935); y de Leah Manning, *Wat I Saw in Spain* (Londres, 1935). Naturalmente, hay información esencial y sucinta al respecto en obras clásicas como las de Hugh Thomas (1963) y Manuel Tuñón de Lara (1966). Un singular e interesantísimo documento de otro escritor chileno: D'Halmar 1934, opúsculo-crónica de 78 páginas fechado «1-7 diciembre de 1934» e impreso en Chile antes de terminar el año.

[18] Cfr. en esta edición mis notas —introductoras y demás— a los tres textos.

lancolía en las familias», v. 11; «No hay olvido (sonata)», vv. 7-9 y 28; «Josie Bliss», v. 10; «Oda a Federico García Lorca», vv. 94-109, en particular el v. 102. En todos estos casos las alusiones a la esfera pública se mezclan con representaciones del ámbito privado del poeta.

La textualización del impacto causado por la revolución asturiana y sus secuelas parece ser el verdadero punto de arranque de lo que Alonso llamó "la conversión poética de Pablo Neruda" (1951: cap. VII, en particular págs. 320 y ss.), fórmula que hoy, aún más que antes (cfr. Loyola 1964 y 1967), considero inadecuada. En carta a Eandi, fechada en enero de 1935, Neruda ha dejado testimonio documental de su punto de vista *político* frente a la situación española de entonces: «De amigos como siempre, estoy rodeado de ellos, Alberti (ahora en París *porque el régimen reaccionario feroz lo encarcelaría*), Lorca, Bergamín, poetas, pintores, etc.» (Aguirre, 134: el subrayado es mío). La traducción poética de este punto de vista político es, en Neruda, *una tentativa más* de resolver en armonía su viejo conflicto entre la poesía como sueños y la poesía como acción, ampliamente documentable a lo largo de *Residencia* y de su escritura precedente (la tentativa presente alcanza incluso una formulación explícita, en términos de incipiente *ars poetica*, en «Oda a Federico García Lorca», vv. 90-122). Desarrollo-actualización de una antigua tendencia, entonces, y no "conversión". Sólo que la posibilidad de resolución (de su viejo y obsesivo conflicto) que Neruda entrevé durante el otoño de 1934 (e independientemente del valor poético de sus resultados) terminará por echar raíces más firmes y duraderas en su poesía que otras posibilidades asumidas e intentadas en precedencia.

18

El 6-XII-1934 tiene lugar un acontecimiento de gran importancia para nuestro poeta, que Luis Enrique Délano recordará así:

Tuve también la suerte de asistir a un recital de Neruda en la Facultad de Filosofía y Letras de la Universidad Central de

51

Madrid, en el que fue presentado por García Lorca. Yo seguía entonces los cursos de literatura de Pedro Salinas, y un día, entre clase y clase, me sorprendió ver aparecer a ambos poetas. Como muchos otros estudiantes, me fui tras ellos al aula donde se realizó el festival. Las palabras iniciales de García Lorca fueron cálidas y fraternales, y la lectura de versos, bien acogida. Recuerdo que en esa ocasión le presenté a Neruda a un compañero de aulas mío que andando los años se iba a transformar en un famoso novelista: Camilo José Cela. (Délano 1964: 221).

Recordemos una vez más algunas de esas célebres palabras de García Lorca (1934):

> Esto que yo hago se llama una presentación en el protocolo convencional de conferencias y lecturas, pero yo no presento, porque a un poeta de la calidad del chileno Pablo Neruda no se le puede presentar, sino que con toda sencillez, y cobijado por mi pequeña historia de poeta, señalo, doy un suave, pero profundo, toque de atención.
>
> Y digo que os dispongáis para oír a un auténtico poeta de los que tienen sus sentidos amaestrados en un mundo que no es el nuestro y que poca gente percibe. Un poeta más cerca de la muerte que de la filosofía, más cerca del dolor que de la inteligencia, más cerca de la sangre que de la tinta. Un poeta lleno de voces misteriosas que afortunadamente él mismo no sabe descifrar; de un hombre verdadero que ya sabe que el junco y la golondrina son más eternos que la mejilla dura de la estatua. [...]
>
> Al lado de la prodigiosa voz del siempre maestro Rubén Darío y de la extravagante, adorable, arrebatadoramente cursi y fosforescente voz de Herrera y Reissig y del gemido del uruguayo y nunca francés conde de Lautréamont, cuyo canto llena de horror la madrugada del adolescente, la poesía de Pablo Neruda se levanta con un tono nunca igualado en América de pasión, de ternura y sinceridad.

Este espaldarazo de García Lorca —que con las "lecciones" de Aleixandre (cfr. nota intr. a «El desenterrado») alientan a Neruda a situarse en la tradición poética de lengua castellana— emblematiza la acogida al escritor chileno por parte de un buen grupo de poetas españoles, especialmente de los jóvenes de la llamada generación de 1927 (ver nota introductora a la

«Oda a Federico García Lorca»). Acogida que pocos meses después coagula en el excepcional «Homenaje» que introduce la publicación separada de *Tres cantos materiales* (ver *TCM* en la bibliografía de esta edición).

Esos *cantos materiales,* compuestos en la intersección de 1934 y 1935, al comienzo del invierno, son la respuesta solemne de Neruda a una fuerte conjunción de estímulos: la fraternidad y el reconocimiento de que se siente rodeado, factor de nueva seguridad e incluso de sostén dentro de la difícil situación familiar que el poeta atraviesa; la atracción del modelo de intelectual de izquierda encarnado por Alberti; la aprehensión de nuevos instrumentos de inteligencia de la realidad a través de su relación amorosa con Delia del Carril (cuyas fuertes y lúcidas convicciones políticas conjugan perspectivas de cultura europea y de cultura americana).

Pero esos estímulos determinan un cierto efecto sobre Neruda porque en el poema mismo preexiste ya una propensión en tal sentido. Es un efecto distinto del que producen la estima y el reconocimiento de Bergamín, que tanto espacio le abre a Neruda en su *Cruz y Raya,* o de Aleixandre, Guillén, Rosales o Lorca mismo. El proceso que vive Neruda hacia finales de 1934 supone entonces una *elección* entre varias direcciones posibles, elección que el adjetivo *materiales* subraya en cuanto reafirmación explícita del materialismo que es, digamos, connatural a la vivencia del mundo en Neruda aún antes de las *Residencias;* y en cuanto velada, pero inocente señal de preferencia o simpatía respecto de cierto materialismo ideológico político (que el término *materiales* por aquel tiempo no podía dejar de convocar en alguna medida). Los acontecimientos de Asturias y sus secuelas juegan en este proceso un papel precipitante y reforzador. No faltan la cautela y las dudas iniciales (¿a ellas alude el poema «Vals» de *TER?),* aunque más bien parecen de autodefensa contra la fascinación. Neruda no es hombre de compromisos fáciles, tanto menos en tan delicado terreno. En efecto, la consolidación del paso inicial —su inequívoca explicitación en la escritura— vendrá sólo con la guerra civil.

19

En carta del 3-II-1935 Maruca informa a sus suegros y a Laura que

> desde hace unos días Neftalí ha sido nombrado Agregado a la embajada en Madrid, sin perder su cargo de cónsul. Aunque hemos tenido que sacrificar una gran parte del sueldo, estamos muy contentos porque Madrid es el lugar más importante para sus libros,

y en su español aproximado agrega:

> Malva ahora tiene 5 meses y medio y está muy rica. Ha crecido y engordado mucho: tiene 71 cm. de altura, mientras tenía 47 cuando nació, lo que me asusta mucho porque me sentiré tanto si llega a ser tan alta como yo. Es una chica siempre tan contenta, no llora nunca, está sonriendo todo el tiempo. Todo el mundo la quiere mucho y la encuentra muy linda e inteligente. [Desde] Hace unos días está comiendo una papilla como una persona mayor sin lucharla. Toma también jugo de naranjas, de tomate y de uva, con azúcar y unas gotas de extracto de aceite de bacalao. Tiene un tratamiento de rayos ultravioleta para fortalizar [sic] los huesos, lo que es bueno para toda su salud en general. Aquí le mandamos una quantidad [sic] de fotografías tomadas en nuestro balcón. Hemos cambiado de departamento en el mismo edificio [la Casa de las Flores], donde tenemos más comfort y una vista en la Sierra más hermosa (carta inédita: hay copia en mi archivo).

Pero más de un año más tarde [en carta del 2-V-1936, también inédita), Maruca precisa la terrible verdad que hacia febrero de 1935 estaba ya imponiendo (o había ya impuesto) su carácter irreversible:

> Mi querida Mamá [doña Trinidad]: Hemos recibido su carta hace algún tiempo y esperamos que usted nos perdonará el silencio tan largo [...], pero al fin nos faltó la gana porque teníamos que escribirles malas noticias de nuestra Malvita. *Cuando tenía algunos meses* [la cursiva es mía, H. L.] descubrimos que por

efecto de su difícil nacimiento (aunque yo no he sufrido nada) su cabezita empezó a crecer demasiado: una enfermedad que los mejores médicos de Madrid y París no sabían curar, lo que era desesperante para nosotros.

Entre los raros testimonios externos sobre la enfermedad de Malva Marina, el más preciso y desgarrador es el de Vicente Aleixandre (1983), referido a su visita a la Casa de las Flores durante el mismo período de 1935 o poco después. La imagen que ese testimonio ofrece de la terrible situación puede explicar cómo Neruda, tras el íntimo apogeo de los *cantos materiales*, cae a un estado de profunda depresión y melancolía. Su vida familiar ha perdido definitivamente todo sentido futuro. «El infortunio no unió a un matrimonio desavenido, sino que lo quebrantó para siempre» (Teitelboim 1984: 152).

De esta desdicha privada emergen los poemas «La calle destruida» y «Melancolía en las familias», que creo de escrituras contiguas (ver notas introductoras). Los aúna, entre otros, un signo de *retroceso* (cfr., respectivamente, v. 36 y v. 13). La congoja y el abatimiento impregnan de tintes opresivos las vivencias de la realidad natural (tiempo circular) y social (tiempo progresivo, historia) que circunda al poeta. Pero ello asume formas diversas en cada uno de los dos textos.

«La calle destruida» traduce indirectamente la imersión en el infierno presente. El poema configura, desde el título, el rebrote del sentimiento ominoso del paso del tiempo (denunciado por la usura y corrosión de las cosas como en «El fantasma del buque de carga») y a la vez una imagen desfalleciente y crepuscular de la situación pública (por contagio de la situación privada), todo lo cual desemboca en el auspicio de la parálisis y de la inmovilidad —la detención del tiempo— como vías de salvación (ver mi nota a vv. 48-55)[19].

«Melancolía en las familias» busca en cambio un respiradero o salida al dolor presente (ciego) a través de la reinmersión en

---

[19] Al final de «La calle destruida», la imprecación contra el *movimiento* (vale decir, contra una dimensión de lo real que la axiología básica de *Residencia* ha configurado habitualmente como valor positivo y deseable) sería de asociar a las "blasfemias" nerudianas emitidas por «El sur del océano» y por «Enfermedades en mi casa» (ver notas) en circunstancias similares de infelicidad.

un dolor perteneciente al pasado (pero, con sentido actual). La obstrucción del horizonte en el plano del hoy parece obligar al poeta a abrirse otro horizonte en el plano de la memoria. Pero esta vez no reclama consuelo a los *orígenes* (como en «Enfermedades en mi casa», vv. 53-58). El carácter extremo de la actual coyuntura personal determina que la nueva incursión a la memoria proceda en un nivel también extremo. La clausura definitiva y total de la vía de la "norma" (que Maruca en algún modo aún encarnaba y sostenía) exige a Neruda una confrontación con los recuerdos en el punto de máxima resistencia y conflictividad (el exceso, lo excéntrico, lo más extraño a la "norma"). Esta vez no sirven coartadas ni subrogaciones. De ahí que «Melancolía en las familias» marque el inicio de la etapa final y decisiva que conduce a *Residencia* hasta el desbloqueo del recuerdo (o mejor: de la nominación en la escritura) de Josie Bliss.

20

Los poemas «La calle destruida» y «Melancolía en las familias» parecen escritos en febrero de 1935, en el centro del invierno, o poco después. Algunos meses antes el poema «Vuelve el otoño» (octubre-noviembre 1934) suponía en Neruda un brusco salto hacia el pasado más lejano, hacia el sur de la infancia y adolescencia. Lo cual podía ser leído como un movimiento de máximo retroceso en la línea de la memoria para tomar impulso otra vez hacia adelante, para reemprender el viaje a través de los recuerdos hasta capturar (nombrar) en la escritura al más temible y reprimido entre ellos (así en mi nota introductora al texto). Pero ese movimiento admitía también ser leído como una coartada del sujeto, como una tentativa más de aplazar la confrontación clave mediante una subrogación de sentido similar (pero menos temible o peligrosa); podía ser leído, en suma, como expresión de la final resistencia del sujeto a la desobstrucción de la memoria (intratextual) en cierto punto crítico. Esa final resistencia habría sido transitoriamente apoyada por el momento exaltante de los *tres materiales*.

Comoquiera que sea, lo cierto es que la crisis de febrero-marzo de 1935 no deja a Neruda ninguna ulterior escapatoria. Los títulos «No hay olvido (sonata)» y «Josie Bliss» proclaman su rendición (liberadora). En el primero de esos textos el poeta —en sustancia— reivindica frente a sí mismo el derecho a inscribir en su poesía, sin reticencias ni máscaras (es decir, *con nombre*), incluso la zona más visceral, entrañable e inadmisible de su memoria personal. En otras palabras: el poeta se decide y se autoriza a sustraer del limbo de lo indecible (de lo reprimido o negado) la memoria de ciertas oscuras o inaceptables pulsiones privadas, legitimándola en su escritura a partir de sí misma, de su propio albedrío, sin apelar a ningún sistema externo de valores más «altos» o superiores; reconociéndola entonces en su verdad irrenunciable, en su ausencia-presencia estimulante y activa, capaz de contribuir a la refundación de la identidad del yo en la situación de tránsito que éste atraviesa. El poema «Josie Bliss», al cierre de *Residencia*, actualiza la reivindicación avanzada por «No hay olvido (sonata)».

Pero, contemporáneamente, el poema «El desenterrado» tiende a prolongar en una dirección inédita el ímpetu exaltante de los *cantos materiales*. Estimulado por sus excursiones con Aleixandre a través de la poesía de los siglos de oro (Villamediana, Soto de Rojas, Pedro de Espinosa y otros), Neruda reconoce su propio lugar en una tradición poética —la de lengua castellana— más extensa que la chilena y latinoamericana de origen. Al agrupar en sección separada los textos dedicados a García Lorca, a Rojas Giménez y a Villamediana, Neruda propende por un lado a representar la integración horizontal (espacial) de sus experiencias española (Federico) y chilena (Alberto), y por otro a conectar verticalmente este presente a la memoria común del idioma (a través de la figura de Villamediana, cuya "recomposición" textual funciona a la vez como metáfora del momento de reunificación de los estratos temporales del ser individual, hasta ahora dispersos y confusos, que está viviendo Neruda mismo).

21

Residencia en la tierra trae en realidad dos finales. Uno es el poema «Josie Bliss», arreglo de cuentas con el pasado. El otro es la «Oda a Federico García Lorca», que desde el presente se proyecta al futuro. Probablemente son los últimos poemas del libro en el orden cronológico de la composición. Pero los dos finales convergen en una sola desembocadura que podríamos llamar "la refundación de lo oscuro" en el imaginario nerudiano.

«Josie Bliss» supone, en efecto, la nominación (legitimación en la escritura) de *lo oscuro* y de *lo bajo* desde una múltiple perspectiva: lo oscuro de la piel de Josie Bliss y de la pulsión pasional que ella desencadenó en el poeta; lo bajo de la condición social y cultural de la birmana, y de su ser salvaje, primitivo y «torrencial» (desaforado, excesivo). La «Oda a Federico García Lorca» supone por su parte el reconocimiento de una cierta oscuridad que Federico mismo y múltiples aspectos de su poesía encarnaban (la exaltación de su figura tiene lugar en el texto mediante un pulular de alusiones contradictorias como: cementerios, cenicientos ríos, agua y tumbas, campanas ahogadas, coronas podridas, aceites funerales, río de la muerte, embudo negro, cenizas, hasta llamarlo en fin «joven puro / como un *negro relámpago* perpetuamente libre»). Pero la oscuridad luminosa de la figura y de la poesía de Federico funciona en la «Oda», principalmente, como vía de mediación para llegar (vv. 95 y ss.) a la legitimación textual de *lo oscuro* y de *lo bajo* que prolifera en «las casas llenas de pobres gentes»[20].

A través del *nombrar* a Josie Bliss y a García Lorca (que entonces aún vivía, recuérdese, a diferencia de Cifuentes Sepúlveda y de Rojas Giménez, los otros amigos nombrados en *Residencia*), Neruda legitima frente a sí mismo y frente a su escri-

---

[20] El hecho de que esta figura de mediación sea García Lorca y no Alberti (el poeta comunista) me parece un indicio de gran interés, en cuanto confirma que el acercamiento de la poesía de Neruda a una cierta perspectiva política (claramente afín a la de la izquierda marxista) es ante todo el resultado de un desarrollo personal, e integral, y no de una "conversión".

tura dimensiones del mundo —privado y público— que antes le parecían no sólo desprovistas de altura, sino irreductibles a la dignidad de la poesía. Ambos textos reconocen estatuto de existencia y nobleza (en sentido fuerte, es decir, poético) a estratos oscuros y subterráneos de la dimensión *naturaleza* que el propio poeta, como la sociedad, tendía a relegar a los lindes de la transgresión, esto es, al espacio de lo no visible y de lo no decible, en cuanto inasibles a partir de los parámetros habituales de la "norma" sociocultural (parámetros inconscientemente interiorizados, en parte al menos, por Neruda).

La "refundación de lo oscuro" asume en estos poemas últimos la forma y el estatuto simbólicos de una refundación de la Noche. Al final de la travesía del Día que *Residencia* implica, una nueva Noche ha venido a instalarse en la escritura nerudiana. Hasta ahora la noche residenciaria, heredada de la poesía precedente de Neruda (cfr. Loyola, 1986a), se definía ante todo como un espacio aristocrático, regido por valores de distinción y excepcionalidad (lo oscuro-alto: la bóveda celeste y sus estrellas, los sueños y la poesía) y asociado a experiencias "nobles" y singulares, a "aventuras del espíritu" (así, por ejemplo, la nocturnidad ligada a los amores con Albertina en «Madrigal...», «Fantasma» y «Lamento lento»). La noche era un espacio de seguridad, y de eventual refugio o compensación, para el poeta empeñado en la turbia exploración y en el duro testimonio de la realidad diurna. La noche era una aliada (cfr. mis notas a «Serenata», «Alianza (sonata)», «Tiranía» y «Sistema sombrío») cuyo sostén consentía al testigo incluso ennoblecer la imagen del día, pero que en última instancia restaba espacio de oposición a lo diurno, espacio separado y parcial, aristocrático.

La nueva noche, en cambio, logra englobar al día. Es una noche tendencialmente total, unificadora, que integra en sí (también) lo cotidiano, lo oscuro-bajo de la tierra (no sólo la alta oscuridad del cielo). A lo largo del itinerario de *Residencia* Neruda ha desarrollado dentro de sí, a pesar de todo, un importante grado de auténtica seguridad y autovaloración, suficiente como para no necesitar más el antiguo refugio ennoblecedor: ahora se puede permitir la noche "democrática" que su poesía oscuramente buscaba (y temía). Tal es el sentido, a mi parecer, de la nominación de Josie Bliss y del ingreso del *pueblo-noche* a la escritura (ver nota a los vv. 95-98 de la «Oda a Federico García Lorca». El cielo ha bajado a las poblaciones: «Sobre todo de noche, / de noche hay muchas estrellas, / todas dentro de un río, / como una cinta junto a las ventanas / de las casas llenas de pobres gentes.» Y los fragmentos dolorosos de la memoria de Josie Bliss ya no son para el poeta espinas, vidrios rotos, tormentos o culpas obsesivas: esos recuerdos, por tanto tiempo reprimidos o negados, «ahí están otra vez como grandes peces [como estrellas] que completan el cielo / con su azul material vagamente invencible».

El azul es la cifra de la nueva noche. Signo común a los dos textos, es explícito en el notorio verso 5 de la «Oda» («por ti pintan de azul los hospitales»: ver nota) e implícito en todo el poema; y define el entero sentido de «Josie Bliss» con su presencia deliberadamente insistente. Este final *en azul* resume la integración en que *Residencia* desemboca: la profunda oscuridad de la Noche y la extensa claridad del Día coexisten en la conquistada luz azul que cierra el libro.

Esta edición

El texto de *Residencia en la tierra* se constituye en dos momentos. El primero corresponde a la edición Nascimento (Santiago, 1933) de *Residencia I.* El segundo corresponde a la edición Cruz y Raya (Madrid, 1935) que, junto con lanzar la primera publicación de *Residencia II,* confirma en general y revisa en algunos detalles la edición santiaguina de *Residencia I.*

La presente edición se propone establecer un texto de la entera *Residencia en la tierra* fundado básicamente sobre la edición Cruz y Raya (que sin duda Neruda siguió de cerca), corrigiéndola sólo en sus pocas erratas evidentes y en algunos aspectos de puntuación —aparte, naturalmente, la general actualización de la ortografía. Tales correcciones se apoyan en las *anticipaciones* (ver bibliografía) o en la versión del libro incluida en las últimas *Obras completas (OCP* 1973), versión que manejo como texto básico de referencia —con muchas reservas sobre su fiabilidad— sólo en cuanto puede ser considerado como el documento final (y resumidor) de algunas revisiones aceptadas o propuestas por el poeta mismo, pero sin garantías efectivas de su intervención directa. (Neruda se lamentó siempre de las infinitas erratas y descuidos de las varias ediciones de *Obras completas,* pero —hasta donde sé— nunca tuvo la paciencia de controlar personalmente las pruebas de imprenta. Lo demostraría la persistencia —y la nueva aparición— de erratas y descuidos en las últimas *OCP,* cuya revisión estuvo a cargo de Homero Arce.) En algunos casos, muy contados, me permito modificar la puntuación de *CYR* según mi propio criterio (sin los apoyos mencionados) o aceptando indicaciones de Alonso.. De todo ello, naturalmente, doy rigurosa cuenta en notas.

La introducción y el aparato de notas proponen, en conjunto, una lectura básica de *Residencia*, entendiendo por tal una lectura de primer grado muy vinculada a las circunstancias de la escritura. Esta lectura *genética* no pretende por supuesto ser única ni definitiva ni exhaustiva: aspira sólo a establecer un territorio de base (o de referencia) para otras lecturas —o niveles de lectura— posibles.

A mi entender, es *Residencia* misma la que hace necesaria, desde el punto de vista de la exégesis analítica, una operación descifradora en sentido genético. El peculiar hermetismo del libro se funda de modo caracterizante en alusiones, indicios o signos que conciernen al mundo personal del poeta, a la biografía del autor proyectada orgánicamente en los textos como esencial peripecia de un sujeto enunciador-protagonista. Lo que implica en el interior de la obra un substrato de información intertextual cuyas claves y detalles no es indispensable conocer para una legítima fruición inmediata por parte del lector, pero que sí me parecen útiles de tener en cuenta por parte de quien desee ahondar en el (o en los) significado(s) del libro. Al menos como desbrozamiento básico del terreno, tendente, a disminuir el índice de posibles equívocos, azares o interpretaciones gratuitas.

Pero me importa precisar que en mi trabajo el recurso a datos y circunstancias histórico-biográficas no tiene por objetivo proponer una lectura de *Residencia* en clave autobiográfica, ni confirmar la imagen de un Neruda de filiación subjetivista-romántica. Sí me interesa, en cambio, proponer materiales de base para la indispensable indagación en sentido opuesto, vale decir: a través de qué modos operativos la fantasía poética de Neruda transforma una red de indicios y datos autobiográficos en un sistema flexible de símbolos e imágenes que, por un lado, trascienden la simple representación de la experiencia personal del autor y que, por otro, manifiestan un notable grado de autonomía —o sea, de invención y creatividad— respecto de la tradición literaria de cuño occidental-europeo.

La ley de ambigüedad que rige la elaboración de *Residencia* —y que es una de las claves de su inmarchitable contemporaneidad— supone en el nivel indicado la coexistencia de dos dinámicas contrapuestas que dialécticamente se refuerzan: 1) la constante referencia a un substrato de signo autobiográfico; 2) el esfuerzo igualmente constante por celar o cifrar ese substrato para trescenderlo, esto es, para despojarlo de autobiografismo, proyectándolo en cambio a niveles simbólicos y axiológicos extrapersonales, tendencialmente objetivos y universales. Resultado de esta doble operación es el característico lenguaje «hermético» de *Residencia*, en el que cifrar y descifrar se confunden como variantes gemelas de una misma actividad.

Que ese lenguaje responde a una concepción *activa* de la escritura me parece un importante aspecto de la lectura genética que aquí propongo. *Residencia* podría ser considerada el producto del afán de un poético *homo faber* (anacrónico sólo en apariencia) que a través de su actividad cifradora-descifradora busca construir la imagen integral (emotiva y racional, nocturna y diurna) de sí mismo en su indisoluble cuanto móvil relación con el mundo circundante: imagen del entrecruzamiento yo/cosas. Por ello *Residencia* implica la representación de un proceso, de un devenir, de una integración (en/con el mundo) por conquistar.

Agradecimientos

Como todo mortal que alguna vez se ocupe de *Residencia en la tierra,* reconozco en primer lugar mi deuda de gratitud y admiración hacia Héctor Eandi, que sin conocer personalmente a Neruda tuvo la feliz tenacidad de obligarlo a una preciosísima correspondencia, y hacia Amado Alonso, padre y maestro de nerudologías. Esta edición de *Residencia* quiere ser, entre otras cosas, un homenaje a la memoria de ambos.

Declaro enseguida agradecimientos particularmente vivos y fervorosos a mi profesor Juan Uribe-Echevarría (Universidad de Chile), que hace ya muchos años me incitó a ocuparme de Neruda; a mi grande y querido amigo Robert Pring-Mill (Oxford University), que en medida muy importante, por no decir decisiva, hizo posible esta edición al procurarme, desde Santiago y desde Oxford, fotocopias de casi todas las *anticipa-*

ciones y de otros materiales indispensables para mi trabajo, además de confortarme sin tregua con estímulos, indicaciones, sugerencias y con su leal y sostenido afecto-diálogo; a François Lopez (Université de Bordeaux III), que en 1975 me regaló su impecable —e impagable— ejemplar de la edición Cruz y Raya de *Residencia,* sobre el cual he trabajado la presente edición; a René de Costa (University of Chicago) y a Evert Volkersz del Departament of Special Collections, SUNY Library (Stony Brook, Nueva York), por haberme procurado preciosos materiales en libros y microfilms; a Pedro Gutiérrez Revuelta (University of Houston) por sus envíos de material y, sobre todo, por su carta con observaciones en torno a «La calle destruida»; a Karsten Garscha (Frankfurt Universität) por su amistad y por sus generosas atenciones; a Juan Loveluck (University of South Carolina) por su afectuosa perseverancia en hacerme llegar textos, información y aliento; a Antonio Melis (Università di Siena) por sus utilísimos datos y sugerencias.

Dejo también constancia de mi gratitud, por diversas formas de estímulo y de ayuda a mi trabajo, a Volodia Teitelboim (Moscú); a Lore Terracini (Università di Torino); a Giusepe Bellini (Università di Milano); a Darío Puccini (Università di Roma); a Guido Almansi (University of East Anglia); a Fernando Alegría (Stanford University); a Pablo Berchenko y a Adriana Castillo (Université de Perpignan); a Alfredo Lozada (Louisiana State University); a Carlos Cortínez (University of Iowa); a Manuel Alcides Jofré (Santiago); a Bruno Sarta (Sassari/Leeds); a Enrique Mario Mayochi, jefe de Archivo del diario *La Nación* de Buenos Aires; a la hemeroteca de la Biblioteca Nacional de Buenos Aires; y a mis queridos y admirados Jaime Concha (University of California) y Alain Sicard (Université de Poitiers).

Declaro en fin una deuda muy especial de gratitud hacia mi compañera Simonetta Sanna, cuya inteligencia, intuición y experiencia como germanista (Università di Sassari) me han sido de ayuda inestimable durante toda la elaboración del presente trabajo. Por esta y otras razones dedico a ella, y a nuestro pequeño Matías, lo mejor del resultado de mis fatigas.

HERNÁN LOYOLA

Sassari, agosto de 1987.

Bibliografía

A. Textos de Pablo Neruda

1) *Ediciones básicas*

N   *Residencia en la tierra. 1925-1931,* Santiago, Nascimento, 1933. (Fecha de colofón: 10-IV-1933.)

CYR   1. *Residencia en la tierra. 1925-1931 /* 2. *Residencia en la tierra. 1931-1935,* Madrid, Ediciones del Árbol *(Cruz y Raya),* 1935. (Fecha de colofón, común para volúmenes: 15-IX-1935.) Esta primera edición completa de *Residencia en la tierra* es conocida como 'edición Cruz y Raya' porque las Ediciones del Árbol dependían de la editora y revista (dirigida por José Bergamín) de ese nombre, como indica el *copyright.*

OCP   *Residencia en la tierra. 1925-1935,* en Pablo Neruda, *Obras completas,* vol. I, Buenos Aires, Losada, 1973, 167-249.

2) *Anticipaciones*

Llamo convencionalmente *anticipaciones* a las versiones de textos de *Residencia* —publicadas en su tiempo, o conservadas y después reproducidas— anteriores a las publicaciones de *N* (para los textos de *Residencia I)* y de *CYR* para los textos de *Residencia II).* Aquí las enumero según las siglas usadas en las notas.

ADL   «Ausencia de Joaquín», en Joaquín Cifuentes Sepúlveda, *El adolescente sensual,* Santiago, Imp. El Esfuerzo, 1930, pág. 7.

AGR   «Muerte de Joaquín» [«Ausencia de Joaquín»], «Madrigal escrito en invierno», «Duelo decorativo» [«Lamento lento»], «Juntos nosotros», «Sonata y destrucciones», «La noche del soldado», «Ritual de mis piernas, «El fantasma del

	buque de carga», «Tango del viudo», «Barcarola». Versiones enviadas a Héctor Eandi entre 1928 y 1933 y reproducidas en Aguirre, ed., 1980.
AHB	«Colección nocturna», en *Alma Hebrea,* Temuco, Chile (mayo de 1931), 9-10.
ANT	«Sólo la muerte», «Oda con un lamento», «Alberto Rojas Giménez viene volando», en Eduardo Anguita y Volodia Teitelboim, *Antología de poesía chilena nueva* (Santiago, Edit. Zig-Zag, marzo de 1935), 129-133.
AVE	«Barcarola», en *El aviso de escarmentados del año que acaba y escarmiento de avisados para el que empieza en 1935,* libro-almanaque (Madrid, edición de *Cruz y Raya,* 1935), 70-72.
AZC	«Monzón de junio» [«Monzón de mayo»], «Serenata», «Significa sombras», «Ritual de mis piernas», en Rubén Azócar, *La poesía chilena moderna,* antología (Santiago, Ediciones Pacífico del Sur, abril de 1931), 309-313.
ATN-1	«Dolencia» [«Madrigal escrito en invierno»], en *Atenea,* 5, Concepción, Chile (julio de 1926), 478-479.
ATN-2	«Tormentas» [«Fantasma»], en *Atenea,* 10 (diciembre de 1926), 402-403
ATN-3	«Juntos nosotros», «Sonata y destrucciones», en *Atenea,* V, 9 (30-XI-1928), 384-387.
ATN-4	«Monzón de mayo», «Tango del viudo», «Ángela Adónica», en *Atenea,* 58 (octubre de 1929), 242-246.
ATN-5	«Colección nocturna», en *Atenea,* 66 (agosto de 1930), 31-34.
ATN-6	«El fantasma del buque de carga», en *Atenea,* 87 (mayo de 1932), 185-187.
CLA	«Galope muerto», en *Claridad,* 133, Santiago (agosto de 1926).
CRT	«Colección nocturna», en *Cartel,* 7, Montevideo (julio de 1930).
IND	«Ritual de mis piernas», «Significa sombras», en *Índice,* 9, Santiago (diciembre de 1930), 15.
LTS	«Significa sombras», «Ausencia de Joaquín», en *Letras,* 22, Santiago (julio de 1930), 19.
MCR-1	«Barcarola», en *El Mercurio,* Santiago (28-I-1934).
MCR-2	«Alberto Rojas Giménez viene volando», en *El Mercurio,* Santiago (21-X-1934).
N	Los textos de la edición Nascimento de *Residencia I* (1933) son considerados aquí como implícitas anticipaciones de los mismos textos en la edición *CYR* (1935), que es la base

de la presente edición. Registro en notas las discrepancias advertidas.

NAC-1 «Monzón de junio» [«Monzón de mayo»], en *La Nación,* Santiago (22-XII-1929).

NAC-2 «Sólo la muerte», en *La Nación,* Buenos Aires (18-III-1934).

NJV «Lamento lento», «Angela Adónica» (facsímiles de originales), en [Pablo Neruda], *NJV* (ver *infra*).

PDV «El desenterrado», en *Poesías de Villamediana presentadas por Pablo Neruda,* apartado de *Cruz y Raya,* 25, Madrid (julio de 1935).

PPD «Sólo la muerte», «Walking around», «Desespediente», «Oda con un lamento», «Material nupcial», «Agua sexual», en *Paloma por dentro,* cuadernillo mecanografiado con textos de Neruda y dibujos de García Lorca, fechado en Buenos Aires, abril de 1934, y dedicado en ejemplar único a Sara Tornú de Rojas Paz. Reproducido en *FDV,* 99-143.

RDP «Estatuto del vino» (fragmento), en *Revista del Pacífico,* 2, Santiago (julio de 1935).

ROC-1 «Galope muerto», «Serenata», «Caballo de los sueños», en *Revista de Occidente,* LXXXI, Madrid (marzo de 1930), 332-336.

ROC-2 «Alberto Rojas Giménez viene volando», en *Revista de Occidente,* CXXXIII, Madrid (julio de 1934), 47-51.

TCM «Entrada a la madera», «Apogeo del apio», «Estatuto del vino», en *Homenaje a Pablo Neruda / Tres Cantos Materiales,* Madrid, Plutarco (abril de 1935).

ZZG «Serenata», en *Zig-Zag,* 1086, Santiago (12-XII-1925).

3) *Textos pararresidenciarios*

— «Desaparición o muerte de un gato», «Tristeza», «La querida del alférez», «T. L.», «Oceana», «Soledad de otoño», en *Atenea,* III, 3 (mayo de 1926). Los cuatro primeros textos fueron incorporados a *ANS.*

— «Pablo Vidor y el salón oficial», en *Claridad,* 135, Santiago (octubre-noviembre de 1926).

— «Cercanía de sus párpados», poema, en *Atenea,* IV, 4 (junio de 1927). Recogido en *OCP,* III, 623-624, y en *RIV,* 127.

— «Imagen viajera», crónica de viaje fechada «en alta mar, julio de 1927), en *La Nación,* Santiago (14-VIII-1927), y en *PNN,* 29-30.

— «Port Said», crónica de viaje fechada «Port Said, 24 de agosto de 1927», en *La Nación,* Santiago (29-I-1928), y en *PNN,* 31-32.

— «Danza de África», crónica de viaje fechada «Djibouti, 2 de setiembre de 1927», en *La Nación,* Santiago (20-XI-1927), y en *PNN,* 33-35.

— «Colombo dormido y despierto», crónica de viaje fechada «Océano Índico, 8 de setiembre, 1927», en *La Nación,* Santiago (4-XII-1927), y en *PNN,* 39-41.

— «El sueño de la tripulación», crónica de viaje fechada «Golfo de Bengala, setiembre de 1927», en *La Nación,* Santiago (26-II-1928), y en *PNN,* 36-38.

— «Diurno de Singapore», crónica de viaje fechada «Singapore, octubre 1927», en *La Nación,* Santiago (5-II-1928), y en *PNN,* 42-43 y 48-49. Por error o descuido, *PNN* reproduce esta crónica en dos fragmentos esperados, como si fuesen dos textos distintos. Cfr. Loveluck, ed., 1971, 84-66, que trae una correcta reproducción.

— «Madras. Contemplaciones del acuario», crónica de viaje fechada «Madras, noviembre 1927», en *La Nación,* Santiago (12-II-1928), y en *PNN,* 44-47.

— «Contribución al dominio de los trajes», crónica de viaje, desde Rangún sin fecha, en *La Nación,* Santiago (4-III-1928), y en *PNN,* 56-59.

— «Invierno en los puertos», crónica de viaje fechada «Shangai, febrero de 1928», en *La Nación,* Santiago (8-IV-1928), y en *PNN,* 50-53.

— «Nombre de un muerto», artículo en memoria de Augusto Winter, fechado «Singapore, febrero de 1928», en *La Nación,* Santiago (20-V-1928), y en *PNN,* 54-55.

— «Oriente y Oriente», crónica desde Wellawatta (Colombo, Ceilán), sin fecha, en *La Nación,* Santiago (7-II-1929), y en Loveluck, ed., 1974.

— «Ceylán espeso», crónica fechada «Wellawatta, Ceylán, julio 1929», en *La Nación,* Santiago (17-XI-1929), y en *PNN,* 60-62.

— «Refuta influencias indirectas», texto de una carta a Alone fechada «Weltevreden, Java, Indias Holandesas, 15 de julio de 1930», en *La Nación,* Santiago (19-X-1930).

— «Introducción a la poética de Ángel Cruchaga», artículo fechado «Batavia, Java, febrero de 1931», en *Atenea,* 75-76 (mayo-junio de 1931), y en *PNN,* 65-67.

— «Oda tórrida», poema fechado «Isla de Java, 1931», en *Revista del Pacífico,* 1, Santiago (junio de 1935); X en *OCP,* III, 635-636; en *RIV,* 132-133.

— «Ebrio de trementina...», nuevo poema 9 escrito para la segunda edición de *Veinte poemas de amor y una canción desesperada* (Santiago, Nascimiento, 1932).

— «Una carta de Neruda», texto de una carta a Raúl Silva Castro a propósito de *Tratado del bosque* de Juvencio Valle, en *El Mercurio,* Santiago (20-XI-1932).

— «Número y nombre», poema, en *El Mercurio,* Santiago (26-II-1933), recogido en *FDV,* 13-16.

— «Severidad», poema incluido en *Paloma por dentro (PPD)* y recogido en *FDV,* 131-132, y en *OCP,* III, 634-635.

— «Discurso al alimón sobre Rubén Darío, por Federico García Lorca y Pablo Neruda», texto del discurso-homenaje escrito por ambos poetas y leído por ellos mismos en el Pen Club de Buenos Aires a fines de 1933, reproducido en *El Sol,* Madrid, (30-XII-1934), en F. García Lorca, *Obras completas* 1717-1720 (Madrid, Aguilar, 1960), y en Neruda, *CHV,* 158-161; *OCP,* III, 629-631.

4) *Otras obras citadas*

ANS   *Anillos,* Santiago, Nascimento, 1926.

CGN   *Canto general,* México, Talleres Gráficos de la Nación, 1950.

CHV   *Confieso que he vivido / Memorias,* Barcelona, Seix Barral, 1974.

CLR   *Cartas a Laura* (editadas por Hugo Montes), Madrid, Cultura Hispánica, 1978.

CMR   *Cartas de amor* [a Albertina Azócar], editadas por Sergio Fernández Larraín, Madrid, Rodas, 1974.

CRP   *Crepusculario,* Santiago, Claridad, 1923.

ETV   *Estravagario,* Buenos Aires, Losada, 1958.

FDV   *El fin del viaje / Obra póstuma,* Barcelona, Seix Barral, 1982.

HOE   *El hondero entusiasta. 1923-1924,* Santiago, Letras, 1933.

HYE   *El habitante y su esperanza,* Santiago, Nascimento, 1926.

JDI   *Jardín de invierno,* Buenos Aires, Losada, 1974.

MIN   *Memorial de Isla Negra,* vols. I-V, Buenos Aires, Losada, 1964.

NJV   *Neruda joven / Cartas y poemas,* Madrid, edición del Banco Exterior de España, 1983. [Cartas a Albertina Azócar, como en *CMR,* pero incluyendo facsímiles de cartas y poemas.]

OCP   *Obras completas,* vols. I-III, Buenos Aires, Losada, 1973[4]. Cuando menciono alguna de las tres ediciones anteriores, agrego las fechas respectivas de publicación, 1957, 1962, 1968.

PNN   *Para nacer he nacido,* Barcelona, Seix Barral, 1978.

RIV   *El río invisible / Poesía y prosa de juventud,* Barcelona, Seix Barral, 1980.

TER   *Tercera residencia,* Buenos Aires, Losada, 1947.

THI   *Tentativa del hombre infinito,* Santiago, Nascimento, 1926.

VJS   *Viajes: Al corazón de Quevedo y Por las costas del mundo,* Santiago, Ediciones de la Sociedad de Escritores de Chile, 1947. Edición ampliada, *Viajes,* Santiago, Nascimento, 1955.

VPA   *Veinte poemas de amor y una canción desesperada,* Santiago, Nascimento, 1924. Segunda edición, revisada y definitiva, Nascimento, 1932.

B. Referencias

Agosin, Majorie
1986   *Pablo Neruda,* Boston, Twayne Publishers, TWAS 769.
Aguirre, Margarita.
1967   *Las vidas del poeta,* Santiago, Zig-Zag.
Aguirre, Margarita (ed.)
1980   *Pablo Neruda-Héctor Eandi. Correspondencia durante «Residencia en la Tierra»,* Buenos Aires, Sudamericana. (Citado, Aguirre.)
Aldunate Phillips, Arturo
1936   *El nuevo arte poético y Pablo Neruda,* Santiago, Nascimento.
Alberti, Rafael
1959   *La arboleda perdida. Libros I y II de Memorias,* Buenos Aires, Compañía General Fabril Editora.
1964   «De mon amitié avec Pablo Neruda», *Europe,* 419-420, París (marzo-abril de 1964), 71-75. Hay versión española en Loyola, ed., 1964, 208-210.
1983   «Pablo a lo lejos», en [P. Neruda], *NJV,* 93-98.
1985   «La "hormiguita" y otras hojas perdidas», *El País,* Madrid (10-IX-1985).
Alegría, Fernando
1983   *Una especie de memoria,* México, Nueva Imagen.
Aleixandre, Vicente
1975   «La última vez que vi a Pablo Neruda», en Lévy-Loveluck, eds., 1975, 407-410.
1983   «Con Pablo Neruda», en [P. Neruda], *NJV,* 11-15, y en V. Aleixandre, *Los encuentros* (Madrid, Selecciones Austral / Espasa-Calpe, 1985[2]), 146-149.

ALONSO, AMADO

1951   *Poesía y estilo de Pablo Neruda,* Buenos Aires, Sudamericana (2.ª ed.).

AZÓCAR, Rubén

«Testimonio», en Loyola, ed., 1964, 213-218.

AZÓCAR, Rubén (ed.)

1931   *La poesía chilena moderna,* Antología, Santiago, Ediciones Pacífico del Sur.

BEAUJOUR, Michel

1977   «Autobiographie et autoportrait», *Poétique,* 32 (noviembre de 1977), 442-458.

BELLINI, Giuseppe

1969   «Prefazione» y «Note per l'interpretazione delle poesie», en P. Neruda, *Tre residenze sulla terra* (Milán, Sansoni-Accademia, 1969), 5-22 y 293-308.

1974   *Quevedo in America,* Milán, Cisalpino-Goliardica.

BENNETT, John M.

1974-5 «Estructuras antitéticas en "Galope muerto" de Pablo Neruda», *Revista Hispánica Moderna,* XXXVIII, 3 (1974-1975), 103-114.

BERGEN, Carol J.

1976   *Pablo Neruda's Poetry of Quest* (Ph. D. Thesis), Providence, Brown University.

BIZZARRO, Salvatore

1979   *Pablo Neruda. All Poets the Poet,* Metuchen (Nueva Jersey) & Londres, The Scarecrow Press.

CAMACHO GUIZADO, Eduardo

1978   *Pablo Neruda. Naturaleza, historia y poética,* Madrid, SGEL.

CARDONA PEÑA, Alfredo

1955   *Pablo Neruda y otros ensayos,* México, De Andrea.

CARPENTIER, Alejo

1974   «Présence de Pablo Neruda», *Europe,* 537-538, París (enero-febrero de 1974), 129-135.

CARRILLO, Gastón

1967   «La lengua poética de Pablo Neruda», *Boletín del Instituto de Filología de la Universidad de Chile,* 19 (1967), 133-164.

CARRILLO-HERRERA, Gastón / PIEPER, Anette

1981   «"Josie Bliss" de Pablo Neruda: un análisis estilístico», *Archiv für das Studium der Neueren Sprachen und Literaturen,* Frankfurt am Main (1981), 355-371.

CONCHA, Jaime

1963   «Interpretación de *Residencia en la tierra* de Pablo Neruda»,

Mapocho, 2, Santiago (julio de 1963), 5-39. Recogido en Concha 1974, 31-84.

1972 *Neruda (1904-1936)*, Santiago, Editorial Universitaria.

1974 *Tres ensayos sobre Pablo Neruda*, Columbia, The University of South Carolina (Hispanic Studies).

1975 «Observaciones sobre algunas imágenes de *Residencia en la tierra*», en Lévy-Loveluck, eds., 1975, 107-122.

1985 «"Cruzar" en *Residencia en la tierra*», en *Revista de Crítica Literaria Latinoamericana*, 21-22, Lima (1985), 109-119. También en Loyola, eds., 1987, 77-90.

CONDON, *Alfredo*

1933 «Memorándum: *Residencia en la tierra*», en *Zig-Zag* (28-VIII-1933).

CÓRDOBA, Pierre Emmanuel

1979 «Un temps, trois mouvements: une note sur le matérialisme de *Residencia en la tierra*», en *Ibérica II*, París, Sorbonne II (1979), 137-156.

CORTÁZAR, Julio

1973 «Carta abierta a Pablo Neruda», *Revista Iberoamericana*, 82-83 (enero-junio de 1973), 21-26. Reproducido en Rodríguez Monegal-Santí, eds., 1980, 31-36.

CORTÍNEZ, Carlos

1973 «Análisis de "Madrigal escrito en invierno"», *Taller de Letras*, 3, Santiago (1973), 13-16, y en Lévy-Loveluck, eds., 1975, 97-105.

1975 *Comentario crítico de los diez primeros poemas de «Residencia en la tierra»* (Ph. D. Thesis), Iowa City, University of Iowa.

1980 «Introducción a la muerte en *Residencia en la tierra* ("Ausencia de Joaquín")», en E. Rodríguez Monegal & E. M. Santí, eds., 1980, 134-142.

1987 Análisis de «Caballo de los sueños», en Flores, ed., 1987, 101-112.

CREMA, Edoardo

1947 «La sintaxis en Píndaro y Neruda», *Cultura Universitaria*, 3, Caracas (1947), 68-79.

CROS, Edmond

1978 «La perception de l'espace dans *Residencia*: essai sur les mécanismes de production de sens», *Imprévue*, 1-2, Montpellier (1978), 7-33.

CHEVALIER, Jean / GHEERBRANT, Alain

1973-4 *Dictionnaire des symboles*, 4 vols, París, Seghers.

DAIGUEPERSE, Muriel

1979-80 *Écriture et mythe. Recherches sur la langue poétique de Neruda dans «Residencia en la tierra»,* III (Mémoire de maîtrisse), Bordeaux, Université de Bordeaux.

DE COSTA, René

    1979   *The Poetry of Pablo Neruda,* Cambridge (Mass.) & Londres, Harvard University Press.

    1980   «Postdata: Neruda sobre Huidobro», en R. de Costa, *En pos de Huidobro. Siete ensayos de aproximación* (Santiago, Universitaria, 1980), 95-107.

    1987   «El Neruda de Huidobro», en Loyola, ed., 1987, 99-108.

DE ROKHA, Pablo

    1932a «Pablo Neruda, poeta a la moda», *La Opinión,* Santiago (11-XI-1932).

    1932b «Neruda y Cía.», *La Opinión,* Santiago (23-XI-1932).

    1933   «Epitafio a Neruda», *La Opinión,* Santiago (22-V-1933).

DE TORRE, Guillermo

    1934   «Un poeta chileno en Madrid», *Luz,* Madrid (17-VIII-1934).

D'HALMAR, Augusto

    1934   *Lo que no se ha dicho sobre la actual revolución española,* Santiago de Chile, Ediciones Ercilla.

DEBICKI, Andrew

    1975   «La realidad concreta en algunos poemas de Pablo Neruda», en A. Debicki y E. Pupo-Walker, eds., *Estudios de literatura hispanoamericana en honor a José J. Arrom* (Chapel Hill, University of North Carolina Press, 1975), 179-192.

DÉLANO, Luis Enrique

    1932   «Regreso de Neruda, *El Mercurio,* Santiago (15-V-1932).

    1964   «Neruda en España», en Loyola, ed., 1964, 218-225.

DÍAZ, Ramón

    1969   «Pasos entre las dos *Residencias* de Neruda», Papeles de Son Armadans, 54 (1969), 229-242. Reproducido en Flores, ed., 1974, 139-146.

DURÁN, Manuel / SAFIR, Margery

    1981   *Earth Tones. The Poetry of Pablo Neruda,* Bloomington, Indiana University Press.

EDWARDS, Jorge

    1983a «El poeta casamentero», en [P. Neruda], *NJV,* 99-103.

    1983b «Fantasmas junto al mar», *El País,* Madrid (19-VIII-1983).

FELSTINER, John

    1980   *Translating Neruda. The Way to Macchu Picchu,* Stanford, California, Stanford University Press.

FINLAYSON, Clarence

    1938   «Pablo Neruda en "Tres cantos materiales"», en *Poetas y poe-*

   mas (Santiago, Ediciones Revista Universitaria, 1938), 19-28. Reproducido en Loyola, ed., 1971, 257-262.

1969 «Paisaje en Pablo Neruda» y otros artículos, en C. Finlayson, *Antología* (Santiago, Edit. Andrés Bello, 1969), 373-474.

FLORES, Ángel (ed.)

1974 *Aproximaciones a Pablo Neruda,* Barcelona, Ocnos.

1987 *Nuevas aproximaciones a Pablo Neruda,* México, Fondo de Cultura Económica, Colección Tierra Firme.

FOXLEY, Carmen

1975 «La impertinencia predicativa. Una figura del lenguaje de *Residencia en la tierra», en Taller de Letras,* 4, Santiago (1975).

FRANCO, Jean

1975 «Orfeo en Utopía», en Lévy-Loveluck, eds., 1975, 269-289.

GALLAGHER, David

1973 «Pablo Neruda», en D. Gallagher, *Modern Latin American Literature* (Londres-Oxford-Nueva York, Oxford University Press, 1973), 39-66.

GARCÍA LORCA, Federico

1934 «Presentación de Pablo Neruda», texto leído en la Universidad Central de Madrid el 6-XII-1934, reproducido (entre muchos otros lugares), en E. Rodríguez Monegal y E. M. Santí, eds., 1980, 13-14.

GATELL, Angelina

1971 *Neruda,* Madrid, Epesa.

GONZÁLEZ-ORTEGA, Nelson A.

1985 «La lírica en el tango o el tango en la lírica. La dimensión paródica de "Tango del viudo"», *Revista de Crítica Literaria Latinoamericana,* 21-22, Lima (1985), 47-58.

GUILLÉN, Jorge

1983 «El primer amor de Neruda», en [Neruda], *NJV,* 105-109.

GUTIÉRREZ MOUAT, Ricardo

1984 «La presencia de ciertos textos de Darío en *Residencia en la tierra»,* en *Hispamérica,* 34 (diciembre de 1984), 85-93.

GUTIÉRREZ REVUELTA, Pedro

1984 «Encuentro de Neruda con la "Metrópoli": tres días en Madrid (julio de 1927)», *Araucaria de Chile,* 29, Madrid (1984), 83-91.

HAMILTON, Carlos D.

1965 «Pablo Neruda», en C. D. Hamilton, *Nuevo lenguaje poético: de Silva a Neruda* (Bogotá, Publicaciones del Instituto Caro y Cuervo, 1965), 147-185.

HIMELBLAU, Jack
1969 «Poesía de Pablo Neruda, un canto de desolación: "Sólo la muerte"», *La Torre,* 64, San Juan de Puerto Rico (1969), 93-100.
1973 «Pablo Neruda's "Ausencia de Joaquín": an analysis», *Norte,* 14, Amsterdam (enero-febrero de 1973), 9-13. Versión española en Flores, ed., 1974, 72-76.

IBÁÑEZ LANGLOIS, José Miguel
1978 *Rilke, Pound, Neruda. Tres claves de la poesía contemporánea,* Madrid, Rialp.

JOFRÉ, Manuel Alcides
1981 *Estructura de «Residencia en la tierra» de Pablo Neruda* (Ph. D. Thesis), Toronto, University of Toronto.
1987 Análisis de «Galope muerto», en Flores, ed., 1987, 93-100.

LAJOIE, Jacques
1970 «"Significa sombras" de Pablo Neruda», *Reflexión,* II, 3 (febrero de 1970), 38-45.

LARREA, Juan
1944 «El surrealismo entre viejo y nuevo mundo», *Cuadernos Americanos,* núms. 3, 4 y 5, Méjico (1944). Reproducido en J. Larrea, *Apogeo del mito* (México), Nueva Imagen, 1983), 123-192.

LEFEBVRE, Alfredo
1974 «Análisis del poema "Sólo la muerte"», en Flores, ed., 1974, 105-114. Texto original en A. Lefebvre, *Poesía española y chilena* (Santiago, Editorial del Pacífico, 1958), 149-162.

LEÓN, María Teresa
1982 *Memoria de la melancolía,* Barcelona, Bruguera. Ediciones previas, Buenos Aires, Losada, 1971; Madrid, Laia, 1977.

LÉVY, Isaac / LOVELUCK, Juan (eds.)
1975 *Simposio Pablo Neruda [Columbia, SC, 1974]. Actas,* Columbia & Nueva York, University of South Carolina & Las Américas.

LORA RISCO, Alejandro
1974 «Las teorías lingüísticas de Amado Alonso subyacentes a su crítica de *Residencia en la tierra»,* en *Cuadernos Americanos,* 4, México (julio-agosto de 1974), 106-113.

LOVELUCK, Juan
1974 «La sintaxis de la desintegración: sobre una elegía de Pablo Neruda» [análisis de «ARG viene volando»], *Cuadernos Hispanoamericanos,* 287, Madrid (mayo de 1974), 361-380.
1975 «El navío de Eros: *Veinte poemas de amor...,* número nueve», en Lévy-Loveluck, eds., 1975, 217-231.

LOVELUCK, Juan (ed.)

1971 «Neruda en *La Nación* (1927-1929): prosa olvidada» [presentación y textos de diez crónicas desde Oriente], en Loyola, ed., 1971, 57-78.

1974 «Más sobre Neruda en Oriente» [presentación y texto de la crónica «Oriente y Oriente», 1929], en *Hispania,* vol. 57, 4 (1974), 976-978.

1977 «Pablo Neruda en Oriente: un texto desconocido [presentación y texto de la crónica «Port Said», 1927], en *Sin Nombre,* VII, 1, San Juan de Puerto Rico (1977), 53-56.

1983 «Una carta desconocida de Pablo Neruda» [a Sara Tornú, 1934], en *Hispania,* 66 (1983), 420-422.

LOYOLA, Hernán

1964 «Los modos de autorreferencia en la obra de Pablo Neruda», *Aurora,* 3-4, Santiago (julio-diciembre de 1964), 64-125. Hay apartado.

1967 *Ser y morir en Pablo Neruda,* Santiago, Editora Santiago.

1968 «La obra de Pablo Neruda / Guía bibliográfica» [bibliografía activa], en P. Neruda, *Obras completas,* vol. II, 1313-1501 (Buenos Aires, Losada, 1968³). Reproducida en *OCP,* III (1973), 911-1106.

1978a «Neruda: el espacio fundador, *Araucaria de Chile,* 3 (1978), 61-82.

1978b *«El habitante y su esperanza:* relato de vanguardia», en Mátyás Horányi, ed., *Actas del Simposio Internacional de Estudios Hispánicos-Budapest 1976* (Budapest, Akadémiai Kiadó, 1978). También en *Cuadernos para Investigación de la Literatura Hispánica,* 2-3, Madrid (1980), 213-222.

1981 «Introducción(es)» a P. Neruda, *Antología poética,* I-II (Madrid, Alianza, 1981), 7-22, 37-53, *81-94,* 135-155, 201-220, 307-326, 431-448. Hay apartado, *Pablo Neruda / Propuesta de lectura* (1981).

1983 «Lectura de *Tentativa del hombre infinito* de Pablo Neruda», *Revista Iberoamericana,* 123-124 (abril-septiembre de 1983), 369-387.

1985 *«Residencia* revisitada», *Cuadernos Americanos,* 5 (1985), 129-162, y en Flores, ed., 1987, 63-92 (con omisión de bibliografía-claves).

1986a «Neruda 1924-1926: la travesía de la noche», *Journal of Latin American Lore,* XII, 1, Los Angeles (1986), 83-100. También en Loyola, ed., 1987, 45-64.

1986b «Resonancias europeas en el joven Neruda: Giovanni Papini», *Studi di Letteratura Ispano-Americana*, 18, Milano (1986), 65-82.

LOYOLA, Hernán (ed.)

1964 «Testimonio», en *Aurora*, 3-4, Santiago (1964), 203-249.

1971 *Estudios sobre Pablo Neruda*, edición especial de homenaje, *Anales de la Universidad de Chile*, 157-160 (1971).

1987 *Neruda en/a Sassari. Actas/atti del Simposio Intercontinental Pablo Neruda [Sassari, 1984]*, Sassari (Italia), edición del Seminario di Studi Latinoamericani (Università di Sassari).

LOZADA, Alfredo

1964 *«Residencia en la tierra:* algunas correcciones»*, Revista Hispánica Moderna*, XXX, 2 (abril de 1964), 108-118. Reproducido en Lozada 1971, 371-386.

1971 *El monismo agónico de Pablo Neruda. Estructura, significado y filiación de «Residencia en la tierra»*, México, B. Costa-Amic, Editor.

1983 «Migas de Nietzsche...», *Revista Iberoamericana*, 123-124 (1983), 389-402.

1986 «Visión degradada / error visionario...», *Revista Iberoamericana*, 137 (1986), 963-970.

MAINER, José Carlos

1981 *La Edad de Plata (1902-1939)*, Madrid, Ediciones Cátedra.

MAREY, Juan

1983 «"Entrada a la madera': commentaire», *Ventanal*, 6, Perpignan (1983), 33-39.

MAYORGA, René Antonio

1976 «Sociedad y poesía en *Residencia en la tierra* de Pablo Neruda», *Revista de Crítica Literaria Latinoamericana*, 4 (1976), 43-60.

MELÉNDEZ, Concha

1936 «Pablo Neruda en su extremo imperio», *Revista Hispánica Moderna*, III, 1 (octubre de 1936), 1-31.

MELIS, Antonio

1970 *Neruda*, Florencia, La Nuova Italia (Il Castoro, 38).

MÉNDEZ-FAITH, Teresa

1981 «Algunas observaciones en torno a "Sólo la muerte" de Pablo Neruda», *Cuadernos Americanos*, XI, 4 (julio-agosto de 1981), 195-200.

MEZA FUENTES, Roberto

1932 «Perfil de un poeta», *El Mercurio*, Santiago (22-V-1932).

MONTES, Hugo

1974 *Para leer a Neruda*, Buenos Aires & Santiago, Edit. Francisco de Aguirre.

MORLA LYNCH, Carlos

1958 *En España con García Lorca (Páginas de un diario íntimo, 1928-1936),* Madrid, Aguilar.

NERUDA, Pablo

1964 «Algunas reflexiones improvisadas sobre mis trabajos», *Mapocho,* II, 3, Santiago (1964), 180-182. Recogido en *OCP,* III, 708-714.

NEVES, Eugenia

1982 *Concepción del ser latinoamericano. Su historia y estereotipo nacional en la obra de Neruda* (Thèse de doctorat d'Etat), Montpellier, Université de Montpellier, III.

OYARZÚN GARCÉS, Orlando

1964 «Testimonio», en Loyola, ed., 1964, 237-240.

PAOLI, Roberto

1985 «Vallejo y Neruda», en R. Paoli, *Estudios sobre literatura peruana contemporánea* (Firenze, Università di Firenze & Stamperia Editoriale Parenti, 1985), 75-91. También en Loyola, ed., 1987, 109-125.

PINILLA, Norberto

1933 «Residencia en la tierra» [reseña], *La Nación,* Santiago (11-VI-1933).

PRING-MILL, Robert

1975 «Introduction» a P. Neruda, *A Basic Anthology* (Londres, The Dolphin Book Co., 1975), XV-LXXXI.

PUCCINI, Darío

1962 «Introduzione» y «Note» en P. Neruda, *Poesie* (Florencia, Sansoni, 1962), IX-XXVIII y 664-698.

1965 «Due note su Pablo Neruda... II. Neruda traduttore di Joyce», *Studi di Letteratura Spagnola,* Roma (1965), 225-241. Traducción al español en Loyola, ed., 1971, 129-138.

1986 *«Residencia en la tierra:* algunas variantes», *Revista Iberoamericana,* 135-136 (abril-septiembre de 1986), 509-519.

RIVERO, Eliana S.

1971 *El gran amor de Pablo Neruda. Estudio crítico de su poesía,* Madrid, Plaza Mayor.

RODRÍGUEZ FERNÁNDEZ, Mario

1972 «Estructura de dos poemas de Neruda: ... "No hay olvido (sonata)"», *Taller de Letras,* 2, Santiago (1972), 87-90. Reproducido en Flores, ed., 1974, 131-138.

RODRÍGUEZ MONEGAL, Emir

1966 *El viajero inmóvil,* Buenos Aires, Losada. Segunda ed. ampliada, Caracas, Monte & Ávila Editores, 1977.

RODRÍGUEZ MONEGAL, Emir / SANTÍ, Enrico Mario (eds.)

1980   *Pablo Neruda,* Madrid, Taurus, Serie El Escritor y la Crítica.
ROGERS, Paul
1960   «"No hay olvido (sonata)"», en Stanley Burnshaw, ed., *The Poem Itself* (Nueva York, Holt, Rinehart and Winston, 1960), 266-267.
ROJAS PAZ, Pablo
1944   «Neruda», en P. Rojas Paz, *Cada cual y su mundo* (Buenos Aires, Poseidón, 1944), 101-120.
ROSALES, Luis
1978   *La poesía de Neruda,* Madrid, Editora Nacional.
ROSENTHAL, M. L.
1974   «Voyage into Neruda», *Review 74,* 11 (Spring, 1974), 30-32.
SAALMANN, Dieter
1974   «Der Tod als Simbild aesthetischer Affinität zwischen R. M. Rilke und Pablo Neruda», *DVS,* 48 (1974), 197-227.
SÁENZ DE LA CALZADA, Luis
1976   *«La Barraca. Teatro Universitario,* Madrid, Biblioteca de la Revista de Occidente.
SANTÍ, Enrico Mario
1982   *Pablo Neruda. The Poetics of Prophecy,* Ithaca & Londres, Cornell University Press.
SCONE, Betsy
1948   *Comparison of Pablo Neruda and T. S. Eliot* (M. A. Thesis), Albuquerque, University of New Mexico.
SCHOPF, Federico
1971   «Análisis de "El fantasma del buque de carga"», en Loyola, ed., 1971, 117-127.
SCHWARTZMANN, Félix
1953   «El mundo poético de Pablo Neruda como voluntad de vínculo», en F. Schwartzmann, *El sentimiento de lo humano en América* (Santiago, Universitaria, 1953), 63-80.
SHAW, Donald L.
1985   «"Ebrio de trementina...": Another View», en N. G. Round & D. G. Walters, eds., *Readings in Spanish and Portuguese Poetry for Geoffrey Connell* (Glasgow, University of Glasgow, 1985), 235-240.
SICARD, Alain
1981   *El pensamiento poético de Pablo Neruda,* Madrid, Gredos, Biblioteca Románica Hispánica, serie Estudios y Ensayos, 313.
SILVA CASTRO, Raúl
1932   «Pablo Neruda,», en R. Silva Castro, *Retratos literarios* (Santiago, Ercilla, 1932), 199-215.

1964   *Pablo Neruda,* Santiago, Universitaria.

SPITZER, Leo

1974   «La enumeración caótica en la poesía moderna» [1945], en
        L. Spitzer, *Lingüística e historia literaria* (Madrid, Gredos,
        1974²), 247-291.

TEITELBOIM, Volodia

1971   «Neruda siempre», en Loyola, ed., 1971, 287-296. Repro-
        ducido en Rodríguez Monegal-Santí, eds., 1980, 37-52.

1984   *Neruda,* Biografía, Madrid, Ediciones Michay. (Citado, Tei-
        telboim.)

TERRY, Arthur

1985   «Pablo Neruda: "El fantasma del buque de carga"», en
        N. G. Round & D. G. Walters, eds., *Readings in Spanish and
        Portuguese Poetry for Geoffrey Connell* (Glasgow, University of
        Glasgow, 1985), 214-258.

THOMAS, Hugh

1963   *Storia della guerra civile spagnola,* Turín, Einaudi. Trad. it. de
        The Spanish Civil War (Londres, Eyre & Spottiswoode,
        1961).

TOLMAN, Jon M.

1968   «Death and Alien Environment in Pablo Neruda's *Residen-
        cia en la tierra»,* en *Hispania,* 51 (1968), 79-85.

TUÑÓN DE LARA, Manuel

1966   *Storia della Republica e della guerra civile in Spagna,* Roma, Edi-
        tori Riuniti. Trad. it. de *La España del siglo XX, 1917-1939*
        (París, 1966).

VIVANCO, Luis Felipe

1933   «La desesperación en el lenguaje: *Residencia en la tierra* de Pa-
        blo Neruda», *Cruz y Raya, 8, Madrid (abril de 1933),*
        149-158.

WALTER, Monika

1978   «El problema del compromiso en *Residencia en la tierra* de
        Pablo Neruda», en Mátyás Horányi, ed., *Actas del Simposio
        Internacional de Estudios Hispánicos-Budapest, 1976* (Budapest,
        Akadémiai Kiadó, 1978), 205-210.

YURKIÉVICH, Saúl

1971   *Fundadores de la nueva poesía latinoamericana,* Barcelona, Barral
        Editores.

1984   *«Residencia en la tierra:* paradigma de la primera vanguardia»,
        en S. Yurkiévich, *A través de la trama. Sobre vanguardias litera-
        rias y otras concomitancias* (Barcelona, Muchnik, 1984), 46-57;
        y en Loyola, ed., 1987, 65-75.

ZAMBRANO, María

1938   «Pablo Neruda o el amor de la materia», *Hora de España,*
        XXIII, Barcelona (noviembre de 1938), 35-42.

Residencia en la tierra

1

1925-1931

I

GALOPE MUERTO

Como cenizas, como mares poblándose,
en la sumergida lentitud, en lo informe,
o como se oyen desde el alto de los caminos
cruzar las campanadas en cruz,
teniendo ese sonido ya aparte del metal,   5
confuso, pesando, haciéndose polvo
en el mismo molino de las formas demasiado lejos,
o recordadas o no vistas,
y el perfume de las ciruelas que rodando a tierra
se pudren en el tiempo, infinitamente verdes.   10

1-10 *Como cenizas... infinitamente verdes.* «Comparación sin manifestación de lo comparado. (...) La comparación se refiere al tema de la poesía: *esto que considero es como cenizas*, etc.» (Alonso, 178).

1 *Como cenizas, como mares poblándose:* como cúmulos de materia viva ya extinguida, pero *también* (al mismo tiempo) como pululación infinita de vida naciente, en germinación. — *poblándose:* sobre el uso del gerundio en *Residencia,* cfr. Alonso, 108; Meléndez, 31.

2 *en la sumergida lentitud...* «Lo informe en lo informe (representado con una imagen que sólo puede ser entrevista: *sumergida lentitud).»* Alonso, 178.

3 *CLA,* falta la «o» al inicio del verso.

3-4 *cruzar... en cruz:* algo que no es de ver, ni siquiera de entrever: solamente de escuchar, según solicita o exige «ese sonido ya aparte del metal», esa vibración (cfr. Concha 1985: 109).

6 *OCP,* «pesado» (errata que la ed. 1962 variaba: «pensando»).

7 *CLA* y *ROC-1,* sin coma al final del verso. Acoger esta lectura sería más coherente con una lógica de la puntuación de la serie tripartita (vv. 7-8), pero afectaría, creo, a la respiración del entero período (vv. 6-8), por lo cual he preferido dejar la coma de *N, CYR* y *OCP* (que en rigor pediría otra coma tras «recordadas», v. 8).

9-10 *y el perfume de las ciruelas...* Construcción que sigue el modelo del v. 3: «y [como se siente] el perfume...», y regida al mismo tiempo (sintaxis ambigua) por el verbo del v. 5: «y [teniendo] el perfume...», lo que en todo caso supone la correlación *sonido-perfume,* entreverada con referencias al tacto —«pesando»— y a la caída —«rodando a tierra»—, a la visión, al transcurso, a la memoria. — Alonso (178) y Concha 1963 (35) subrayan la *destrucción* como tema de estos versos («dos tipos de destrucción: la corrupción de los objetos, y la huida de la experiencia con el transcurso del tiempo», precisa Concha). A mi entender, el tex-

Aquello todo tan rápido, tan viviente,
inmóvil sin embargo, como la polea loca en sí·misma,
esas ruedas de los motores, en fin.
Existiendo como las puntadas secas en las costuras del
    árbol,
callado, por alrededor, de tal modo,   15
mezclando todos los limbos sus colas.
Es que de dónde, por dónde, en qué orilla?

---

to propone ya aquí la co-presencia de destrucción y germinación, resolviéndose en algo que permanece más allá del conflicto, una huella viva, una continuidad, una esencia de identidad confusa pero perceptible, algo que trasciende (desde el punto de vista del sujeto) las apariencias fenoménicas de nacimiento y desintegración, de emersión y desvanecimiento, de vida y muerte; algo, en fin, que el texto trata de aferrar con las figuras abstractas del *perfume* de las ciruelas ya separadas del árbol, y del *sonido* de las campanadas «ya aparte del metal» (por eso el poeta no habla simplemente de "campanadas" sino de un "cruzamiento o cruce de campanadas en cruz", en paralelo con el cruce de lo verde y lo podrido en las ciruelas). — Sólo más adelante *Residencia* tematizará la memoria. — A procesos de vida/muerte en los frutos se refieren también: el comienzo de «Desaparición o muerte de un gato» *(ANS)* y *HYE,* XV, ambos textos de 1926, como «Galope muerto».

10 *CLA,* «en sí mismo» (¿errata?).

11-13 *Aquello todo tan rápido...* «Aquello todo» es una nueva señalación (no un nombre), apenas explícita en primer grado, del implícito *esto que considero* (esta realidad total que trato de aferrar con/en mi discurso) de la estrofa inicial. — *rápido/inmóvil,* contradicción fundamental que define a esa "realidad total" y que el texto hace equivaler a la implícita oposición *viviente / [muerto].* — *polea... ruedas de los motores:* dos entre las varias referencias a círculos y a objetos o movimientos circulares que hay en el poema, tales el molino, el rodar de ciruelas, por alrededor, los limbos, el rodeo, las lilas alrededor, el anillo del verano (cfr. Cortínez, 22; Lozada, 218-219; y Bennett, 107, que precisa: «en todos los casos, el círculo no es estático, sino más bien un movimiento, un proceso»). — *ROC-1,* como tras «inmóvil» (v. 12).

14-16 *Existiendo como las puntadas secas...* Continúa el asedio a "aquello todo", ahora desde la ladera opuesta: tan inmóvil o aparentemente muerto (como aquellos nudos *secos* en la corteza del árbol), tan viviente sin embargo (tan inscrito en la vida del árbol); silencioso, pero de tal modo en movimiento omnipresente que todas sus manifestaciones se conectan entre sí, se mezclan, se tocan los extremos, se suceden y presuponen unas a otras, se relacionan todas formando el sistema de la vida (y de la muerte). — *limbos,* en la acepción: borde de una cosa, especialmente de una vestidura.

17 *Es que de dónde...?* Esta serie de preguntas, sin sujeto ni objeto aparentes, se refiere tanto al asedio invisible y poderoso que "aquello todo" ejerce sobre el poeta (a través de sus misteriosos y fascinantes signos de vida/muerte en el mundo) como al asedio que el poeta mismo intenta sobre "aquello todo" para aferrarle el rostro y fijarlo en el discurso. — *Es que:* «no tiene el valor ilativo y

El rodeo constante, incierto, tan mudo,
como las lilas alrededor del convento,
o la llegada de la muerte a la lengua del buey   20
que cae a tumbos, guardabajo, y cuyos cuernos quieren
   sonar.

Por eso, en lo inmóvil, deteniéndose, percibir,
entonces, como aleteo inmenso, encima,
como abejas muertas o números,
ay, lo que mi corazón pálido no puede abarcar,   25
en multitudes, en lágrimas saliendo apenas,
y esfuerzos humanos, tormentas,
acciones negras descubiertas de repente
como hielos, desorden vasto,

---

justificador corriente en español, sino el de rebeldía emocional que también sue-
le tener *pero* en casos análogos» (Alonso, 180). — *ROC-1,* signo interrogativo
inicial: «Es que ¿de dónde...?»

18-21 *El rodeo constante,* etc. El asedio que "aquello todo" realiza (ver nota al
v. 17) es persistente, ubicuo, multiforme (sin rostro preciso) y sobre todo silen-
cioso, lo cual se manifiesta a veces de modo discreto, bello, dulce, continuo y
casi invisible («como las lilas...»), otras veces de modo repentino, trágico, vio-
lento y con efectos espectaculares (como «la llegada de la muerte a la lengua del
buey / que cae a tumbos...»). El asedio incluye procesos de vida (el cerco de li-
las) y de muerte (la caída del buey).

19 *lilas:* «silenciosas, es decir, poco visibles» (P. N., en Alonso, 179). Las li-
las conventuales son un recuerdo de infancia ligado a la experiencia del primer
amor: cfr. *CRP,* «Sensación de olor», y también «Infancia y poesía» en *OCP,*
ed. 1957, pág. 14.

20 *CLA* trae «y» (en vez de «o») al comienzo del verso. — *buey:* ver las notas
al v. 34 de «Juntos nosotros» y a vv. 13-24 de «Ritual de mis piernas».

21 *CLA,* «que muere a tumbos». — *guardabajo.* En la lengua popular y colo-
quial de Chile, "caer guardabajo" significa exactamente caer a tumbos, precipitar
o rodar (alguien o algo) desde una altura con violencia, de modo que «guarda-
bajo» cumple en este verso una función adverbial reforzativa, intensificadora:
«que cae a tumbos, [que cae] guardabajo». (En Chile se usa también como excla-
mación que advierte a uno que está abajo del peligro de algo que cae. "¡guarda-
bajo!". Originariamente, voz usada en el trabajo minero para avisar las descargas
de mineral o peligros similares.) Cfr. *sobrelejos,* en «Serenata». — *y cuyos cuernos
quieren sonar:* al poner de relieve esta voluntad de supervivencia (en un animal)
contra «la llegada de la muerte», el texto establece una opisición paralela a la
que ocurre en el v. 10 entre lo podrido y lo verde (en una fruta). Ver también
Concha 1972: 265. *CLA,* «aleteos» (¿errata?), pero «inmenso» como *N* y *CYR.*

22-31 *Por eso, en lo inmóvil,* etc. En el centro mismo del texto el poeta introdu-
ce a sí mismo —primero de modo impersonal o de soslayo (v. 22) y luego

oceánico, para mí que entro cantando   30
como con una espada entre indefensos.

Ahora bien, de qué está hecho ese surgir de palomas
que hay entre la noche y el tiempo, como una barranca
    húmeda?

abiertamente (v. 25)— para configurar un momento o secuencia de *ars poetica*. En el seno de lo inmóvil (de la muerte, en cuanto manifestación o apariencia *de base* de la realidad) detenerse y percibir: esto es, observar, distinguir, registrar (dar testimonio poético de) tantos signos de vida degradada y de movimiento turbador, enigmático, que bajo formas confusas y multitudinarias (desgracias, dolores, agitaciones, violencias, miserias, villanías, caos) parecen sobreponerse a la inmovilidad con propósito incomprensible (inabarcable, indecible). Indagar en este desorden es el desafío que excita al poeta, armado y defendido por el privilegio del canto (de los sueños, de la libertad, de la poesía). — *Por eso:* «es el gozne estructural de todo el poema» (Alonso, 181).

24 *abejas muertas:* entusiasmos aniquilados, impulsos vitales destituidos (ver nota al v. 15 de «Diurno doliente»). — *números:* lo multitudinario sin identidad, los seres sin verdadera existencia individual, sin nombre. En el lenguaje residenciario, *número* se opone generalmente a *nombre,* que es signo de individuación (ver nota al v. 4 de «Madrigal escrito en invierno»).

25 *pálido:* con débiles fuerzas (poéticas) en relación a lo ambicionado (como en el v. 3 de «Arte poética»). — *CLA, ROC-1* y *N,* sin coma tras «ay».

28 *CLA,* «acciones negras QUE descubiertas de repente».

30-31 *para mí:* "a mí corresponde (es para mí) este desafío, esta indagación, esta tarea descifratoria (aquel «percibir» del v. 22)". — *como con una espada entre indefensos:* leo "entre tantos seres ciegos, inconscientes, sometidos, inermes a mi alrededor, yo entro al combate (afronto el desafío) armado de mi poesía (visión, libertad, canto), dotado de este privilegio singular". Alonso: «caos real de la vida por el que se entra el poeta libérrimo e incontenible» (181). Concha 1972: introducción (en esbozo) de la figura del héroe residenciario (262-264). Rosenthal: imagen fálica, en conexión erótico-poética con la «barranca húmeda» del v. 33 (31). — *ROC-1,* coma tras «para mí». — *N, CYR* y *OCP,* coma al fin del v. 30: acojo la lección de *ROC-1* (sin coma) que, creo, favorece la dinámica de la imagen. — *N* trae «como una espada...» (pero repone la prep. *con* en fe de erratas).

32-33 *Ahora bien, de qué está hecho...?* Leo: "entre la *Noche* (espacio incontaminado de los estímulos y de los sueños, matriz de poesía) y el *Tiempo* (que se manifiesta en el *Día* = Realidad bajo apariencias incomprensiblemente crueles de discontinuidad, olvido, mortal uniformidad) emerge a veces un espacio de frontera, mixto, donde efímera se instala la plenitud haciendo fugazmente sensible «el misterio de la vida» (P. N., en Alonso, 182), es decir, su virtualidad positiva". — *Ahora bien:* como el comienzo de *HYE* (por probable influencia del *Malte Laurids Brigge* de Rilke). — *palomas:* «La paloma me parece la expresión más acabada de la vida, por su perfección formal» (P. N., en Alonso, 210). Ver nota al v. 34 de «Juntos nosotros». — *noche-tiempo:* cfr. «algo hay en ti más oscu-

Ese sonido ya tan largo
que cae listando de piedras los caminos,   35
más bien, cuando sólo una hora
crece de improviso, extendiéndose sin tregua.

Adentro del anillo del verano
una vez los grandes zapallos escuchan,
estirando sus plantas conmovedoras,   40

---

ro que la noche, más profundo que el tiempo» (referido al océano, en *ANS*, «Imperial del sur»). — *barranca húmeda*. No me parecen verificables las connotaciones negativas que a esta imagen atribuyen Alonso, 182 («tenebrosa barranca»), y Concha 1963: 11n («abismo»), puesto que «una barranca húmeda» es equivalente en el texto a «ese surgir de palomas». Estoy en parte concorde con la implicación erótica que lee Rosenthal (31), en cuanto probable núcleo generador de la imagen y en cuanto la experiencia amorosa (según verificación intertextual posible) es componente esencial de «ese surgir de palomas». — *ROC-1* trae signo interrogativo inicial: «Ahora bien, ¿de qué está hecho...?»

34-37 *Ese sonido ya tan largo*, etc. Estos versos parafrasean o ejemplifican, dos veces, el precedente «surgir de palomas». — *Ese sonido... los caminos:* "Hablo de esa vibración (intensa experiencia vital) que sostenidamente se reitera, como formando una fila (lista) de intermitentes piedras blancas, un corredor de plenitud en el árido dominio del tiempo (caminos)." Cfr. «en la noche de largas listas» («Madrigal escrito en invierno»). — *cuando sólo una hora...* "O hablo, más bien, de esa sensación de eternidad o de infinita expansión en que nos sumerge un instante privilegiado, feliz." Formulación embrionaria del motivo del *día especial* (ver *Introducción*). Cfr. «el mes de junio se extendió de repente en el tiempo» *(THI:* 14). — *ROC-1*, «que cae listando de piedras los dominios».

38-42 *Adentro del anillo del verano*, etc. El texto vuelve al espacio de la naturaleza en cuanto inevitable modelo de referencia, reproponiendo aquí en cierto modo, creo, o confirmando por confrontación, lo dicho en vv. 32-37, relativos al ámbito humano (social y personal). — Sobre problemas de sintaxis, cfr. Alonso, 129-130; Rodríguez Monegal, 206-207; Bennett.

38 *Adentro del anillo del verano:* "En la fase culminante (anillo estivo) del tiempo cíclico de la naturaleza (sistema de anillos, como en el título de *ANS*)."

39 *una vez:* tiendo a leer "llegado un cierto momento", o "una puntual o final vez" (y no como determinación temporal que exija el pasado). — *los grandes zapallos:* «las cucurbitáceas americanas, los enormes frutos llenos de pura vida acumulada, "vida condensada y de plenitud" (P. N.)»: Alonso, 182. Ver notas a los vv. 15 y 34 de «Juntos nosotros». — *escuchan*, con el sentido aproximado de "despiertan, se abren al afuera" o "nacen" (como escribe Sicard, 220: «esas calabazas nacen del rumor de su propio crecimiento»).

40 *estirando...* Expandiéndose: un punto de culminación (o nacimiento) que se expande o extiende (como aquella «sólo una hora» de vv. 36-37).

de eso, de lo que solicitándose mucho,
de lo lleno, obscuros de pesadas gotas.

41-42 *de eso, de lo que...*, etc. Los grandes zapallos *«oscuros de eso,* de lo que solicitándose mucho, de lo lleno, *oscuros de pasadas gotas»* (P. N., en Alonso, 130), esto es, densos o repletos de «vida condensada y de plenitud» (P. N., en Alonso, 182). — *de eso... de lo lleno:* de la «materia cósmica que se trae a la vida» (P. N., en Alonso, 129 y 183). — *pesadas gotas:* apretadas condensaciones de vida plena y substancial, paralelas, en otro registro, a esas piedras blancas (de filiación sonora y nocturna) que listan los caminos del poeta, que intermitentemente lo sostienen y consuelan (v. 35). Una lectura similar, desde otro punto de vista, en Sicard, 220-221.

ALIANZA (SONATA)

De miradas polvorientas caídas al suelo
o de hojas sin sonido y sepultándose.
De metales sin luz, con el vacío,
con la ausencia del día muerto de golpe.
En lo alto de las manos el deslumbrar de mariposas,   5
el arrancar de mariposas cuya luz no tiene término.

Tú guardabas la estela de luz, de seres rotos
que el sol abandonado, atardeciendo, arroja a las iglesias.

1-4 *De miradas polvorientas,* etc. «[Estás hecha] de miradas polvorientas», etc. (P. N., en Alonso, 123). Todo el análisis de Alonso se extravía al suponer que el destinatario interno del discurso poético es una mujer (25, 215). Concha aporta la interpretación más convincente: «Una lectura atenta de "Alianza" nos manifiesta directamente a la Noche, y no a la mujer, como el objeto erótico cantado», agregando en nota: «Lo cual no impide que la Noche conserve muchos elementos femeninos entre sus atributos imaginarios» (1963: 8). Lozada en esto sigue a Alonso (pág. 150), y también Gallagher: «Who is this woman? We know very little about her. She is almost an abstraction» (45).

2 *de aumento y grado:* «con crecimiento y con aumento térmico» (P. N., en Alonso, 128).

3 *De metales sin luz:* de fuerzas o energías decaídas. Cfr. «y un agrio cielo de metal mojado» («Desespediente»), con sentido similar; «mi alma sobrecogida te pregunta... por el metal que necesita» («Serenata»); «un viento de metal que vive solo» («Diurno doliente»). Y también: «el hombre... taladra el metal palpitante en sus manos» *(CGN,* II, ii).

5 *En lo alto de las manos,* etc. Cfr. «todo cae a las manos que levanto» («Vuelve el otoño»). *Manos* tiene generalmente, en el joven Neruda, un significado simbólico ligado a la acción (poética), a la "descifración" activa del mundo. — Sobre *mariposas,* ver Alonso, 215-210.

7 *Tú guardabas la estela de luz.* Estos módulos en imperfecto son frecuentes en *THI* [1925]: «él quería ir a la siga de la noche» (poema 2), «sujetabas crepúsculos» (4), «la noche bailaba entre sus redes» (10), «tirabas a cantar con grandeza» (11)... Pero ocurren también en los textos más antiguos de *RST:* «el cuerpo profundo en que te recogías» («Serenata»), «sus ojos luchaban como remeros» («Fantasma»). En poemas posteriores de *RST* el imperfecto será usado con diversa modulación: «su gestión insistía» («Colección nocturna»).

8 *atardeciendo.* Para Alonso (108), un caso del «abundante uso, gramatical-

Teñida con miradas, con objeto de abejas,
tu material de inesperada llama huyendo   10
precede y sigue al día y a su familia de oro.

Los días acechando cruzan en sigilo
pero caen adentro de tu voz de luz.
Oh dueña del amor, en tu descanso
fundé mi sueño, mi actitud callada.   15

Con tu cuerpo de número tímido, extendido de pronto
hasta cantidades que definen la tierra,
detrás de la pelea de los días blancos de espacio
y fríos de muertes lentas y estímulos marchitos,
siendo arder tu regazo y transitar tus besos   20
haciendo golondrinas frescas en mi sueño.

A veces el destino de tus lágrimas asciende
como la edad hasta mi frente, allí
están golpeando las olas, destruyéndose de muerte:
su movimiento es húmedo, decaído, final.   25

---

mente torpe, del gerundio». Para Edoardo Crema, en cambio, los gerundios irregulares de Neruda siguen usos americanos, debiéndose entender este *atardeciendo* «con un sentido personal, forjado sobre el molde de amanecer: "yo, amaneciendo, me siento feliz: el sol, atardeciendo, arroja"» (1947: 70-71). Cfr. Lozada, 53 y ss. y 82, n. 32.

9 *objeto de abejas:* «la miel» (P. N., en Alonso, 218), en el sentido de experiencias gratas y estimulantes.

11 *su familia de oro.* Neruda mismo declaró a Alonso (190n.) haber tomado esta imagen de Quevedo: «En breve cárcel traigo aprisionado, / con toda su familia de oro ardiente, / el cerco de la luz resplandeciente / ...» (soneto al «Retrato de Lisi que traía en una sortija»).

16-17 *Con tu cuerpo de número tímido, extendido...* «La facilidad de la operación aritmética es lo que hizo al poeta acudir a esta imagen (P. N.)»: Alonso, 242-243. Cfr. «el mes de junio se extendió de repente en el tiempo» *(THI,* 14: 1). Una relación similar a *números/cantidades:* «Lo que en el cereal como una *historia amarilla* / de pequeños pechos preñados va repitiendo un *número»* *(CGN,* «Alturas de Macchu Picchu», ii). — *Número:* ver Alonso, 241-244.

21 *golondrinas:* símbolo «de la ensoñación, de los vuelos de la fantasía» (ver Alonso, 213-215).

24 *CYR* trae coma al fin del verso. Puntúo según *OCP.*

CABALLO DE LOS SUEÑOS

Innecesario, viéndome en los espejos,
con un gusto a semanas, a biógrafos, a papeles,
arranco de mi corazón al capitán del infierno,
establezco cláusulas indefinidamente tristes.

Vago de un punto a otro, absorbo ilusiones,　　　　　　　5
converso con los sastres en sus nidos:

---

2 *biógrafos:* cines, cinematógrafos. Término común en el lenguaje coloquial de Chile, por lo menos hasta mediados de la década 1930-40 (sobreviviendo después por algún tiempo en adultos de zonas rurales), originariamente por extensión del nombre de la compañía productora Biograph, muy difundido a nivel popular por sus filmes de serie B. En carta de 1925 a Albertina Rosa Azócar, Neruda escribe: «Mi mocosa bien querida, ya no te acordarás de tu carta. La leí en un biógrafo y la rompí enseguida.» *(NJV,* 48). — *papeles:* ver nota al v. 15.

3 *capitán del infierno:* el "demonio interior" de la poesía; configuración del impulso-guía hacia el espacio de la libertad, que conlleva dolor, riesgo, inseguridad (ver nota introductora). La figura del capitán supone en Neruda notas de prestancia, dominio y señorío, por lo cual cabe asociarla a las ambiciones proféticas del yo enunciador-protagonista. — Este ingreso de la figura del capitán en el imaginario de Neruda tiene su origen probable: 1) en el relato simbólico de Marcel Schwob «La ciudad durmiente» [«La cité dormante», de *Le Roi au masque d'or* (París, 1920)], traducción de Neruda y Romeo Murga, Zig-Zag, 953 (26-V-1923), ecogido en *OCP,* III, 755-759; 2) más directamente, en la lectura de la novela *Mon frère Yves,* de Pierre Loti (cfr. *HYE,* XIV, epígrafe, y mi nota a vv. 62-65 de «Colección nocturna»).

4 *establezco cláusulas indefinidamente tristes:* "me someto a la discontinuidad deprimente de los días".

5-6 *Vago de un punto a otro...:* "me dejo vivir sin rumbo, me trago mis sueños, me acomodo a la necesidad de tratar con gente escuálida". — *sastres:* arquetipo simbólico del quehacer rutinario, gris, apoético. Urgido a renovar su vestuario por la perspectiva de su viaje al extranjero, Neruda escribe a su hermana Laura: «Vé donde Rudecindo [Ortega Masson, primo y amigo del poeta], y dile que escriba una carta al sastre Cardone, con quien hablé, para que me haga un traje que pagaré a plazos, porque al contado no puedo pagarlo. (...) Mi ropa está imposible y ya no puedo andar con ella» (carta del 9-III-1927). Y pocas semanas después: «Resulta que los muy imbéciles sastres necesitan una carta que garantice efectivamente el pago. Si Rudecindo está allí haz tú que escriba y me mandas eso con mucho apuro» (carta sin fecha, escrita hacia fines de marzo de 1927: cfr. *CLR,* 31). — No sería extraño a la índole (concreta y contextual) de la ela-

ellos, a menudo, con voz fatal y fría,
cantan y hacen huir los maleficios.

Hay un país extenso en el cielo
con las supersticiosas alfombras del arco-iris   10
y con vegetaciones vesperales:
hacia allí me dirijo, no sin cierta fatiga,
pisando una tierra removida de sepulcros un tanto frescos,
yo sueño entre esas plantas de legumbre confusa.

Paso entre documentos disfrutados, entre orígenes,   15
vestido como un ser original y abatido:

---

boración simbólica en Neruda que el canto-exorcismo de los sastres (vv. 7-8) correspondiese a una imagen-proyección de la entrega del deseado traje nuevo. Lo exorcizado sería la situación de extrema miseria económica en que vive el poeta (sin trabajo ni recursos, privado incluso de la mesada paterna).

8 *ROC-1,* coma tras «cantan».

9-11 *Hay un país...* El espacio utópico aparece propuesto con módulos y materiales lingüísticos que semejan los de un cuento fantástico o de hadas. — *ROC-1, N* y *CYR,* coma al fin del verso 10: la suprimo según *OCP.* — *ROC-1,* punto y coma al fin del verso 11.

12-14 *hacia allí me dirijo...* Anclaje de la fantasía: el camino hacia el alto horizonte atraviesa el nivel terrestre, esa dimensión donde se verifican tanto las destrucciones o muertes (sepulcros, en el ámbito sociedad) como las íntimas operaciones de la vida (plantas de legumbre, en el ámbito naturaleza), todo lo cual constituye el objeto de la misión descifratoria y profética que obsesiona al poeta. — *legumbre confusa:* hacia 1926-1927, el enigma visceral de la vida asume en la fantasía simbólica de Neruda imágenes recurrentes de procesos orgánicos (maduración, descomposición) en frutas y legumbres, por ejemplo: «Me engañaba, todo era color de naranja, todo era como una sola fruta, cuya luz misteriosa no podía madurar, y ante ese silencio no se podía comprender nada. (...) El prado de las violetas es inmenso, subsiste a pesar de la lluvia, todo el año los árboles de las violetas están creciendo y se hunden bajo mis pies como coles» *(HYE,* XV); «y el perfume de las ciruelas que rodando a tierra / se pudren en el tiempo, infinitamente verdes. / ... / una vez los grandes zapallos escuchan, / estirando sus plantas conmovedoras» («Galope muerto»).

15 *Paso entre documentos...* La perspectiva inminente de un cargo consular (posibilidad de solución al problema de la seguridad económica) y la convicción anarquista (ver prólogo a *HYE)* son los factores de la situación extratextual que se proyectan a la escritura de este poema como tensión *norma/libertad.* El viaje requiere operaciones burocráticas que el texto traduce «papeles» (v. 2) y aquí «documentos disfrutados» y también «orígenes» (¿certificados de nacimiento, de familia, de estudios en Temuco?: *orígenes* alude al mundo de la infancia también en «Sistema sombrío» y «Agua sexual»). En la citada carta a Laura del

amo la miel gastada del respeto,
el dulce catecismo entre cuyas hojas
duermen violetas envejecidas, desvanecidas,
y las escobas, conmovedoras de auxilio,   20
en su apariencia hay, sin duda, pesadumbre y certeza.
Yo destruyo la rosa que silba y la ansiedad raptora:
yo rompo extremos queridos: y aún más,
aguardo el tiempo uniforme, sin medida:
un sabor que tengo en el alma me deprime.   25

Qué día ha sobrevenido! Qué espesa luz de leche,
compacta, digital, me favorece!
He oído relinchar su rojo caballo
desnudo, sin herraduras y radiante.

9-III-1927: «Creo que me iré pronto. Ya tengo todos mis papeles listos.» —
Paso: relacionable con «Vago de un punto a otro» (v. 5) y con otros verbos de
desplazamiento (sin rumbo o sin sentido) en similares situaciones prosaicas,
sórdidas o sofocantes: cfr. «La noche del soldado», «Walking around».

16 *ROC-1,* punto y coma al fin del verso.

20 *OCP,* «auxilios».

22 *rosa:* «símbolo de toda hermosa y apetecida manifestación de vida» (Alon-
so, 206), muy frecuente en toda la obra de Neruda. — *que silba:* "que me llama
con seducción". — *ROC-1,* punto y coma al fin del verso.

23 *yo rompo extremos queridos:* «rompo los extremos de mí mismo, me marco
límites» (P. N., en Alonso, 197): el poeta confirma que en la base de la escritura
de este texto hay una contradicción que busca salida. — *ROC-1,* punto y coma
tras «queridos».

24 *OCP,* «sin medidas». — *ROC-1,* punto y coma al fin del verso.

26 *Qué día ha sobrevenido!* Desde el espacio de la libertad, el "día especial"
emerge como contrapunto a la rutina mortal (sucesión repetitiva y discontinua)
de los días ordinarios, o «cláusulas indefinidamente tristes», que dominan el es-
pacio de la norma («aguardo el tiempo uniforme, sin medida», v. 24). El "día
especial", o privilegiado, es el único modo de experiencia del tiempo social que
el poeta logra individuar como semejante al tiempo vivo de la naturaleza. El
motivo reaparecerá en «Diurno doliente» y «Monzón de mayo». Ver al respecto
Apéndice II.

28 *su rojo caballo.* La figura del *caballo* acusa en la obra de Neruda un persis-
tente ligamen simbólico con el sur de la infancia y con el motivo de la libertad,
acción y expansión del yo (ver Loyola 1981: 319-320). Cfr. «mi pardo corcel de
sombra» («Colección nocturna»). — *rojo:* solar, de intensa vida física o substan-
cial. Cfr. «como grandes bueyes rojos» («Sistema sombrío»).

29 *ROC-1, N* y *CYR,* coma tras «herraduras»: la suprimo según *OCP.* — *sin
herraduras:* en libertad, fuera de la norma. Posible reminiscencia de Baudelaire:

95

Atravieso con él sobre las iglesias,   30
galopo los cuarteles desiertos de soldados
y un ejército impuro me persigue.
Sus ojos de eucaliptus roban sombra,
su cuerpo de campana galopa y golpea.

Yo necesito un relámpago de fulgor persistente,   35
un deudo festival que asuma mis herencias.

«Aujourd'hui l'espace est splendide! / Sans mors, sans éperons, sans bride, / Partons à cheval sur le vin / Pour un ciel féerique et divin! / ... / Nous fuirons sans repos ni trêves / Vers le paradis de mes rêves!» *(Les fleurs du mal,* «Le vin des amants»). Cfr. vv. 96-97 de «Estatuto del vino» (ver nota).

30-32 *Atravieso... galopo:* verbos de desplazamiento que conllevan rumbo, sentido o propósito definido y vital, como «hacia allí *me dirijo*» (v. 12), en oposición a los «paso» y «vago de un punto a otro» del espacio de la norma. — *iglesias... cuarteles:* lugares arquetípicos del espacio de la norma, profanadas por la libre vitalidad del poeta (imágenes de raíz anarquista). — *un ejército impuro me persigue:* rehabilitación y triunfo ideales del «capitán del infierno» (v. 3), a quien siguen los soldados que han desertado los cuarteles (para devenir ahora compañeros de libertad, embriaguez, sueños, nocturnidad, poesía). — *ROC-1, N* y *CYR,* coma al fin del v. 31: la suprimo según *OCP.*

33 *Sus ojos de eucaliptus roban sombra:* la curiosa asociación entre *eucaliptus* y *robar* ocurría ya en *THI:* «pongo el oído y el tiempo como un eucaliptus / ... / en el que estuviera silbando un ladrón» (poema 11). — Una digresión sobre la presencia del eucaliptus en la escritura de Neruda, en Concha 1972: 277-279.

34 *galopa y golpea.* «El procedimiento rítmico de la variación o de la repetición con variantes tan característico de Neruda» aparece extremado en *Residencia* (Alonso, 104, que señala combinaciones como dique-buque, pálido-palio, cruzan-crujen, paloma amapola, sombras-sombreros, solamente-lamento, lamentos-alimentos, etc.).

DÉBIL DEL ALBA

El día de los desventurados, el día pálido se asoma
con un desgarrador olor frío, con sus fuerzas en gris,
sin cascabeles, goteando el alba por todas partes:
es un naufragio en el vacío, con un alrededor de llanto.

Porque se fue de tantos sitios la sombra húmeda, callada,   5
de tantas cavilaciones en vano, de tantos parajes terrestres
en donde debió ocupar hasta el designio de las raíces,
de tanta forma aguda que se defendía.

Yo lloro en medio de lo invadido, entre lo confuso,
entre el sabor creciente, poniendo el oído   10
en la pura circulación, en el aumento,
cediendo sin rumbo el paso a lo que arriba,
a lo que surge vestido de cadenas y claveles,
yo sueño, sobrellevando mis vestigios morales.

---

1 *El día de los desventurados, el día pálido...*: cifra de los días ordinarios, exten-
sión del espacio de la rutina y de la uniformidad temporal, en contraposición al
"día especial" (o singular o privilegiado). Cfr. nota al v. 26 de «Caballo de los
sueños». — *día pálido:* «jour pâle» ocurre en P. Loti, *Mon frère Yves* (VI y LV),
leído por P. N. en 1926 (ver *HYE,* XIV, epígrafe).
3 *sin cascabeles:* sin alegría. — *goteando el alba por todas partes:* cfr. «el alba saca
llorando los ojos del agua» *(HYE,* XV, final).
5 *la sombra húmeda, callada,* la noche, espacio de refugio y reflexión, de sueños
y poesía: también de «cavilaciones en vano» (v. 6) y de ilusiones que el día (la
realidad) disuelve. Ver Apéndice II.
9 *lo invadido... lo confuso:* el espacio del Día = Realidad (ver *Introducción).* Cfr.
«en lo informe» («Galope muerto»); «su gota de sal trémula entre lo invadido»
(«Monzón de mayo»); «un extremo imperio de confusas unidades / se reúne ro-
deándome» («Unidad»).
9-14 *Yo lloro... yo sueño:* «El efecto rítmico está aquí obtenido por repetición
de un módulo» (Alonso, 94n). — *mis vestigios morales:* las ambiciones proféticas
que en el poeta sobreviven con tenacidad (ver notas introductora y al v. 3 de
«Caballo de los sueños»).

Nada hay de precipitado ni de alegre, ni de forma orgullosa,   15
todo aparece haciéndose con evidente pobreza,
la luz de la tierra sale de sus párpados
no como la campanada, sino más bien como las lágrimas:
el tejido del día, su lienzo débil,
sirve para una venda de enfermos, sirve para hacer señas   20
en una despedida, detrás de la ausencia:
es el color que sólo quiere reemplazar,
cubrir, tragar, vencer, hacer distancias.

Estoy solo entre materias desvencijadas,
la lluvia cae sobre mí, y se me parece,   25
se me parece con su desvarío, solitaria en el mundo muerto,
rechazada al caer, y sin forma obstinada.

25-27 *la lluvia cae sobre mí, y se me parece...* Autorretrato en clave de aislamien-
to y tenacidad. — *rechazada al caer... obstinada:* cfr. «Quién puede jactarse de pa-
ciencia más sólida? / ... / mis criaturas nacen de un largo rechazo» («Sabor»);
«amo lo tenaz que aún sobrevive en mis ojos» («Sonata y destrucciones»). — *sin
forma obstinada.* Segmento acertadamente ambiguo. Alonso lo interpreta como
referencia al modo mismo de construcción poética que caracteriza a *Residencia,*
leyendo «obstinada» como adjetivo ligado a «sin forma» en singular conjunción.
El texto presenta el mundo como «un caos de materias desvencijadas en el cual
nuestra necesidad de vivir y nuestro prurito intelectual introducen un orden;
pero el poeta es un perceptor extraño del mundo, capaz de librarse del orden
(forma) que el sentido práctico introduce (...). No obstinarse en la forma, por-
que toda forma es una falsedad, como imposición que se hace a la realidad des-
de fuera de ella» (146). Por mi parte, juzgo importante leer «obstinada» también
como adjetivo referido a «lluvia», integrando la serie *solitaria-rechazada-obstinada,*
porque la obstinación es un rasgo fundamental que al autorretrato interesa to-
mar del modelo de comparación, la lluvia. — Imágenes precedentes de la lluvia
en *Anillos:* «Lluvia caída de todas partes, oh triste prodigadora inagotable»
(«Provincia de la infancia»); «Lluvia, amiga de los soñadores y de los desespera-
dos, compañera de los inactivos y los sedentarios... destruye el deseo de acción»
(«Soledad de los pueblos»).

UNIDAD

Hay algo denso, unido, sentado en el fondo,
repitiendo su número, su señal idéntica.
Cómo se nota que las piedras han tocado el tiempo,
en su fina materia hay olor a edad,
y el agua que trae el mar, de sal y sueño.   5

Me rodea una misma cosa, un solo movimiento:
el peso del mineral, la luz de la piel,
se pegan al sonido de la palabra noche:

---

1 *Hay algo denso, unido, sentado en el fondo.* «[El lenguaje del poeta] indica tem-
blorosamente una provincia soterrada del ser, que contrasta con el acontecer y
sus atributos definitorios. Lo que existe allí es lo *denso*, por oposición a lo raro.
Raros son, por ejemplo, la ceniza y el polvo, elementos en que se hace sensible
la disgregación de las cosas. Este *algo* subyacente posee, por el contrario, pleni-
tud de consistencia. De ahí que sea también lo *unido*, en contraste con el espec-
táculo de las formas finitas desintegradas. Es, por último, lo *sentado en el fondo*.
Con esto se significa la presencia inmóvil de lo que aquí se intuye, frente al mo-
vimiento y al cambio que imperan en nuestro mundo cotidiano. Ese reino in-
móvil se ubica *en el fondo*, es decir, en un plano inferior del espacio total, en que
se concentran valores máximos de profundidad vertical. (...) Con estas determi-
naciones la intuición metafísica aprehende el Fundamento de lo existente, la
unidad que subyace a todas las manifestaciones precarias de las formas indivi-
duales» (Concha 1963: 11).

2 *repitiendo su número.* Cfr. «Lo que en el cereal como una historia amarilla /
de pequeños pechos preñados va repitiendo un número» *(CGN,* «Alturas de
Macchu Picchu», ii). — *Número* se opone a *nombre:* ver nota al v. 4 de «Madrigal
escrito en invierno».

4 *PSA,* «olor de edad».

6 *N* y *CYR,* coma al fin del verso. Puntúo según *OCP,* que acoge recomen-
dación de Alonso, 116.

7 *PSA,* «la luz de la piedra». — *OCP,* «la luz de la miel».

8 *se pegan al sonido de la palabra noche.* «En el andar del poema, el *fondo* de la
realidad se vincula a la Noche, con exactitud que garantiza su naturaleza simbó-
lica. (...) Así, pues, la calma y la quietud que la Noche representaba para el poeta
no son un espejismo subjetivo de su ánimo, sino algo efectivamente existente,
cuyos predicados son (...) plenitud real, consistencia unitaria, inmovilidad y
profundidad» (Concha 1963: 11).

la tinta del trigo, del marfil, del llanto,
las cosas de cuero, de madera, de lana,   10
envejecidas, desteñidas, uniformes,
se unen en torno a mí como paredes.

Trabajo sordamente, girando sobre mí mismo,
como el cuervo sobre la muerte, el cuervo de luto.
Pienso, aislado en lo extenso de las estaciones,   15
central, rodeado de geografía silenciosa:
una temperatura parcial cae del cielo,
un extremo imperio de confusas unidades
se reúne rodeándome.

---

10 Este verso falta en *OCP*.

15 *OCP*, «en lo extremo de las estaciones» (errata, probablemente atraída por la vecindad del adj. *extremo* de v. 18).

16-19 *central, rodeado... rodeándome*: sobre la centralidad del yo y las extensiones que rodean, cfr. Alonso, 254-256, y Sicard, 143-146. — *confusas unidades*: «El adjetivo *confuso* es una de las palabras-clave de la primera *Residencia*» (Sicard, 127 n.).

SABOR

De falsas astrologías, de costumbres un tanto lúgubres,
vertidas en lo inacabable y siempre llevadas al lado,
he conservado una tendencia, un sabor solitario.

De conversaciones gastadas como usadas maderas,
con humildad de sillas, con palabras ocupadas   5
en servir como esclavos de voluntad secundaria,
teniendo esa consistencia de la leche, de las semanas muertas,
del aire encadenado sobre las ciudades.

Quién puede jactarse de paciencia más sólida?
La cordura me envuelve de piel compacta   10
de un color reunido como una culebra:

---

1 *falsas astrologías:* referencia semi-irónica a la vieja propensión estelar del
poeta y a sus adolescentes aspiraciones de altura y cielo, ligadas a la Noche. La
presencia de astros, estrellas y «astrales luminarias» es abundante en la poesía
prerresidenciaria. Cfr. «Oración», «El castillo maldito», «El padre», «Aquí estoy
con mi pobre cuerpo» y otros poemas de *CRP;* el poema inicial de *HOE;* los
poemas 14, 18 y 20 de *VPA;* los poemas 3, 4 y 6 de *THI;* la prosa «Tristeza» de
ANS.

2 *N* y *CYR*, coma tras «inacabable»: la suprimo según *OCP.*

3 *un sabor solitario:* notar la presencia del término *sabor* también en «Débil del
alba» (v. 10) y en «Caballo de los sueños» (v. 25), textos de escritura más o me-
nos contemporánea.

6 *esclavos de voluntad secundaria:* cfr. «innecesario» («Caballo de los sueños»)ß
«un sirviente mortal vestido de hambre» («Diurno doliente»); «como un cama-
rero humillado» («Arte poética»). Sobre éstas y otras figuras del servicio degra-
dado en *Residencia I,* remito al Apéndice II.

7 *esa consistencia de la leche, de las semanas muertas:* cfr. «los días blancos de espa-
cio» («Alianza [sonata]»); «con un gusto a semanas» («Caballo de los sueños»);
«frente a la pared en que cada día del tiempo se une» («Sistema sombrío»).

9 *Quién puede jactarse de paciencia más sólida?* Sobre la categoría de *paciencia,* en
relación con *obediencia,* ver Sicard, 105-109.

10-11 *La cordura me envuelve...* El poeta alude a la tentación (con el color míti-
co de «una culebra») a aceptar la norma social, "lo razonable", en lugar del des-

mis criaturas nacen de un largo rechazo:
ay, con un solo alcohol puedo despedir este día
que he elegido, igual entre los días terrestres.

Vivo lleno de una sustancia de color común, silenciosa   15
como una vieja madre, una paciencia fija
como sombra de iglesia o reposo de huesos.
Voy lleno de esas aguas dispuestas profundamente,
preparadas, durmiéndose en una atención triste.

En mi interior de guitarra hay un aire viejo,   20
seco y sonoro, permanecido, inmóvil,

---

varío (mencionado en el v. 26 de «Débil del alba»). Cfr. la nota introductora a
«Caballo de los sueños».

12 *mis criaturas* (mis poemas) *nacen de un largo rechazo*. El autorretrato del poe-
ta comporta en *Residencia I* una constante de porfía tan fervorosa cuanto malpa-
gada, similar a la de un amante tenazmente rechazado. Cfr. *supra* la nota al v. 6
y en «Débil del alba» esta comparación autorreferencial: «la lluvia cae sobre mí,
y se me parece, / se me parece con su desvarío, solitaria en el mundo muerto, /
rechazado al caer, y sin forma obstinada» (vv. 25-27).

13-14 *este día / que he elegido, igual entre los días terrestres*. Equivale al *día de los
desventurados* de «Débil del alba» (v. 1), cifra de los días ordinarios, en oposición
al "día especial". Ver nota al v. 26 de «Cambio de los sueños». — La puntualización
«este día *que he elegido*» podría ser una amarga referencia a la situación de exilio
voluntario en Rangún. Si así fuese, y atendiendo a rasgos de continuidad elabo-
rativa, estimo que la fecha de escritura del poema no podía ir más allá de no-
viembre o diciembre de 1927, a poco de haber asumido Neruda su cargo con-
sular y antes de la gira de dos meses que emprendió, con Álvaro Hinojosa, por
países de Extremo Oriente (a comienzos de 1928).

16 *una paciencia fija*: ver nota al v. 9.

17 *como sombra de iglesia*: ver nota al v. 13 de «Sonata y destrucciones».

18-19 *Voy lleno de esas aguas...*: "de esa tenaz linfa de entresueños y de oscuras
intuiciones-percepciones que me nutren, que me pertenecen y que definen la
orientación descifratoria de mi poesía". Cfr. «y un latido delgado, de agua y te-
nacidad [tengo]» («Diurno doliente»); «para cada agua invisible que bebo soño-
lientamente» («Arte poética»); «su agua funeral / aún vacila, aún reside («Sonata
y destrucciones»).

20 *un aire viejo*: esta figura parece provenir de la imagen prerresidenciaria del
viento (con connotaciones de energía, agresividad, penetración) y significa aquí
voluntad inamovible, propósito fiel e irrenunciable, disposición leal y tenaz al
ejercicio de la propia capacidad poética, «una violenta disposición poética que
no deja de existir en mí» (carta de Neruda a Eandi desde Rangún, 11-V-1928,
en Aguirre, 33). Notar que lo *seco y sonoro* del «aire viejo» (instrumento, guitarra,

como una nutrición fiel, como humo:
un elemento en descanso, un aceite vivo:
un pájaro de rigor cuida mi cabeza:
un ángel invariable vive en mi espada.   25

---

disposición al canto) se sitúa en oposición complementaria a lo *líquido-silencioso-profundo* de «esas aguas» (substancia, silencio, materia del canto).

24-24 *pájaro de rigor... ángel invariable:* figuras simbólicas complementarias, vinculadas a las categorías presentes o implícitas en el texto: "atención" y "profundidad" (y "seriedad") por un lado, "paciencia" y "tenacidad" por otro. — *espada:* la poesía como arma. Cfr. «como con una espada entre indefensos» («Galope muerto»). Sobre el significado simbólico, ver Alonso, 235-238.

AUSENCIA DE JOAQUÍN

Desde ahora, como una partida verificada lejos,
en funerales estaciones de humo o solitarios malecones,
desde ahora lo veo precipitándose en su muerte,
y detrás de él siento cerrarse los días del tiempo.

Desde ahora, bruscamente, siento que parte,   5
precipitándose en las aguas, en ciertas aguas, en cierto
   océano,
y luego, al golpe suyo, gotas se levantan, y un ruido,
un determinado, sordo ruido siento producirse,
un golpe de agua azotada por su peso,
y de alguna parte, de alguna parte siento que saltan y
   salpican estas aguas,   10
sobre mí salpican estas aguas, y viven como ácidos.

---

1 *Desde ahora* es también "desde aquí", desde la distancia. Cfr. «así también veo las muertes que están sobre nosotros desde ahora» («Tango del viudo»).

2 *estaciones de humo... malecones:* cfr. «Josie Bliss», vv. 8-9 y 32; «No hay olvido (sonata)», v. 29.

5 *AGR,* «pienso que parte».

5-11 *aguas.* Las aguas oceánicas, como imagen de eternidad, son una referencia constante en la obra de Neruda: «Solamente las aguas rechazan su influencia [la del tiempo] / ... / Sin gastarse las aguas, sin costumbre ni tiempo» («El fantasma del buque de carga»). Y antes de *Residencia:* «Oh mar océano, oscilación de aguas sombrías...! algo hay en ti más oscuro que la noche, más profundo que el tiempo» *(ANS,* «Imperial del sur» [1925]). El poeta propone su sentimiento de pérdida precisamente a través de la confrontación de la muerte de Joaquín con las aguas oceánicas («al golpe suyo... un golpe de agua azotada por su peso»): la palabra del poeta equilibra el peso y medida de lo cósmicamente pequeño en su contienda desproporcionada con lo inmenso, con lo infinito (intuición afín y similar a la de esa «mano de niña» amenazada por todas las fuerzas del universo, el mar incluido, en «Enfermedades en mi casa»).

7 *AGR,* «del golpe suyo gotas se levantan».

8 *AGR,* «oigo producirse».

10 *AGR,* «y de alguna parte, de alguna parte saltan y salpican estas aguas».

Su costumbre de sueños y desmedidas noches,
su alma desobediente, su preparada palidez,
duermen con él por último, y él duerme,
porque al mar de los muertos su pasión desplómase,
violentamente hundiéndose, fríamente asociándose.

---

12 *AGR*, «Su costumbre de sueños, de desmedidas noches».

13 *su preparada palidez.* El texto sugiere cierta voluntariedad o participación del sujeto en su propia muerte, «que no se pinta, sin embargo, como suicidio, sino más bien como encuentro final» (Cortínez 1980: 140-141). — *palidez* en el código simbólico de *Residencia* equivale a íntima debilidad, vulnerabilidad, precariedad; cfr. «Débil del alba» (v. 1), «Serenata» (v. 11), «Diurno doliente» (v. 2), «Arte poética» (v. 3).

15 *AGR*, «pues el mar de los muertos».

MADRIGAL ESCRITO EN INVIERNO

En el fondo del mar profundo,
en la noche de largas listas,
como un caballo cruza corriendo
tu callado callado nombre.

Alójame en tu espalda, ay refúgiame,   5
aparéceme en tu espejo, de pronto,
sobre la hoja solitaria, nocturna,
brotando de lo oscuro, detrás de ti.

Flor de la dulce luz completa,
acúdeme tu boca de besos,   10

1-2 *ATN-1:* «En el fondo del mar profundo. / En la noche de largas listas, / como un caballo...». — *CYR* y *OCP* no traen coma al fin del v. 2: la repongo según *ATN-1, AGR* y *N.* — *de largas listas:* «de largas sombras» (P. N., en Alonso, 265). La carta a Albertina sugiere que la imagen proviene de alguna determinada esperiencia personal, tal vez un recuerdo de sombras proyectadas por la luz de la luna. Pero cfr. «Ese sonido ya tan largo / que cae listando de piedras los caminos» («Galope muerto»), vv. 34-35: ver nota.

3 *caballo:* imagen de libertad, de poderío dinámico y fascinante. Ver «Caballo de los sueños», nota al v. 28.

4 *nombre:* signo de individuación, por oposición a *número.* (Hay un poema pararresidenciario titulado precisamente «Número y nombre», publicado en *El Mercurio,* 26-II-1933, y recogido en *FDV,* 13-16.) — Cfr. «el nombre que doy a la tierra» («Sonata y destrucciones»). — Aquí equivale a "tu recuerdo muy vivo".

5 *ATN-1,* sin coma al fin del verso.

6 *ATN-1* y *AGR,* sin coma tras «espejo». — *ATN-1* y *CYR,* sin coma al fin del verso: la repongo según *AGR, N* y *OCP.*

7 *ATN-1,* sin coma tras «solitaria».

9-16 Dos estrofas cuya versión en *ATN-1* era:

> Flor de luces olvídame ahora.
> Acúdeme tu boca con besos.
> De qué estaba hecha, de llanto,
> de distancia, de separaciones.

violenta de separaciones,
determinada y fina boca.

Ahora bien, en lo largo y largo,
de olvido a olvido residen conmigo
los rieles, el grito de la lluvia: 15
lo que la oscura noche preserva.

Acógeme en la tarde de hilo
cuando el anochecer trabaja
su vestuario, y palpita en el cielo
una estrella llena de viento.   20

Acércame tu ausencia hasta el fondo,
pesadamente, tapándote los ojos,
crúzame tu existencia, suponiendo
que mi corazón está destruido.

Ahora bien, en lo ilimitado,
en lo sin orillas, olvidándose.
Lo que de noche queda fuera de las cosas:
los rieles, el grito de las lluvias.

13 *Ahora bien:* sobre los prosismos de este tipo en *RST,* ver Alonso, 138 y ss.
Y sobre sus antecedentes en *THI,* ver Loyola 1983, pág. 383. Recuérdese que
el relato *HYE* (1926) comienza con un «Ahora bien», muy probablemente por
resonancia del inicio de *Los cuadernos de Malte Laurids Brigge,* de R. M. Rilke, que
Neruda acababa de leer.

15 *AGR,* «los rieles, el grito de las lluvias». — El verso alude a «lo hostil, lo
lejano, lo extraño a uno, lo que queda fuera de uno» (P. N., en Alonso, 247).

18-19 *ATN-1,* «cuando el anochecer apura / su vestido y palpita en el cie-
lo». — *AGR* y *N,* «cuando el anochecer trabaja / su vestido, y palpita en el
cielo».

20 *ATN-1,* coma al fin del verso.

21 *ATN-1,* minúscula inicial; sin coma al fin del verso.

22 *tapándote:* así en *ATN-1, AGR, N* y *CYR,* pero *OCP* trae «tapándome»
(Alonso anticipa esta errata en pág. 278).

23 *ATN-1,* sin coma tras «existencia».

FANTASMA

Cómo surges de antaño, llegando,
encandilada, pálida estudiante,
a cuya voz aún piden consuelo
los meses dilatados y fijos.

Sus ojos luchaban como remeros   5
en el infinito muerto
con esperanza de sueño y materia
de seres saliendo del mar.

De la lejanía en donde
el olor de la tierra es otro   10
y lo vespertino llega llorando
en forma de oscuras amapolas.

1-12 Aparte algunas variantes que registro más abajo, el lector puede imagi-
nar la versión *ATN-2* de estas tres estrofas eliminando todas las comas, puntos
y mayúsculas de la versión definitiva. (Estoy cierto de que Neruda no aprobó el
«COMO» inicial en versalitas, que sin duda obedecen a iniciativa redaccional de
Atenea.)

2 *encandilada, pálida estudiante:* en el extratexto, Albertina Rosa Azócar, que es
también el personaje externo que corresponde a la destinataria de los poemas 6
y 15 —entre otros— de *VPA* («eras la boina gris», «me gustas cuando callas»).
Sobre esta figura, cfr. *NJV* (o en su defecto, *CMR):* los dos poemas «Amores:
Rosaura» de *MIN-II;* Teitelboim, 62 y *passim.*

5 *sus ojos luchaban:* cfr. «Alianza (sonata)», nota al v. 7.

6 *ATN-2,* «avanzaban en el infinito muerto».

8 *ATN-2,* «de pájaros saliendo del mar». — *seres saliendo del mar.* «Los seres
que salen del seno del mar son los peces como símbolo de lo esencial, de la
vida, "de lo primigenio" (P. N.) ... símbolo de germinación y de vida primige-
nia» (Alonso, 221).

12 *oscuras amapolas:* «símbolos misteriosos del enigma de la vida» (P. N., en
Alonso, 224-225), como las *amapolas negras* de «Vuelve el otoño». Para afrontar
la complejidad y variedad de este símbolo en la obra de Neruda («símbolo oscu-
ro», admite Alonso, 228) me parece útil tener en cuenta que su origen extratex-
tual remite al multicolor «patio de amapolas» de la casa de los Pachero en Bajo
Imperial (Puerto Saavedra), donde estaba también el bote salvavidas abandona-

En la altura de los días inmóviles
el insensible joven diurno
en tu rayo de luz se dormía   15
afirmado como en una espada.

Mientras tanto crece a la sombra
del largo transcurso en olvido
la flor de la soledad, húmeda, extensa,
como la tierra en un largo invierno.   20

---

do. Al respecto véanse: el poema «Las Pacheco», en *MIN-I; CHV,* 26-27; «Este
libro adolescente», en *PNN,* 144-145; «Aquel bote salvavidas» y «Hoy al atar-
decer», en *RIV,* 164-166. Es el mismo *luminoso patio* del poema «Mancha en tie-
rras de color», de *CRP,* que concluye mencionando a Laura Pacheco. Entre los
varios significados simbólicos de *amapola* (sugeridos inicialmente por los *varios*
colores de las amapolas de aquel patio) parece dominar el que la asocia a la pa-
sión erótica, como en «Oda con un lamento» y «Material nupcial». Aquí, en el
presente texto, las amapolas vienen asociadas al crepúsculo, como en «Se-
renata».

13-16 En lugar de esta estrofa *ATN-2* traía dos (de las cuales la primera fue
desechada por *N* y *CYR):*

> es verdad oh ya inexistente oh robada
> negada desierta impedida
> tu luz de mujer la confianza
> el eco lo muerto

> el hombre que te amó de adolescente
> en el vigor de los días tuvo
> en tu rayo de luz se veía
> afirmado como en una espada

14 *el insensible joven diurno:* cfr. «el joven sin recuerdos te saluda» («Serenata»).
Las autorreferencias en tercera persona son características en *THI:* «él quería»
(poema 3: 18), «te asalta un ser sin recuerdos» (5: 4), y con frecuencia bajo la
fórmula *hombre:* «un hombre de veinte años» (3: 17), «mi alegre canto de hom-
bre» (6: 19), «un hombre a la vuelta de un camino» (13: 7) e incluso «pobre
hombre» (13: 38), sin olvidar el *hombre infinito* del título del libro (al respecto,
cfr. Loyola 1983, pág. 377). Puesto que la autoalusión «el joven sin recuerdos»
aparece ya en la primavera versión de «Serenata» (en *Zig-Zag,* 12-XII-1925), el
pasaje desde «el hombre que te amó de adolescente» *(ATN-2)* a «el insensible
joven diurno» *(N* y *CYR)* parece indiciar una reescritura bastante temprana del
texto.

16 *espada:* cfr. nota a vv. 24-25 de «Sabor» y Alonso, 236-237.

17-20 Estrofa reelaborada. La versión *ATN-2* era la siguiente:

buen día de los maridos de la tarde
ella trae en su paloma grandes cosas
la flor de la soledad, húmeda grande
como la Tierra en un largo invierno.

(La coma tras «soledad», la mayúscula en «Tierra» y el punto final: así en *ATN-2.*)

LAMENTO LENTO

En la noche del corazón
la gota de tu nombre lento
en silencio circula y cae
y rompe y desarrolla su agua.

Algo quiere su leve daño   5
y su estima infinita y corta,
como el paso de un ser perdido
de pronto oído.

De pronto, de pronto escuchado
y repartido en el corazón   10
con triste insistencia y aumento
como un sueño frío de otoño.

La espesa rueda de la tierra
su llanta húmeda de olvido

---

1 *En la noche del corazón.* Este verso documenta cómo la nostalgia de Alberti-
na Rosa se inserta en la conciencia que el poeta tiene del fracaso (o del proceso
de desintegración) de su matrimonio con María Antonieta Hagenaar, celebrado
en Batavia menos de un años antes (el 6-XII-1930).

3 *AGR,* «en silencio cae y circula».

5 *NJV,* «Algo quiere su leve ruido».

11 *NJV,* «con triste insistencia y olvido». Notar que *olvido* sigue la rima *rui-
do-perdido-oído* de la estrofa precedente (según *NJV*) y además se repite en la
estrofa siguiente (v. 14). Al respecto, ver nota introductora.

14 *llanta:* «la ciclópea imagen schopenhaueriana del tiempo, asimilada y
puesta al día futuristamente», según Lozada, 152 (ver también 204, n. 7). Pre-
cedentemente, y siempre a propósito de esta «imagen de la rueda en rotación y
las dos mitades del tiempo», Lozada había citado (141, n. 16) un símil de Scho-
penhauer: «Podemos comparar el tiempo con un círculo que diera vueltas eter-
namente; la mitad que desciende sería el pasado; la otra mitad que asciende, el
futuro...» Según el punto de vista de Lozada, las lecturas que Neruda hizo de
Schopenhauer (¿en su primera juventud? ¿en Oriente?) habrían gravitado signi-
ficativamente sobre la escritura de *Residencia.* Ver notas a «Significa sombras».

hace rodar, cortando el tiempo 15
en mitades inaccesibles.

Sus copas duras cubren tu alma
derramada en la tierra fría
con sus pobres chispas azules
volando en la voz de la lluvia. 20

---

20 *volando en la voz de la lluvia.* Todo el poema está compuesto en versos enea-
sílabos como éste, salvo los vv. 8 y 10. El eneasílabo es también característico
(aunque menos dominante) en «Madrigal escrito en invierno» y en «Fantasma»,
poemas que con el presente integran una deliberada secuencia. En la ya citada
carta del 5-IX-1931, Neruda escribe a Eandi una importante declaración al res-
pecto: «Le envío unos versos que tienen algo de curioso, por su paralelismo que
pudiera parecer deliberado, pero que no lo es. "Madrigal escrito en invierno"
fue escrito en 1925, publicado en 1926, y "Duelo decorativo" ["Lamento len-
to"] lo escribí hace unos días, sin recordar absolutamente la otra cosa. Sin em-
bargo se parecen tanto. Ambos son producto de mi viejo deseo de hacer una
poesía del corazón, que consuele aflicciones, como las canciones y tonadas po-
pulares, como la música de las ciudades, pero sin elementos populares, lo que
sería un error, ya que no podemos forzar nuestra cabeza intelectual con expre-
siones ajenas» (Aguirre, 102). El músico Rudolph Holzmann compuso sobre
los tres textos de esta secuencia sus *Tres madrigales para canto y piano* (Buenos Ai-
res: Editora Argentina de Música, 1946). Es también muy digno de examinar a
la luz de esta declaración de Neruda el hecho de que, casi treinta años más tarde, el
eneasílabo reaparezca como verso dominante en la composición de un libro en-
tero: *Estravagario* (1958). — Cfr. notas introductorias a «Cantares» y a «Trabajo
frío», poemas de escritura contemporánea a «Lamento lento».

COLECCIÓN NOCTURNA

He vencido al ángel del sueño, el funesto alegórico:
su gestión insistía, su denso paso llega
envuelto en caracoles y cigarras,
marino, perfumado de frutos agudos.

Es el viento que agita los meses, el silbido de un tren,   5
el paso de la temperatura sobre el lecho,
un opaco sonido de sombra
que cae como trapo en lo interminable,
una repetición de distancias, un vino de color confundido,
un paso polvoriento de vacas bramando.   10

---

1 *el funesto alegórico:* el ángel del sueño, alegórico de la muerte.

2 *su gestión insistía.* Sobre módulos en imperfecto, ver mi nota al v. 7 de
«Alianza (sonata)». Cfr. «Lulú, o mejor Laura, cuya voz más bien se leía» («El
sueño de la tripulación», *PNN,* 38).

3 *caracoles:* símbolo ligado a resonancias sentimentales, a recuerdos. Ver nota
al v. 25 de «Barcarola».

5-10 *Es el viento,* etc. Tras un primer momento retórico (vv. 2-4: la llegada
del ángel del sueño), leo en este segundo la imagen fragmentada de un compo-
nente sentido como esencial, desencadenante y activador del sueño-soñar (el
texto juega con la ambivalencia semántica de *sueño):* la nostalgia del espacio de-
jado atrás. Con este pasaje —escrito a pocos meses de iniciado el exilio del poe-
ta— ingresa en *Residencia* un elemento (antes todavía larvado) que a lo largo del
libro madurará no sin dificultades hasta devenir ese estrato fundamental de la
poética nerudiana: la memoria.

5 *el viento que agita los meses:* una fuerza, una energía que vienen desde lejos a
sacudir este tiempo de desplazamientos (poéticamente inactivos). Cfr., con sen-
tido afín: «el viento que azota mi pecho» («Arte poética»); «este viento del mar
gigante» («Tango del viudo»). — *un tren:* figura característica del mundo de la
infancia del poeta.

7-8 *un opaco sonido de sombra...* «Sonido» y «sombra» sugieren conexiones, en-
trecruzadas, con recuerdos (vibraciones, resonancias) sentimentales y con la le-
jana Noche del sur. Cfr. «encima de las astas de las vacas la noche tirante su *tra-
po* bailando *(THI:* 14). Ver Apéndice II.

9-10 *una repetición de distancias,* etc. Imágenes-recuerdos de experiencias en el
espacio lejano (que podrían corresponder, simple y prosaicamente, al vaivén de
los viajes entre Santiago y Temuco, a una afectuosa indecisión entre el vino tin-

A veces su canasto negro cae en mi pecho,
sus sacos de dominio hieren mi hombro,
su multitud de sal, su ejército entreabierto
recorren y revuelven las cosas del cielo:
él galopa en la respiración y su paso es de beso: 15
su salitre seguro planta en los párpados
con vigor esencial y solemne propósito:
entra en lo preparado como un dueño:
su substancia sin ruido equipa de pronto,
su alimento profético propaga tenazmente.   20

Reconozco a menudo sus guerreros,
sus piezas corroídas por el aire, sus dimensiones,
y su necesidad de espacio es tan violenta
que baja hasta mi corazón a buscarlo:

---

to y el vino blanco chilenos, a un escorzo campesino). Buena muestra de cómo
trabaja la fantasía poética de Neruda.

11 *negro:* en discrepancia con la atribución simbólica tradicional, *negro* no está
aquí por "siniestro" o "funesto" sino por *nocturno* (y, por lo tanto, cargado de va-
lores positivos).

13 *sal:* este símbolo tiene habitualmente en *Residencia* el valor de fermento (o
sustancia) activante, estimulante, fecundante, generador de disposición placen-
tera, entusiasta o creativa; un significado próximo al que tiene en las expresio-
nes "la sal de la vida", "la sal de la tierra". Neruda evocó en «Infancia y poesía»
(1954) el placer infinito de trepar al árbol a comer «hasta cien ciruelas» espolvo-
readas con sal. No sería extraño que esa experiencia de infancia haya contribui-
do a determinar el valor positivo del símbolo.

14 *cielo:* el espacio utópico personal, los sueños de felicidad. Cfr. «Hay un
país extenso en el cielo» («Caballo de los sueños»). — *ATN-5,* variante primiti-
va: «el blando cielo rompen».

20 *su alimento profético:* el sueño-soñar es fuente de nutrición para la tarea poé-
tica (cuya dimensión "profética" interesa particularmente al yo). La noción de
profecía se hace aquí explícita por primera vez. Cfr. nota al v. 19 de «Arte poéti-
ca», y Apéndice II.

21 *guerreros:* atributos de agresividad, determinación, propósito, porfía, pene-
tración, invasión, propagación y otros afines caracterizan al hacer del sueño-
soñar (en relación al sujeto), así como al hacer del viento, del tiempo, del impul-
so erótico-genésico y de otras fuerzas naturales o cósmicas que el poeta siente
actuar en torno y sobre él. La indagación, desciframiento y/o testimonio de esta
energía circundante es uno de los aspectos centrales de la tarea poética-
profética. Cfr. principalmente «Galope muerto», «Caballero solo», «Trabajo
frío», «Agua sexual».

él es el propietario de las mesetas inaccesibles,   25
él baila con personajes trágicos y cotidianos:
de noche rompe mi piel su ácido aéreo
y escucho en mi interior temblar su instrumento.

Yo oigo el sueño de viejos compañeros y mujeres amadas,
sueños cuyos latidos me quebrantan: 30
su material de alfombra piso en silencio,
su luz de amapola muerdo con delirio.

Cadáveres dormidos que a menudo
danzan asidos al peso de mi corazón,
qué ciudades opacas recorremos!   35
Mi pardo corcel de sombra se agiganta,

---

25 *las mesetas inaccesibles:* las ambiciones, las situaciones deseadas.

26 *AHB* y *N*, «cuotidianos».

27 *su ácido aéreo:* "su fuerza agresiva y penetrante que viene desde lejos por el aire, a través del océano, traída por el viento (y que me invade aun contra mi voluntad [por eso «ácido»])". Cfr., con sentido afín: «sangres aéreas» («Trabajo frío») y «su ácido degradado» («Josie Bliss»).

29-32 *Yo oigo el sueño,* etc. Transición del propio sueño-soñar al ajeno. ¿Por qué este interés del poeta, que otros textos (ver nota introductora) confirman? Puesto que el soñar es experiencia privadísima, particularmente marcada por la soledad, explorar y compartir los sueños de otros parece ser una vía para romper el aislamiento del poeta y para transgredir los límites de su peculiar condición: esto es, para expandirse (extenderse, aumentar) tanto en el acrecer del campo del *conocimiento* (experiencias diversas) cuanto en la conquista del difícil espacio de la *acción* (problema ya central en *HYE*, XIV y XV). Leo en el presente poema una representación de la tentativa de Neruda por superar los que él considera límites "subjetivos" de su poesía, por sacar a ésta fuera del seductor cerco del propio "soñar". De ahí la satisfacción (declarada al comienzo del texto) por haber vencido al (propio) «ángel del sueño». Cfr. Apéndice II. — *luz de amapola:* ver mi nota al v. 12 de «Fantasma».

35 *qué ciudades opacas recorremos!* Acompañado por los sueños ajenos, el poeta atraviesa espacios extranjeros deprimentes. — Poco después de haberse instalado en Rangún (octubre de 1927), a mediados de enero de 1928 Neruda emprende un nuevo viaje por mar, siempre en compañía de Álvaro Hinojosa, que lo lleva a Bangkok, Singapur, Shangai, Tokio y a otras ciudades del Extremo Oriente, para regresar a Rangún a fines de marzo. No excluyo que el presente poema haya podido ser escrito durante este viaje y no en el anterior, sobre una experiencia similar (y teniendo en la memoria «El sueño de la tripulación» y las ciudades del primer viaje).

36-39 *Mi pardo corcel de sombra,* etc. Este nuevo "caballo de los sueños", acre-

y sobre envejecidos tahúres, sobre lenocinios de escaleras
   gastadas,
sobre lechos de niñas desnudas, entre jugadores de foot-ball,
del viento ceñidos pasamos:
y entonces caen a nuestra boca esos frutos blandos del
   cielo,   40
los pájaros, las campanas conventuales, los cometas:
aquel que se nutrió de geografía pura y estremecimiento,
ése tal vez nos vio pasar centelleando.

Camaradas cuyas cabezas reposan sobre barriles,
en un desmantelado buque prófugo, lejos,   45
amigos míos sin lágrimas, mujeres de rostro cruel:
la medianoche ha llegado, y un gong de muerte
golpea en torno mío como el mar.
Hay en la boca el sabor, la sal del dormido.
Fiel como una condena a cada cuerpo   50

---

cido y fortalecido con el soñar ajeno (si bien menos brillante: no rojo sino par-
do), no galopa sobre los abstractos espacios de la norma sino sobre grises zonas
de realidad inmediata. — *sombra:* nocturnidad, sueños, poesía. — *viento:* energía
viril, impetuosidad, fuerza agresiva de la que el sujeto aquí participa (en otros
lugares el viento es externo u hostil al yo, por ejemplo en «Monzón de mayo»,
v. 1). Cfr. *supra,* nota al v. 5.

40-41 *y entonces caen a nuestra boca...* La cabalgata expansiva procura al sujeto
satisfacción y orgullo, y por añadidura le consiente gozar (en esta mejor situa-
ción así conquistada) los frutos del propio soñar. — *cielo:* ver nota al v. 14. —
ATN-5 (1930), «las conventuales campanadas»; *N* (1933), «las campanadas
conventuales»; pero *AHB* (1932) trae ya «las campanas conventuales» (como
CYR), lo que me hace suponer en *N* un error de transcripción o un olvido de
corrección. — Cfr. «Galope muerto», vv. 4 y 19 (y nota al v. 19).

42-43 *aquel que se nutrió,* etc. Leo aquí una alusión cifrada al amigo y compa-
ñero de viaje Álvaro Hinojosa, en cuanto prototipo del *hombre de acción* que el
poeta querría *también* ser (cfr. el medallón «Álvaro», en *CHV,* 107-108, allí
entre otras referencias, y «El sueño de la tripulación»). La cabalgata expansiva
determina en el sujeto un orgullo de autoafirmación frente a la *diversidad* ajena.
— *AHB,* «talvez» (forma unida que Neruda prefería).

44-54 *Camaradas cuyas cabezas,* etc. La confianza adquirida consiente al sujeto
retornar a la dimensión sombría del soñar de los otros (y, mediatamente, de la
realidad misma).

47 *ATN-5, AHB, N* y *CYR,* «media noche», forma binaria (pero *CYR* trae
«mediodía» en «Diurno doliente», v. 12, contra el «medio día» de *N);* y *CYR*
trae también «medianoche», forma unida, en «Apogeo del apio», v. 26).

116

la palidez del distrito letárgico acude:
una sonrisa fría, sumergida,
unos ojos cubiertos como fatigados boxeadores,
una respiración que sordamente devora fantasmas.

En esa humedad de nacimiento, con esa proporción
   tenebrosa,   55
cerrada como una bodega, el aire es criminal:
las paredes tienen un triste color de cocodrilo,
una contextura de araña siniestra:
se pisa en lo blando como sobre un monstruo muerto:
las uvas negras inmensas, repletas,   60
cuelgan de entre las ruinas como odres:
oh Capitán, en nuestra hora de reparto

---

53 *ATN-5,* «unos detenidos ojos como fatigados boxeadores». Hago notar que Lozada (1964 y 1971) equivoca el orden al transcribir desde *ATN-5:* pone «ojos detenidos» en lugar de «detenidos ojos» (1964, 113; 1971, 379).

55-61 *En esa humedad de nacimiento,* etc. Creo posible que a esta visión degradada del espacio onírico ajeno concurran, como material elaboratorio, imágenes de lóbregas bodegas de barco (como en «El fantasma del buque de carga», vv. 10-18) e imágenes de fumadores de opio (cfr. *CHV,* 126-127; *PNN,* 42-43 y 48-49, páginas que en realidad pertenecen a una sola crónica, «Diurno de Singapur», y que *PNN* separa por error). — *ATN-5,* sin coma al fin del v. 55. — *ATN-5* trae punto al fin del v. 61, mientras *AHB, N* y *CYR* traen coma: puntúo según *OCP.*

62-65 *oh Capitán,* etc. Pasaje oscurísimo (dentro de un texto que ya en general es de difícil lectura). Lozada (226-227) lo lee como proyección de figuras y situaciones de «La cité dormante» de Schwob. Yo creo advertir una más compleja elaboración de lecturas y experiencias inmediatas. La interlocución a un Capitán provendría más directamente de *Mon frère Yves,* novela de Pierre Loti, donde el marino Yves Kermadec (con quien, creo, se identifica en cierto modo el poeta) vacila entre llamar *cher capitaine* o bien *mon frère* a su "hermano mayor" adoptivo, maestro-guía y protector, que es el personaje-narrador (cap. XXXV). Una cita de *Mon frère Yves* figura como epígrafe al cap. XIV de *HYE* (1926), lo cual indica que Neruda leyó la novela en clave de relación entre "hermanos" electivos (en *HYE* Florencio Rivas es el "hermano mayor", el yo narrador es el "menor"), de los cuales el menor es inseguro, inexperto, vulnerable y sentimental, con dificultades para llevar a cabo sus propósitos, mientras el mayor es sabio, determinado y dueño de sí. En el trasfondo, entonces, el conflicto *sueños/acción.* — En base a todo esto hipotizo que en el presente poema la fórmula «oh Capitán» es una cifrada interpelación al "hermano mayor" Álvaro Hinojosa (ver *supra,* mi nota a los vv. 42-43), en quien Neruda veía una especie de maestro y el «antiprovinciano de los sueños, que todos los provincianos habíamos querido

abre los mudos cerrojos y espérame:
allí debemos cenar vestidos de luto:
el enfermo de malaria guardará las puertas.   65

Mi corazón, es tarde y sin orillas,
el día como un pobre mantel puesto a secar
oscila rodeado de seres y extensión:
de cada ser viviente hay algo en la atmósfera:
mirando mucho el aire aparecerían mendigos,   70

---

ser» *(CHV,* 107), pero también, a ratos, una persona insoportable por lo diferente. — Recuérdese además que en la última prosa de *ANS* (escrita en 1926) Neruda parece autorrepresentarse bajo la figura de un *alférez,* es decir, como un principiante o inferior en la jerarquía de la acción (que sólo muchos años más tarde ascenderá él mismo a *capitán).*

62 *ATN-5,* «¡Oh capitán! en nuestra hora de reparto». — Teniendo en cuenta lo dicho en la nota precedente, este verso podría aludir a una futura hora de separación de los amigos-hermanos (y/o de repartición de la "colección nocturna").

63 *ATN-5* y *AHB,* «abre los *duros* cerrojos». — En la novela de Loti, más de una vez el "hermano mayor" debe liberar a Yves del cepo (o grilletes) de hierro a que ha sido condenado por sus extravíos de embriaguez: «C'est Yves qui est aux fers, étendu sur les planches humides» (cap. XXXIV). — En el poema «los mudos [o duros] cerrojos» aludirían a la prisión o cepo del propio soñar, y/o a los límites de la propia condición que el poeta querría superar. — *ATN-5,* coma al fin del verso: puntúo según *AHB, N* y *CYR.*

64 *allí debemos cenar...* ¿Cena de despedida y conciliación? En la hora del reparto (o balance) los "hermanos" admitirán que el dolor y la muerte se verifican igualmente en el ámbito de los *sueños* (espacio del poeta) y en el de la *acción* (espacio del Capitán): por eso deberán cenar «vestidos de luto», ambos, en paridad. — En *Mon frère Yves* hay un pasaje en que el capitán (el «hermano mayor»), luego de haber ordenado poner en el cepo de hierro a Yves para evitarle una recaída en la embriaguez, lo invita a una cena de reconciliación (cap. LXVII), que en realidad habría festejado (no se realiza) el restablecimiento de la relación de dependencia o subordinación. En el poema de Neruda, la cena debería sancionar la autoafirmación del sujeto frente al Capitán: cena entre pares. — *ATN-5,* coma al fin del verso: puntúo según *AHB, N* y *CYR.*

65 *el enfermo de malaria...* Este críptico verso podría querer proponer una figura de "portero de ceremonias" (¿o de ángel guardián?) a tono con la lóbrega atmósfera de los vv. 55-61 y con el luto de la cena auspiciada. — Otra alusión a la malaria en «La noche del soldado», primer párrafo.

66-73 *Mi corazón, es tarde,* etc. Cambio de registro. Al cabo de su "recolección nocturna" el sujeto torna a sí mismo, establece una distancia para verificar que el soñar de los otros es como la realidad misma al proyectar su degradación. Ahora bien, el poeta parece interesado y disponible a acoger ese «resto humilla-

abogados, bandidos, carteros, costureras,
y un poco de cada oficio, un resto humillado
quiere trabajar su parte en nuestro interior.
Yo busco desde antaño, yo examino sin arrogancia,
conquistado, sin duda, por lo vespertino.   75

---

do», ese soñar-realidad exterior que solicita su escritura (su «interior»), aceptán-
dolo así como es, lúgubre y degradado.
    75 *AHB*, «conquistando» (por errata).

JUNTOS NOSOTROS

Qué pura eres de sol o de noche caída,
qué triunfal desmedida tu órbita de blanco,
y tu pecho de pan, alto de clima,
tu corona de árboles negros, bienamada,
y tu nariz de animal solitario, de oveja salvaje   5
que huele a sombra y a precipitada fuga tiránica.

Ahora, qué armas espléndidas mis manos,
digna su pala de hueso y su lirio de uñas,
y el puesto de mi rostro, y el arriendo de mi alma
están situados en lo justo de la fuerza terrestre.   10

Qué pura mi mirada de nocturna influencia,
caída de ojos obscuros y feroz acicate,
mi simétrica estatua de piernas gemelas
sube hacia estrellas húmedas cada mañana,
y mi boca de exilio muerde la carne y la uva,   15
mis brazos de varón, mi pecho tatuado
en que penetra el vello como ala de estaño,
mi cara blanca hecha para la profundidad del sol,

---

2 *tu órbita de blanco:* «...las blancas flores que brillaban sobre su cabellera oscu-
ra... Era ella, vestida de blanco...» *(CHV,* 124, evocando a Josie Bliss). Insisten-
cias sobre el color blanco asociado a la figura femenina, *infra,* vv. 35, 36 y 39
(«harina»).

6-7 *CYR,* no hay separación entre estos dos versos. La repongo según
AGR, ATN-3 y *N.*

7 *AGR* y *ATN-3,* sin coma tras «Ahora».

15 *uva:* «símbolo genérico del placer de la vida, si bien con tendencia a espe-
cializarse en el goce amoroso (...). Lo henchido de las uvas, su plenitud y pre-
sión vital, entra destacadamente en el valor poético del símbolo» (Alonso,
226-227). En cuanto implica acumulación de vida substancial, blanda y fecun-
da, «vida condensada y de plenitud», la imagen de la *uva* sustituye y prolonga
—en niveles específicos— la simbología de los *zapallos* de «Galope muerto», que
no se repite. Ver *infra,* nota al v. 34.

mi pelo hecho de ritos, de minerales negros,
mi frente penetrante como golpe o camino,   20
mi piel de hijo maduro, destinado al arado,
mis ojos de sal ávida, de matrimonio rápido,
mi lengua amiga blanda del dique y del buque,
mis dientes de horario blanco, de equidad sistemática,
la piel que hace a mi frente un vacío de hielos   25
y en mi espalda se torna, y vuela en mis párpados,
y se repliega sobre mí más profundo estímulo,
y crece hacia las rosas en mis dedos,
en mi mentón de hueso y en mis pies de riqueza.

Y tú como un mes de estrella, como un beso fijo,   30
como estructura de ala, o comienzos de otoño,
niña, mi partidaria, mi amorosa,
la luz hace su lecho bajo tus grandes párpados
dorados como bueyes, y la paloma redonda
hace sus nidos blancos frecuentemente en ti.   35

---

26 *AGR* y *ATN-3*, sin coma después de «torna».

30 *ATN-3*, coma tras «tú».

31 *AGR*, «Otoño» (con mayúscula). — *ATN-3*, sin coma tras «ala».

33 *AGR* y *ATN-3*, coma al fin del verso.

34 *bueyes*. La carga simbólica de esta imagen me parece asociada, en *Residencia*, por un lado a cierta mezclada condición de dulzura, mansedumbre o indefensión (valor tradicional); por otro, y simultáneamente, a blanda acumulación de vida animal, a compleja densidad de estructura orgánica y substancial. Cfr. «o la llegada de la muerte a la lengua del buey / que cae a tumbos...» («Galope muerto»); «días negros... abiertos por el sol como grandes bueyes rojos» («Sistema sombrío»). — *paloma:* «La paloma me parece la expresión más acabada de la vida, por su perfección formal» (P. N., en Alonso, 210). —La imagen *bueyes* convoca desde el ámbito animal, por sus atributos y volumen, valores simbólicos afines a los que desde el ámbito vegetal convoca *zapallos* («Galope muerto»), nombre de esas cucurbitáceas que a escala de los frutos son grandes como bueyes. Ahora bien, y teniendo en cuenta lo dicho más arriba en nota al v. 15, pareciera que en el imaginario de Neruda los *bueyes* están a las *palomas* como los *zapallos* a las *uvas*, siempre dentro de niveles específicos o circunscritos. Al respecto, ver también mis notas a los vv. 13-24 de «Ritual de mis piernas» y a los vv. 12-14 de «Caballo de los sueños».

35-36 *AGR* y *ATN-3* intercalan —entre estos dos versos— una estrofa que *N* y *CYR* desecharon. Reproduzco *AGR:*

Hecha de ola en lingotes y tenazas blancas,
tu salud de manzana furiosa se estira sin límite,
el tonel temblador en que escucha tu estómago,
tus manos hijas de la harina y del cielo.

Qué parecida eres al más largo beso,   40
su sacudida fija parece nutrirte,
y su empuje de brasa, de bandera revuelta,
va latiendo en tus dominios y subiendo temblando
y entonces tu cabeza se adelgaza en cabellos,
y su forma guerrera, su círculo seco,   45
se desploma de súbito en hilos lineales
como filos de espadas o herencias del humo.

Qué pompa joven de oro o reunidas frutas
y qué disposición dulce, qué fulgor definido
de uña, de seda súbita y fuerza sedienta,
y un olor de perla ardiendo corre por tu cadera
hasta tus pies cerrados en ribete de estío.

(ATN-3 trae coma tras «frutas». Lozada por error transcribe «ribetes», en plural.)
  42 *N* y *CYR,* sin coma al fin del verso: puntúo según *AGR, ATN-3* y *OCP.*
  46 *AGR* y *ATN-3,* «se desploman».

TIRANÍA

Oh dama sin corazón, hija del cielo,
auxíliame en esta solitaria hora,
con tu directa indiferencia de arma
y tu frío sentido del olvido.

Un tiempo total como un océano,   5
una herida confusa como un nuevo ser,
abarcan la tenaz raíz de mi alma
mordiendo el centro de mi seguridad.

Qué espeso latido se cimbra en mi corazón
como una ola hecha de todas las olas,   10
y mi desesperada cabeza se levanta
en un esfuerzo de salto y de muerte.

Hay algo enemigo temblando en mi certidumbre,
creciendo en el mismo origen de las lágrimas,
como una planta desgarradora y dura   15
hecha de encadenadas hojas amargas.

1-4 *Oh dama sin corazón,* etc. La destinataria de esta invocación-plegaria es la
Noche, como lo es del poema siguiente («Serenata»). La oposición entre los
apóstrofes iniciales de ambos poemas *(oh dama sin corazón / oh apiadada)* indica
que «Tiranía» emerge desde una situación agudamente crítica de descorazona-
miento y de vacío del yo, y, sobre todo, de pérdida de confianza en la convic-
ción y en la praxis poética por largo tiempo sostenida. Lo cual obliga al poeta a
un nuevo y extremo llamado de auxilio a la Noche (recuérdese el pacto de recí-
proca fidelidad establecido en el poema «Alianza [sonata]»: ver nota introducto-
ra a este poema y Apéndice II). Rectifico así la interpretación que de este pasa-
je ensayé en Loyola 1985: 137 (el requerimiento-reproche no va dirigido a la
realidad diurna sino a la Noche).

6 *una herida confusa:* «A veces soy feliz aquí, pero qué demoníaca soledad,
como una sala húmeda a mi alrededor, me envenena en verdad, porque las pe-
queñas heridas pasajeras se hacen desmesuradas: no hay cómo atajarlas y hemo-
rragian hasta el alma.» Carta de Neruda a Eandi desde Wellawatta (el barrio pe-
riférico de Colombo donde vivía el poeta), 21-XI-1929, en Aguirre, 61.

12 *en un esfuerzo de salto y de muerte:* cfr. «Un esfuerzo que salta, una flecha de
trigo / tengo...», etc. («Diurno doliente»).

SERENATA

En tu frente descansa el color de las amapolas,
el luto de las viudas halla eco, oh apiadada:
cuando corres detrás de los ferrocarriles, en los campos,
el delgado labrador te da la espalda,
de tus pisadas brotan temblando los dulces sapos.   5

El joven sin recuerdos te saluda, te pregunta por su
   olvidada voluntad,

---

1 *el color de las amapolas:* cfr. nota al v. 12 de «Fantasma».

2 *N* y *CYR,* como al fin del verso. Pongo dos puntos según *OCP* y atendiendo a la fuerte pausa presente en las versiones primitivas (y a la indicación de Alonso, 116). — *ZZG,* «...halla eco ¡oh apiadada! / Cuando corres...» — *AZC,* «...halla eco, oh apiadada. / Cuando corres...» — *ROC-1,* «...halla eco, ¡oh apiadada!; / cuando corres...». — El apóstrofe va enderezado a la Noche (cfr. *infra,* v. 19).

3 *ZZG,* sin comas. — *AZC,* «de los campos» (y sin comas).

4 *ROC-1,* punto y coma al fin del verso.

5 *ZZG* y *AZC,* «de tus pisadas brotan cantando los dulces sapos». — *ROC-1,* «de tus pisadas brotan, latiendo, los dulces sapos».

5-6 Entre estos dos versos *ZZG* y *AZC* intercalan (con diferencias de puntuación) una secuencia de cuatro versos que *ROC-1, N* y *CYR* desecharon. Reproduzco la versión *ZZG:*

> Al hombre apasionado en tu altura, de pronto,
> lo sobrecoge tu alegría planetaria,
> oh noche soltera y alegre, tu vestidura es mía,
> pegado a tus embarcaderos mi corazón quiere soltarse.

AZC elimina las comas en los dos primeros versos (todas) y tras «alegre»; introduce coma tras «noche». — *Al hombre apasionado:* ver mi nota al v. 14 de «Fantasma». — *oh noche soltera y alegre:* cfr. «oh noche sin llaves / oh noche mía», «oh noche huracán muerto», «a tu árbol noche querida sube un niño», en poemas 3, 6 y 15 de *THI,* libro donde también es frecuente el adjetivo *alegre* (poemas, 2, 5, 6...). — *embarcaderos:* imágenes de muelles y embarques y zarpas no faltan en *THI,* generalmente en conexión con el espacio nocturno: «embarcado en ese viaje nocturno» (poema 3), «embarcadero de las dudas» (4), «lancha al muelle lista para zarpar» (1), «navío blanco listo para partir» (9), y también: «puerto de embarque de los océanos nocturnos» *(ANS,* «Atardecer»). Cfr. Loyola 1983, *passim.*

las manos de él se mueven en tu atmósfera como pájaros,
y la humedad es grande a su alrededor:
cruzando sus pensamientos incompletos,
queriendo alcanzar algo, oh buscándote,   10
le palpitan los ojos pálidos en tu red
como instrumentos perdidos que brillan de súbito.

O recuerdo el día primero de la sed,
la sombra apretada contra los jazmines,
el cuerpo profundo en que te recogías   15
como una gota temblando también.

Pero acallas los grandes árboles, y encima de la luna,
    sobrelejos,
vigilas el mar como un ladrón.
Oh noche, mi alma sobrecogida te pregunta
desesperadamente a ti por el metal que necesita.   20

6 *AZC*, sin coma al fin del verso. — *ROC-1*, punto y coma al fin del verso.
— *El joven sin recuerdos:* cfr. nota al v. 14 de «Fantasma».

7 *AZC*, sin coma al fin del verso.

8 *ZZG, AZC* y *ROC-1*, punto al fin del verso. — *N*, punto y coma al fin del verso (probablemente por inadvertencia, pues poquísimos casos de punto y coma sobreviven en *N*, que tiende a eliminarlos como *CYR*).

9 *cruzando sus pensamientos incompletos:* «Lo completo y la plenitud sólo vienen de la noche, porque es su poder el que hace girar al corazón en cruz, enarbolando el ritmo y el signo de un tiempo que se destruye y se perpetúa en el vórtice de su propia encrucijada» (Concha 1985: 115). — *ZZG, AZC* y *ROC-1*, mayúscula inicial. — *AZC*, «Cruzan» (descuido de transcripción).

10 *AZC*, «queriendo alcanzar algo o buscándote» (sin coma al fin del verso). —*ROC-1*, «queriendo alcanzar algo, o buscándote,». — *ZZG* y *N*, como *CYR*.

11 *ROC-1*, «le palpitan los ojos, atados en tu red,».

12 *ZZG* y *AZC*, «como instrumentos perdidos que busca con esperanza» (*ZZG*, con coma al fin del verso).

13 *ZZG* y *AZC*, «o recuerdo el día primero de tu luz,». — *AZC*, «o recuerdo el día primero de tu sed».

14 *ZZG*, «el alma apretada...».

15 *ZZG*, hay coma al fin del verso.

16 *ZZG* y *ROC-1*, coma tras «gota».

17 *ZZG* y *AZC*, sin coma tras «árboles»; «sobre lejos». — *ROC-1, N, CYR* y *OCP*, «sobrelejos» (como *guardabajo* en «Galope muerto»: ver nota al v. 21).

19-20 *ROC-1*, entre signos exclamativos: «¡Oh noche... el metal que necesita!» — *metal:* ver poema «Alianza (sonata)», nota al v. 3.

DIURNO DOLIENTE

De pasión sobrante y sueños de ceniza
un pálido palio llevo, un cortejo evidente,
un viento de metal que vive solo,
un sirviente mortal vestido de hambre,
y en lo fresco que baja del árbol, en la esencia del sol   5
que su salud de astro implanta en las flores,
cuando a mi piel parecida al oro llega el placer,
tú, fantasma coral con pies de tigre,
tú, ocasión funeral, reunión ígnea,

---

2 *pálido palio:* cfr. notas al v. 34 de «Caballo de los sueños» y al v. 13 de «Ausencia de Joaquín». — *un cortejo evidente (llevo):* «y siempre llevadas al lado» («Sabor»).

3 *un viento de metal:* una circulación de energía, una fuerza en tensión y disponible, alerta. Cfr. notas al v. 5 de «Colección nocturna» y al v. 3 de «Alianza (sonata)». — *CYR,* «que vive sólo». Corrijo por *N* y *OCP:* «solo».

4 *un sirviente mortal vestido de hambre:* cfr. «como esclavos de voluntad secundaria» («Sabor»); «como un camarero humillado» («Arte poética»). Sobre estas y otras figuras del servicio degradado, remito al Apéndice II.

7 *mi piel parecida al oro:* cfr. «despojado de mi vestuario de venganza y de mi piel de oro» («La noche del soldado»).

8-9 *tú, fantasma coral,* etc. ¿A quién van enderezados estos apóstrofes? Al «acechador fantasma sexual», supone Lozada, 231. Por mi parte, creo que a sexualidad y a varia sensualidad alude sólo el v. 7 y que estos vv. 8-9 apuntan en cambio a una figura o dimensión de signo opuesto: el deber, el «sentido profético», la tarea descifratoria, en suma, una identidad poética (acción, quehacer vital) fuertemente ligada a la memoria en cuanto garantía de continuidad y raíces (ver nota introductora). Este *fantasma,* que viene del pasado y de la noche, contrasta la tentación a la ruptura y a la refundación del yo basadas en la aceptación de (o en la identificación con) la diurna seducción presente, cuyo símbolo es el "día especial" y cuya representación minuciosa y directa es legible en «La noche del soldado», «Juntos nosotros» y «El joven monarca». El *fantasma* llega con muchos rostros y nostalgias, la tarea profética significa responder a las solicitaciones de lo real múltiple, de tantos seres y cosas, y esa multiplicidad es lo que viene sugerido con los términos *coral* y *reunión.* Cfr. «este *coro* de sombras que poseo» («Tango del viudo»); «de un color *reunido* como una culebra» («Sabor»); y en la ya citada carta a Eandi: «Hacen falta los tonos sobrehumanos, algunos *coros* solemnes y desinteresados» (Aguirre, 43). El *fantasma,* en fin, reaparece al

acechando la patria en que sobrevivo   10
con tus lanzas lunares que tiemblan un poco.

Porque la ventana que el mediodía vacío atraviesa
tiene un día cualquiera mayor aire en sus alas,
el frenesí hincha el traje y el sueño al sombrero,
una abeja extremada arde sin tregua.   15
Ahora, qué imprevisto paso hace crujir los caminos?
Qué vapor de estación lúgubre, qué rostro de cristal,
y aún más, qué sonido de carro viejo con espigas?
Ay, una a una, la ola que llora y la sal que se triza,
y el tiempo del amor celestial que pasa volando,   20
han tenido voz de huéspedes y espacio en la espera.

De distancias llevadas a cabo, de resentimientos infieles,
de hereditarias esperanzas mezcladas con sombra,

---

poeta con sus exigencias feroces (con pies de tigre), con su corte de dolores y
tristezas (ocasión funeral) y con su carga de pasión, calor y acicates (reunión íg-
nea). Cfr. «y acercada ya la noche, ... escucho a mi *tigre*» («El joven monarca»);
«su agua *funeral* / aún vacila, aún reside» («Sonata y destrucciones»); «de cada
noche que sucede, hay algo de *brasa* abandonada que se gasta sola... en medio de
cosas *funerales*» («La noche del soldado»).

10-11 *acechando la patria...* Los atributos del *fantasma* se manifiestan al poeta
como signos nocturnos («lunares») que perturban el espacio de la seducción
diurna —«la patria en que sobrevivo»— con asediantes invitaciones a retomar
la vieja tarea, con persistentes —si bien algo fatigadas o vacilantes— exhor-
taciones a no abandonar la guardia poética, la causa profética (de ahí el indicio
simbólico de las lanzas temblorosas). — *la patria en que sobrevivo:* cfr. «Patria limi-
tada por dos largos brazos cálidos» («El joven monarca»), refiriéndose a Josie
Bliss.

12 *N,* «medio día» (forma binaria). Cfr. nota al v. 47 de «Colección noc-
turna».

13 *un día cualquiera:* equivale aquí a "un día especial". Notar la afinidad/con-
traste con «este día / que he elegido, igual entre los días terrestres» («Sabor»).

15 *abeja:* vibración vital, exaltación, excitación, entusiasmo; «símbolo del ar-
dor de la vida, del frenesí amoroso o báquico o dionisíaco» (Alonso, 217).

16-18 *Ahora, qué imprevisto paso...?* etc. Materiales de la memoria que invaden
y perturban el espacio de la seducción diurna.

19 *la sal que se triza:* estímulos que ceden, que vienen a menos, que decaen.
Con sentido similar: «la sal arruinada» («Sonata y destrucciones»). Ver mi nota
al v. 13 de «Colección nocturna».

20 *el tiempo del amor celestial que pasa volando:* el "día especial" vivido como ple-
nitud sexual efímera, que no logra echar raíces.

127

de asistencias desgarradoramente dulces
y días de transparente veta y estatua floral,   25
qué subsiste en mi término escaso, en mi débil producto?
De mi lecho amarillo y de mi substancia estrellada,
quién no es vecino y ausente a la vez?
Un esfuerzo que salta, una flecha de trigo
tengo, y un arco en mi pecho manifiestamente espera,   30
y un latido delgado, de agua y tenacidad,
como algo que se quiebra perpetuamente,
atraviesa hasta el fondo mis separaciones,
apaga mi poder y propaga mi duelo.

---

21 *voz de huéspedes:* presencia pasajera. — *espacio en la espera:* [han ocupado] los vacíos de un tiempo inmóvil, que no avanza hacia la meta ambicionada (el cumplimiento de los sueños del yo).

22 *distancias llevadas a cabo:* cfr. «Después de mucho, después de vagas leguas» («Sonata y destrucciones»). — *resentimientos infieles:* alusión a la dificultad del sujeto para olvidar a ciertas figuras que de algún modo lo han herido o desairado (en la relación familiar o sentimental).

24-25 *asistencias... estatua floral:* signos de la seducción diurna, esto es, de una determinada relación amorosa (con Josie Bliss). Sobre la devoción (asistencias) de la joven birmana, ver *CHV,* 124, y los textos «Juntos nosotros» («niña, mi partidaria, mi amorosa») y «El joven monarca». — *estatua floral:* cfr. «Yo peso con mis brazos cada nueva estatua» («La noche del soldado»). Alusiones a las flores que adornan su cabeza son una constante en las referencias del poeta a Josie Bliss.

27 *N* y *CYR,* sin coma al fin del verso: puntúo según *OCP.*

29 *N* y *CYR* traen coma al fin del verso, que elimino porque evidentemente ociosa en esta situación de encabalgamiento, y en acuerdo con *OCP.* — *Un esfuerzo que salta:* cfr. «en un esfuerzo de salto y de muerte» («Tiranía»).

31 *un latido delgado:* cfr. «qué espeso latido...» («Tiranía»). — *de agua y tenacidad:* ver nota a los vv. 18-19 de «Sabor».

MONZÓN DE MAYO

El viento de la estación, el viento verde,
cargado de espacio y agua, entendido en desdichas,
arrolla su bandera de lúgubre cuero:
y de una desvanecida substancia, como dinero de limosna,
así, plateado, frío, se ha cobijado un día,   5

1-5 *El viento de la estación,* etc. Alonso lee así este pasaje: «El verde viento tormentoso y agorero gira, se arrolla como bandera, "arrolla su bandera de lúgubre cuero" y de substancia desvanecida, desvanecida como dinero de limosna (hay que poner aquí punto y como o dos puntos); así, plateado y frío, se ha cobijado un día, etc.» (117). En nota propone las alternativas de referir sintácticamente el v. 4 al v. 2: «cargado de espacio y agua... y de una desvanecida substancia...», o bien el v. 1: «El viento de la estación... y (que es) de una desvanecida substancia», agregando: «Esta interpretación última es la que más se acomoda a la modalidad sintáctica de Neruda» (117n). — No estoy de acuerdo con esta lectura ni con su correspondiente puntuación, que se deben a una errada colocación-interpretación del v. 4. Apoyándome en *NAC-1,* que trae punto y coma (una pausa fuerte) al fin del v. 3, propongo en cambio: "El viento verde de la estación, habitualmente cargado de lluvias que cubren el espacio a mi alrededor, habitual portador o dispensador de desdicha, ese viento ahora recoge (arrolla) su bandera de lúgubre cuero, es decir, se calma; y entonces (así), en ese hueco o vacío dejado por el viento en reposo ha venido a cobijarse un día singular, luminoso y fresco, pero hecho de una substancia débil, de poca (desvanecida) consistencia; por ello ese día ha caído en mi existir sólo como una moneda de limosna, luciente y fría pero demasiado escasa en relación a mis necesidades y ambiciones". — Más brevemente, propongo leer los vv. 4-5: «y [hecho] de una desvanecida substancia, [escaso] como dinero de limosna, / así, plateado y frío, se ha cobijado un día».

2 *entendido en desdichas:* este módulo reaparecerá años más tarde: « y el fraile Luque, canónigo entendido / en tinieblas» (CGN, II, xiii: «Cita de cuervos»).

3 *NAC-1,* punto y coma al fin del verso, donde *AZC, ATN-4, N, CYR* y *OCP* traen coma. Traduzco con dos puntos (según la praxis nerudiana habitual) la pausa fuerte que *NAC-1* propone con punto y coma.

4 *OCP,* dos puntos al fin del verso, acogiendo la errada lectura-recomendación de Alonso, 118.

5 *un día:* reaparece el motivo del "día especial": cfr. v. 26 de «Caballo de los sueños» y vv. 12-15 (y nota introductoria) de «Diurno doliente». — El motivo del frágil "día especial" se ofrece en *Residencia I* con contenidos variables y a partir de diversas circunstancias extratextuales. En el caso presente, la propues-

frágil como la espada de cristal de un gigante
entre tantas fuerzas que amparan su suspiro que teme,
su lágrima al caer, su arena inútil,
rodeado de poderes que cruzan y crujen,
como un hombre desnudo en una batalla,   10
levantando su ramo blanco, su certidumbre incierta,
su gota de sal trémula entre lo invadido.

---

ta se funda en experiencias concretas y elementales de este tipo: «Pero hoy qué
hermoso día fresco, después de una terrible tempestad de anoche, en que mi
casa se llenó de agua y dos cocoteros cayeron quemados del rayo, en el jardín.
Hoy es verde y transparente: el mar está espeso y detenido, azul.» Y pocas lí-
neas más adelante: «Aquí el Monzón ha hecho los días más frescos y soporta-
bles, siento cierta felicidad en mi epidermis, hace un nuevo bello día» (carta de
Neruda a Eandi desde Wellawatta, suburbio de Colombo, 21-XI-1929: en
Aguirre, 61 y 62). El poema fue escrito algunos meses antes, pero la experien-
cia de base es sin duda similar. — *AZC,* sin coma al fin del verso.

6-8 *frágil como la espada de cristal,* etc. Leo: "un día frágil como la espada de
cristal de un gigante [que entra, que actúa, que se mueve inadecuada e insufi-
cientemente] entre tantas fuerzas que amparan [que consienten o autorizan pro-
visoriamente] su suspiro que teme, su lágrima al caer, su arena inútil". —
espada... entre tantas fuerzas: cfr. «para mí que entro cantando, / como con una es-
pada entre indefensos» («Galope muerto»). — *su suspiro que teme:* "su energía dé-
bil y temblorosa" (la imagen *suspiro* sería aquí una reducción o ironización de
viento). — *su lágrima:* su gota, su poquedad, "su insignificante capacidad de ferti-
lizar mi disposición". — *su arena inútil:* inservible como patria, como territorio
de sustentación o anclaje, como fundamento.. En «Diurno doliente» el espacio
de la seducción diurna (forma del "día especial" en ese poema) era al menos «la
patria en que sobrevivo». Cfr. «sin tocar mi verdadera arena» («La copa de san-
gre», en *PNN,* 159); «La arena traicionada» *(CGN,* título del cap. V). — *AZC,*
v. 6, «una espada». — *NAC-1, ATN-4, N, CYR* y *OCP* traen coma al fin del
v. 6, tras «gigante»: la elimino, en acuerdo con *AZC,* porque estimo que estorba
la mejor inteligencia de este pasaje.

9 *rodeado de poderes que cruzan y crujen:* se refiere siempre a «un día», circundan-
do de fuerzas enormes que lo amenazan desde todas partes. — *«Cruzar* y *crujir*
se revelan como anverso y reverso de un mismo sonido invisible, un viejo soni-
do raigal, el de la materia y de la sangre» (Concha 1985: 117).

10-12 *como un hombre desnudo... entre lo invadido:* en «Diurno doliente» la confi-
guración del "día especial" tenía que ver con la insuficiencia de una situación
amorosa, con el yo acompañado y sostenido por una figura femenina; aquí el
"día especial" es imagen del aislamiento del yo y de la precariedad o pequeñez
de su tarea profética y desciframiento (en relación a lo que parece contar en la rea-
lidad del mundo y del cosmos). — *su certidumbre incierta:* cfr. «Hay algo enemigo
temblando en mi certidumbre» («Tiranía»). — *su gota de sal trémula:* los ímpetus
proféticos del yo, ahora escasos (sólo una gota) y vacilantes, en crisis: cfr. notas
al v. 10 de «Diurno doliente» y al v. 7 de «Sonata y destrucciones». — *lo in-*

Qué reposo emprender, qué pobre esperanza amar,
con tan débil llama y tan fugitivo fuego?
Contra qué levantar el hacha hambrienta?   15
De qué materia desposeer, huir de qué rayo?
Su luz apenas hecha de longitud y temblor
arrastra como cola de traje de novia triste
aderezada de sueño mortal y palidez.
Porque todo aquello que la sombra tocó y ambicionó el
   desorden,   20
gravita, líquido, suspendido, desprovisto de paz,
indefenso entre espacios, vencido de muerte.

Ay, y es el destino de un día que fue esperado,
hacia el que corrían cartas, embarcaciones, negocios,
morir, sedentario y húmedo, sin su propio cielo.   25

---

vadido: cfr. «Yo lloro en medio de lo invadido, entre lo confuso» («Débil del alba»). — *OCP,* sin coma al fin del v. 10.

19 *NAC-1, AZC* y *ATN-4,* punto y coma al fin del verso.

20 *sombra:* aquí es la noche, los sueños, la intuición, lo líquido (aguas), lo irracional, el desvarío, la poesía, por oposición a la ordinaria realidad diurna. — *desorden:* la libertad, la embriaguez, la ilusión anticonformista, la utopía, la sensualidad, la expansión de la propia individualidad, por oposición al orden, a la norma reguladora. — "Aquello que la sombra tocó" y "lo que el desorden ambicionó" equivalen entonces al conjunto de la tarea o misión poética-descifratoria que el sujeto intenta y sostiene desde antiguo, inspirándose en ideales que son al mismo tiempo ambiciones de profecía y anhelos de vivir en íntima sinceridad, en acuerdo con los impulsos profundos (vivir el *ser naturaleza* del yo): es todo este conjunto lo que ahora aparece amenazado de crisis radical. Cfr. la nota introductora a «Caballo de los sueños».

22 *AZC,* coma tras «indefenso».

23-24 *AZC,* «Ay, y es que el destino...» (el *que* ocioso obedece seguramente a descuido de transcripción). — *un día que fue esperado,* etc.: figura-síntesis del "día especial" en este poema: el aislamiento actual del yo y la debilitación o precariedad de su tarea parecen representar el único, pobre y doloroso resultado de tantos afanes cumplidos por el sujeto. Esta figura proyecta al poema, desde el extratexto, el desengaño de las esperanzas que —para el destino de su vida y de su escritura— había puesto Neruda en su buscado desplazamiento desde Rangún a Colombo y en el difícil abandono de Josie Bliss (cfr. «Diurno doliente» y «Tango del viudo»).

25 *morir... sin su propio cielo:* la presente modulación del "día especial" se confirma imagen del poeta desesperanzado, sobreviviendo apenas bajo cielos extraños, entre la humedad y el tedio.

Dónde está su toldo de olor, su profundo follaje,
su rápido celaje de brasa, su respiración viva?
Inmóvil, vestido de un fulgor moribundo y una escama opaca,
verá partir la lluvia sus mitades
y al viento nutrido de aguas atacarlas.   30

26-30 *NAC-1* y *AZC* proponen idéntica variante primitiva de este pasaje
(salvo el interrogativo inicial en *NAC-1*):

    26 Dónde está su toldo de olor, su follaje de brasa,
    27 su rápido y profundo celaje, su respiración viva?
    28 Inmóvil, vestido de un fulgor moribundo y una escama opaca,
    29 verá partir la lluvia sus mitades vacías,
    30 porque el viento nutrido de aguas, el largo viento llega.

ATN-4: versos 26-27 como *N* y *CYR,* ya corregidos, pero 29-30 restan como
NAC-1 y *AZC.* Lo cual, más el cambio del título a «Monzón de Mayo» (Mayo
con mayúscula también en *N* y *CYR),* indica que *ATN-4* es una versión inter-
media, ulteriormente revisada en *N* = *CYR.*

ARTE POÉTICA

Entre sombra y espacio, entre guarniciones y doncellas,
dotado de corazón singular y sueños funestos,
precipitadamente pálido, marchito en la frente,
y con luto de viudo furioso por cada día de vida,
ay, para cada agua invisible que bebo soñolientamente,   5
y de todo sonido que acojo temblando,
tengo la misma sed ausente y la misma fiebre fría,
un oído que nace, una angustia indirecta,
como si llegaran ladrones o fantasmas,
y en una cáscara de extensión fija y profunda,   10

---

1 *Entre sombra y espacio:* entre sueños y desplazamientos, transcurriendo entre poesía (escritura, nocturnidad, fantasmas) y viajes. *Sombra:* cfr. «Cuánta sombra de la que hay en mi alma» («Tango del viudo»); ver nota al v. 20 de «Monzón de mayo». — *entre guarniciones y doncellas:* entre la amistad viril y el amor, viviendo o transcurriendo entre amigos y amantes. *Guarniciones* se refiere a hombres de acción, o mejor, a amigos en la acción, a "soldados" de la poesía (vivida o escrita) y de la vida bohemia o aventurera. En *Residencia* y en otras obras Neruda suele asociar evocaciones de amigos, compañeros o camaradas, con figuras e imágenes militares; capitanes, guerreros, soldados, guardias, centinelas, vigías, cuarteles, guarniciones, por ejemplo en «Caballo de los sueños», «Colección nocturna», «La noche del soldado». Es posible que la ocurrencia de *guarniciones* en este poema no sea extraña al reencuentro con el amigo Álvaro Hinojosa en Calcuta (cfr. *CLR,* 40).

3 *precipitadamente pálido:* «El adverbio inicial (...) es un hallazgo estilístico: sin él, *pálido* significaría "ser pálido"; con él significa "ponerse pálido"; sin él, describiría lo de fuera y lo quieto, con él lo de dentro y el suceder» (Alonso, 59-60).

4 *con luto de viudo furioso:* probables ecos de «Tango del viudo» (título, «el perro de furia»; Josie Bliss es «la furiosa» en *MIN-III).* — *por cada día de vida:* la primera edición (1957) de *OCP* traía «por cada día de *mi* vida» (por descuido de transcripción).

5 *para cada agua invisible:* cfr. la nota a los vv. 18-19 de «Sabor».

10 *y en una cáscara de extensión fija y profunda:* «Este verso vuelve a tomar la idea del v. 1, "entre sombra y espacio", pero aquí de modo mucho más vivaz... Tiene alguna anomalía sintáctica y alguna dificultad simbólica; significa: "y [yo estoy, vivo dentro de] una corteza de extensión, (de espacio) infranqueable, invencible, siempre centrada en mí por mucho que me traslade (fija), y continuada hasta el infinito en todas direcciones"» (Alonso, 62).

como un camarero humillado, como una campana un poco ronca,
como un espejo viejo, como un olor de casa sola
en la que los huéspedes entran de noche perdidamente ebrios,
y hay un olor de ropa tirada al suelo, y una ausencia de flores,
posiblemente de otro modo aún menos melancólico,   15
pero, la verdad, de pronto, el viento que azota mi pecho,

---

11 *como un camarero humillado:* cfr. «como esclavos de voluntad secundaria» («Sabor»); «un sirviente mortal vestido de hambre» («Diurno doliente»). Sobre estas y otras figuras del servicio degradado, ver Apéndice II.

11-14 *como una campana un poco ronca,* etc. Ráfaga de imágenes que varían la del «camarero humillado», asediando desde perspectivas diversas la configuración de la actividad poética del yo vista como conflicto entre la pasión y tenacidad del propio empeño, por un lado, y por otro un invencible sentimiento de derrota, de inadecuación, de desgaste, de insuficiencia, de soledad y falta de estímulos externos, de tarea siempre en déficit, siempre por debajo del objetivo ambicionado: todo ello bajo el signo común de la degradación. — *como un olor de casa sola:* cfr. «He llegado otra vez a los dormitorios solitarios» («Tango del viudo»). Una curiosa variante: «como un olor de casada sola», en la versión publicada por *Poesía*, Buenos Aires, 4-5 (agosto-septiembre de 1933), variante que Puccini 1986 juzga válida. — *hay un olor de ropa tirada al suelo:* cfr. «y otra vez / tiro al suelo los pantalones y las camisas» («Tango del viudo»). — *y una ausencia de flores:* la alusión a flores (en la cabeza) es constante en las referencias de Neruda a Josie Bliss: cfr. «La noche del soldado», «El joven monarca», «Diurno doliente» («estatua floral») y *CHV,* 124.

15 *posiblemente de otro modo aún menos melancólico:* verso de ambigua o doble lectura. — «Este verso representa en el poema un doble fondo, como el teatro dentro del teatro (...), pues es un comentario y censura del poeta a su propia fantasía: para sugerir con más exactitud el sentimiento que se quiere expresar, habría que haber dado con imágenes que no añadieran a la degradación un coeficiente de melancolía» (Alonso, 63). — *N* y *CYR,* «aun»; *OCP,* «aún». Con la forma *aun* habría que entender: "de otro modo *incluso* menos melancólico", que me parece coincidir con la lectura de Alonso (si bien su transcripción del poema trae *aún*). La forma *aún* daría al verso una impostación que suena irónica: "de otro modo *todavía* menos melancólico", impostación nada imposible (si entendida como dolorosamente irónica). — La acentuación *aun/aún* es muy insegura en *N* y *CYR,* por lo cual no sirve como criterio de lectura. — Estimo que el verso, en cuanto paréntesis o aparte metadiscursivo, incluye sí un nivel de comentario retórico-estético al material utilizado, como entiende Alonso, pero incluye también un nivel autoirónico de raíz emotiva, como si el poeta quisiera excusar ante sí mismo, sonriendo, el haberse abandonado a la melancolía, a la elección de ciertas imágenes precedentes, por "debilidad" sentimental: autoironía doliente y pudorosa, similar a la que está presente en el título «Tango del viudo» (ver mi nota inicial a ese texto). — Elijo entonces la forma *aún* sólo porque me parece más apta a incluir ambas lecturas posibles.

16 *el viento que azota mi pecho.* Ya desde la poesía prerresidenciaria la imagen

las noches de substancia infinita caídas en mi dormitorio,
el ruido de un día que arde con sacrificio,
me piden lo profético que hay en mí, con melancolía,
y un golpe de objetos que llaman sin ser respondidos   20
hay, y un movimiento sin tregua, y un nombre confuso.

---

del *viento* alude a energía viril, impetuosidad, fuerza movilizadora, principio masculino. En *Residencia I:* «el viento que agita los meses» («Colección nocturna»); «un viento de metal que vive solo» («Diurno doliente»); «este viento del mar gigante» («Tango del viudo»); «El viento de la estación, el viento verde», cuya fuerza contrasta con el frágil "día especial" («Monzón de mayo»). — Aquí, el viento es la propia "hombría" del poeta que se llama a reaccionar, a persistir en su *tarea* (y/o que fustiga la íntima "debilidad" sentimental).

17-18 *las noches... un día:* sobre este discrimen numérico, ver mi *Introducción*. — *las noches... caídas en mi dormitorio:* cfr. «caed en mi alcoba en que la noche cae» («Entrada a la madera»). — *de substancia infinita:* el término *substancias* ocurre dos veces en «Tango del viudo». — *un día que arde con sacrificio:* cfr. «una abeja extremada arde sin tregua» («Diurno doliente»); «Ardió la uva húmeda» («Sonata y destrucciones»).

19 *lo profético que hay en mí:* cfr. «mi sentido profético» («Comunicaciones desmentidas»). En carta a Eandi desde Wellawatta (21-XI-1929): «El poeta no debe ejercitarse, hay un mandato para él y es penetrar la vida y hacerla profética: el poeta debe ser una superstición, un ser mítico» (en Aguirre, 60). — *OCP*, sin coma al fin del verso.

20-21 *y un golpe de objetos... y un nombre confuso*. Versos que creo de lección ambivalente. — Por un lado se refieren a la indefensión, a la inocencia, a la confusión, a las "necesidades" o carencias que desde la realidad solicitan el empeño profético, descifratorio, nominador del poeta: se refieren, por lo tanto, a la *tarea*. Cfr., con sentido similar: «Acecho, pues, lo inanimado [objetos] y lo doliente, / y el testimonio extraño que sostengo / ... / [es] el nombre que doy a la tierra» («Sonata y destrucciones»). Recuérdese que para Neruda *nombre* es signo de individuación, por oposición a *número*. — Por otro lado, en estos versos resuenan oblicuos ecos de «Tango del viudo» y de la nostalgia erótica (los *objetos* ligados a la convivencia y a la pasión, como el cuchillo; «llamando cosas desaparecidas»; «de los lenguajes humanos el pobre [el cuchillo] sólo sabría tu nombre, / y la espesa tierra no comprende tu nombre», etc.).

SISTEMA SOMBRÍO

De cada uno de estos día negros como viejos hierros,
y abiertos por el sol como grandes bueyes rojos,
y apenas sostenidos por el aire y por los sueños,
y desaparecidos irremediablemente y de pronto,
nada ha substituido mis perturbados orígenes,   5
y las desiguales medidas que circulan en mi corazón
allí se fraguan de día y de noche, solitariamente,
y abarcan desordenadas y tristes cantidades.

Así, pues, como un vigía tornado insensible y ciego,
incrédulo y condenado a un doloroso acecho,   10

---

1 *días negros:* cfr. «enlutado día» («Vuelve el otoño»).

2 *como grandes bueyes rojos:* ver nota al v. 34 de «Juntos nosotros».

5 *nada ha substituido:* sobre la categoría de la *substitución,* cfr. Sicard 1981: 334-336, y mi nota a las líneas finales de «La noche del soldado» («el dios de la substitución vela a veces a mi lado, respirando tenazmente, levantando la espada»). — *mis perturbados orígenes:* cfr. «Paso entre documentos disfrutados, entre orígenes» («Caballo de los sueños»); «admito los postreros días, / y también los orígenes» («Agua sexual»). Referencia a la memoria de infancia, a la experiencia fundacional del poeta.

7 *allí se fraguan de día y de noche:* allí, en ese sistema sombrío donde noche y día ya no se distinguen ni se oponen. Cfr. «un día de formas diurnas y nocturnas está casi siempre detenido sobre mí» («La noche del soldado»: al respecto, remito de nuevo a mi nota a las líneas finales de ese texto).

9-10 *como un vigía... condenado a un doloroso acecho:* cfr. «paseo, haciendo una guardia innecesaria» («La noche del soldado»); «aquel que vela a la orilla de los campamentos... me siento ser» y «Acecho, pues, lo inanimado y lo doliente» («Sonata y destrucciones»). — *THI* anunciaba ya la figura del *vigía:* «estás solo centinela» (poema 4), «centinela de las malas estaciones» (poema 15). — Sobre el significado simbólico y autorreferencial del *vigía-testigo,* remito al Apéndice II.

11 *la pared en que cada día del tiempo se une:* la índole funesta de la homogeneidad temporal se advierte también en estas variantes: «los días blancos de espacio» («Alianza (sonata)»; «aguardo el tiempo uniforme, sin medida» («Caballo de los sueños»); «teniendo esa consistencia de la leche, de las semanas muertas» («Sabor»).

frente a la pared en que cada día del tiempo se une,
mis rostros diferentes se arriman y encadenan
como grandes flores pálidas y pesadas
tenazmente substituidas y difuntas.

13-14 *grandes flores... tenazmente substituidas:* ver *supra,* nota al v. 5.

ÁNGELA ADÓNICA

Hoy me he tendido junto a una joven pura
como a la orilla de un océano blanco,
como en el centro de una ardiente estrella
de lento espacio.

De su mirada largamente verde   5
la luz caía como un agua seca
en transparentes y profundos círculos
de fresca fuerza.

Su pecho como un fuego de dos llamas
ardía en dos regiones levantado,   10
y en doble río llegaba a sus pies
grandes y claros.

Un clima de oro maduraba apenas
las diurnas longitudes de su cuerpo
llenándolo de frutas extendidas   15
y oculto fuego.

---

4 *ATN-4*, «de fresco espacio». El cambio *fresco* → *lento*, tal vez porque el adjetivo se repetía en el v. 8 («de fresca fuerza»).

6 *N* y *OCP*, coma al fin del verso.

10 *ATN-4*, «crecía en dos regiones levantado».

11 *OCP*, coma al fin del verso.

SONATA Y DESTRUCCIONES

Después de mucho, después de vagas leguas,
confuso de dominios, incierto de territorios,
acompañado de pobres esperanzas,
y compañías infieles, y desconfiados sueños,
amo lo tenaz que aún sobrevive en mis ojos,   5
oigo en mi corazón mis pasos de jinete,
muerdo el fuego dormido y la sal arruinada,
y de noche, de atmósfera obscura y luto prófugo,
aquel que vela a la orilla de los campamentos,

---

1 *mucho... vagas leguas.* Al cabo de tantas distancias recorridas en el tiempo y
en el espacio, el poeta propone en este texto una reafirmación de propósitos,
una declaración de fidelidad. «He completado casi un libro de versos: *Residencia
en la tierra*» —escribe Neruda en la misma carta del 8-IX-1928. Es probable que
este poema de clima solemne cerrase el libro en aquel momento y estado de su
elaboración.

2 *confuso... incierto:* cfr. «una herida confusa» («Tiranía»); «un nombre confuso»
(«Arte poética»); «su certidumbre incierta» («Monzón de mayo»); «Hay algo
enemigo temblando en mi certidumbre» («Tiranía»). — En carta a Eandi desde
Rangún (11-V-1928): «una violenta disposición poética que no deja de existir
en mí, me va dando cada vez una vía más inaccesible, de modo que gran parte
de mi labor se cumple con sufrimiento, por la necesidad de ocupar un dominio
un poco remoto con una fuerza seguramente demasiado débil» (Aguirre, 33).
— *CYR,* sin coma al fin del verso: puntúo según *AGR, N* y *OCP.*

5 *amo lo tenaz...:* cfr. «un latido delgado, de agua y tenacidad» («Diurno do-
liente»); «una tenaz paciencia física» («La noche del soldado»). Ver nota al v. 9
de «Sabor».

6 *AGR* y *ATN-3,* «oigo con mi corazón». — *mis pasos de jinete:* "(no abando-
no, no descuido, sigo prestando oído a) mi vocación de aventura poética, mi
riesgosa misión descifratoria". Cfr. notas al v. 28 de «Caballo de los sueños» y al
v. 36 de «Colección nocturna».

7 *muerdo el fuego dormido y la sal arruinada:* "reavivo, reactivo ímpetus flojos y
estímulos decaídos". — *muerdo:* con fervor de enamorado o de animal ham-
briento (cfr. «Colección nocturna», v. 32; «Juntos nosotros», v. 15). — *sal:* con
un sentido activo y positivo, próximo al que tiene en las expresiones "la sal de la
vida", "la sal de la tierra". Cfr. «la sal que se triza» («Diurno doliente»); «su mul-
titud de sal» («Colección nocturna»); «su gota de sal trémula» («Monzón de
mayo»); «naciendo en la sal de mi ser» («Cantares»).

9 *aquel que vela a la orilla de los campamentos:* cfr. nota a los vv. 9-10 de
«Sistema sombrío».

139

el viajero armado de estériles resistencias,   10
detenido entre sombras que crecen y alas que tiemblan,
me siento ser, y mi brazo de piedra me defiende.

Hay entre ciencias de llanto un altar confuso,
y en mi sesión de atardeceres sin perfume,
en mis abandonados dormitorios donde habita la luna,   15
y arañas de mi propiedad, y destrucciones que me son
    queridas,
adoro mi propio ser perdido, mi substancia imperfecta,

---

10 *viajero:* esta fórmula autorreferencial proviene de *ANS* («Imperial del sur»), como su variante *caminante* («Primavera de agosto»). La imagen del *viaje* ocurre en *THI,* poemas 3, 9, 15. Cfr. Loyola 1983: 371.

12 *mi brazo de piedra:* "mi irrenunciable (sólida, inconmovible) vocación de escritura" (equivale a esa «violenta disposición poética que no deja de existir en mí», citada *supra,* nota al v. 2). Cfr. «un ángel invariable vive en mi espada» («Sabor»).

13 *Hay entre ciencias de llanto un altar confuso:* "en medio y a pesar de mi experiencia dolorosa y sin ecos, sostengo (con tenacidad) mi tarea descifratoria (poética) como si fuese una religión o un culto sagrado que no sabría explicar". Fórmula relacionable con «lo profético que hay en mí» («Arte poética») y «mi sentido profético» («Comunicaciones desmentidas»). En carta a Eandi desde Colombo (24-IV-1929): «inválido de expresión comunicable, me he rodeado de una cierta atmósfera secreta, y sufro una verdadera angustia por decir algo, aun solo conmigo mismo, como si ninguna palabra me representara, y sufriendo enormemente por ello». Y más adelante: *«[Residencia]* es un montón de versos de gran monotonía, casi rituales, con misterio y dolores como los hacían los viejos poetas» (Aguirre, 45 y 48). — A propósito de *altar,* asociado al carácter "sagrado" de la misión poética, cfr.: «Vivo lleno de (...) una paciencia fija / como sombra de iglesia o reposo de huesos» («Sabor»).

15 *donde habita la luna:* la noche es el lugar natural de la poesía, de los sueños, del misterio: pero es también el domicilio de la *luna,* que en el imaginario neru-diano es símbolo de soledad, frío, incomunicación, muerte: cfr. nota a los vv. 28-38 de «El sur del océano».

16 *arañas de mi propiedad:* "miedos, obsesiones, demonios que me habitan, en-cuevados en mí como arañas, pero que me definen y en los cuales me reconoz-co". Cfr. nota al v. de «El desenterrado». — *destrucciones que me son queridas.* En la misma carta del 8-IX-1928, que compaña el envío de este poema, Neruda explica a Eandi: «Pero, verdaderamente, no se halla usted rodeado de destrucciones, de muertes, de cosas aniquiladas? En su trabajo, no se siente obstruido por dificultades e imposibilidades? Verdad que sí? Bueno, yo he decidido formar mi fuerza en este peligro, sacar provecho de esta lucha, utilizar estas debilidades. Sí, ese momento depresivo, funesto para muchos, es una noble materia para mí» (Aguirre, 34).

mi golpe de plata y mi pérdida eterna.
Ardió la uva húmeda, y su agua funeral
aún vacila, aún reside,   20
y el patrimonio estéril, y el domicilio traidor.

Quién hizo ceremonia de cenizas?
Quién amó lo perdido, quién protegió lo último?
El hueso del padre, la madera del buque muerto,
y su propio final, su misma huida,   25
su fuerza triste, su dios miserable?

19-21 *Ardió la uva húmeda:* «significa he tenido "alegría con dolor" (P. N.)»,
en Alonso, 229. El poeta sigue aludiendo a la experiencia contradictoria de su-
frimiento y entusiasmo creativo, de dolor y productividad ("descifratoria" de lo
real, esa *uva* que en sus versos vibra, o arde, a pesar de su "humedad", y cuya
linfa lúgubre y letal —agua *funeral*, si bien consoladora en cuanto resultado poé-
tico— aún subsiste y aún solicita la obstinación, a ratos vacilante, del poeta). —
Ardió: cfr. «una abeja extremada arde sin tregua» («Diurno doliente»). Aquí, el
verbo en pasado alude al resultado ya conseguido, al libro que el poeta juzga
casi completo (ver *supra*, nota al v. 1). — *húmeda:* cfr. las clásicas observaciones
de Alonso, 247-249. — *uva:* cfr. nota al v. 15 de «Juntos nosotros». — *el pa-
trimonio estéril* (alusión a recuerdos y experiencias del pasado formador, es decir,
a la propia poesía prerresidenciaria) y *el domicilio traidor* (¿se alude otra vez a esos
«mis abandonados dormitorios» del v. 15, a la sede de la poesía, es decir a la
Noche, en cierta medida infiel al pacto establecido en «Alianza (sonata)», o se
alude en cambio al exilio que traicionó las ilusiones del poeta?): ambos, como el
agua funeral, aún subsisten y solicitan la tenacidad y el «sonido profético» del
poeta.

22 *Quién hizo ceremonia de cenizas?* Obviamente hay que subentender «Quién
como yo hizo...?», como en «Quién puede jactarse de paciencia más sólida?»
(«Sabor»). — *ceremonia,* relacionable con *altar* y con versos *rituales:* ver más arri-
ba, nota al v. 13. — *cenizas,* con sentido afín a *destrucciones:* ver nota al v. 16.

23-26 *lo perdido... lo último:* el poeta alude, creo, a sus raíces, a su propio y per-
sonal mundo originario (tan remoto y extremo en el tiempo-espacio), del cual
elenca elementos en el v. 24: el *hueso del padre* sería una imagen global y muy
condensada de la filiación individual, esto es, de la infancia y de la casa familiar
gobernadas por la figura del padre (y del ambiente conexo por extensión: tre-
nes, bosque, Temuco, miedos, lluvia, invierno...); *la madera del buque muerto* sería
en cambio una cifra simbólica de la adolescencia (primeros años, inquietudes y,
en particular, primeros amores), en cuanto probable alusión a "aquel bote salva-
vidas", abandonado en el patio de las amapolas (ver *RIV,* 164-166, y mi nota al
v. 12 de «Fantasma»). — Los vv. 25-26 perfeccionan este momento de resu-
men (brevísimo *memorial)* al esbozar la trayectoria juvenil de poeta hasta el pre-
sente del texto *(su propio final).* —Se entiende entonces que *su misma huida* alude
al exilio en que el poeta se encuentra (resultado de una fuga ilusoria). — *su dios*

141

Acecho, pues, lo inanimado y lo doliente,
y el testimonio extraño que sostengo
con eficiencia cruel y escrito en cenizas,
es la forma de olvido que prefiero, 30
el nombre que doy a la tierra, el valor de mis sueños,
la cantidad interminable que divido
con mis ojos de invierno, durante cada día de este mundo.

miserable: imagen que complementa la abstracción *su fuerza triste,* y que por lo mismo se explica en asociación con *altar* (v. 13) y con *ceremonia* (v. 22). — A la luz de esta lectura, el elenco (sin verbo) de los vv. 24-26 podría ser dispuesto entre paréntesis, entendiéndolo como desarrollo del v. 23, sin signo interrogativo final interno, y desplazando en cambio al final externo (tras el cierre del paréntesis) el signo interrogativo que sigue a «lo último». — *CYR,* sin coma tras «su propio final»: puntúo según *AGR, N* y *OCP.*

27 *AGR,* «Acecho pues lo inanimado...» (sin las comas). —*lo inanimado y lo doliente:* los objetos y los hombres. Ver nota a vv. 20-21 de «Arte poética».

28 *testimonio:* ver nota a los vv. 9-10 de «Sistema sombrío» y la Introducción. — *OCP* trae coma al fin del verso.

30 *olvido:* cfr. «en largas noches sin mezcla de olvido» («Tango del viudo»); «su llanta húmeda de olvido» («Lamento lento»); y naturalmente el poema «No hay olvido (sonata)».

31 *nombre:* cfr. nota al v. 4 de «Madrigal escrito en invierno». — Aquí, la fórmula «el nombre que doy a la tierra» condensa el sentido de la tarea descifratoria del poeta. — *CYR,* sin coma al fin del verso: puntúo según *AGR, ATN-3, N* y *OCP.*

II

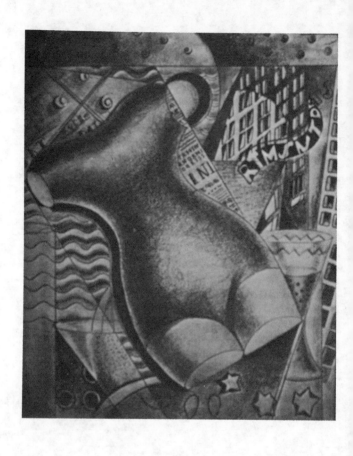

LA NOCHE DEL SOLDADO

Yo hago la noche del soldado, el tiempo del hombre sin me-
lancolía ni exterminio, del tipo tirado lejos por el océano y una
ola, y que no sabe que el agua amarga lo ha separado y que en-
vejece, paulatinamente y sin miedo, dedicado a lo normal de la
vida, sin cataclismos, sin ausencias, viviendo dentro de su piel 5
y de su traje, sinceramente oscuro. Así, pues, me veo con ca-
maradas estúpidos y alegres, que fuman y escupen y horrenda-
mente beben, y que de repente caen, enfermos de muerte. Por-

---

1 *Yo hago la noche del soldado.* La palabra *noche* usada en singular —salvo
cuando es invocación directa a la Noche, como en «Serenata» e, implícitamente,
en el *tú* de «Alianza (sonata)»— tiene generalmente en *Residencia* valor simbóli-
co negativo (tradicional) y equivale a espacio de muerte, de inmovilidad, de so-
ledad e incomunicación, de oscuridad letal. Aquí, espacio de aburrimiento e
inacción. Cfr. «qué noche tan grande, qué tierra tan sola!» («Tango del viudo»).
— *soldado:* «Qué gran alegría de soldado en el frente o niño en los pensionados,
su paquete de diarios, que usted con su gran corazón me envía, Eandi» (Neru-
da, carta desde Colombo, 24-IV-1929: en Aguirre, 47). Desprovista de toda
connotación heroica, la imagen del soldado conlleva aquí un sentido autorrefe-
rencial de degradación, sugerida incluso por la colocación en el sistema jerárqui-
co: el actual *soldado* ha rebajado al *alférez* de *ANS* («La querida del alférez») y
está lejos de la ideal figura nerudiana del *capitán.* "Soldado en el frente" significa
hastío, monotonía de la trinchera, y también lejanía de casa (simbólicamente: le-
janía respecto del centro vital del yo). — *La noche del soldado* equivale entonces a
los días del poeta, esto es, a la dimensión oscura de su actual residir en la tierra.
5 *AGR* y *N,* «adentro».
6-8 *Así, pues, me veo con camaradas...* La condición de los compañeros subraya
y confirma la degradación del soldado. — En *Residencia I* Neruda suele asociar
imágenes de ambiente castrense con figuras de amistad viril, de camaradería, de
compañeros que comparten sueños o destinos, distinguiendo respecto de la
complementaria dimensión amorosa (que ha sido más atentamente estudiada).
Así, en «Colección nocturna» la invocación a un cierto Capitán (vv. 62-63)
acompaña a menciones de «viejos compañeros y mujeres amadas» (v. 29) y de «ca-
maradas cuyas cabezas reposan sobre barriles» (v. 44); y en «Arte poética» el yo
enunciador-protagonista se desplaza «entre guarniciones y doncellas». En *Resi-
dencia II* el tema de la camaradería asumirá una diversa modalidad (ver «Estatu-
to del vino» y los poemas dedicados a García Lorca y a Rojas Giménez). —
AGR elimina comas en «Así pues me veo (...)», mientras *N* puntúa «Así pues,
me veo (...)». — *OCP,* sin coma después de «caen».
8-9 *N* y OCP puntúan «Porque, dónde están (...)?».

que dónde están la tía, la novia, la suegra, la cuñada del solda-
do? Tal vez de ostracismo o de malaria mueren, se ponen 10
fríos, amarillos y emigran a un astro de hielo, a un planeta
fresco, a descansar, al fin, entre muchachas y frutas glaciales, y
sus cadáveres, sus pobres cadáveres de fuego, irán custodiados
por ángeles alabastrinos a dormir lejos de la llama y la ceniza.

Por cada día que cae, con su obligación vesperal de sucum- 1
bir, paseo, haciendo una guardia innecesaria, y paso entre mer-
caderes mahometanos, entre gentes que adoran la vaca y la co-
bra, paso yo, inadorable y común de rostro. Los meses no son
inalterables, y a veces llueve: cae del calor del cielo una im-
pregnación callada como el sudor, y sobre los grandes vegeta- 2
les, sobre el lomo de las bestias feroces, a lo largo de cierto si-
lencio, estas plumas húmedas se entretejen y alargan. Aguas de
la noche, lágrimas del viento monzón, saliva salada caída como
la espuma del caballo, y lenta de aumento, pobre de salpicadu-
ra, atónita de vuelo.   2

10-12 *AGR*, «se ponen fríos, amarillos y [sedientos, y aúllan toda la noche,
infundiendo justo terror. Entonces] emigran a un astro de hielo, a un planeta
fresco, a descansar al fin entre muchachas y frutas glaciales (...)». *N* y *CYR* eli-
minan el segmento aquí entre corchetes y ponen «al fin» entre comas.

14 *AGR*, «a descansar lejos de la llama».

15 *Por cada día que cae...* En carta a González Vera, contemporánea al texto
(Rangún, 6-VIII-1928): «Yo sufro, me angustio con hallazgos horribles, me
quema el clima, maldigo a mi madre y a mi abuela, converso días enteros con
mi cacatúa, pago por mensualidades un elefante. Los días me caen en la cabeza
como palos, no escribo, no leo, vestido de blanco y con casco de corcho, autén-
tico fantasma, mis deseos están influenciados por la tempestad y las limonadas»
(cit. en Rodríguez Monegal 1966: 63). — *AGR*, «Para cada día que cae.»

16 *haciendo una guardia innecesaria*: cfr. notas al v. 1 del presente texto y a los
vv. 9-10 de «Sistema sombrío».

17-18 *entre gentes que adoran la vaca y la cobra*: «Más de un año de vida en estos
destierros, en estas tierras fantásticas, entre hombres que adoran la cobra y la
vaca» (carta a González Vera desde Rangún, 6-VIII-1928, cit. en Rodríguez
Monegal 1966: 63, que por error transcribe *la cólera* en vez de *la cobra;* la segun-
da edición —1977, pág. 77—, queriendo corregir transcribe peor: *el cólera).*

19 *AGR*, coma tras «llueve». — *OCP,* comas tras «cae» y «cielo».

23 *AGR*, «lágrimas del viento Monzón, [resbalosas y espesas,] saliva salada
(...). *N* y *CYR* eliminan el segmento aquí entre corchetes. — *N* y *CYR*, «Mon-
zón» (con mayúscula). — *estas plumas húmedas:* una evocación de esta lluvia —
«plumas mojadas, / lento sudor celeste»— en el poema «Amores: Josie Bliss
(II)» de *Memorial de Isla Negra* (1964), III.

Ahora, dónde está esa curiosidad profesional, esa ternura
abatida que sólo con su reposo abría brecha, esa conciencia
resplandeciente cuyo destello me vestía de ultra azul? Voy res-
pirando como hijo hasta el corazón de un método obligatorio,
de una tenaz paciencia física, resultado de alimentos y edad 30
acumulados cada día, despojado de mi vestuario de venganza y
de mi piel de oro. Horas de una sola estación ruedan a mis
pies, y un día de formas diurnas y nocturnas está casi siempre
detenido sobre mí.

Entonces, de cuando en cuando, visito muchachas de ojos y 35
caderas jóvenes, seres en cuyo peinado brilla una flor amarilla
como el relámpago. Ellas llevan anillos en cada dedo del pie, y

---

26 *dónde está esa curiosidad profesional...?* La pérdida de *curiosidad* significa men-
gua de una relación viva (sensorial, cultural) con el mundo, debilitamiento del
personal presupuesto interior —acicate individual— hacia la poesía. Tal toma
de conciencia de su *extrañeza* respecto al mundo circundante (lejanía del soldado
respecto del propio mundo vital, de la propia "casa") es vivida por Neruda
como amenaza a su más íntima identidad. Pero justo de aquí nace y crece en el
poeta una necesidad de reacción. La aparición de textos en prosa —«La noche
del soldado» y «El joven monarca»— es el indicio inicial de esa reacción dentro
de la escritura poética de Neruda. No carece de significación el hecho que los
dos textos mencionados tengan que ver con una importante figura femenina
(local): Josie Bliss. Pero a este período de Rangún pertenece también «Entierro
en el Este», que cierra la sección II y que supone un intento (entre el verso y la
prosa) de retomar contacto con el mundo concreto, si bien ajeno, que rodea al
poeta. — *profesional:* bajo forma oblicuamente explícita, Neruda admite aquí por
primera vez la "profesionalidad" de un escribir: la poesía como oficio, el queha-
cer literario como núcleo de la propia identidad. (Hay un antecedente indirecto
en *THI*, poema 14: «yo tengo la alegría de los panaderos contentos».)

28 *OCP*, «ultraazul».

28-32 *Voy respirando como hijo... y de mi piel de oro.* Propongo esta lectura tenta-
tiva: "En esta situación letal (de apatía y ausencia de curiosidad profesional), so-
brevivo como una criatura en el vientre de su madre, obligado a respirar y a se-
guir adelante sin participación ni entusiasmo, sostenido por la inercia biológica
de mi cuerpo joven (tenaz paciencia física) que se limita a cumplir con sus ritos
de nutrirse y madurar cada día, despojado de íntimas ambiciones reivindicativas
(de realización y triunfo literarios) y de deseos de felicidad (plenitud emotiva y
sensual)". — *mi piel de oro:* cfr. «mi piel parecida al oro» («Diurno doliente»).

33-34 *y un día de formas diurnas y nocturnas...* Cfr. «y las desiguales medidas que
circulan en mi corazón / allí se fraguan de día y de noche («Sistema sombrío»).
— *AGR*, «y un día de formas diferentes está casi siempre, como un arco de mil
flechas, detenido sobre mi cabeza».

35-52 *Entonces, de cuando en cuando, visito muchachas,* etc. A través de una sinéc-
doque muy nerudiana (el plural por el singular), que no excluye aquí la ficción

147

brazaletes, y ajorcas en los tobillos, y además collares de color, collares que retiro y examino, porque yo quiero sorprenderme ante un cuerpo ininterrumpido y compacto, y no mitigar mi beso. Yo peso con mis brazos cada nueva estatua, y bebo su remedio vivo con sed masculina y en silencio. Tendido, mirando desde abajo la fugitiva criatura, trepando por su ser desnudo hasta su sonrisa: gigantesca y triangular hacia arriba, levantada en el aire por dos senos globales, fijos ante mis ojos como dos lámparas con luz de aceite blanco y dulces energías. Yo me encomiendo a su estrella morena, a su calidez de piel, e inmóvil bajo mi pecho como un adversario desgraciado, de miembros demasiado espesos y débiles, de ondulación indefensa: o bien girando sobre sí misma como una rueda pálida, dividida de aspas y dedos, rápida, profunda, circular, como una estrella en desorden.

Ay, de cada noche que sucede, hay algo de brasa abandonada que se gasta sola, y cae envuelta en ruinas, en medio de cosas funerales. Yo asisto comúnmente a esos términos, cubierto de armas inútiles, lleno de objeciones destruidas. Guardo la

narrativa de un proceso de selección (una serie de experiencias que culminan en la decisiva, y elegida), este pasaje introduce en el tejido textual de *Residencia I* la mítica figura femenina que, explícita o subyacente, es común a «El joven monarca», «Juntos nosotros», «Diurno doliente», «Tango del viudo» y que el poeta mismo individualizará más tarde bajo el nombre Josie Bliss (ver «Josie Bliss» en *RST-II;* «Amores: Josie Bliss» en *MIN-III; CHV,* 124). — 36 *seres en cuyo peinado brilla una flor amarilla:* cfr. «flores de ámbar en el puro y cilíndrico peinado» («El joven monarca»); «Hablo de Burmah, país en que las mujeres sobrellevan largos peinados cilíndricos, en los que nunca falta la dorada flor del *padauk»* («Contribución al domino de los trajes», crónica desde Rangún, *La Nación,* Santiago, 4-III-1928; en *PNN,* 59). — 40 *AGR,* sin coma tras «brazaletes». — 38 *OCP,* coma tras «además». — 40 *AGR,* «ante un cuerpo firme y compacto». — 41 *cada nueva estatua:* cfr. «estatua floral» («Diurno doliente», v. 25; ver nota). — 46-47 *yo me encomiendo a su estrella morena:* cfr. «quiero encomendar mi envoltura terrestre a ese ruido de la mujer cocinando» («El joven monarca»). — La sinécdoque del tipo "plural por singular" no es infrecuente en *Residencia,* y generalmente tiende a dar un cierto grado de abstracción y distancia a la traducción poética de experiencias personales muy precisas, por ejemplo en estos títulos: «Comunicaciones desmentidas», «Establecimientos nocturnos», «Melancolía en las familias», «Enfermedades en mi casa».

55-56 *cubierto de armas inútiles:* cfr. «y el ruido de espadas inútiles que se oye en mi alma» («Tango del viudo»). — *AGR,* «cubierto con armas inútiles».

ropa y los huesos levemente impregnados de esa materia semi-nocturna: es un polvo temporal que se me va uniendo, y el dios de la substitución vela a veces a mi lado, respirando tenazmente, levantando la espada.   60

58-59 *el dios de la substitución vela a veces a mi lado.* Según Sicard (1981), el término *substitución* designa en *Residencia* «cierta modalidad de la fragmentación existencial», esto es, «la contradicción temporal vivida como tal, pero de un modo que sólo podría ser negativo, ya que el sujeto, encerrado en sus límites existenciales, no puede acceder al sentimiento de una continuidad posible más allá de sí mismo» (334 y 336). — Teniendo en cuenta el carácter habitualmente contextual de la imaginería simbólica de Neruda, y el hecho que la categoría de *substitución* se manifiesta sólo en este texto y en «Sistema sombrío» (de escritura paralela o casi), le presumo a esa noción un origen circunscrito, contextual, ligado a una experiencia amorosa excepcionalmente fuerte que es vivida por el poeta como posibilidad de salvación, como salida a una desastrosa situación anímica, pero al precio de una renuncia a su identidad y proyecto vital anteriores. Simbólicamente, entonces, la imagen de la *substitución* traduce a esos textos un momento de máximo riesgo para la tarea profética del yo, radicada en un cierto espacio y en una cierta memoria personal. Corresponde a la fase culmen de la *tentación* del sujeto a aceptar un nuevo arraigo, un nuevo fundamento para su identidad-poesía, en incompatibilidad con el precedente. Incapaz de vivir en escisión, y acorralado por la soledad y el desaliento, el poeta se siente al borde de sacrificar la dureza de la *tarea* a la dulzura del *placer* consolatorio. Versión residenciaria del conflicto entre una *seducción* agresiva («levantando la espada») y una *Haltung* que resiste apenas («cubierto de armas inútiles, lleno de objeciones destruidas»). Incluso la antigua Noche de los sueños, de la restauración y del refugio, parece haber retirado su sostén al poeta y haberse integrado al ciclo inmóvil y funesto de los días ordinarios («un día de formas *diurnas y nocturnas* está casi siempre detenido sobre mí»). El espacio de la seducción se ofrece así al poeta con las posibilidades de una noche alternativa, o sustitutiva, que al mismo tiempo incluye posibilidades diurnas («esa materia *seminocturna:* es un polvo temporal que se me va uniendo»). La plena aceptación de esta dualidad diurna-nocturna aparece por única vez en «Juntos nosotros» («Qué pura eres de *sol* o de *noche* caída», etc.), mientras que una inversión del proceso (el retorno a la *tarea)* será gradualmente textualizada en «El joven monarca», «Diurno doliente», «Tango del viudo» y «Arte poética». — *AGR,* «y el dios de la sustitución vela a veces mi lecho».

149

COMUNICACIONES DESMENTIDAS

Aquellos días extraviaron mi sentido profético, a mi casa entraban los coleccionistas de sellos, y emboscados, a altas horas de la estación, asaltaban mis cartas, arrancaban de ellas besos frescos, besos sometidos a una larga residencia marina, y conjuros que protegían mi suerte con ciencia femenina y defensiva caligrafía.

Vivía al lado de otras casas, otras personas y árboles tendiendo a lo grandioso, pabellones de follaje pasional, raíces emergidas, palas vegetales, cocoteros directos, y en medio de estas espumas verdes, pasaba con mi sombrero puntiagudo y un corazón por completo novelesco, con tranco pesado de esplendor, porque a medida que mis poderes se roían, y destrui-

---

1-6 *Aquellos días extraviaron,* etc. Al interior del pasado que critica («Aquellos días»), el poeta individualiza una situación emblemática de degradación y malestar, una ficción-metáfora que condensa y abstrae (con procedimiento muy nerudiano) una serie de episodios desagradables realmente acaecidos durante el período de Wellawatta, en Ceilán. Las referencias del texto probablemente tienen que ver, en el extratexto, con los desmanes de la celosa Josie Bliss que llegó desde Rangún *(CHV,* 136) o bien con esas impertinencias del vecindario a que el poeta alude en carta a Eandi desde Wellawatta (27-II-1930): «Mis vecinos más próximos son tamiles o cingaleses o burghers (criollos holandeses), y se han puesto muy mezquinos y desagradables este último tiempo, atribuyéndome grandes perversidades, y haciéndome enemistad, todo porque vienen algunas muchachas a verme, ellas mismas muy asustadas, porque esta gente ha aprendido todos los cristianos escrúpulos de mierda, y hacen tabú de todo acto sexual... Al diablo con ellos!» (Aguirre, 79). Durante 1929 y primeros meses de 1930 Neruda recibió en Wellawatta alguna carta de Albertina Azócar desde Europa (cfr. *NJV,* 56-64), varias de su hermana Laura y de su madrastra desde Chile (cfr. *CLR,* 40-49) y muy probablemente otras de antiguas enamoradas chilenas: a esas cartas se refiere sin duda el texto. — *mi sentido profético:* ver nota al v. 19 de «Arte poética».

7-17 *Vivía al lado de otras casas,* etc. Las cartas de Eandi contienen indicaciones muy valiosas sobre los estados y alternancias del humor de Neruda en Wellawatta. — *a medida que mis poderes se roían...* «Hace dos días interrumpí esta carta, me caía, lleno de alcoholes (...). Yo simplemente caigo, no tengo deseos ni proyecto nada: existo cada día un poco menos» (carta del 24-IV-1929, en Aguirre, 46-47); «Actualmente no siento nada que pueda escribir, todas las cosas me parecen no faltas de sentido sino muy abundantes de él, sí, siento que todas las

dos en polvo buscaban simetría como los muertos en los ce-
menterios, los lugares conocidos, las extensiones hasta esa
hora despreciadas, y los rostros que como plantas lentas brota- 15
ban en mi abandono, variaban a mi alrededor con terror y si-
gilo, como cantidades de hojas que un otoño súbito trastorna.

Loros, estrellas, y además el sol oficial, y una brusca hume-
dad, hicieron nacer en mí un gusto ensimismado por la tierra y
cuanta cosa la cubría, y una satisfacción de casa vieja por sus 20
murciélagos, una delicadeza de mujer desnuda por sus uñas,
dispusieron en mí como de armas débiles y tenaces de mis fa-
cultades vergonzosas, y la melancolía puso su estría en mi teji-
do, y la carta de amor, pálida de papel y temor, sustrajo su ara-
ña trémula que apenas teje y sin cesar desteje y teje. Natural- 25
mente, de la luz lunar, de su circunstancial prolongación, y
más aún, de su eje frío, que los pájaros (golondrinas, ocas) no
pueden pisar ni en los delirios de la emigración, de su piel azul,
lisa, delgada y sin alhajas, caí hacia el duelo, como quien cae
herido de arma blanca. Yo soy sujeto de sangre especial, y esa 30

---

cosas han hallado su expresión por sí solas, y que yo no formo parte de ellas ni
tengo poder para penetrarlas» (carta del 27-II-1930, en Aguirre, 78-79).

18-25 *Loros, estrellas, y además el sol oficial,* etc. Las imágenes de estas líneas
(como más arriba «los lugares conocidos, las extensiones... y los rostros...») alu-
den a modificaciones de perspectiva y a desplazamientos de valores, intereses,
necesidades y temores que la confrontación con el exilio (soledad, extrañamien-
to) ha irregularmente producido en la existencia, en la conciencia y en la escri-
tura del poeta (y que los textos de algún modo han registrado): acercamiento al
nivel concreto e inmediato de la realidad (cosas y seres); readmisión creciente
de la memoria (figuras, fantasmas, espacios originarios); atención directa hacia
el propio cuerpo y hacia la sexualidad (ver notas a «Caballero solo» y «Ritual de
mis piernas»); retorno a la melancolía y a las nostalgias de amor; reconocimien-
to de deseos de estabilidad y de bienestar material, etcétera.

25-30 *Naturalmente, de la luz lunar,* etc. Oscuro pasaje del que propongo esta
lectura tentativa: "Naturalmente, desde el dominio de la Noche (exasperado por
condiciones de clima, geografía y existencia; desde los momentos de escritura
poética que solían ser su eventual producto y prolongación; más aún, desde esa
central y pavorosa soledad-orgullo (eje frío de la Noche) que me sostenía y que
es irreducible a categorías líricas convencionales (para expresarla no bastarían
—dicho sea irónicamente— figuras de golondrinas —¿oscuras, becquerianas?—
ni de ocas —¿por no decir blancos cisnes?—); desde el territorio de la Noche,
en fin, intenso e infinito pero austero, sin brillos ni gratificaciones, precipité
inevitablemente en las honduras del dolor y del luto, como si me hubiesen apu-
ñalado." — *de la luz lunar... de su eje frío:* cfr. «Y luego esa condensación, esa uni-

151

substancia a la vez nocturna y marítima me hacía alterar y padecer, y esas aguas subcelestes degradaban mi energía y lo comercial de mi disposición.

De ese modo histórico mis huesos adquirieron gran preponderancia en mis intenciones: el reposo, las mansiones a la orilla del mar me atraían sin seguridad, pero con destino, y una vez llegado al recinto, rodeado del coro mudo y más inmóvil, sometido a la hora postrera y sus perfumes, injusto con las geografías inexactas y partidario mortal del sillón de cemento, aguardo el tiempo militarmente, y con el florete de la aventura manchado de sangre olvidada.

---

dad de elementos de la noche, esa suposición puesta detrás de cada cosa, y ese frío tan claramente sostenido por estrellas» («Establecimientos nocturnos»). — *de su piel azul, lisa...* En este contexto la palabra *piel* indica el *domicilio* poético del yo, la extensión o espacio que habita, como en otro lugar la palabra *cáscara:* «y en una cáscara de extensión fija y profunda» («Arte poética»).

31 *N* y *CYR* traen coma tras «marítima»: la suprimo según *OCP*.

32 *esas aguas subcelestes:* cfr. nota a los vv. 18-19 de «Sabor».

32-33 *lo comercial de mi disposición:* leo "lo gregario" o "mis necesidades o apetencias simples, terrestres, prosaicas de sociabilidad, de contactos, de convivencia desenvuelta, de alegre vida en compañía" *(lo comercial* se opondría así a lo literario, lo artístico, lo superior).

34 *De ese modo histórico:* con irónica solemnidad, "como resultado de esas experiencias que realmente he vivido, sin inventar nada". — *mis huesos:* mi cuerpo, mi realidad física, mis apetencias biológicas y materiales de bienestar. — *adquirieron gran preponderancia...* Al respecto es significativa esta confidencia a Eandi: «Tal vez si mi salario fuese justo, e inmutable —es decir, que yo tuviera la seguridad de recibirlo a cada fin de mes—, acaso me importaría poco seguir mi vida en cualquier rincón —frío o caliente. Sí, yo que continuamente hice doctrina de irresponsabilidad y movimiento para mi propia vida y las ajenas, ahora siento un deseo angustioso de establecerme, de fijarme algo, de vivir o morir tranquilo. Quiero también casarme, pero pronto, mañana mismo, y vivir en una gran ciudad. Son mis únicos deseos persistentes, tal vez no podré cumplirlos nunca» (carta desde Wellawatta, 5-X-1929, en Aguirre, 56).

36 *N,* sin coma tras «seguridad».

36-39 *llegado al recinto:* aceptado (ingresado en) el espacio de la norma. — *rodeado del coro mudo y más inmóvil:* por oposición al coro rumoroso, activo y exigente del deber profético, de la misión poética: «tú, fantasma *coral* con pies de tigre» («Diurno doliente»); «este *coro* de sombras que poseo» («Tango del viudo»); «En los periódicos que me manda, tanto agitarse, tanta vida, pero pocas alturas, y hacen falta los tonos sobrehumanos, algunos *coros* solemnes y desinteresados» (carta a Eandi, en viaje hacia Colombo, 16-I-1929, en Aguirre, 42-43); «Lo veo a usted equipado de salud y poderes naturales, (...) capaz de una muy grande precisión y seguridad de letras, sílabas, palabras y libros. Que ese *coro* le

acompañe, Eandi» (carta del 24-IV-1929, en Aguirre, 47). — *sometido a la hora postrera y sus perfumes:* leo aquí una alusión del poeta a su matrimonio, dicha con ironía o gracejo de sabor popular (pérdida o "muerte" de la libertad personal).
— *injusto con las geografías inexactas:* leo: "harto de desplazamientos repetidos e inútiles por el planeta y de residencias precarias (inestabilidad o 'inexactitud' geográfica que para otros, quizás más justamente, podría ser incluso deseable)".
— *partidario mortal del sillón de cemento:* deseoso de estabilidad a toda costa («ahora siento un deseo angustioso de establecerme, de fijarme algo, de vivir o morir tranquilo», como escribe Neruda a Eandi: cfr. *supra,* nota a línea 34). También *sillón de cemento* es una metáfora desenvuelta, en la línea de ciertas locuciones irónicas o eufemísticas de origen y sabor criollos. En el lenguaje popular chileno se usa decir, por ejemplo: «le pusieron el piyama de palo» (lo pusieron en el ataúd, esto es, se murió); «lo sentaron en el cajón con vidrios» (lo sometieron a dura amonestación, interrogatorio o castigo).

EL DESHABITADO

Estación invencible! En los lados del cielo un pálido cierzo
se acumulaba, un aire desteñido e invasor, y hacia todo lo que
los ojos abarcaban, como una espesa leche, como una cortina
endurecida existía, continuamente.

De modo que el ser se sentía aislado, sometido a esa extraña 5
substancia, rodeado de un cielo próximo, con el mástil quebra-
do frente a un litoral blanquecino, abandonado de lo sólido,
frente a un transcurso impenetrable y en una casa de niebla.
Condenación y horror! De haber estado herido y abandonado,

2-4 *un aire desteñido e invasor*, etc. Como la lenta llovizna de Rangún («La no-
che del soldado»), como el viento verde de Wellawatta («Monzón de mayo»),
también aquí los signos de una naturaleza ajena llegan al poeta como reflejos de
su existir. — *como una espesa leche:* inmovilidad y homogeneidad letales del tiem-
po-espacio: cfr. «los días blancos de espacio» («Alianza [sonata]»); «teniendo esa
consistencia de la leche, de las semanas muertas» («Sabor»). — *como una cortina
endurecida:* imagen de sentido análogo a la anterior: cfr. «frente a la pared en que
cada día del tiempo se une» («Sistema sombrío»).

5 *el ser se sentía aislado:* cfr. «te asalta un ser sin recuerdos» *(THI,* poema 5);
«con espesas garras sujeta / el tiempo al fatigado ser» («Cantares»); «el ser como
el maíz se desgranaba» *(CGN,* «Alturas de Macchu Picchu», iii). Notar la perti-
nacia de una fórmula que Neruda propone en función autorreferencial *(THI,
RST)* o para aludir al hombre genérico *(CGN).* Ver también la nota al v. 14 de
«Fantasma». — *se sentía...* Los módulos en imperfecto (más arriba: «se acumula-
ba», «abarcaban», «existía») tienen en esta primera parte del texto una función
distanciadora y pudorosa, como buscando neutralizar o filtrar resonancias emo-
tivas demasiado intensas y personales. Ver también la nota al v. 7 de «Alianza
(sonata)».

6-8 *con el mástil quebrado frente a un litoral blanquecino,* etc. En esta imagen náu-
tica de la inmovilidad, de la soledad, de la pérdida del rumbo, del horizonte in-
cierto y temible, resuenan probables ecos de lecturas inglesas: «Se acuerda de
esas novelas de José Conrad en que salen extraños seres de destierro, extermi-
nados, sin compensación posible? A veces me siento como ellos...» (carta a
Eandi desde Wellawatta, 24-IV-1929, en Aguirre, 46).

9 *Condenación y horror!* La misma exclamación en una carta fechada en Wel-
tevreden, 2-VII-1930: «Querido Eandi, vivo y vivo en Java, por días y siglos
por venir. Horror! Condenación y horror, y vida al suspiro! Escríbame, sus car-

o haber escogido las arañas, el luto y la sotana. De haberse em- 10
boscado, fuertemente ahíto de este mundo, y de haber conver-
sado sobre esfinges y oros y fatídicos destinos. De haber ama-
rrado la ceniza al traje cotidiano, y haber besado el origen te-
rrestre con su sabor a olvido. Pero no. No.

Materias frías de la lluvia que caen sombríamente, pesares 15
sin resurrección, olvido. En mi alcoba sin retratos, en mi traje
sin luz, cuánta cabida eternamente permanece, y el lento rayo
recto del día cómo se condensa hasta llegar a ser una sola gota
oscura.

Movimientos tenaces, senderos verticales a cuya flor final a 20

---

tas son necesarias como el agua» (Aguirre, 86). Indicio importante para la data-
ción del texto.

9-14 *De haber estado herido y abandonado,* etc. ¿Cómo leer esta secuencia — he-
cha de tres momentos binarios— y la adversativa que la cierra? ¿A qué núcleo
o conexión remiten las preposiciones *de* que encabezan cada uno de los tres blo-
ques de la secuencia? La vía más simple es la de referirlas a «Condenación y ho-
rror!», entendiendo aproximadamente así: "Después de haber estado herido...,
después de haber(me) emboscado..., después de haber amarrado la ceniza..., he
aquí el infierno final, he aquí la inmovilidad, el desierto, la muerte en vida que
me espera por días y siglos por venir" (ver la nota precedente y las anteriores
alusiones del texto al horizonte temporal homogéneo, al «transcurso impenetra-
ble» que se extiende ante el sujeto). La construcción del pasaje recuerda las apa-
rentes anomalías sintácticas de los comienzos de «Galope muerto» y — sobre
todo— de «Alianza (sonata)», examinadas por Alonso, 122-123. Serían posibles
otras soluciones, por lo tanto, o bien variantes de tono, de modulación o de for-
mulación respecto a la que propongo por ahora. Pero puesto que la secuencia es
un elenco-resumen de eventos, elecciones y decisiones que — equivocados o
no— jalonan el largo esfuerzo del yo por preservar y desarrollar la tarea proféti-
ca, y puesto que un temible desierto amenaza anular lo conseguido y liquidar las
últimas reservas de entusiasmo y obstinación del poeta, me parece en todo caso
legítimo leer la adversación al cierre («Pero no. No») como una extrema reac-
ción defensiva y como una desesperada reafirmación de lo obrado, esto es, de la
identidad que el sujeto a duro precio se ha venido construyendo. — *herido y aban-
donado:* todavía están frescas la glacial conducta y la negativa de Albertina a
reunirse con el poeta (cfr. *NJV,* 56-54 y Aguirre, 78). — *arañas:* ver
notas al v. ˙16 de «Sonata y destrucciones» (que trae: «arañas de mi
propiedad») y al v. 61 de «El desenterrado». — *la sotana:* por ser propia de curas
o frailes, ¿alude a renuncias sexuales (Josie Bliss)? — *haberse emboscado,* forma re-
gida por «el ser» (ver *supra,* nota a «el ser se sentía aislado»). — En línea 13, *N*
trae «cotidiano».

16 *En mi alcoba sin retratos:* cfr. «y otra vez / ... / no hay perchas en mi habi-
tación, ni retratos de nadie en las paredes» («Tango del viudo»).

20-21 *Movimientos tenaces, senderos verticales a cuya flor final a veces se asciende...* El

155

veces se asciende, compañías suaves o brutales, puertas ausentes! Como cada día un pan letárgico, bebo de un agua aislada!

Aúlla el cerrajero, trota el caballo, el caballejo empapado en lluvia, y el cochero de largo látigo tose, el condenado! Lo demás, hasta muy larga distancia permanece inmóvil, cubierto por el mes de junio y sus vegetaciones mojadas, sus animales callados, se unen como olas. Sí, qué mar de invierno, qué dominio sumergido trata de sobrevivir, y, aparentemente muerto, cruza de largos velámenes mortuorios esta densa superficie?

poeta alude muy probablemente a la repetición de antesalas y trajines burocráticos para oficializar —una vez más— su investidura consular (cfr. *CHV*, 147-149) y, en sentido más general, a la estratificación administrativa y social de las colonias inglesas y holandesas en Oriente, donde tanto los colonizadores como los indígenas mantenían su respectivo «escalafón de castas» *(CHV*, 123). La alusión a esta verticalidad jerárquica podría no ser necesariamente irónica si para el poeta la «flor final» eran las mujeres europeas de «la azotea del aparato» *(ibíd.).*

23-24 *Aúlla el cerrajero, trota el caballo,* etc. Únicos signos de vida, movimiento y relieve en el horizonte homogéneo y letal, en contraste con lo que sigue («Lo demás, hasta muy larga distancia permanece inmóvil...»). Notar el enérgico dinamismo vital con que este breve paréntesis descriptivo, "costumbrista", establece su juego de contraste al interior de una atmósfera espesa de inmovilidad y silencio, de lentitud y sopor. Brusco movimiento de anclaje en lo real externo, en los detalles inmediatos y concretos, característicamente nerudiano.

25 *N* y *OCP*, «hasta muy largas distancias» (en *OCP*, coma tras «distancias»).

25-26 *cubierto por el mes de junio:* ver nota introductora (datación del texto). — *N*, «Junio» (con mayúscula). — *CYR*, sin coma tras «junio»: puntúo según *N* y *OCP*.

27-29 *Sí, qué mar de invierno,* etc. En esta situación de extrema soledad y abatimiento, ante un mar o paisaje extraño («esta densa superficie») y en junio, el poeta evoca —o mejor: invoca— el océano chileno ahora en invierno y, en general, el sur de la infancia («dominio sumergido... aparentemente muerto») que en otros textos llama *los orígenes.* Los recuerdos reemergen desde las profundidades en que dormían y logran introducir en el presente muerto algunos signos de consuelo y sostén para el sujeto: el dulce movimiento de esos «largos velámenes» que (si bien «mortuorios», tristes) complementan simétricamente la vivacidad de las imágenes "costumbristas" del comienzo del párrafo («Aúlla el cerrajero», etc.). Dos registros, dos fuentes de interés y energía: la realidad inmediata (seres y cosas del territorio social) y la memoria. — La invocación del espacio mítico fundacional (el centro sagrado) en situaciones de extremo peligro será uno de los ritos poéticos más persistentes de toda la obra de Neruda, por ejemplo: «Ayudadme, (...) ásperas travesías, inviernos del sur...» («Enfermedades en mi casa»); «Enfermo en Veracruz, recuerdo un día / del Sur, mi tierra (...)

A menudo, de atardecer acaecido, arrimo la luz a la venta- 30
na, y me miro, sostenido por maderas miserables, tendido en
la humedad como un ataúd envejecido, entre paredes brusca-
mente débiles. Sueño, de una ausencia a otra, y a otra distan-
cia, recibido y amargo.

Océano, tráeme / un día del Sur...» *(CGN,* VII, ii); y enfermo en París, hacia el
final de la vida del poeta: «y a lo largo / del túnel que me lleva prisionero / oigo
remotamente un trueno verde / ... / Es el libertador. Es el océano, / lejos, allá,
en mi patria, que me espera» *(JDI,* «Llama el océano»). — En línea 28, *N* y
CYR traen «y aparentemente muerto» (sin coma tras «y»): puntúo según *OCP*.

32 *CYR,* sin coma tras «envejecido»: puntúo según *N* y *OCP,* cuya coma
consiente una lectura a mi parecer preferible: «tendido en la humedad..., entre
paredes bruscamente débiles».

EL JOVEN MONARCA

Como continuación de lo leído y precedente de la página que sigue debo encaminar mi estrella al territorio amoroso.

Patria limitada por dos largos brazos cálidos, de larga pasión paralela, y un sitio de oros defendidos por sistema y matemática ciencia guerrera. Sí, quiero casarme con la más bella de 5 Mandalay, quiero encomendar mi envoltura terrestre a ese ruido de la mujer cocinando, a ese aleteo de falda y pie desnudo que se mueven y mezclan como viento y hojas.

Amor de niña de pie pequeño y gran cigarro, flores de ámbar en el puro y cilíndrico peinado, y de andar en peligro, 1 como un lirio de pesada cabeza, de gruesa consistencia.

1-2 *Como continuación de lo leído,* etc. El amor-pasión como paréntesis: este arranque del texto insinúa ya el conflicto entre el *ser naturaleza* y el *ser cultura* del poeta. La crisis de ese conflicto es el tema de «Diurno doliente». — *mi estrella:* cfr. «mi substancia estrellada» («Diurno doliente»).

3-5 *Patria limitada por dos largos brazos cálidos,* etc. El espacio de la *seducción* como territorio de supervivencia, si no de anclaje. Cfr. «la patria en que sobrevivo» («Diurno doliente»), con igual sentido.

6-7 *quiero encomendar mi envoltura terrestre...* Cfr. «Yo me encomiendo a su estrella morena, a su calidez de piel» («La noche del soldado»). — *a ese ruido de la mujer cocinando:* «y ahora repentinamente quisiera oler su acero de cocina» («Tango del viudo»), refiriéndose al cuchillo doméstico de Maligna o Josie Bliss. Este nivel *doméstico* de la relación amorosa determina el carácter decididamente *diurno* que ha adquirido una seducción que al inicio se proyectaba también como *noche* alternativa o sustitutiva (ver nota a líneas finales de «La noche del soldado»).

9-10 *Amor de niña de pie pequeño y gran cigarro,* etc.: «Hablo de Burmah, país en que las mujeres sobrellevan largos peinados cilíndricos, en los que nunca falta la dorada flor del *padauk,* y fuman cigarros gigantescos» («Contribución al dominio de los trajes», prosa de viaje, en *La Nación,* Santiago, 4-III-1928; *PNN,* 59); «seres en cuyo peinado brilla una flor amarilla como el relámpago» («La noche del soldado»); «tu corona de árboles negros, bienamada, / ... / niña, mi partidaria, mi amorosa» («Juntos nosotros»); «asistencias desgarradoramente dulces, / y días de transparente veta y estatua floral» («Diurno doliente»); «Sentía ternura hacia sus pies desnudos, hacia las blancas flores que brillaban sobre su oscura cabeza» *(CHV,* 124).

Y mi esposa a mi orilla, al lado de mi rumor tan venido de lejos, mi esposa birmana, hija del rey.

Su enrollado cabello negro entonces beso, y su pie dulce y perpetuo: y acercada ya la noche, desencadenado su molino, 15 escucho a mi tigre y lloro a mi ausente.

15-16 *y acercada ya la noche...* El final del texto repropone, bajo otra forma simbólica, el conflicto insinuado al comienzo. La *noche*, sede de la memoria (orígenes) y de la escritura, contrasta la *seducción diurna* desencadenando las exigencias —feroces como tigre— de la *tarea profética* y el fantasma de una mujer lejana (¿Albertina?). — *escucho a mi tigre:* cfr. «tú, fantasma coral con pies de tigre» («Diurno doliente»), con análogo sentido.

ESTABLECIMIENTOS NOCTURNOS

Difícilmente llamo a la realidad, como el perro, y también
aúllo. Cómo amaría establecer el diálogo del hidalgo y el bar-
quero, pintar la jirafa, describir los acordeones, celebrar mi
musa desnuda y enroscada a mi cintura de asalto y resistencia.
Así es mi cintura, mi cuerpo en general, una lucha despierta y   5
larga, y mis riñones escuchan.

Oh Dios, cuántas ranas habituadas a la noche, silbando y
roncando con gargantas de seres humanos a los cuarenta años,
y qué angosta y sideral es la curva que hasta lo más lejos me
rodea! Llorarían en mi caso los cantores italianos, los doctores   10

1-6 *Difícilmente llamo a la realidad,* etc. En lo agudo de la noche el poeta se
confronta con su propio *ser diverso*: incapacidad para superar su aislamiento inte-
rior a través de un integrarse desenvueltamente a la "realidad", a la prosa coti-
diana, como hacen los demás; y, en particular, incapacidad lamentable a vivir y
traducir literariamente su experiencia en términos de realismo convencional —
exótico o folklórico o erótico— que tal vez haría más comunicable y menos an-
gustiosa su vida-escritura. — *como el perro...* No poder o no saber "llamar a la
realidad" se paga al precio de estar "solo como un perro" y de aullar por las no-
ches (no sería extraño a la índole nerudiana que la memoria de la frase común
haya sido estimulada en el poeta por los aullidos de algún lejano perro en vigilia,
o de su propio perro cingalés). — *Así es mi cintura, mi cuerpo...* La atención de
Neruda hacia su propio cuerpo, hacia su naturaleza biológica, es característica
en su escritura de los últimos meses de Wellawatta, por razones —entre otras—
—de soledad sexual y de lecturas de D. H. Lawrence. Ver mis notas a «Caballero
solo» y a «Ritual de mis piernas», textos de ese mismo período.

7-12 *Oh Dios, cuántas ranas habituadas a la noche...!* El poeta no consigue hacer
de la noche un hábito o costumbre, según sucede a su alrededor, en lugar de vi-
virla como instancia exigente y siempre renovada de exploración y descifración
de la realidad profunda que se oculta tras las cosas (la noche como sede del im-
pulso profético). — La imagen de las *ranas silbando y roncando* podría aludir, por
contraste, a exhaustos parroquianos del "establecimiento nocturno" que en tor-
no al poeta reposan los excesos de la noche. — *cantores italianos... doctores de astro-
nomía:* figuras irónicas de ponderación: si por un instante pudieran identificarse
con la singular situación del poeta, oprimido y traspasado por la soledad feroz
de esta madrugada, llorarían de tristeza incontenible incluso los negados a ello
por definición, por ejemplo los (alegres) cantores italianos y los (fríos y raciona-
listas) doctores de astronomía.

de astronomía ceñidos por esta alba negra, definidos hasta el corazón por esta aguda espada.

Y luego esa condensación, esa unidad de elementos de la noche, esa suposición puesta detrás de cada cosa, y ese frío tan claramente sostenido por estrellas.   15

Execración para tanto muerto que no mira, para tanto herido de alcohol o infelicidad, y loor al nochero, al inteligente que soy yo, sobreviviente adorador de los cielos.

16-18 *Execración para tanto muerto... y loor al nochero*, etc. Espero que las notas precedentes expliquen también esta (auto) ironía final, melancólica reafirmación de la propia diversidad. — *nochero*: precoz forma irónica de la autoalusión *nocturno*, más tarde habitual como referencia al yo poético del período residenciario: por ejemplo «y no serví sino para nocturno» *(CGN*, XV, xv). — *sobreviviente adorador de los cielos*: empecinado y anacrónico perseguidor de utopías personales de felicidad: cfr. nota al v. 14 de «Colección nocturna».

ENTIERRO EN EL ESTE

Yo trabajo de noche, rodeado de ciudad,
de pescadores, de alfareros, de difuntos quemados
con azafrán y frutas, envueltos en muselina escarlata:
bajo mi balcón esos muertos terribles
pasan sonando cadenas y flautas de cobre,   5
estridentes y finas y lúgubres silban
entre el color de las pesadas flores envenenadas
y el grito de los cenicientos danzarines
y el creciente monótono de los tam-tam
y el humo de las maderas que arden y huelen.   10

Porque una vez doblado el camino, junto al turbio río,
sus corazones, detenidos o iniciando un mayor movimiento,
rodarán quemados, con la pierna y el pie hechos fuego,
y la trémula ceniza caerá sobre el agua,
flotará como ramo de flores calcinadas   15
o como extinto fuego dejado por tan poderosos viajeros
que hicieron arder algo sobre las negras aguas, y devoraron
un alimento desaparecido y un licor extremo.

1-3 *Yo trabajo de noche, rodeado de ciudad,* etc. «Los poemas de *Residencia en la
tierra* repiten la imagen insistente de un poeta (...) al que el mundo rodea, aco-
rrala, asedia» (Sicard, 143). — Afirmado en su centralidad activa, en su espacio
de supervivencia (la noche), el poeta acoge rumores y figuras de vida (ciudad,
pescadores, alfareros) que en círculos graduales lo rodean desde el exterior, pero
en particular su atención se detiene sobre extraños ritos de muerte: tal vez por-
que esos «difuntos quemados» llegan a su fantasía como lúgubre proyección de
su propia existencia que arde y se desgasta en soledad y en abandono.

12 *CYR,* como *N,* sin coma tras «corazones»: puntúo aquí según *OCP,* que
acoge recomendación de Alonso, 119n. — Dejo en cambio la coma que *N* y
CYR traen al final del mismo verso y que *OCP* elimina.

18 *OCP,* «un aliento desaparecido».

III

CABALLERO SOLO

Los jóvenes homosexuales y las muchachas amorosas,
y las largas viudas que sufren el delirante insomnio,
y las jóvenes señores preñadas hace treinta horas,
y los roncos gatos que cruzan mi jardín en tinieblas,
como un collar de palpitantes ostras sexuales   5
rodean mi residencia solitaria,
como enemigos establecidos contra mi alma,
como conspiradores en traje de dormitorio
que cambiaran largos besos espesos por consigna.

El radiante verano conduce a los enamorados   10
en uniformes regimientos melancólicos,
hechos de gordas y flacas y alegres y tristes parejas:
bajo los elegantes cocoteros, junto al océano y la luna
hay una continua vida de pantalones y polleras,
un rumor de medias de seda acariciadas,   15
y senos femeninos que brillan como ojos.

---

4 *gatos... jardín:* de sus gatos y del jardín del bungalow en Wellawatta escribe
Neruda a su hermana Laura *(CLR,* 48) y a Eandi (Aguirre, 61 y 80).

12 *N,* punto y coma al fin del verso (caso raro de supervivencia de este sig-
no en *N,* debido seguramente a inadvertencia de Neruda).

13 *OCP,* coma al fin del verso.

17-23 *El pequeño empleado... manos que huelen a cigarillo.* Lozada (205, nota 12)
señala que «la imagen del pequeño empleado estuprador de "Caballero solo" es-
tablece un puente de referencia ética entre el mundo que ve Neruda a su alrede-
dor y parte del reflejado en *The Waste Land* (1922)», y cita en propósito estos
versos del texto de Eliot:

> A small house agent's clerk, with one bold stare [...]
> The time is now propitious, as he guesses.
> The meal is ended, she is bored and tired,
> Endeavours to engage her in caresses
> Which still are unreproved, if undesired.
> Flushed and decided, he assaults at once;
> Exploring hands encounter no defence

El pequeño empleado, después de mucho,
después del tedio semanal, y las novelas leídas de noche,
    en cama,
ha definitivamente seducido a su vecina,
y la lleva a los miserables cinematógrafos   20
donde los héroes son potros o príncipes apasionados,
y acaricia sus piernas llenas de dulce vello
con sus ardientes y húmedas manos que huelen a cigarrillo.

Los atardeceres del seductor y las noches de los esposos
se unen como dos sábanas sepultándome,   25
y las horas después del almuerzo en que los jóvenes
    estudiantes,
y las jóvenes estudiantes, y los sacerdotes se masturban,
y los animales fornican directamente,
y las abejas huelen a sangre, y las moscas zumban coléricas,
y los primos juegan extrañamente con sus primas,   30
y los médicos miran con furia al marido de la joven paciente,
y las horas de la mañana en que el profesor, como por
    descuido,
cumple con su deber conyugal, y desayuna,
y, más aún, los adúlteros, que se aman con verdadero amor
sobre lechos altos y largos como embarcaciones: 35
seguramente, eternamente me rodea
este gran bosque respiratorio y enredado
con grandes flores como bocas y dentaduras
y negras raíces en forma de uñas y zapatos.

---

18 *OCP* elimina comas tras «noche» y tras «cama».

26 *OCP*, sin coma al fin del verso. Prefiero la puntuación de *CYR* porque
refleja la respiración del asedio. En este caso, además, si se elimina la coma al
fin del v. 26 habría que eliminar también la que sigue a «estudiantes» (v. 27). La
enumeración (elenco) conlleva en este texto un ritmo ansioso, entrecortado,
que la puntuación original subraya.

33 *OCP*, sin coma tras «conyugal».

RITUAL DE MIS PIERNAS

Largamente he permanecido mirando mis largas piernas
con ternura infinita y curiosa, con mi acostumbrada pasión,
como si hubieran sido las piernas de una mujer divina
profundamente sumida en el abismo de mi tórax:
y es que, la verdad, cuando el tiempo, el tiempo pasa,   5
sobre la tierra, sobre el techo, sobre mi impura cabeza,
y pasa, el tiempo pasa, y en mi lecho no siento de noche que
una mujer está respirando, durmiendo, desnuda y a mi lado,
entonces, extrañas, oscuras cosas toman el lugar de la ausente,
viciosos, melancólicos pensamientos
siembran pesadas posibilidades en mi dormitorio,   10
y así, pues, miro mis piernas como si pertenecieran a
        otro cuerpo,
y fuerte y dulcemente estuvieran pegadas a mis entrañas.

Como tallos o femeninas, adorables cosas,
desde las rodillas suben, cilíndricas y espesas,

---

3 *AGR, AZC, IND, N* y *CYR*, coma al fin del verso: la elimino según *OCP*.
7 *OCP*, sin coma tras «durmiendo».
11 *AGR, AZC, IND* y *N*, «y, así pues, miro». — *CYR*, «y, así, pues, miro».
— Puntúo según *OCP*.
13-24 *Como tallos...* Esta visión de los propios *muslos* como imagen-secuencia
de blanda acumulación de vida se coloca, por sus notas de densidad y volumen,
en la misma serie simbólica que enlaza a *zapallos* y *bueyes*, y también a *palomas* y
uvas (ver notas al v. 39 de «Galope muerto» y a los vv. 15 y 34 de «Juntos noso-
tros»). Los segmentos atributivos y comparativos «turbado y compacto material
de existencia», «gruesos brazos de diosa», «inmensos labios», «lo enteramente
substancial», «lo puro, lo dulce y espeso», «la forma y el volumen existiendo»,
con variantes secundarias o específicas podrían valer para toda la serie. Y en
cierto modo explicitan y explican aspectos fundamentales de su estructura sim-
bólica, a la vez que ponen de manifiesto el sentido y la importancia de la tenaz
búsqueda, en *Residencia I,* de una figura-símbolo que sugiera (o represente) una
condensación de vida substancial dentro de una forma acabada. Pero esta vez el
símbolo no es individualizado en el espacio externo sino al interior del yo: el za-
pallo-paloma dentro del sujeto, identificándose con «la mejor parte de mi cuer-

con turbado y compacto material de existencia: 15
como brutales, gruesos brazos de diosa,
como árboles monstruosamente vestidos de seres humanos,
como fatales, inmensos labios sedientos y tranquilos,
son allí la mejor parte de mi cuerpo:
lo enteramente substancial, sin complicado contenido   20
de sentidos o tráqueas o intestinos o ganglios:
nada, sino lo puro, lo dulce y espeso de mi propia vida,
nada, sino la forma y el volumen existiendo,
guardando la vida, sin embargo, de una manera completa.

Las gentes cruzan el mundo en la actualidad   25
sin apenas recordar que poseen un cuerpo y en él la vida,
y hay miedo, hay miedo en el mundo de las palabras que
      designan el cuerpo,
y se habla favorablemente de la ropa.
de pantalones es posible hablar, de trajes,
y de ropa interior de mujer (de medias y ligas de «señora»),   30
como si por las calles fueran las prendas y los trajes vacíos
      por completo
y un oscuro y obsceno guardarropas ocupara el mundo.

---

po». — Atención al carácter femenino-blando-espeso de la figura: la acumula-
ción-condensación de vida substancial equivale a módulo (forma) de vida pri-
mordial primigenia y generativa, unitaria y central, ese fundamento que el poeta
buscaba aferrar en «Unidad» y que más tarde formulará, con sentido similar:
«hundí la mano turbulenta y dulce / en lo más genital de lo terrestre» *(CGN*, II,
«Alturas de Macchu Picchu»). Cfr. también «Entrada a la madera».

14 *CYR*, «desde las rodillas suben cilíndricas, y espesas, / ...». Puntúo según
AGR, AZC, IND, N y *OCP*.

15 *N* y *CYR*, coma al fin del verso. — *OCP*, punto y coma (errata). —
Puntúo según recomendación de Alonso, 118 n.

23 Este verso falta en *OCP* (por descuido).

25-37 *Las gentes cruzan el mundo...* En los vv. precedentes (13-24) la "curiosi-
dad profesional" del poeta cobra nuevo rigor al intentar la refundación del yo.
Tal intento no debe ser leído como reducción de la perspectiva: por un lado,
este yo busca representar no sólo al individuo mismo sino a la entera especie;
por otro lado, ese yo es visto en su *ser naturaleza*, en su conexión con la substan-
cia viva del mundo. Ello explica la digresión sucesiva (25-37): el nombre «gen-
tes» no alude a la especie sino a su alienación. La sociedad se ofrece al poeta
—en este momento de su trayectoria— como un mundo regido por cosas so-
brepuestas y enajenantes (ropas, muebles, habitaciones) que tienden a compri-
mir el *ser naturaleza* de la especie y a sofocar su expresión auténtica.

168

Tienen existencia los trajes, color, forma, designio,
y profundo lugar en nuestros mitos, demasiado lugar,
demasiados muebles y demasiadas habitaciones hay en el
    mundo,   35
y mi cuerpo vive entre y bajo tantas cosas abatido,
con un pensamiento fijo de esclavitud y de cadenas.

Bueno, mis rodillas, como nudos,
particulares, funcionarios, evidentes,
separan las mitades de mis piernas en forma seca: 40
y en realidad dos mundos diferentes, dos sexos diferentes
no son tan diferentes como las dos mitades de mis piernas.

Desde la rodilla hasta el pie una forma dura,
mineral, fríamente útil aparece,
una criatura de hueso y persistencia,   45
y los tobillos no son ya sino el propósito desnudo,
la exactitud y lo necesario dispuestos en definitiva.

Sin sensualidad, cortas y duras, y masculinas,
son allí mis piernas, y dotadas

---

37 *AZC*, «cadena». — *CYR*, «exclavitud» (errata evidente).

38-40 *Bueno, mis rodillas... separan las mitades de mis piernas en forma seca.* Lozada (160-166) lee este poema a la luz del mito adánico: los vv. 3-4 y 11-15 condensarían el momento de la creación de la mujer; los vv. 25-37, «la pérdida de la inocencia adánica»; y estos vv. 38-40, la expulsión del paraíso. «En el poema, sin embargo, los "funcionarios" [Lozada sustantiva al adjetivo del texto] se limitan a separar secamente los dos sexos» (164).

44 *OCP*, coma tras «útil».

48-56 *Sin sensualidad, cortas y duras, y masculinas / son allí mis piernas...* Entre las partes superior e inferior de las piernas el texto establece una serie de oposiciones complementarias: sensual/austero (riguroso); femenino/masculino; simple (substancial) / complejo (grupos musculares); fluido/sólido; blando/duro; gratuito/útil; cerrado/abierto; inmóvil/móvil; pasivo/activo; manso (dulce) / bélico (soldados). El diseño simbólico general semeja más a una esfera que a una figura lineal (como las piernas). El núcleo central de la esfera corresponde al *ser naturaleza* del yo, ámbito blando e indefenso, mientras el estrato periférico es zona de frontera con el mundo, ámbito defensivo (respecto del núcleo) y agresivo (en relación a lo externo, al mundo): «aguardando y actuando». Este *ritual de mis piernas* se resuelve así en un autorretrato simbólico: la parte superior es el núcleo constante del yo, su fundamento, su *ser naturaleza;* la parte inferior es

de grupos musculares como animales complementarios,　　50
y allí también una vida, una sólida, sutil, aguda vida
sin temblar permanece, aguardando y actuando.

En mis pies cosquillosos,
y duros como el sol, y abiertos como flores,
y perpetuos, magníficos soldados　　　　　　　　　55
en la guerra gris del espacio,
todo termina, la vida termina definitivamente en mis pies,
lo extranjero y lo hostil allí comienza,
los nombres del mundo, lo fronterizo y lo remoto,
lo sustantivo y lo adjetivo que no caben en mi corazón,　　60
con densa y fría constancia allí se originan.

Siempre,
productos manufacturados, medias, zapatos,
o simplemente aire infinito,
habrá entre mi pies y la tierra　　　　　　　　　　65
extremando lo aislado y lo solitario de mi ser,
algo tenazmente supuesto entre mi vida y la tierra,
algo abiertamente invencible y enemigo.

---

imagen de la única acción posible del yo, vale decir su poesía, definida por rasgos de tenacidad-rigor y por su propensión (siempre incumplida) a *ser historia*, a trascender lo individual.

50　*AZC*, «como animados complementarios» (descuido de transcripción).

51　*AGR*, «una sólida, útil, aguda vida». — *CYR*, sin coma tras «sutil»: puntúo según *AGR, AZC, IND, N* y *OCP*. — *CYR*, con al fin del verso: la elimino, en acuerdo con *AGR, AZC, IND, N* y *OCP*.

52　*CYR*, coma al fin del verso (por errata evidente).

54　*OCP*, falta la «y» que precede a «abiertos».

55　*AGR, AZC, IND, N* y *CYR*, coma al fin del verso. La elimino, en acuerdo con *OCP* y con recomendación de Alonso, 118 n.

58-61　*lo extranjero y lo hostil...* Este poema implica una enérgica reafirmación (más aún: una refundación) del yo acorralado por la soledad y por la hostilidad del mundo. Singular operación: en lugar de maldecir o repudiar la fuente de su miseria existencial (el cuerpo, el sexo, su *ser naturaleza*), el poeta la erige base de su propia reafirmación. Pero importa sobre todo notar que al partir de su *ser naturaleza* el poeta busca representar a la especie más que a sí mismo en cuanto individuo. Esto es: la reafirmación extremada del yo quiere ser —en paradoja sólo aparente— una forma de recuperación del contacto y de la comunidad con *el otro*: reafirmación de lo humano.

65　*AGR, AZC, IND, N* y *CYR*, coma al fin del verso. La elimino según *OCP*.

EL FANTASMA DEL BUQUE DE CARGA

Distancia refugiada sobre tubos de espuma,
sal en rituales olas y órdenes definidos,
y un olor y rumor de buque viejo,
de podridas maderas y hierros averiados,
y fatigadas máquinas que aúllan y lloran   5
empujando la proa, pateando los costados,
mascando lamentos, tragando y tragando distancias,
haciendo un ruido de agrias aguas sobre las agrias aguas,
moviendo el viejo buque sobre las viejas aguas.

Bodegas interiores, túneles crepusculares   10
que el día intermitente de los puertos visita:
sacos, sacos que un dios sombrío ha acumulado
como animales grises, redondos y sin ojos,
con dulces orejas grises,
y vientres estimables llenos de trigo o copra,   15
sensitivas barrigas de mujeres encinta,
pobremente vestidas de gris, pacientemente
esperando en la sombra de un doloroso cine.

Las aguas exteriores de repente
se oyen pasar, corriendo como un caballo opaco,   20
con un ruido de pies de caballo en el agua,
rápidas, sumergiéndose otra vez en las aguas.
Nada más hay entonces que el tiempo en las cabinas:
el tiempo en el desventurado comedor solitario,
inmóvil y visible como una gran desgracia.   25
Olor de cuero y tela densamente gastados,

---

12 *CYR*, hay coma tras el segundo «sacos». La suprimo según *ATN-6*, *AGR*, *N* y *OCP*.
23 *ATN-6*, «Nada más, hay entonces, que el tiempo...».

y cebollas, y aceite, y aún más,
olor de alguien flotando en los rincones del buque,
olor de alguien sin nombre
que baja como una ola de aire las escalas,   30
y cruza corredores con su cuerpo ausente,
y observa con sus ojos que la muerte preserva.

Observa con sus ojos sin color, sin mirada,
lento, y pasa temblando, sin presencia ni sombra:
los sonidos lo arrugan, las cosas lo traspasan,   35
su transparencia hace brillar las sillas sucias.

Quién es ese fantasma sin cuerpo de fantasma,
con sus pasos livianos como harina nocturna
y su voz que sólo las cosas patrocinan?

Los muebles viajan llenos de su ser silencioso   40
como pequeños barcos dentro del viejo barco,
cargados de su ser desvanecido y vago:
los roperos, las verdes carpetas de las mesas,
el color de las cortinas y del suelo,
todo ha sufrido el lento vacío de sus manos,   45
y su respiración ha gastado las cosas.

Se desliza y resbala, desciende, transparente,
aire en el aire frío que corre sobre el buque,

---

27 *ATN-6*, «aceites».

29 *ATN-6, AGR, N* y *CYR*, coma al fin del verso. La suprimo según *OCP*.

34 *ATN-6, N* y *CYR*, coma al fin del verso. *AGR*, punto y coma. Puntúo según *OCP*.

, 35 *AGR*, punto y coma al fin del verso.

37 *Quién es ese fantasma...?* El fantasma del poema es una figura ambivalente. Por un lado es la representación (en negativo) de una presencia omnímoda: el tiempo objetivado en las cosas. Desde una segunda perspectiva, no excluyente, el fantasma es también una representación del poeta mismo y de su relación con el propio tiempo progresivo (ver Introducción). — *Fantasma* como autorreferencia en carta a Eandi desde Wellawatta (24-IV-1929): «Sentir que usted me recuerda, me piensa, en este fantasma por completo ausente, por completo lejano, ya pariente de la nada» (Aguirre, 44).

con sus manos ocultas se apoya en las barandas
y mira el mar amargo que huye detrás del buque.   50

Solamente las aguas rechazan su influencia,
su color y su olor de olvidado fantasma,
y frescas y profundas desarrollan su baile
como vidas de fuego, como sangre o perfume,
nuevas y fuertes surgen, unidas y reunidas.   55

Sin gastarse las aguas, sin costumbre ni tiempo,
verdes de cantidad, eficaces y frías,
tocan el negro estómago del buque y su materia
lavan, sus costras rotas, sus arrugas de hierro:
roen las aguas vivas la cáscara del buque,   60
traficando sus largas banderas de espuma
y sus dientes de sal volando en gotas.

Mira el mar el fantasma con su rostro sin ojos:
el círculo del día, la tos del buque, un pájaro
en la ecuación redonda y sola del espacio,   65
y desciende de nuevo a la vida del buque
cayendo sobre el tiempo muerto y la madera,
resbalando en las negras cocinas y cabinas,
lento de aire y atmósfera, y desolado espacio.

50 *CYR*, «miran» (errata que no ocurre en las otras versiones).

52 *ATN-6*, «su color y su valor».

59 *ATN-6, AGR, N* y *CYR*, coma al fin del verso. Puntúo según *OCP*.

63-69 *ATN-6* trae la versión primitiva del final del texto (que supone un verso más):

> 63 Mira el mar el fantasma con su rostro sin ojos,
> 64 los amarillos pétalos del círculo del día,
> 65 la tos del buque, un pájaro
> 66 en la ecuación redonda y sola del espacio,
> 67 y desciende de nuevo a la vida del buque
> 68 como un latido del corazón a las piernas de un niño,
> 69 como un color muriendo en una tela,
> 70 como la estación del Otoño cayendo en una isla.

69 *OCP*, sin coma tras «atmósfera».

TANGO DEL VIUDO

Oh Maligna, ya habrás hallado la carta, ya habrás llorado de furia,
y habrás insultado el recuerdo de mi madre
llamándola perra podrida y madre de perros,
ya habrás bebido sola, solitaria, el té del atardecer
mirando mis viejos zapatos vacíos para siempre,   5
y ya no podrás recordar mis enfermedades, mis sueños nocturnos, mis co-
*   midas*
sin maldecirme en voz alta como si estuviera allí aún,
quejándome del trópico, de los «coolies coringhis»,
de las venenosas fiebres que me hicieron tanto daño
y de los espantosos ingleses que odio todavía.   10

Maligna, la verdad, qué noche tan grande, qué tierra tan sola!
He llegado otra vez a los dormitorios solitarios,
a almorzar en los restaurantes comida fría, y otra vez
tiro al suelo los pantalones y las camisas,
no hay perchas en mi habitación, ni retratos de nadie en las paredes.   15
Cuánta sombra de la que hay en mi alma daría por recobrarte,

---

1 *Oh Maligna.* «Es probable que Neruda, como buen conocedor del francés,
usara la palabra "Maligna" dándole el sentido que dicha palabra tiene, algunas
veces, en francés: "pilla", "astuta", por ejemplo, "vous êtes une grosse maligne",
"elle est trop maligne pour se laisser attraper". Si es así se podría hablar de una
"Maligna benévola"». (González-Ortega, 51n). La ambigüedad del vocativo es
bien visible en el texto.

5 *OCP,* sin coma al fin del verso: puntúo según *AGR, ATN-4, N* y *CYR,* y
atendiendo al ritmo respiratorio del texto.

8 *ATN-4* y *AGR,* «Trópico» (con mayúscula). — *ATN-4,* «coolíes corin-
ghis»; *AGR,* «coolis coringuis»; *OCP,* «coolíes corringhis».

11 *noche:* ver nota a línea 1 de «La noche del soldado». Cfr. el plural *noches,*
aquí, v. 35.

13 *ATN-4, AGR* y *N,* «restauranes».

14 *tiro al suelo los pantalones y las camisas:* cfr. «y hay un olor de ropa tirada al
suelo» («Arte poética»).

15 *ni retratos de nadie en las paredes:* cfr. «en mi alcoba sin retratos» («El desha-
bitado»).

y qué amenazadores me parecen los nombres de los meses,
y la palabra invierno qué sonido de tambor lúgubre tiene.

Enterrado junto al cocotero hallarás más tarde
el cuchillo que escondí allí por temor de que me mataras,   20
y ahora repentinamente quisiera oler su acero de cocina
acostumbrado al peso de tu mano y al brillo de tu pie:
bajo la humedad de la tierra, entre las sordas raíces,
de los lenguajes humanos el pobre sólo sabría tu nombre,

---

17 *los nombres de los meses:* el tiempo por venir. Cfr. nota al v. 4 de «Madrigal escrito en invierno».

20 *el cuchillo que escondí allí...* «La dulce Josie Bliss fue reconcentrándose y apasionándose hasta enfermar de celos. De no ser por eso, tal vez yo hubiera continuado indefinidamente junto a ella. Sentía ternura hacia sus pies desnudos, hacia las blancas flores que brillaban sobe su cabellera oscura. Pero su temperamento la conducía hasta un paroxismo salvaje. Tenía celos y aversión a las cartas que me llegaban de lejos; escondía mis telegramas sin abrirlos; miraba con rencor el aire que yo respiraba. / A veces mes despertó una luz, un fantasma que se movía detrás del mosquitero. Era ella, vestida de blanco, blandiendo su largo y afilado cuchillo indígena. Era ella paseando horas enteras alrededor de mi cama sin decidirse a matarme. "Cuando te mueras se acabarán mis temores", me decía. Al día siguiente celebraba misteriosos ritos en resguardo a mi felicidad. / Acabaría por matarme» *(CHV,* 124).

23 *ATN-4,* sin coma al fin del verso.

24 *ATN-4, AGR, N* y *CYR,* sin coma al fin del verso. Puntúo según *OCP.* — *el pobre sólo sabría tu nombre.* La imagen del cuchillo enterrado deviene de improviso («ahora repentinamente», v. 21) signo fálico que concentra y mediatiza la nostalgia erótica del sujeto. El yo enunciador pasa a identificarse secretamente con el cuchillo: al decir «el pobre [cuchillo] sólo sabría tu nombre» admite oblicuamente, con el mismo pudor sentimental del título, la intensidad de una pasión que individualiza exactamente su objeto (recuérdese que *nombre* es en *RST* signo de individuación, opuesto a *número,* signo de lo indistinto), que comprende y exterioriza, por lo tanto, lo insustituible de la pérdida y la miseria consiguiente (por eso «pobre»). Lo certificarán a nivel intertextual el poema «Josie Bliss» y otros futuros textos evocativos. Importa notar que la imagen del cuchillo enterrado ha devenido, en la memoria nostálgica del sujeto, representación de su más logrado encuentro y comunicación con la *naturaleza* viva y terrestre (que «la torrencial Josie Bliss» excesivamente encarnaba). El cuchillo enterrado «bajo la humedad de la tierra, entre las sordas raíces» (v. 23), simboliza de este modo una oscura cuanto fundamental experiencia de *conocimiento;* tipo de experiencia que en la obra sucesiva de Neruda reaparecerá, por ejemplo bajo esta forma: «más abajo, en el oro de la geología, / como una espada envuelta en meteoros, / hundí la mano turbulenta y dulce / en lo más genital de lo terrestre» *(CGN,* II, «Alturas de Macchu Picchu»).

y la espesa tierra no comprende tu nombre   25
hecho de impenetrables substancias divinas.

Así como me aflige pensar en el claro día de tus piernas
recostadas como detenidas y duras aguas solares,
y la golondrina que durmiendo y volando vive en tus ojos,
y el perro de furia que asilas en el corazón,   30
así también veo las muertes que están entre nosotros desde ahora,
y respiro en el aire la ceniza y lo destruido,
el largo, solitario espacio que me rodea para siempre.

Daría este viento del mar gigante por tu brusca respiración
oída en largas noches sin mezcla de olvido,   35
uniéndose a la atmósfera como el látigo a la piel del caballo.
Y por oírte orinar, en la oscuridad, en el fondo de la casa,
como vertiendo una miel delgada, trémula, argentina, obstinada,
cuántas veces entregaría este coro de sombras que poseo,
y el ruido de espadas inútiles que se oye en mi alma,   40
y la paloma de sangre que está solitaria en mi frente
llamando cosas desaparecidas, seres desaparecidos,
substancias extrañamente inseparables y perdidas.

25-26 *y la espesa tierra no comprende tu nombre...* El cuchillo de cocina, si bien
de rango modesto en relación a la espada (ver nota al v. 24), es de todos modos
una imagen de *cultura*, como el poeta mismo y su escritura, y por ello capaz de
comprender o conocer «tu nombre» (capaz de individuarte en tu *ser naturaleza*),
aunque sólo de eso. Pero la naturaleza misma —«la espesa tierra»— existe sólo
en sí y nada sabe «de los lenguajes humanos» (v. 24), por lo cual «no compren-
de tu nombre», en indiferencia o ignorancia respecto del maravilloso ser o indi-
viduo que la manifiesta («tu nombre / hecho de impenetrables substancias divi-
nas»). Obviamente, estos dos versos exaltan la figura de Maligna al mismo
tiempo que ponen de relieve las dificultades y carencias (pero también el privile-
gio) del poeta y su escritura para penetrar el misterio que ella encarna.

31 *veo las muertes:* las formas del olvido.

35 *oída en largas noches sin mezcla de olvido:* en oposición a «las muertes» (olvi-
do) *vistas* en los *días* del *hoy* (presente textual), v. 31.

40 *ATN-4,* falta este verso (por descuido). — *espadas inútiles:* cfr. «cubierto
de armas inútiles» («La noche del soldado»).

41 *AGR,* falta la «y» inicial. — *y la paloma de sangre...* Notar el juego de grada-
ciones en paralelo: por un lado, lo que el poeta desearía recobrar (vv. 16, 21-22,
27-30, 34-36, 37-38); por otro, lo que él *daría* o *entregaría* por recobrar lo desea-
do (vv. 16, 34, 39-43). La «paloma de sangre...», último y más alto grado, sim-
boliza lo irrenunciable, la base misma de la identidad del yo, vale decir su desti-

no poético-profético (el quehacer vital). Indicio de que el conflicto que el texto enuncia como causa de la fuga *(amor/celos:* a pesar de cuánto te amo y de cuánto me duele tu pérdida, huyo para que no me mates) esconde o pone en penumbra el conflicto de fondo que el poeta no osa o no puede formular: *destino erótico/destino profético,* vale decir *naturaleza/cultura.* El texto sería así, también, la narración simbólica de una íntima epopeya: la preservación del propio "sentido profético" al precio de un oscuro sacrificio. Cfr. una relación similar entre el alcance simbólico de la prosa «La copa de sangre» de 1938 (recogida en *PNN,* 159-160), y la versión anecdótica del mismo episodio en «Infancia y poesía», 1954, según la primera edición de *Obras completas* (Buenos Aires, Losada, 1957), pág. 15. — (Ver la nota introductora a «Arte poética»).

177

IV

CANTARES

La parracial rosa devora
y sube a la cima del santo:
con espesas garras sujeta
el tiempo al fatigado ser:

1-2 *La parracial rosa*, etc. Versos muy enigmáticos. Lozada (169) los lee así: «el sentimiento negativo del deseo y la intuición metafísica correspondiente comienzan plasmándose en una escuetísima figura inicial del tema decadente de Salomé (la mujer fatal simbolizada aquí por la conocida rosa erótica [Lozada piensa en Darío y J. del Casal]) y el Bautista». — Teniendo en cuenta el acostumbrado carácter contextual de la simbología nerudiana, arriesgo una lectura menos mediatizada: "la nostalgia erótica no sólo tortura mi sexo y mi corazón, sino que incluso trepa (como insidiosa parra) hasta mi igualmente asentada y normalizada cabeza (atrayendo a ésta lóbregas reflexiones sobre el paso del tiempo)". Ver *infra*, nota al v. 2.

1 *rosa*: funciona ambiguamente como «símbolo de toda hermosa y apetecida manifestación de vida» (Alonso, 206) y como poco recuerdo de nuevo a través de «Lamento lento». Muchos años más tarde, esa misma figura femenina será mimetizada como *Rosaura* en *MIN-II*: «Amores: Rosaura», I y II. — *parracial*. Curioso, complejo neologismo, que creo en la misma línea irónica y mimetizadora del título «Cantares» (ver nota introductoria) y a cuya formación conjeturo la contrastante concurrencia de *parra* (por ser planta trepadora y por sus uvas) y de un adjetivo como *glacial* (pensando el poeta, con resentimiento, en la conducta fría y desamorada de Albertina Rosa), o bien, con menos probabilidad, de un adjetivo del tipo *torrencial* (por la violenta invasión de la nostalgia erótica) o *demencial*. Sobre el significado simbólico de *uva* (conexo a *parra*), cfr. nota al v. 15 de «Juntos nosotros».

2 *santo*. Autoalusión irónica, referida a la condición actual del poeta: hombre casado y asentado (sexo, corazón y cabeza en paz), "tranquilo", alejado de correrías, parrandas y otras actividades "pecaminosas". Una descripción casi idílica de su vida matrimonial en Batavia traza Neruda en carta a Eandi del 5-IX-1931 (Aguirre, 98), contemporánea, o casi, a la escritura de este poema (y de «Lamento lento» y «Trabajo frío». La elección misma de la autorreferencia *santo* hay que vincularla al conflicto *libertad/norma*: cfr. mis notas a «Caballo de los sueños», a las prosas «La noche del soldado», «Establecimientos nocturnos» y, en particular, «Comunicaciones desmentidas».

3-4 *con espesas garras sujeta / el tiempo*. El sentimiento del tiempo implacable se torna obsesivo y angustioso en Batavia, como lo indica la ya citada carta del

hincha y sopla en las venas duras,   5
ata el cordel pulmonar, entonces
largamente escucha y respira.

Morir deseo, vivir quiero,
herramienta, perro infinito,
movimiento de océano espeso   10
con vieja y negra superficie.

Para quién y a quién en la sombra
mi gradual guitarra resuena
naciendo en la sal de mi ser
como el pez en la sal del mar?   15

Ay, qué continuo país cerrado,
neutral, en la zona del fuego,
inmóvil, en el giro terrible,
seco, en la humedad de las cosas.

5-IX-1931: «Querido Eandi, ni egoísmo ni olvido, sino nada, el tiempo que
pasa, nada que contarle. (...) Hasta lo más extraño o lo más entrañable se con-
vierte en rutina. Cada día es igual a otro en esta tierra. Libros. Films» (Aguirre,
98-99). Cfr. la tematización de esta angustia en «Trabajo frío», poema del mis-
mo período (y, de otro modo, también en «Lamento lento»). — *al fatigado ser.*
Autoalusión. Cfr. «el ser se sentía aislado» y la respectiva nota («El deshabi-
tado»).

9 *herramienta:* autoalusión que cabría glosar: "yo, (que me siento ser un) ins-
trumento o utensilio de voluntad ajena". — *perro infinito:* autoalusión que cabría
glosar: "yo, que en la noche del corazón («Lamento lento») aúllo infinitamente",
asociándola a un no lejano antecedente: «Difícilmente llamo a la realidad, como
el perro, y también aúllo» («Establecimientos nocturnos»: ver la nota respecti-
va). — Ambas autoalusiones reproponen, bajo nuevas condiciones, el tema de
la degradación (cfr. *Introducción*).

14 *la sal de mi ser:* cfr. mis notas al v. 7 de «Sonata y destrucciones» y al v. 1
de «El sur del océano».

16-19 *Ay, qué continuo país cerrado,* etc. Caracterización emotiva y esencial de
todo el espacio del exilio en Oriente a través de un sistema de oposiciones: 1)
continuo (extenso) / *cerrado* (estrecho, oprimente, limitado); 2) *neutral* (sin calor,
sin estímulos) / *fuego;* 3) *inmóvil* / *el giro* (el movimiento, los desplazamientos); 4)
seco (indiferente, impasible, muerto) / *humedad* (lo vivo, lo genital, lo exuberan-
te, lo pululante, lo rápido). — *CYR,* sin coma tras «seco» en el v. 19: puntúo
según *N* y *OCP,* y en coherencia con la puntuación de los vv. 17 y 18 (la alter-
nativa de suprimir las comas que siguen a «neutral», «inmóvil» y «seco», a mi
juicio preferible, no es apoyada por ninguna versión).

182

Entonces, entre mis rodillas,   20
bajo la raíz de mis ojos,
prosigue cosiendo mi alma:
su aterradora aguja trabaja.

Sobrevivo en medio del mar,
solo y tan locamente herido,   25
tan solamente persistiendo,
heridamente abandonado.

---

20 *CYR*, sin coma tras «entonces»: puntúo según *N* y *OCP*.

22 *cosiendo.* Cfr. «Quién eres tú, ladrona, que acurrucada entre los peldaños coses silenciosamente y con una sola mano?» *(HYE,* XV).

24 *Sobrevivo en medio del mar:* la isla en que el poeta reside deviene metáfora de su íntima soledad, del aislamiento de su escribir. Cfr. «la patria en que sobrevivo» («Diurno doliente»).

26 *tan solamente:* "tan a solas", según Alonso (112). Yo leo más bien: "persistiendo apenas, con gran dificultad; insistiendo a duras penas en la tarea poética".

27 *heridamente abandonado.* Oblicua alusión al desencuentro con Albertina Rosa (ver nota introductora). El fracaso sentimental compromete el nivel de la tarea poética, es decir, la entera existencia del yo, su identidad global. Tal interrelación es presupuesto característico del poetizar nerudiano y se manifiesta de múltiples maneras: por ejemplo, cuando la Noche es al mismo tiempo el espacio de los sueños (de la poesía) y el rostro de la amada en «Alianza (sonata)». — Concordancia intertextual: «De haber estado herido y abandonado» («El deshabitado»), siempre aludiendo a la ruptura con Albertina Rosa.

TRABAJO FRÍO

Dime, del tiempo resonando
en tu esfera parcial y dulce
no oyes acaso el sordo gemido?

No sientes de lenta manera,
en trabajo trémulo y ávido,   5
la insistente noche que vuelve?

Secas sales y sangres aéreas,

1-3 *OCP* puntúa así: «Dime, del tiempo, resonando / en tu esfera parcial y dulce, / no oyes acaso el sordo gemido?» Parece razonable la coma al fin del v. 2, pero prefiero dejar la lección que es común a *N* y a *CYR,* con la respiración original. — *Dime.* Lozada supone que el interlocutor del yo enunciador es una figura femenina (¿la misma mujer fatal que lee en «Cantares»?): «En una decidida confrontación con la mujer —el misterio femenino, la Esfinge— se constata en ella misma (ansia sexual y gestación) el instinto genésico, la clave humana del enigma del mundo» (170). Yo creo en cambio que en este texto el interlocutor interno es un desdoblamiento del poeta mismo. — *en tu esfera parcial y dulce:* leo en este verso la cifra simbólica de la tranquila (si bien limitada) situación familiar del poeta en Batavia (cfr. mi nota al v. 2 de «Cantares»).

4 *N,* coma tras «sientes» *(CYR* y *OCP* la eliminan).

5 *N* y *CYR,* sin coma al fin del verso: puntúo según *OCP.*

6 *la insistente noche que vuelve.* La actual obsesión del tiempo asalta al poeta con dos rostros (o dimensiones). Uno es el de la uniformidad y la rutina, que se traducen en aburrimiento y vacío (cfr. mi nota a los vv. 3-4 de «Cantares»): es el rostro *diurno* y corresponde a lo que el v. 3 llama «tu esfera parcial y dulce» (parcial precisamente porque es *sólo* diurna). El otro, opuesto y dialécticamente previsible, asume las formas simultáneas de la "nostalgia erótica" y de la "nostalgia profética", cuya común cifra simbólica es la Noche (cfr. mi nota al v. 27 de «Cantares» y la *Introducción):* es el rostro *nocturno.* Léase una contraposición similar en «Diurno doliente», si bien con una diversa colocación de los valores.

7 *Secas sales:* estímulos "proféticos" (relativos a la poesía) que parecían muertos o secos: «Uno cree haber terminado pero hay algo acumulándose adentro de uno, gota a gota. Yo me moriría si no pudiera escribir más» (carta a Eandi desde Batavia, 5-IX-1931, contemporánea a este poema: Aguirre, 99). *Sal:* cfr. nota al v. 7 de «Sonata y destrucciones». — *sangres aéreas:* estímulos eróticos, pa-

atropellado correr ríos,
temblando el testigo constata.

Aumento oscuro de paredes,   10
crecimiento brusco de puertas,
delirante población de estímulos,
circulaciones implacables.

Alrededor, de infinito modo,
en propaganda interminable,   15

---

sionales, rojos como la sangre, que vienen desde lejos por el aire, a través del océano, traídos por el viento (correlación intertextual con el contemporáneo «Lamento lento», coágulo de la "nostalgia erótica" por la lejana Albertina Rosa: ver mi nota introductoria a «Cantares»). — *CYR* trae «y *sangre* aéreas» (evidente errata). — Cfr., con sentido afín: «su ácido aéreo» («Colección nocturna»).

8 *N* y *OCP*, «atropellado correr *de* ríos». Aunque esta lección se acomoda más a la norma sintáctica, dejo la de *CYR* (no excluyendo que la preposición falte por errata, como sostiene Lozada, 59) por dos razones: 1) estimo muy posible que Neruda haya querido normalizar la métrica al transformar el decasílabo de *N* (si no es su «de» la verdadera errata) en un *eneasílabo*, que es el metro dominante en el texto (ver nota introductoria a «Cantares» y nota al v. 20 de «Lamento lento»); 2) porque estimo también posible que al suprimir la preposición de *N* Neruda haya querido precisamente exasperar la aliteración de *erres* para intensificar la imagen del atropellado correr. Sin olvidar la observación de Alonso (119-121) que ve en «atropellado correr ríos» el anuncio de ciertos módulos anómalos cuanto eficaces de *Residencia II*, como «dientes crecen naves» («Material nupcial») o «quiero una carne despertar sus huesos» («El desenterrado»).

9 *temblando el testigo constata*. El temblor es de excitación y al mismo tiempo de miedo, porque lo que constata el testigo (el poeta) comporta amenaza para la solidez de su «esfera parcial y dulce», para la seguridad y estabilidad alcanzadas. Cfr. «Comunicaciones desmentidas». — *el testigo:* autoalusión desubjetivadora (ver notas a los vv. 9-10 de «Sistema sombrío» y al v. 19 de «Significa sombras»).

10-13 *Aumento oscuro,* etc. Contrastando la rutina, la repetición, la homogeneidad y la tendencial inmovilidad *diurnas* (ver nota al v. 6), la dimensión *nocturna* del tiempo no sólo invade con «atropellado correr» el ámbito de la memoria íntima del yo (el asalto de las "nostalgias") sino que hace perceptibles bruscas e imprevistas modificaciones en su circunstancia externa. La vía es el cambio cuantitativo (aumento, acumulación, crecimiento, proliferación, aceleración, intensificación). Al respecto, cfr. Sicard, 112-115, y mi *Introducción*. — *paredes... puertas:* símbolos femeninos, según el *Diccionario* de Cirlot (cit. por Lozada, 208n).

14-17 *Alrededor,* etc. En unidad con la precedente, esta estrofa varía e inten-

de hocico armado y definido
el espacio hierve y se puebla.

No oyes la constante victoria
en la carrera de los seres
del tiempo, lento como el fuego,   20
seguro y espeso y hercúleo,
acumulando su volumen
y añadiendo su triste hebra?

Como una planta perpetua aumenta
su delgado y pálido hilo   25
mojado de gotas que caen
sin sonido en la soledad.

---

sifica la representación poética del cambio cuantitativo que amenaza devenir cualitativo (cambio a la vez temido y deseado por el yo). Connotaciones de agresividad, asedio, poderío y determinación («implacables», «hocico armado y definido») conectan la acción transformadora del tiempo a una especie de erotismo cósmico (un pulular genésico) y establecen un particular ligamen intertextual entre este «Trabajo frío» y «Galope muerto», «Caballero solo», «Agua sexual». Resonancias específicas: «callado, por alrededor, de tal modo... como aleteo inmenso... en multitudes», etc. («Galope muerto»); «me rodea / este gran bosque respiratorio y enredado / con grandes flores como bocas y dentaduras» («Caballero solo»). — *OCP* trae coma al fin del v. 16.

18-23 *No oyes la constante victoria...*? El poeta parece proyectar a un nivel humano general su propia experiencia: el tiempo *nocturno* (que responde a designios y afanes de la naturaleza) está derrotando su presuntuosa tentativa de sobre- o contraponerle un tiempo *diurno* (que responde a personales —¿y falsas o indiscriminadas?— necesidades de seguridad, estabilidad, normalización). — *OCP* trae comas al final de los vv. 18 y 19.

24-27 *OCP* repropone exactamente la puntuación de *N*: «Como una planta perpetua, aumenta / su delgado y pálido hilo, / mojado de gotas que caen / sin sonido, en la soledad». — Dejo la lección de *CYR* en la que Neruda elimina todas las comas, evidentemente insatisfecho de la puntuación de *N*. — *gotas que caen:* ver arriba, nota al v. 7, pasaje de la carta a Eandi. — A propósito de la imagen de la «planta perpetua» que se extiende o aumenta sin tregua, recuérdese la afín: «una vez los grandes zapallos escuchan, / estirando sus plantas conmovedoras» («Galope muerto»).

SIGNIFICA SOMBRAS

Qué esperanza considerar, qué presagio puro,
qué definitivo beso enterrar en el corazón,
someter en los orígenes del desamparo y la inteligencia,
suave y seguro sobre las aguas eternamente turbadas?

Qué vitales, rápidas alas de un nuevo ángel de sueños   5
instalar en mis hombros desnudos para seguridad perpetua,
de tal manera que el camino entre las estrellas de la muerte
sea un violento vuelo comenzado desde hace muchos días
   y meses y siglos?

Tal vez la debilidad natural de los seres recelosos y ansiosos
busca de súbito permanencia en el tiempo y límites en la
   tierra,   10
tal vez las fatigas y las edades acumuladas implacablemente
se extienden como la ola lunar de un océano recién creado
sobre litorales y tierras angustiosamente desiertas.

Ay, que lo que yo soy siga existiendo y cesando de existir,

---

4 *AZC*, coma tras «seguro».

5 *IND*, «alas de nuevo ángel».

8 *AZC*, «comenzado desde muchos días». — *LTS, IND, AZC, N* y *CYR*,
sin signo interrogativo al fin del verso: lo introduzco según *OCP*.

9-10 *Tal vez la debilidad natural*, etc. «Hay aquí como un eco del *principium in-
dividuationis* de Schopenhauer», apunta Alonso, 300, y agrega en nota: «Tengo
vehementes sospechas de que Pablo Neruda ha leído a Schopenhauer: la indivi-
duación (limitación en el tiempo y en el espacio) de las fuerzas generales y eter-
nas, es un extravío; la manifestación de la esencia de la realidad —esencia que,
como es sabido, Schopenhauer ve como voluntad universal de vivir, de la que el
individuo no es más que un ejemplar o espécimen— es un eterno fluir y deve-
nir: el devenir da pasos de muerte». — *AZC*, coma tras «permanencia en el
tiempo».

14 *Ay, que lo que yo soy...* Aquí «hay también un eco del *principium individuatio-
nis:* (...) el pasaje se deja interpretar con la filosofía de Schopenhauer hasta en sus

187

y que mi obediencia se ordene con tales condiciones de
   hierro   15
que el temblor de las muertes y de los nacimientos no
   conmueva
el profundo sitio que quiero reservar para mí eternamente.

Sea, pues, lo que soy, en alguna parte y en todo tiempo,
establecido y asegurado y ardiente testigo,
cuidadosamente destruyéndose y preservándose incesante-
   mente,   20
evidentemente empeñado en su deber original.

---

más aparentes enigmas: "existiendo y dejando de existir" es [equivale a:] per-
diendo la individuación para vivir eternamente en el principio general de la
vida» (Alonso, 301n).

16 *el temblor de las muertes y de los nacimientos:* «Así como la noche hace desapa-
recer al mundo, sin que éste deje por esto de existir un solo instante, el hombre
y el animal desaparecen con su muerte, permaneciendo, sin menoscabo alguno,
su verdadera esencia. Representémonos esas alternativas de nacimiento y muer-
te por vibraciones íntimamente aceleradas, y tendremos la imagen de la objeti-
vación permanente de la voluntad, de las Ideas eternas de los seres, inmóviles
como el arco iris que corona una cascada.» A. Schopenhauer, *El mundo como vo-
luntad y representación,* trad. de Eduardo Ovejero (Buenos aires, 1942), pág. 869,
citado por Lozada (209n) a propósito de este verso. — *AZC,* «el temblor de la
muerte».

17 *LTS, IND* y *AZC,* «que quiero guardar».

18 *AZC,* «y en todo juego» (?).

19 *testigo.* Por su conexión con «mi obediencia» (v. 15), esta importante figu-
ra residenciaria reconocería su origen remoto en lecturas (directas o indirectas)
de Schopenhauer que Neruda habría hecho en juventud (cfr. Lozada, 175). Al
respecto remito al Apéndice II. — Ver nota a los vv. 9-10 de «Sistema som-
brío».

21 *N,* «evidente» (pero hay corrección en fe de erratas: «evidentemente»).

Residencia en la tierra

2

1931-1935

I

UN DÍA SOBRESALE

De lo sonoro salen números,
números moribundos y cifras con estiércol,
rayos humedecidos y relámpagos sucios.
De lo sonoro, creciendo, cuando
la noche sale sola, como reciente viuda,   5
como paloma o amapola o beso,
y sus maravillosas estrellas se dilatan.

---

1 *De lo sonoro.* «Del sonido primigenio, de lo sonoro cósmico, del trueno»
(P. N., en Alonso, 242 y 273); «en lo sonoro se engendran las cosas» (Alonso,
259). — «Le son est à l'origine du cosmos. (...) Le son est perçu avant la forme,
l'ouïe est *antérieure* à la vue» (Chevalier-Gheerbrant, s. v. «son»). — El presente
texto reitera la fórmula *lo sonoro* en los vv. 4, 8, 33, 37 y 66; hay variantes de *so-
nido* y de *sonar* en los vv. 10, 12, 23, 25, 31, 49 y 57; hay otros signos de sonori-
dad como «rumores» (v. 17), «detonaciones» (v. 18), «pitazos» (v. 30), y alusio-
nes a diversos objetos cuya actividad produce ruidos: herramientas, carreteras,
motores, botellas, zapatos, relojes, ruedas, water-closets, puentes, camas (vv.
16-26 y 50-65). Tal insistencia busca proponer en *lo sonoro* el principio o funda-
mento de la vida, el origen cósmico de lo existente, y a la vez su manifestación.
— *números.* Lo indistinto, por oposición a *nombre.* Aquí alude a cosas, seres, enti-
dades, unidades indistintas que manifiestan la emersión del día.

2-3 *números moribundos,* etc. La vida emerge desde "lo sonoro" manifestándo-
se bajo apariencias degradadas, como energías o fuerzas o estímulos debilitados,
contaminados, afeados, envilecidos. Cfr. «lo que surge vestido de cadenas y cla-
veles» («Débil del alba»). Ambos versos se refuerzan mutuamente, según indi-
can las correlaciones *moribundos-humedecidos* y *con estiércol-sucios.*

4 *creciendo.* Cfr. «entre el sabor creciente, poniendo el oído / en la pura circu-
lación, en el aumento» («Débil del alba»). Ver también «Galope muerto» y «Tra-
bajo frío».

5 *la noche sale sola.* Como quien dice: se va de paseo y por su cuenta, va fuera
a sus asuntos. En los vv. 1 y 66 el verbo *salir* es usado en otra acepción, la de
aparecer, manifestarse, brotar, nacer. Pero se advierte aquí un doble juego foné-
tico-rítmico: 1) repetición variada del verbo *sale:* otra forma del juego *sale-
sobresale* que el título del poema implica; 2) paronomasia *sale-sola.*

6 *paloma:* ver nota al v. 32 de «Galope muerto». — *amapola:* ver nota al v. 12
de «Fantasma».

7 *y sus maravillosas estrellas se dilatan.* La luz del día no se opone aquí a la luz
de las estrellas: es, por el contrario, resultado de su expansión. La noche y el día
se reconocen en la superior unidad y continuidad del Día Total.

En lo sonoro la luz se verifica:
las vocales se inundan, el llanto cae en pétalos,
un viento de sonido como una ola retumba,   10
brilla, y peces de frío y elástico la habitan.

Peces en el sonido, lentos, agudos, húmedos,
arqueadas masas de oro con gotas en la cola,
tiburones de escama y espuma temblorosa,
salmones azulados de congelados ojos.   15

Herramientas que caen, carretas de legumbres,
rumores de racimos aplastados,
violines llenos de agua, detonaciones frescas,
motores sumergidos y polvorienta sombra,
fábricas, besos,   20
botellas palpitantes,
gargantas,
en torno a mí la noche suena,
el día, el mes, el tiempo,
sonando como sacos de campanas mojadas   25
o pavorosas bocas de sales quebradizas.

---

8 *En lo sonoro la luz se verifica:* ver nota al v. 49.

10 *un viento de sonido:* la energía cósmica (desencadena su invasión, su pulular de vida). Sobre el valor simbólico de *viento,* ver notas al v. 5 de «Colección nocturna» y al v. 16 de «Arte poética».

11 *OCP,* sin coma tras «brilla».

12-15 *Peces en el sonido,* etc. La imagen de la ola que retumba (v. 10) atrae al texto esta visión de pululante vida submarina, la que funciona como alegoría introductoria y preparatoria a la visión del tumultuoso y rumoroso emerger de la actividad diurna en el ámbito humano, social (vv. 16-22). — *peces:* «símbolo de germinación y de vida primigenia» (Alonso, 221).

18 *violines llenos de agua:* ahogadas o débiles emanaciones musicales (bellos o dulces "sonidos") de la vida emergente. Cfr. una asociación de contexto y sentido similares en el verso «amanecía débilmente con un color de violín» *(THI,* poema 14).

23-24 *en torno a mí,* etc. Notar que el día y la noche no se oponen como en *Residencia I:* ambos "suenan" en torno al yo, nivelados en la superior unidad y continuidad del Día Total (en el metabolismo único del Tiempo-Realidad).

25-26 *campanas mojadas... sales quebradizas:* vibraciones (de vida) ahogadas, sofocadas, devenidas flojas, débiles; estímulos o entusiasmos frágiles, precarios, efímeros. — *campanas mojadas.* Cfr. *supra,* v. 3: «rayos humedecidos». Este poe-

Olas del mar, derrumbes,
uñas, pasos del mar,
arrolladas corrientes de animales deshechos,
pitazos en la niebla ronca   30
deciden los sonidos de la dulce aurora
despertando en el mar abandonado.

A lo sonoro el alma rueda
cayendo desde sueños,
rodeada aún por sus palomas negras,   35
todavía forrada por sus trapos de ausencia.

A lo sonoro el alma acude
y sus bodas veloces celebra y precipita.

Cáscaras del silencio, de azul turbio,
como frascos de oscuras farmacias clausuradas,   40

---

ma propone como agregación (y compatibilidad) lo que «Débil del alba» presen-
taba como adversación («la luz de la tierra sale de sus párpados / no como la
campanada, sino más bien como las lágrimas»). — *sales quebradizas:* con sentido
afín, cfr. «la sal que se triza» («Diurno doliente»); «la sal arruinada» («Sonata y
destrucciones»); «Secas sales» («Trabajo frío»); «consumida sal» y «sal destituida»
(«El sur del océano»). Sobre el valor simbólico de *sal(es),* ver nota al v. 13 de
«Colección nocturna».

28 *uñas:* lo amenazador, lo agresivo, lo que hiere o desgarra.

35 *palomas negras:* nocturnas (y asociadas a los sueños; no siniestras). — Con
igual valor simbólico, cfr. «su canasto negro» («Colección nocturna», v. 11).

36 *trapos.* Imagen o figura que Neruda, en torno al período residenciario,
suele asociar a visiones nocturnas: «la noche tirante su trapo bailando» *(THI,*
poema 14); «un opaco sonido de sombra / que cae como trapo en lo intermina-
ble» («Colección nocturna»).

38 *sus bodas veloces:* las nupcias del "alma" con el día.

39 *silencio.* La correlación *lo sonoro/el silencio* ha desplazado al antagonismo *día
/noche,* redistribuyendo y englobando sus valores simbólicos en la figura del Día-
Todo (cifra del Tiempo-Realidad). El *silencio* repropone aquí la *noche,* pero desde
una perspectiva diversa. En paradoja sólo aparente, el núcleo de *lo sonoro* origi-
nario (v. 1) es *silencio.* «Selon les traditions, il y eut un silence avant la création; il
y aura silence à la fin des temps» (Chevalier-Gheerbrant, s. v. «silence»). Al in-
terior del cielo del Día-Todo aquel *silencio* primordial se conserva bajo la forma
de la *noche,* en tanto que *lo sonoro* primigenio, fruto de aquel silencio y a su vez
origen y fundamento de lo existente, se manifiesta y desarrolla en el *día.* Lo no-
vedoso es aquí la continuidad, la unidad dialéctica en que se resuelve y en que
procede el antagonismo *día/noche.*

195

silencio envuelto en pelo,
silencio galopando en caballos sin patas
y máquinas dormidas, y velas sin atmósfera,
y trenes de jazmín desalentado y cera,
y agobiados buques llenos de sombras y sombreros.   45

Desde el silencio sube el alma
con rosas instantáneas,
y en la mañana del día se desploma,
y se ahoga de bruces en la luz que suena.

Zapatos bruscos, bestias, utensilios   50
olas de gallos duros derramándose,
relojes trabajando como estómagos secos,
ruedas desenrollándose en rieles abatidos,

39-45 *Cáscaras del silencio,* etc. Signos o manifestaciones residuales de la no-
che que sobreviven (difícilmente perceptibles) en el día. El silencio (la noche) es
el *dentro* de lo sonoro (del día): es como un espacio subterráneo, como bodegas
o cantinas (por eso oscuras, clausuradas): es el subsuelo nocturno, mudo y fan-
tasmal, del día.

46 *Desde el silencio sube el alma:* desde el hondón, desde lo interior y profundo,
desde aquel *dentro.* — El verbo *sube* propone un movimiento vertical ascenden-
te, opuesto al vertical descendente del v. 33 («A lo sonoro el alma *rueda* [cayen-
do]»), en tanto que el v. 37 sugiere un desplazamiento horizontal, unificador de
niveles: «A lo sonoro el alma *acude»* (y celebra sus *bodas veloces* con el día). Desde
la perspectiva nocturna, el silencio es *lo alto* (lo externo, el fuera) respecto de lo
sonoro; es *lo profundo* (lo interno, el dentro) desde la perspectiva diurna. Tales
diferencias se nivelan en la dimensión unitaria y superior del Día Total (vv.
23-24 y 37-38).

47 *con rosas instantáneas:* con alegrías que duran un instante. Cfr. «Cuando el
deseo de alegría con sus dientes de rosa» («Enfermedades en mi casa»).

49 *en la luz que suena.* Por la redistribución de los valores simbólicos al inte-
rior del Día-Todo, la luz sonora es ahora atributo del día (cfr. *supra,* v. 8: «En lo
sonoro la luz se verifica») y no ya de la noche según se leía en «Alianza (sona-
ta)»: «Los días acechando cruzan en sigilo / pero caen adentro de tu voz de
luz»; y también en «Madrigal...»: «Flor de la dulce luz completa» (= tú, flor de la
noche).

50-57 *Zapatos bruscos, bestias,* etc. El desplazamiento de «la luz que suena»
desde la noche al día significa, simbólicamente, que el discurso poético busca
ahora confrontarse con toda la brutal dureza del Día (Tiempo-Realidad) sin re-
fugiarse en ilusiones proféticas o en sueños compensatorios. De ahí que estos
versos (50-57) "ataquen" con un primer desencantado inventario de manifesta-
ciones de «la luz que suena» en el día que comienza. — Notar el juego de con-

196

y water-closets blancos despertando
con ojos de madera, como palomas tuertas,   55
y sus gargantas anegadas
suenan de pronto como cataratas.

Ved cómo se levantan los párpados del moho
y se desencadena la cerradura roja
y la guirnalda desarrolla sus asuntos,   60
cosas que crecen,
los puentes aplastados por los grandes tranvías
rechinan como camas con amores,
la noche ha abierto sus puertas de piano:
como un caballo el día corre en sus tribunales.   65

De lo sonoro sale el día
de aumento y grado,

---

trastes y simetrías en la construcción de esta parte del texto. El movimiento del
alma hacia lo sonoro (vv. 33 y 37) introduce un pasaje con signos ("cáscaras")
del silencio (vv. 39-45). El movimiento del alma desde el silencio (v. 46) intro-
duce en cambio un pasaje con signos de lo sonoro (vv. 50-65).

58-65 *Ved cómo se levantan,* etc. El imperativo «Ved» confirma la voluntad
agresiva de *mirar-mostrar* el mundo (el Día-Todo) así como éste es, en su inte-
gral "sonoridad" y crecimiento, en su mezcla de degradaciones y eventuales gra-
tificaciones. A esta resuelta cuanto desencantada neutralidad del (nuevo) testi-
monio corresponde la desaparición de toda referencia al "sentido profético" del
yo (característico de *Residencia I*). — Correlaciones significativas: 1) *«Ved* cómo
están las cosas: tantos trenes, / tantos hospitales con rodillas quebradas», etc.
(«Enfermedades en mi casa»); 2) «como un *párpado* atrozmente *levantado* a la
fuerza / estoy *mirando*» («Agua sexual»).

65 *como un caballo...* Máximo signo del cambio y de la redistribución que el
discurso poético busca operar en la axiología simbólica. En *Residencia I* la figura
del caballo aparecía asociada a la libertad («Caballo de los sueños», vv. 26-34), a
la noche-amor («Madrigal...», vv. 2-4), al sueño («Colección nocturna», vv.
36-43). Aquí aparece en cambio asociada al día, al trajín prosaico, a la imagen
emblemática de la norma (los tribunales).

66-71 *De lo sonoro sale el día,* etc. La cursiva subraya el valor de resumen o
síntesis que el poeta asigna a esta estrofa final, que implica una redefinición de
la tarea descifratoria y testimonial (y que en cierto modo repropone, desde una
perspectiva modificada por la experiencia, el diseño de la estrofa final del poe-
ma-pórtico de *Residencia I,* «Galope muerto»). — *de aumento y grado:* «con creci-
miento y con aumento térmico» (P. N., en Alonso, 128). Este uso "anómalo"
de la prep. *de* (diverso del uso "normal' reconocible en el vv. 66, pero atraído

197

y también de violetas cortadas y cortinas,
de extensiones, de sombra recién huyendo
y gotas que del corazón del cielo   70
caen como sangre celeste.

por éste) se extiende a los versos siguientes como juego de ecos que el poeta no logra controlar ni tornar a la "norma" sintáctica. Cfr. comentario de Alonso (128). Otros casos de uso "anómalo" de la prep. *de* en «Alianza (sonata)» y en «Galope muerto» (examinados por Alonso, 123 y 129) y también en «El deshabitado» (ver mis notas a ese texto). — *violetas cortadas:* ver nota al v. 31 de «Sólo la muerte». — *de sombra recién huyendo:* el día incluye también residuos nocturnos. Con referencia a la noche que huye, cfr. «tu material de inesperada llama huyendo / precede y sigue al día» («Alianza [sonata]»); «cuando corres detrás de los ferrocarriles, en los campos» («Serenata»).

70-71 *y gotas... sangre celeste.* El día incluye también retazos o fragmentos («gotas») de utopía personal o sueños de felicidad (el «corazón del cielo») que sostienen o nutren o fertilizan («como sangre celeste») el espacio de la esperanza. Verificar el significado simbólico de *cielo* en «Caballo de los sueños» (v. 11) y en «Colección nocturna» (vv. 14 y 40). Recuérdense las «pesadas gotas» del último verso de «Galope muerto» (donde eran coágulos de vida plena y substancial). Y confrontar más adelante con las *gotas* y *goterones balas de agua gruesa* de «Material nupcial» y «Agua sexual».

SÓLO LA MUERTE

Hay cementerios solos,
tumbas llenas de huesos sin sonido,
el corazón pasando un túnel
oscuro, oscuro, oscuro,
como un naufragio hacia adentro nos morimos,   5
como ahogarnos en el corazón,
como irnos cayendo desde la piel al alma.

Hay cadáveres,
hay pies de pegajosa losa fría,
hay la muerte en los huesos,   10
como un sonido puro,
como un ladrido sin perro,

---

1 *Hay.* La proliferación del verbo *hay* es característica en *Residencia II:* es el signo del inventario desencantado (testimonio neutro) del mundo, iniciado en «Un día sobresale» (ver nota a vv. 50-57 de ese texto).

2 *sin sonido:* sin vida (cfr. «Un día sobresale»).

5 *PPD,* punto al fin del verso (el siguiente inicia con mayúscula).

7 *desde la piel al alma:* desde lo sonoro al silencio.

9 *PPD,* «loza».

10-11 *hay la muerte en los huesos, / como un sonido puro.* Este poema hay que leer-lo como complementario a «Un día sobresale», como segundo momento, con-trastante, del mismo proyecto poético (ver nota introductoria a «Un día sobresa-le»), y responde a la permanente tentativa de Neruda por comprender la muerte como parte enigmática y dolorosa del ciclo cósmico de la Vida. Las tumbas es-tán «llenas de huesos sin sonido» (v. 2), sin el sonido de "lo sonoro" (de la vida manifiesta), pero ello no significa que la muerte carezca de sonido, que sea la ausencia, la negación o la cancelación del sonido, que sea el no-sonido. La muerte es un sonido no perceptible como tal en el ámbito de "lo sonoro". Es por ello un *sonido puro,* sin rumor, sin "sonoridad".

12 *como un ladrido sin perro.* El sonido de "lo sonoro" (el ladrido con perro) no necesita explicarse ni justificarse: aun bajo modulaciones degradadas, "suena" armónico con la tendencia de los seres y cosas a la preservación (e incluso al en-riquecimiento) de la propia identidad. Tiene el rostro habitual (hermoso o feo) y reconocible de la vida. El sonido puro de la muerte, en cambio, es percibido como disarmónico con aquella tendencia: inevitablemente causa dolor y zozo-

saliendo de ciertas campanas, de ciertas tumbas,
creciendo en la humedad como el llanto o la lluvia.

Yo veo sólo, a veces,   15
ataúdes a vela
zarpar con difuntos pálidos, con mujeres de trenzas muertas,
con panaderos blancos como ángeles,
con niñas pensativas casadas con notarios,
ataúdes subiendo el río vertical de los muertos,
el río morado,   20

---

bra. Y sin embargo "suena" de verdad: es también una fuerza "viva", pero su sentido aparece indescifrable, absurdo, inaferrable como "un ladrido sin perro". — Cfr. «galopando en caballos sin patas» («Un día sobresale», dentro del pasaje relativo al silencio, vv. 39-45).

13-14 *saliendo... creciendo.* Este texto usa en relación a la muerte los mismos verbos que en «Un día sobresale» conciernen a "lo sonoro".

15 *CYR,* «Yo veo solo, a veces»; *OCP,* «Yo veo, solo, a veces». Prefiero la primitiva puntuación de *PPD, NAC-2* y *ANT* («Yo veo sólo, a veces»), pues creo que el sentido inicial del pasaje, teniendo en cuenta las estrofas anteriores, sería: "Hay cementerios... hay cadáveres..., hay muertos y un morirnos, pero la-muerte-con-sentido-vital (es decir, la muerte como dimensión o momento integrante del ciclo cósmico de la Vida, con referencia al ámbito del hombre, individual y socialmente considerado) es incomprensible, inaferrable, invisible, yo no logro verla, yo no la veo; *yo veo sólo* (yo solamente consigo ver), a veces, ataúdes a vela", etc. — Se trata, a mi entender, de una primera tentativa de formulación (global, de conjunto) del mismo problema que Neruda asediará (a otro nivel de reflexión, más extensamente y con mayor ambición orgánica) en «Alturas de Macchu Picchu» [1945].

16 *PPD, NAC-2, ANT* y *CYR* traen coma al fin del verso: la suprimo en acuerdo con *OCP.* — *ataúdes a vela.* Creo improbable que en esta imagen resuenen, sea el mito de la barca de Caronte, sea una reminiscencia funeraria de Rangún, como hipotiza Alonso, 96. En «Entierro en el Este» (como en *CHV,* 122) Neruda no habla de ataúdes navegantes sino de ceremonias de cremación en la ribera de un río, «junto al turbio río».

17-19 *zarpar con difuntos pálidos,* etc. A través de la imagen de los ataúdes-veleros el poeta configura la muerte en movimiento, esa muerte que él ve, a veces, inscrita en el flujo de ciertas vidas humanas (y no ya la muerte coagulada e inmóvil de los cementerios). Creo muy probable que las figuras elegidas para ilustrar aquí "la muerte en vida" reconozcan sus modelos de origen en personajes de la experiencia inmediata y contingente del poeta (según su praxis habitual). — *mujeres de trenzas muertas:* ver mi nota al v. 43 de «Barcarola».

20 *ataúdes subiendo el río vertical...* Dentro del código simbólico nerudiano resulta improponible la tradición de que las vidas son los ríos que van a dar (que bajan) a la mar, "que es el morir". El océano es para Neruda imagen de la vida

hacia arriba, con las velas hinchadas por el sonido de la muerte,
hinchadas por el sonido silencioso de la muerte.

A lo sonoro llega la muerte
como un zapato sin pie, como un traje sin hombre,   25
llega a golpear con un anillo sin piedra y sin dedo,
llega a gritar sin boca, sin lengua, sin garganta.

Sin embargo sus pasos suenan
y su vestido suena, callado, como un árbol.

Yo no sé, yo conozco poco, yo apenas veo,   30

---

indestructible: el único vencedor del tiempo (cfr. «El fantasma del buque de carga»). La fantasía del poeta opera aquí dentro de otras coordenadas simbólicas: el río de los muertos corre desde "lo sonoro" (abajo: lo real, lo viviente, lo visible) hacia el silencio (arriba: lo no-real, lo fantasmal, lo invisible). El silencio equivale aquí, genéricamente, a espacio del no-vivir. — Sobre la compleja simbología del silencio en *Residencia II*, y su relación con la muerte y con los sueños, véase Apéndice II. Cfr. el poema pararresidenciario «Número y nombre», *El Mercurio*, 26-II-1933, recogido en *FDV*, 13-16, y en *OCP, III*, 632-634.

21 *el río morado*. Sobre el color de violeta, ver *infra*, nota al v. 31.

22 *con las velas hinchadas*. La rutina o la alienación de ciertas vidas (vv. 17-19) hacen ostensible el trabajo —normalmente discreto o invisible— del viento de la muerte, y lo facilitan. Cfr., por oposición, «un viento de sonido» («Un día sobresale», v. 10).

23 *el sonido silencioso de la muerte:* ver arriba, nota a los vv. 10-11.

24 *A lo sonoro:* ver notas al v. 1 de «Un día sobresale» y al v. 28 de «Barcarola».

25 *CYR*, «con un traje sin hombre». Probabilísima errata. Corrijo según *NAC-2, ANT, OCP*, y sobre todo según *PPD*, que traen: «como un traje sin hombre».

25-27 *como un zapato sin pie*, etc. Esta secuencia fantasmal remite al «ladrido sin perro» (v. 12) y a la secuencia afín de «Un día sobresale» (vv. 39-45).

28-29 *suenan... suena*. Ver arriba, notas a los vv. 10-11 y 12. — *callado, como un árbol*. Al comparar el sonido silencioso de la muerte con el del árbol, el poeta reafirma su intuición de la muerte como una fuerza "viva" (dentro del gran ciclo cósmico). A la vez anuncia la secuencia que sigue.

30 *Yo no sé, yo conozco poco...* En esta figura retórica de modestia o cautela («con un modo muy chileno», anota Lefebvre, 112) leo un indicio de la importancia, peso y gravedad que el poeta asigna a la secuencia que sigue, la cual tiende a colocar a la muerte dentro de la dialéctica natural que gobierna la renovación perpetua de la vida. De ahí las alusiones a la naturaleza vegetal y al ciclo de las estaciones (violetas, tierra, verde, hoja, invierno).

pero creo que su canto tiene color de violetas húmedas,
de violetas acostumbradas a la tierra,
porque la cara de la muerte es verde,
y la mirada de la muerte es verde,
con la aguda humedad de una hoja de violeta   **35**

---

31 *su canto*. Dar al sonido de la muerte el calificativo de *canto* —término comprometedor en el léxico nerudiano— indica un ánimo de rescate de algo oscuro que podríamos llamar la dimensión "positiva" de la muerte. Excluyo toda intención irónica en el uso del término. — *tiene color:* la sinestesia desplaza el discurso hacia un ámbito semántico en que el poeta se mueve con familiaridad y con mayor seguridad operativa. — *de violetas húmedas*. En el color de las violetas conviven lo penitencial-fúnebre y lo dulce-intenso-hermoso, la muerte y la vida. De este modo asume Neruda el simbolismo tradicional del color violeta, ligado al equilibrio y mezcla de contrarios: «Couleur de la tempérance, fait d'une égale proportion de rouge et de bleu, (...) résultat de cet échange perpétuel entre le rouge chthonien de la force impulsive et le bleu céleste» (Chevalier-Gheerbrant, s. v. «violet»).

32 *violetas acostumbradas a la tierra*. Tras esta imagen supongo un juego conceptual del tipo siguiente: 1) las violetas crecen y florecen muy cerca de la tierra, en familiaridad con ella; 2) la tierra es sede de la muerte en los cementerios (y sede de la vida en la germinación de los campos); 3) las violetas están acostumbradas a la muerte (y a la vida). Vista desde esta perspectiva, la imagen «violetas acostumbradas a la tierra» supone la acotación: "a diferencia de los hombres". Cfr. «Alturas de Macchu Picchu», ii-iv.

33-34 *verde*. El color emblemático de la naturaleza. Cfr. *supra*, nota al v. 30. No estoy de acuerdo con Lefebvre, que lee en este *verde* el color «que tienen los cadáveres en un grado avanzado de descomposición» (113).

33-36 *PPD* trae la que es, seguramente, la versión original de este pasaje (en tres versos, en lugar de cuatro):

> y creo que la muerte tiene una cara verde,
> oscura, como una hoja de violeta,
> con su grave color de invierno exasperado.

NAC-2 y *ANT* traen una versión intermedia: los vv. 33, 34 y 36 tienen ya la forma definitiva de *CYR* (y *OCP*), pero el v. 35 reza: «con el verde enlutado de una hoja de violeta».

35 *aguda humedad... hoja de violeta*. La reiterada alusión a las *violetas* (vv. 31, 32, 35) y a la *humedad* tiene un antecedente —de significado afín— en el último capítulo de *HYE*: «He sentido su frío sobre mi frente, su frío de riel mojado por el rocío de la noche, o también de *violetas* mojadas. El prado de las *violetas* es inmenso, subsiste a pesar de la lluvia, todo el año los árboles de las *violetas* están creciendo (...), las *violetas* rotas se componen con rapidez (...).»

y su grave color de invierno exasperado.

Pero la muerte va también por el mundo vestida de escoba,
lame el suelo buscando difuntos,
la muerte está en la escoba,
es la lengua de la muerte buscando muertos,   40
es la aguja de la muerte buscando hilo.

La muerte está en los catres:
en los colchones lentos, en las frazadas negras
vive tendida, y de repente sopla:

---

36 *invierno exasperado.* La muerte es como el invierno (en cuanto nadir del ciclo germinativo natural), pero como un invierno intensificado al más doloroso extremo (exasperado). A propósito del invierno-nadir: «Au sommet du zénith, on dira: *la mort est dans la vie* (media vita in morte sumus); au plus bas du nadir, on pensera: *la vie est dans la mort*» (Chevalier-Gheerbrant, s. v. «zénith»). Una idea de este tipo gobierna la escritura de la secuencia (vv. 30-36).

37 *Pero.* Esta conjunción adversativa, al comienzo de una lóbrega secuencia, respalda mi lectura "positiva" de la secuencia anterior. — *vestida de escoba.* «El poeta nos la muestra [la muerte] como una bruja maldita» (Lefebvre, 114).

41 *la aguja... buscando hilo.* Esta representación de la muerte no es nueva en Neruda. Cfr.: «¿Quién eres tú, ladrona, que acurrucada entre los peldaños coses silenciosamente y con una sola mano? (...) He aquí que de repente la vieja ladrona se para ante Florencio» *(HYE*, XV). La figura simbólica del *coser* (incluyendo los elementos *aguja, hebra, hilo)* ocurre en «Cantares» y en «Trabajo frío», en el marco de una agudizada visión del transcurso funesto y letal del tiempo.

42 *PPD, NAC-2, ANT* y *CYR* traen coma al fin del verso: puntúo según *OCP* (que acoge recomendación de Alonso, 118n).

42-46 *catres... colchones... frazadas.. vive tendida... sábanas... camas.* «El poeta — según Lefebvre— retorna en cierto modo a la imagen tradicional del dormir semejante al morirse; por esto del lugar de reposo nocturno saca todos los elementos expresivos» (114). No comparto este enfoque. Creo que Neruda piensa el dormitorio como sede del amor más que del dormir. — *sopla un sonido oscuro que hincha sábanas, / y hay camas navegando...* Esta secuencia, a mi entender, amplifica, y destaca un cierto aspecto de una secuencia anterior (vv. 15-23). De ahí la coincidencia plástica (la imagen de los veleros) y lexical (sonido, hinchar). Entre las formas de la rutina y de la alienación vistas como manifestantes de "la muerte en vida" (ver *supra,* nota al v. 22), el poeta me parece privilegiar la rutina-alienación del lecho, la sexualidad vivida sin pasión, sin amor, sin sinceridad. La colocación final (subrayada) de esta secuencia es muy significativa desde el punto de vista de la estructura del texto. Notar también que arriba (v. 15) el verbo «veo» establece una distancia entre el sujeto y su intuición. La impersonalidad de esta secuencia final, en cambio, a mi juicio busca esconder un grado altísimo de implicación personal del yo. Creo que la escritura de este poema, como la del afín de «El fantasma del buque de carga» (ver nota introductoria a ese texto),

sopla un sonido oscuro que hincha sábanas,
y hay camas navegando a un puerto
en donde está esperando, vestida de almirante.

---

está fuertemente determinada por la infelicidad conyugal del poeta y, en general, por la fase de vacío amoroso que atraviesa.

47 *vestida de almirante.* En el marco de su singular lectura de *Residencia,* J. Concha propone: «¿Complejo de Caronte, a lo Bachelard? No, sino un audaz símbolo histórico: la muerte, para Neruda, comienza con el Descubrimiento, con la navegación de los españoles hacia América» (Concha 1972: 267n). — Creo probable que en la figura del almirante resuene, "ascendida" quizás irónicamente, otra figura marina que Neruda bien conocía desde su adolescencia: «O Mort, vieux capitaine, il est temps! levons l'ancre!» (Baudelaire, *Les fleurs du mal,* «Le voyage», viii).

BARCAROLA

Si solamente me tocaras el corazón,
si solamente pusieras tu boca en mi corazón,
tu fina boca, tus dientes,
si pusieras tu lengua como una flecha roja
allí donde mi corazón polvoriento golpea,   5
si soplaras en mi corazón, cerca del mar, llorando,
sonaría con un ruido oscuro, con sonido de ruedas de
   tren con sueño,
como aguas vacilantes,
como el otoño en hojas,
como sangre,   10
con un ruido de llamas húmedas quemando el cielo,
sonando como sueños o ramas o lluvias,
o bocinas de puerto triste,
si tú soplaras en mi corazón, cerca del mar,
como un fantasma blanco,   15

---

5 *mi corazón polvoriento:* corazón en desuso, arrinconado, inactivo. El vacío de
amor (situación definitoria del yo presente) es un importante sustrato de los
textos iniciales de *Residencia II.* Ver nota a los vv. 42-46 de «Sólo la muerte».

6 *si soplaras en mi corazón.* El verbo *soplar* ocurre en los vv. 6, 14, 34, 35, 36,
48 y 57 de este poema. Cfr. «La muerte (...) de repente sopla: / sopla un sonido
oscuro que hincha sábanas» («Sólo la muerte»).

7 *sonaría.* Variantes de *sonar* y de *sonido* ocurren en los vv. 7, 12, 20, 25, 28,
37, 39, 40, 51, 58, 61 y 65 de este poema. Cfr. nota al v.1 de «Un día sobresa-
le». — *sonaría con un ruido oscuro:* cfr. «sopla un sonido oscuro» («Sólo la muer-
te»). — *con sonido de ruedas de tren con sueño:* imagen probablemente sugerida por
el traqueteo del tren nocturno en que Neruda solía viajar entre Santiago y Te-
muco (hay un telegrama del 5. V. 1933, desde Santiago, en que el poeta anuncia
a su hermana Laura que viaja en ese tren). Cfr. el comienzo de «La copa de san-
gre» [1938] / *PNN,* 159.

11 *llamas húmedas:* «"líquidas, ondas de fuego", el pulso» (Alonso, 172n). Cfr.
«Ardió la uva húmeda («Sonata y destrucciones»); en este mismo poema, *infra,*
vv. 35-36, que asocian «sangre» en movimiento y «llamas».

13 *bocinas de puerto triste:* cfr. «pitazos en la niebla ronca» («Un día sobresale»).
Una intencionada exasperación de esta sonoridad, *infra,* v. 58.

al borde de la espuma,
en mitad del viento,
como un fantasma desencadenado, a la orilla del mar,
    llorando.

Como ausencia extendida, como campana súbita,
el mar reparte el sonido del corazón,   20
lloviendo, atardeciendo, en una costa sola:
la noche cae sin duda,
y su lúgubre azul de estandarte en naufragio
se puebla de planetas de plata enronquecida.

Y suena el corazón como un caracol agrio,   25
llama, oh mar, oh lamento, oh derretido espanto
esparcido en desgracias y olas desvencijadas:
de lo sonoro el mar acusa
sus sombras recostadas, sus amapolas verdes.

Si existieras de pronto, en una costa lúgubre,   30
rodeada por el día muerto,
frente a una nueva noche,

---

21 *MCR-1, AGR* y *CYR,* coma al fin del verso: puntúo según *OCP* (que acoge recomendación de Alonso, 118n).

25 *y suena el corazón como un caracol agrio.* «El caracol la forma tiene de un corazón», escribió Rubén Darío en su soneto «Caracol», como anotan Alonso (167n) y Lozada (67). «¿Se ha reparado en la relación fonética —casi anagramática— entre los títulos?» (Gutiérrez Monat, 90).

26-27 *MCR-1:* «ioh lamento, oh mareas, oh derretido espanto / esparcido en desgracias y olas desvencijadas!» — *AGR* repite esta lección de *MCR-1* pero sin los signos exclamativos y con punto al fin del v. 27.

28 *de lo sonoro.* La figura de "lo sonoro" ocurre con insistencia en «Un día sobresale» y «Sólo la muerte». Veo en ello un indicio de proximidad entre los tiempos de escritura de los tres poemas. — *MCR-1* y *AGR,* el verso comienza con mayúsculas: «De lo sonoro...».

30 *en una costa lúgubre.* Este indicador de lugar, como más arriba «en una costa sola» (v. 21) y más abajo «a orillas del océano solo» (v. 66), corresponde en el extratexto a la extensa y desolada playa de Puerto Saavedra, espacio mítico de la afectividad (de los sentimientos, del amor adolescente) en la poesía prerresidenciaria de Neruda. Cfr. «El sur del océano» y Loyola 1978a.

32 *frente a una nueva noche.* La antigua noche prerresidenciaria, espacio mítico-simbólico de los sueños, de la poesía, y estrechamente vinculado a esta «costa

llena de olas,
y soplaras en mi corazón de miedo frío,
soplaras en la sangre sola de mi corazón,   35
soplaras en su movimiento de paloma con llamas,
sonarían sus negras sílabas de sangre,
crecerían sus incesantes aguas rojas,
y sonaría, sonaría a sombras,
sonaría como la muerte,   40
llamaría como un tubo lleno de viento o llanto,
o una botella echando espanto a borbotones.

Así es, y los relámpagos cubrirían tus trenzas
y la lluvia entraría por tus ojos abiertos
a preparar el llanto que sordamente encierras,   45

---

sola», ya no existe: su condición antaño estimulante y sostenedora ha abandona-
do al poeta. Rota esa vieja alianza —ver «Alianza (sonata)»—, los dramáticos y
desolados requerimientos que el sujeto dirige en este texto a una figura feme-
nina coinciden secretamente con su aguda aspiración a *una nueva noche,* como lo
dice de soslayo este verso. — *MCR-1* y *AGR* traen «frente al comienzo de una
nueva noche». La abreviación que cumple *CYR* del verso original es significati-
va (en relación al contexto indicado), pues opera en el sentido de la abstracción
y de la ambigüedad de la fórmula *una nueva noche.*

34-36 *y soplaras en mi corazón,* etc. "Si llegaras hasta mi corazón paralítico
(asustado de su propia soledad) como un viento provocador, acuciante, hostiga-
dor, irritante, excitante". *Soplar* equivale a acción o manifestación eficaz de una
energía (viento, sonido, ola) que puede ser positiva (vital) o negativa (letal). Cfr.
"un viento de sonido como una ola retumba» («Un día sobresale»); «La muer-
te... / sopla un sonido oscuro que hincha sábanas» («Sólo la muerte») «el frenesí
hincha el traje» («Diurno doliente»). — *en la sangre sola:* "en mi disponibilidad
pasional ahora desocupada, sin objeto, sin destino". Cfr. «Secas sales y *sangres
aéreas»* («Trabajo frío»); «un viento de metal que vive *solo»* («Diurno doliente»);
«hay algo de brasa abandonada que se gasta *sola»* («La noche del soldado»).

37-42 *sonarían... crecerían... sonaría como la muerte... llamaría.* Los verbos señalan
actividad y aumento vitales. El corazón-caracol reaccionaría al soplo de la Mu-
jer-Tú con espasmos, con turbulencias de la sangre, evidenciando las laceracio-
nes y desgracias de su situación presente, denunciando los propios dolores, te-
rrores y miserias, pero lo importante es que reaccionaría vitalmente (aún cuan-
do sonara como la muerte), sería en todo caso un sacudón saludable y necesa-
rio. Precisamente la sacudida pasional que el poeta reclama de la figura femeni-
na. — Cfr. el uso de los verbos *sonar* y *crecer* en «Un día sobresale» y en «Sólo la
muerte».

43-47 *los relámpagos cubrirían tus trenzas,* etc. Esta secuencia sugiere que la

207

y las alas negras del mar girarían en torno
de ti, con grandes garras, y graznidos, y vuelos.

Quieres ser el fantasma que sople, solitario,
cerca del mar su estéril, triste instrumento?
Si solamente llamaras,   50
su prolongado son, su maléfico pito,
su orden de olas heridas,
alguien vendría acaso,
alguien vendría,

---

reacción del corazón-caracol al soplo de la mujer retornaría sobre la mujer mis-
ma, desencadenando también en ella un remezón sombrío pero liberador. El
poeta no anuncia dulzuras sino revelaciones dolorosas, descargas del llanto lar-
gamente sofocados, asedios de inquietante turbación, todo ello bajo el signo ca-
talizador de la lluvia (v. 44) y del mar (v. 46). También ella, la mujer, se integra-
ría a la tumultosa circulación de sangres y aguas vivificantes, de fuegos y soni-
dos liberadores (si bien no exentos de espinas y amenazas) que el soplo de ella
misma desencadenaría. — Es muy probable que «Barcarola» reconozca raíz ex-
tratextual en alguna tentativa de Neruda por establecer, reanudar y resucitar
una determinada relación amorosa en el sur (con la mujer de las trenzas: ¿tal vez
Terusa, o la ex viuda Amalia Alviso?), al parecer sin éxito. O bien, la figura des-
tinataria del texto podrá ser proyección de la mujer misma del poeta, quien re-
clama de ella una conmoción erótico-pasional capaz de resucitar la relación, los
estímulos en ruinas. Cfr. mis notas a «Maternidad», poema que contiene un re-
clamo de esa índole. — Pero el texto traduce a poesía no sólo la crisis afectiva
de Neruda (matrimonio infeliz, vacío de amor), sino también, e indisolublemen-
te, la crisis radical de la tarea profética. La mujer de las trenzas es solicitada no
tanto como objeto de amor cuanto como posible vía de acceso a una nueva
identidad nocturna del yo (a una nueva fuente de estímulos, de sueños, de senti-
do). — *tus trenzas*. No es improbable una conexión extratextual entre esta mujer
de las trenzas y las «mujeres de trenzas muertas» aludidas en «Sólo la muerte»
(v. 17): ya sabemos que en *Residencia* no es rara la sinécdoque del tipo "plural
por singular".

48-49 *Quieres ser el fantasma...?* La imagen del fantasma (ya invocada en vv.
15 y 18) parece significar que los llamados se dirigen a una figura del pasado,
solicitándola a retornar y a revitalizar con sus estímulos el ahora «estéril, triste
instrumento» del poeta (el posesivo *su* que precede a «estéril» remite al sujeto, y
no al fantasma).

53-54 *alguien vendría acaso, / alguien vendría*. El sujeto en situación de impoten-
cia y mudez. La tarea profética ha caído a su grado cero. Pero estimulado y
reactivado por el soplo del fantasma, el canto del poeta, que resurgiría estriden-
te y torpe debido a la desesperación («su prolongado son, su maléfico pito», y
más abajo «como sirena de barco roto... como un relincho»), provocaría a su
vez alguna respuesta, algún resultado, recuperaría acaso un mínimo de alcance y

desde las cimas de las islas, desde el fondo rojo del mar,   55
alguien vendría, alguien vendría.

Alguien vendría, sopla con furia,
que suene como sirena de barco roto,
como lamento,
como un relincho en medio de la espuma y la sangre,   60
como un agua feroz mordiéndose y sonando.

En la estación marina
su caracol de sombra circula como un grito,

---

resonancia. En la línea de ambigüedad que rige al texto, ese reiterado *alguien vendría* apunta por un lado al deseo de restablecer al menos un contacto precario con *el otro,* con el destinatario ideal del canto, pero es sobre todo un modo de convocación espectral de una nueva identidad para el poeta mismo, de un nuevo rostro, de un nuevo fundamento existencial. Al límite, *alguien vendría* podría ser leído como la antropomorfización de un *algo (me) sucedería,* improponible porque reductor en términos de poesía.

55 *MCR-1* trae «desde la cima».

56 *MCR-1* descompone este verso en dos: «alguien vendría, / alguien vendría».

57-61 *Alguien vendría, sopla con furia,* etc. Esta secuencia constituye el acmé de un clímax (gradación ascendente) cuyos momentos anteriores son: (1) vv. 1-14; (2) vv. 30-42. En las tres fases hay un requerimiento (del poeta a la Mujer-Tú) a soplar en su corazón-caracol, y hay también un elenco de los efectos sonoros que el eventual soplido determinaría. La gradación del requerimiento implica una creciente "materialización" textual de la figura femenina, que en (1) es deseada sólo como boca, que en (2) es deseada en la totalidad de su existir, y que en (3) es invocada como ya presente, ya "materializada". El poeta se dirige a Ella con verbos en subjuntivo hipotético-desiderativo en (1) y (2) —«Si solamente me tocaras... si soplaras»; «Si existieras... y soplaras»—, pero en (3) con verbo en imperativo —«sopla con furia»—. La gradación creciente de los eventuales rumores resultantes pasa desde sonoridades mitigadas, moderadas o filtradas en (1), a sonoridades de turbulencia y crecimiento en (2), y a desencadenadas sonoridades de fragor, furia y violencia en (3).

62-66 *En la estación marina, etc.* Secuencia final anticlimática, nada infrecuente en *Residencia* (cfr., por ej., «Galope muerto», «Colección nocturna», «Oda a Federico García Lorca»).

63 *su caracol de sombra.* El posesivo *su* (que señala al sujeto mismo como poseedor) confirma el cambio de persona (de la primera a la tercera) operado a partir del v. 49 en relación al sujeto, y que supone una diversa perspectiva de enunciación.

los pájaros del mar lo desestiman y huyen,
sus listas de sonido, sus lúgubres barrotes   65
se levantan a orillas del océano solo.

---

64 *los pájaros del mar lo desestiman y huyen.* Con sentido similar y en conexión con el mismo paisaje, recuérdese: «Fui solo como un túnel. De mí huían los pájaros» *(VPA,* poema 1).

65 *sus listas de sonido.* "Sus hilos de voz, sus residuos de canto y fervor que son como estrechísimos corredores de vida verdadera sobre la muerta extensión de la playa" (pero la obstinada fidelidad del poeta al sentido de esos corredores residuales constituye su prisión, su condena, y por eso los llama en seguida «lúgubres barrotes»). Cfr. «ese sonido ya tan largo / que cae listando de piedras los caminos» («Galope muerto», vv. 34-35); «en la noche de largas listas» («Madrigal...», v. 2): ver las respectivas notas.

66 *a orillas del océano solo:* cfr. «las rosas del océano solo» («El sur del océano»). Ver *supra,* nota al v. 30.

EL SUR DEL OCÉANO

De consumida sal y garganta en peligro
están hechas las rosas del océano solo,
el agua rota sin embargo,
y pájaros temibles,
y no hay sino la noche acompañada   5
del día, y el día acompañado
de un refugio, de una
pezuña, del silencio.

1-2 *De consumida sal*, etc. Estos dos versos pueden significar: «La espuma del mar solitario está hecha de muertes y agonías, de sustancias desintegradas y de la congoja del peligro» (Alonso, 239), o bien sugerir «los gritos de socorro de los náufragos, las cabezas —flores— que se estiran desesperadamente en el mar» (Lozada, 246). Pero teniendo en cuenta el código simbólico de *Residencia*, donde el término *sal* alude a energía fecundante, a disposición entusiasta y creadora (a algo afín a "la sal de la vida" o "la sal de la tierra"), y donde *garganta* apuntaría al canto del sujeto, a su voz, a su poesía, prefiero proponer esta glosa tentativa: "La hermosura mágica y secreta (las espumas-rosas) de esta costa solitaria, en la que antaño proyecté mis tristezas de enamorado y mis ambiciones de poeta adolescente, ahora sólo refleja (está hecha de) mi entusiasmo en ruinas, mi fe agotada, y mi canto amenazado de parálisis". — *De consumida sal:* cfr. con análogo sentido, «la sal que se triza» («Diurno doliente») y sobre todo «la sal arruinada» («Sonata y destrucciones»): es obvio que en el caso presente la simbología nerudiana de *sal* coexiste ambiguamente con el común significado marino del término. — *las rosas del océano solo:* "la espuma del mar" (P. N., en Alonso, 209); cfr. «a orillas del océano solo» («Barcarola»).

3 *el agua rota sin embargo:* "pero estas espumas-rosas de hoy no acogen, no retienen mi lamento, así como no han retenido el pasado". Creo que la imagen del *agua rota* utiliza inconscientemente, y en una especie de superposición invertida, el valor simbólico que la *red* tenía diez años antes y en consonancia con el mismo mar: «Entre los labios y la voz, algo se va muriendo. [...] Así como las redes no retienen el agua» (*VPA*, poema 13).

4 *los pájaros temibles.* Otra inversión intensificadora: diez años antes «De mí huían los pájaros» (*VPA*, poema 1) era la configuración de la soledad del yo (con eco reciente en «Barcarola», v. 64); ahora estos pájaros agresivos, amenazadores, son la imagen de un sentimiento aún más intenso y desquiciador: el miedo.

5-8 *y no hay sino la noche*, etc. Propongo esta lectura: "aquí-ahora no existen ni

En el silencio crece el viento
con su hoja única y su flor golpeada,   10
y la arena que tiene sólo tacto y silencio,
no es nada, es una sombra,
una pisada de caballo vago,
no es nada sino una ola que el tiempo ha recibido,
porque todas las aguas van a los ojos fríos   15
del tiempo que debajo del océano mira.

Ya sus ojos han muerto de agua muerta y palomas,
y son dos agujeros de latitud amarga
por donde entran los peces de ensangrentados dientes
y las ballenas buscando esmeraldas,   20
y esqueletos de pálidos caballeros deshechos
por las lentas medusas, y además

---

la noche ni el día, hay sólo el silencio como pequeño o reducido espacio (una pezuña) de refugio". Atributos del día (dureza, dolor, confusión) se han integrado a la noche: luego, no hay plena Noche. El día se presenta a su vez con atributos nocturnos («acompañado de un refugio») y privado de rasgos definitoriamente diurnos (no es "lo sonoro"): luego, no hay pleno Día. El *silencio*, en efecto, en la simbología del texto no corresponde al Día (que es "lo sonoro", el rumor) ni a la Noche (que implica canto, voces, "coro de sombras", poesía): es una zona marginal a ambos, una franja de frontera entre ambas totalidades, así como esta costa se sitúa entre la tierra y el océano. De la antigua costa-crepúsculo *(VPA)*, solitaria pero estimulante o consoladora, resta ahora al poeta sólo una brizna (una pezuña) de refugio.

9-10 *crece el viento:* en el silencio el viento desarrolla sin forma ni destino su impetuosidad (fuerza, energía). Para ponderar el cambio producido, cfr. la nota al v. 16 de «Arte poética».

11-13 *y la arena...* Otro cambio reductor: esa playa sola y mágica ya no le habla al poeta, le sustrae sus estímulos y misterios, ha perdido su viejo rostro, es sólo una sombra del pasado: algo como la vaga impronta que el galopar de un caballo hubiese dejado sobre la arena, al borde del océano. — *una pisada de caballo vago:* el adjetivo *vago* se refiere ambiguamente a los dos sustantivos. Cfr. nota al v. 28 de «Caballo de los sueños» y aquí, *infra,* nota al v. 68.

15 *todas las aguas:* cfr. nota a los vv. 18-19 de «Sabor».

17 *Ya sus ojos han muerto...* «¿De qué otra cosa podía morir el tiempo sino de lo ya muerto? Muere de muerte. *Palomas* es la cadena de los seres que se suceden sin fin.» (P.N., en Alonso, 210).

19-27 *por donde entran los peces,* etc.: «valor de representantes visuales de la desintegración tienen los *disjecta membra* en este poema (Alonso, 288). — "Lo ya muerto", lo que el tiempo ha devorado y lo que a su vez —desde la perspectiva

varias asociaciones de arrayán venenoso,
manos aisladas, flechas,
revólveres de escama,   25
interminablemente corren por sus mejillas
y devoran sus ojos de sal destituida.

Cuando la luna entrega sus naufragios,
sus cajones, sus muertos
cubiertos de amapolas masculinas,   30
cuando en el saco de la luna caen
los trajes sepultados en el mar,
con sus largos tormentos, sus barbas derribadas,
sus cabezas que el agua y el orgullo pidieron para siempre,
en la extensión se oyen caer rodillas   35
hacia el fondo del mar traídas por la luna
en su saco de piedra gastado por las lágrimas
y por las mordeduras de pescados siniestros.

---

del sujeto— ha asesinado al tiempo, son los materiales de la memoria y de la experiencia transcurrida: recuerdos, desgracias, tormentos, figuras y objetos, sentimientos y resentimientos, caricias y violencias, contactos eventuales, tensiones, ambiciones, odios, todo ello vaciado ahora de sentido. El tiempo "ha muerto" *para el sujeto* (como conexión entre pasado y presente, como dimensión unitaria y viva del transcurso) y existe sólo *en sí mismo*, separado de las cosas, de los seres, del mundo del poeta: dimensión devoradora, eternidad indiferente, abismo inmóvil. — *esqueletos de pálidos caballeros deshechos:* «los esqueletos de los náufragos lentamente deshechos» (Alonso, 288); restos de los conquistadores — «caballeros»— españoles (Concha 1972: 272). Sin ánimo psicoanalítico, leo aquí una probable alusión a una importante cuanto conflictiva figura del espacio del sur-de-la-infancia (vista entre otras experiencias devoradas por el tiempo): el padre del poeta, a quien éste solía llamar «el caballero» (ver cartas a Laura, *CLR)* y que en el otoño de 1933 enfermó de bastante cuidado, lo que sin duda habrá acentuado la impresión de desgaste físico a los ojos del hijo varios años ausente. (La alusión estaría enmascarada por la sinécdoque del tipo "plural por singular", nada infrecuente en *Residencia.) — sal destituida:* cfr. «De consumida sal» *(supra,* v. 1) y respectiva nota.

28-38 *Cuando la luna entrega,* etc. «En el papel [de depósito funerario] que desempeña la luna... no es arduo descubrir el tema tradicional de la luna como país de los muertos» (Lozada, 248); «esos ojos muertos del tiempo-océano se nos presentan como los terribles vertederos por donde la luna, vieja trapera del lomo del mar, arroja los muertos y los macabros desperdicios que recoge en su saco» (Alonso, 289). — En la escritura prerresidenciaria, aun en su zona más *nocturna,* la figura de la *luna* casi no existe (dos alusiones marginales en *VPA,*

Es verdad, es la luna descendiendo
con crueles sacudidas de esponja, es, sin embargo,   40
la luna tambaleando entre las madrigueras,
la luna carcomida por los gritos del agua,
los vientres de la luna, sus escamas
de acero despedido: y desde entonces
al final del Océano desciende,   45
azul y azul, atravesada por azules,
ciegos azules de materia ciega,
arrastrando su cargamento corrompido,
buzos, maderas, dedos,
pescadora de la sangre que en las cimas del mar   50
ha sido derramada por grandes desventuras.

Pero hablo de una orilla, es allí donde azota
el mar con furia y las olas golpean
los muros de ceniza. Qué es esto? Es una sombra?

---

otras dos en *THI*); *Residencia I* sólo menciona a la *luna* dos veces (en «Serenata», v. 17; en «Sonata y destrucciones», n. 15: ver nota; a «la luz lunar» se alude en «Comunicaciones desmentidas»). El importantísimo papel que la *luna* juega en el presente poema es por lo tanto intencional, deliberadamente intensificador de la situación interior de la ruina, desolación y muerte que el sujeto proyecta a su desencuentro con el "sur del océano". El antiguo cielo nocturno (pozo inverso del conocimiento, bóveda protectora con estrellas amigas) ha sido ocupado por el astro frío y opaco (la muerte), así como el mar estimulante y tutelar de antaño ha sido desplazado por el océano-abismo indiferente (el tiempo). Sobre esta base implícita, el texto propone un sistema simbólico especular: *cielo-luna / océano-tiempo*, en el que a dos planos espaciales *(cielo/océano)* corresponden dos vórtices temporales y verticales *(luna/tiempo)*, reforzándose entre sí. — *amapolas masculinas:* ver nota al v. 12 de «Fantasma». — *mordeduras de pescados siniestros:* confirma el carácter metafórico de «los peces de ensangrentados dientes» (v. 19).

44 *CYR*, coma tras «despedido»: puntúo según *OCP* (que acoge recomendación de Alonso, 118n).

47 *ciegos azules de materia ciega.* Notar la correspondencia con «Ya sus ojos han muerto de agua muerta» (v. 17). Las repeticiones internas *(ciegos-ciega / muerto-muerta)* son el signo textual de la ya indicada especularidad simbólica *luna/tiempo* (aparte la relación entre «ojos fríos» u «ojos [que] han muerto» y los atributos *ciegos-ciega).* De modo complementario, el v. 46 («azul y azul, atravesada por azules») repropone los «dos agujeros de latitud amarga» (v. 18): *azul y azul* son como los ojos con que la luna agujerea el cielo, en una mezcla de belleza (azul) y muerte.

No es la sombra, es la arena de la triste república,   55
es un sistema de algas, hay alas, hay
un picotazo en el pecho del cielo:
oh superficie herida por las olas,
oh manantial del mar,
si la lluvia asegura tus secretos, si el viento interminable   60
mata los pájaros, si solamente el cielo,
sólo quiero morder tus costas y morirme,
sólo quiero mirar la boca de las piedras
por donde los secretos salen llenos de espuma.

Es una región sola, ya he hablado   65
de esta región tan sola,
donde la tierra está llena de océano,
y no hay nadie sino unas huellas de caballo,
no hay nadie sino el viento, no hay nadie
sino la lluvia que cae sobre las aguas del mar,   70
nadie sino la lluvia que crece sobre el mar.

65-66 *ya he hablado / de esta región tan sola:* ver la nota introductora al texto.

68 *unas huellas de caballo.* La visión de un caballo galopando la playa gris e interminable de Puerto Saavedra parece haber impresionado de modo singular la fantasía del adolescente Neruda. Recuérdense estos pasajes de *El habitante y su esperanza* (1926): «a galope violento alcanzo mi camino, desciendo los cerros, y al lado del mar apuro salpicándome, pegándome fuertemente el viento de la noche del mar» (III); «y luego galopamos, galopamos fuertemente a través de la costa solitaria» (VII).

70-71 *la lluvia que cae... la lluvia que crece sobre el mar.* A partir del v. 52 hay un visible cambio de perspectiva o registro: desde una proyección alegórica y distanciada del "desencuentro del sujeto con el sur" —proyección fuertemente cargada de simbología cósmica, de fantasmagoría marina y quizás de ecos históricos—, el texto pasa a una visión más próxima y personal. Signos del cambio de registro son la introducción explícita del *yo* (enunciador-protagonista) en el discurso y la aparición de la figura-símbolo de la *lluvia*. Hay una correlación entre ambos signos. A diferencia de la luna, del océano y del viento, la lluvia está más cerca del poeta mismo que del cosmos externo. Es una figura familiar, casi doméstica, en el imaginario nerudiano (incluso puede ser el espejo del yo, como en «Débil del alba», vv. 25-27). Al cierre del texto funciona entonces como figura de mediación, atenuadora de la laceración del "desencuentro". La lluvia desplaza a la luna y establece otra conexión —no funesta— entre el *arriba* y el *abajo*, entre el cielo, la costa y el océano. Producto repentino de «un picotazo en el pecho del cielo», la lluvia es sangre, linfa vitalizadora, y su caída es lo opuesto al vórtice vertical de la luna con su saco de muertes. Su presencia devuelve: senti-

215

do mediador al viento (que elimina los «pájaros temibles»); permanencia a las huellas del caballo; fuerza activa y atractiva a los secretos del "sur del océano" (cfr. vv. 58-61). Las aguas inundan los versos finales: pero la lluvia, que cae y que crece sobre el mar (es decir, que no es tragada por los ojos del tiempo ni por el saco de la luna), parece ofrecer también al sujeto un margen de rescate y supervivencia al restablecer un contacto vivo entre la costa (el silencio) y el océano (el tiempo). La desolación actual del yo, así reconectada por la lluvia a la antigua soledad, a "los orígenes", podría escapar a la succión del abismo: podría no equivaler a la muerte.

II

WALKING AROUND

Sucede que me canso de ser hombre.
Sucede que entro en las sastrerías y en los cines
marchito, impenetrable, como un cisne de fieltro
navegando en un agua de origen y ceniza.

El olor de las peluquerías me hace llorar a gritos.   5
Sólo quiero un descanso de piedras o de lana,
sólo quiero no ver establecimientos ni jardines,
ni mercaderías, ni anteojos, ni ascensores.

Sucede que me canso de mis pies y mis uñas
y mi pelo y mi sombra.   10
Sucede que me canso de ser hombre.

Sin embargo sería delicioso
asustar a un notario con un lirio cortado
o dar muerte a una monja con un golpe de oreja.

---

1 *PPD*, coma al fin del verso (el v. 2 inicia con minúscula).

2 *PPD*, «sucede que entro a las sastrerías y a los cines».

6 *un descanso de piedras o de lana*: «cansado de movimiento tan sin sentido, el poeta quiere descansar en los valores simples, seguros y primordiales: en la lana y las piedras, *por ejemplo*» (Alonso, 230). Sobre el significado nerudiano de *piedras*, cfr. «Unidad», vv. 3-5.

9 *me canso de mis pies y mis uñas*. En *RST-I* la piel del propio cuerpo podía ser aún la última línea defensiva de la vida, de lo auténtico: «todo termina, la vida termina definitivamente *en mis pies*, / lo extranjero y lo hostil allí comienza» («Ritual de mis piernas»). Ahora, en el presente poema, incluso esa final frontera ha caído. — *PPD*, coma al fin del verso.

12-14 *PPD* traía esta lectura:

12 Sin embargo sería delicioso
13 asesinar a un notario cortándolo en trocitos,
14 o dar muerte a una monja haciéndola tragar un irrigador.

La violencia y cierta "vulgaridad" de esta redacción primitiva podrían corresponder a un querer situarse en el ánimo del "realismo" joyciano como vía al de-

Sería bello   15
ir por las calles con un cuchillo verde
y dando gritos hasta morir de frío.

No quiero seguir siendo raíz en las tinieblas,
vacilante, extendido, tiritando de sueño,
hacia abajo, en las tripas mojadas de la tierra,   20
absorbiendo y pensando, comiendo cada día.

No quiero para mí tantas desgracias.
No quiero continuar de raíz y de tumba,
de subterráneo solo, de bodega con muertos,
aterido, muriéndome de pena.   25

Por eso el día lunes arde como el petróleo
cuando me ve llegar con mi cara de cárcel,
y aúlla en su transcurso como una rueda herida,
y da pasos de sangre caliente hacia la noche.

Y me empuja a ciertos rincones, a ciertas casas húmedas,   30
a hospitales donde los huesos salen por la ventana,
a ciertas zapaterías con olor a vinagre,
a calles espantosas como grietas.

---

sahogo de la rabia del poeta. La forma corregida y definitiva del pasaje parece
seguir, en cambio, indicaciones de García Lorca.

22 *PPD*, coma al fin del verso (el v. 23 comienza con minúscula).

26 *PPD* y *CYR*, «Lunes» (con mayúscula). Transcribo según *OCP*.

27-28 *PPD*, sin comas en los finales de ambos versos.

30-31 *a ciertos rincones, a ciertas casas... a hospitales...* Estos versos inician una se-
cuencia caracterizada por el procedimiento de la "enumeración desarticulada":
el poeta «da rienda suelta a su repugnancia por la vida organizada de los hom-
bres, y extrema las imágenes feístas enumerando las cosas odiosas que hay aquí
y allá y, para más feas y odiosas, las ve sueltas y desconectadas, como acusando
su sinsentido» (Alonso, 295). — *PPD* proponía la siguiente redacción de estos
versos:

30 Y me empuja a ciertas ventanas, a ciertas casas húmedas,
31 a hospitales donde los huesos entran por la ventana,

34-39 *Hay pájaros... hay dentaduras... hay espejos... hay paraguas*: ver nota al v. 1
de «Sólo la muerte».

Hay pájaros de color de azufre y horribles intestinos
colgando de las puertas de las casas que odio,   35
hay dentaduras olvidadas en una cafetera,
hay espejos
que debieran haber llorado de vergüenza y espanto,
hay paraguas en todas partes, y venenos, y ombligos.

Yo paseo con calma, con ojos, con zapatos,   40
con furia, con olvido,
paso, cruzo oficinas y tiendas de ortopedia,
y patios donde hay ropas colgadas de un alambre:
calzoncillos, toallas y camisas que lloran
lentas lágrimas sucias.   45

---

38 *PPD,* «y de espanto».
40-43 *Yo paseo... paso, cruzo...* Cfr.: «Paseo, haciendo una guardia innecesaria, y
paso entre mercaderes mahometanos, entre gentes que adoran la vaca y la cobra,
paso yo, inadorable y común de rostro» («La noche del soldado»).

DESESPEDIENTE

La paloma está llena de papeles caídos,
su pecho está manchado por gomas y semanas,
por secantes más blancos que un cadáver
y tintas asustadas de su color siniestro.

Ven conmigo a la sombra de las administraciones,   5
al débil, delicado color pálido de los jefes,
a los túneles profundos como calendarios,
a la doliente rueda de mil páginas.

Examinemos ahora los títulos y las condiciones,
las actas especiales, los desvelos,   10
las demandas con sus dientes de otoño nauseabundo,
la furia de cenicientos destinos y tristes decisiones.

Es un relato de huesos heridos,
amargas circunstancias e interminables trajes,
y medias repentinamente serias.   15
Es la noche profunda, la cabeza sin venas
de donde cae el día de repente
como de una botella rota por un relámpago.

---

1 *La paloma está llena...* «"La vida original" (P. N.) está degradada y ensuciada por la ocupación oficinesca, por su tiempo reglamentado (semanas) y por sus materiales sin nobleza natural o vital (papeles, gomas, secantes, tintas)» — Alonso, 210.

9 *OCP,* «Examinaremos» (errata).

16-18 *PPD* traía esta redacción primitiva:

16 Es la noche profunda, la cabeza sin venas,
17 de donde sale el día de manera violenta
18 como sale un licor de una botella rota.

18 *como de una botella rota...* La imagen de la botella borbotante aparece con insistencia en este período. Cfr. «botellas palpitantes, / gargantas» («Un día sobresale»); «una botella echando espanto a borbotones» («Barcarola»). También: «tu alma es una botella llena de sal sedienta» («Oda con un lamento»).

222

Son los pies y los relojes y los dedos
y una locomotora de jabón moribundo,   20
y un agrio cielo de metal mojado,
y un amarillo río de sonrisas.

Toda llega a la punta de los dedos como flores,
a uñas como relámpagos, a sillones marchitos,
todo llega a la tinta de la muerte   25
y a la boca violeta de los timbres.

Lloremos la defunción de la tierra y el fuego,
las espadas, las uvas,
los sexos con sus duros dominios de raíces,
las naves del alcohol navegando entre naves   30
y el perfume que baila de noche, de rodillas,
arrastrando un planeta de rosas perforadas.

19-22 *CYR* resuelve en estos cuatro versos la redacción primitiva que *PPD* proponía en los seis versos que siguen:

> Son los pies y los zapatos y los dedos,
> los jabones resbalando como anguilas azules,
> corren los subterráneos, los estómagos,
> en ríos, en sombreros,
> en corrientes de hígados y números
> a la bahía de los espedientes, a las olas espesas sin navío.

27-32 *Lloremos la defunción,* etc. Este poema «es la rebelde queja de un poeta aprisionado en el engranaje de la organización oficinesca; y así en él se canta el olvido (la defunción) en que el hombre vive de lo esencial, el olvido de la tierra, del fuego, de la aventura que exige la lucha *(espadas)*, del goce de la vida *(uvas)* y del impulso sexual, juntamente con la despreocupada deriva de los sueños alcohólicos» (Alonso, 235). — *espadas:* «son en esta poesía [la de *Residencia*] expresión simbólica del esencial impulso aventurero, hermoso, brillante, de tono heroico» (Alonso, 235). Cfr. «con el florete de la aventura» («Comunicaciones desmentidas»); «como con una espada entre indefensos» («Galope muerto»). — *uvas:* ver nota al v. 15 de «Juntos nosotros». — *PPD* traía en este pasaje una primitiva redacción en cuatro versos:

> Lloremos la defunción de las llamas y el fuego,
> las espadas, las uvas,
> los sexos con sus chorros de leche ensangrentada,
> la luz tácita y fría del alcohol y las lágrimas.

Con un traje de perro y una mancha en la frente
caigamos a la profundidad de los papeles,
a la ira de las palabras encadenadas,   35
a manifestaciones tenazmente difuntas,
a sistemas envueltos en amarillas hojas.

Rodad conmigo a las oficinas, al incierto
olor de ministerios, y tumbas, y estampillas.
Venid conmigo al día blanco que se muere   40
dando gritos de novia asesinada.

---

33 *Con un traje de perro.* El recurso a la imagen del *perro* en función de com-
paración autoalusiva reconoce antecedentes en otros momentos de extrema so-
ledad del sujeto: «Difícilmente llamo a la realidad, como el perro, y también aú-
llo» («Establecimientos nocturnos»); «Morir deseo, vivir quiero, / herramienta,
perro infinito» («Cantares»). Ver las respectivas notas.
39-40 *PPD* puntuaba así estos dos versos:

> olor de ministerios y tumbas y estampillas,
> venid conmigo al día blanco que se muere

LA CALLE DESTRUIDA

Por el hierro injuriado, por los ojos del yeso
pasa una lengua de años diferentes
del tiempo. Es una cola
de ásperas crines, unas manos de piedra llenas de ira,
y el color de las casas enmudece, y estallan   5
las decisiones de la arquitectura,
un pie terrible ensucia los balcones:
con lentitud, con sombra acumulada,
con máscaras mordidas de invierno y lentitud,
se pasean los días de alta frente   10
entre casas sin luna.

El agua y la costumbre y el lodo blanco
que la estrella despide, y en especial
el aire que las campanas han golpeado con furia,
gastan las cosas, tocan   15
las ruedas, se detienen
en las cigarrerías,
y crece el pelo rojo en las cornisas

---

2 *pasa una lengua.* Cfr. «la muerte [...] lame el suelo [...] es la lengua de la
muerte» («Sólo la muerte»).

3-4 *cola de ásperas crines:* variante de «la muerte está en la escoba» («Sólo la
muerte»). — *unas manos de piedra llenas de ira:* la acción dura, pesada, implacable
y feroz (del tiempo y del régimen, simultáneamente: ver nota introductora); cfr.
«y mi brazo de piedra me defiende» («Sonata y destrucciones», v. 12: ver nota).

7 *CYR,* coma al fin del verso: puntúo según *OCP.*

8-9 *con lentitud... y lentitud:* repetición del mismo módulo al comienzo y al final
del periodo (epanadiplosis). — *invierno.* Cfr. nota a vv. 10-16 de «Estatuto del
vino» y las insistentes alusiones al invierno (privado y público) que hay en ese
texto, en especial la del v. 31 («invierno deshonrado») que cabe relacionar con
el v. 7 del presente poema («un pie terrible ensucia los balcones»).

18 *OCP,* «con las cornisas» (por errata). — *crece el pelo rojo:* «el pelo es, en *Re-
sidencia,* una forma de objetivación del fenómeno temporal. Representa un creci-
miento, pero un crecimiento amenazador, negativo, puesto que es el del tiempo

como un largo lamento, mientras a lo profundo
caen llaves, relojes,   20
flores asimiladas al olvido.

Dónde está la violeta recién parida? Dónde
la corbata y el virginal céfiro rojo?
Sobre las poblaciones
una lengua de polvo podrido se adelanta   25
rompiendo anillos, royendo pintura,
haciendo aullar sin voz las sillas negras,
cubriendo los florones del cemento, los baluartes de metal
  destrozado,
el jardín y la lana, las ampliaciones de fotografías ardientes
heridas por la lluvia, la sed de las alcobas, y los grandes   30

en nosotros y el de nuestra propia muerte» (Sicard, 423). Cfr. «mientras crece
mi pelo» («Oda con un lamento»).

22 *Dónde está la violeta...?* Este módulo interrogativo *(dónde está...?)* expresa en
Residencia la amarga constatación de esperanzas frustradas, de ilusiones que la
realidad ha disuelto o traicionado. Cfr. «dónde está esa curiosidad profesional,
esa ternura abatida..., esa conciencia resplandeciente...?» («La noche del solda-
do»); «Dónde está su toldo de olor...?» («Monzón de mayo»). — *la violeta recién
parida.* Alusión a Malva Marina, en quien una forma de hidrocefalia ha comen-
zado a manifestarse terriblemente en este período. En carta del 2-V-1936 a
doña Trinidad, Maruca se excusa por más de un año de silencio postal: «al fin
nos faltó la gana porque teníamos que escribirles malas noticias de nuestra Mal-
vita. *Cuando tenía algunos meses* descubrimos que por efecto de su difícil nacimien-
to (...) su cabecita empezó a crecer demasiado: una enfermedad que los mejores
médicos de Madrid y París no sabían curar, lo que era desesperante para noso-
tros». Sobre el difícil nacimiento, cfr. «Enfermedades en mi casa». — Sobre el
por qué de la elección de la imagen *violeta* (en este contexto), creo útil consultar
la nota al v. 31 de «Sólo la muerte».

23 *céfiro,* en la acepción: tela de algodón casi transparente. La fórmula «la
corbata y el virginal céfiro rojo» me parece emblematizar la ilusión amorosa, la
experiencia ingenua y esperanzada del noviazgo [el del poeta con Maruca en Ba-
tavia, 1930] evocada desde su estado actual de desgaste y corrosión. («El infor-
tunio [la niña enferma] no unió a un matrimonio desavenido, sino que lo que-
brantó para siempre.» — Teitelboim, 152.) Las prendas *corbata* y *céfiro* simboli-
zan los sexos (como *guarniciones y doncellas* en «Arte poética»).

24 *poblaciones.* Este término designa en Chile los barrios periféricos de una
ciudad. Aquí podría referirse al barrio de Argüelles, donde estaba la Casa de las
Flores, y/o a algún pueblo de la sierra que el poeta veía desde el balcón de esa
casa. Cfr. «Agua sexual», v. 21.

28 *OCP* resuelve este verso en dos (por error): «cubriendo los florones del
cemento, los baluartes / de metal destrozado».

226

carteles de los cines en donde luchan
la pantera y el trueno,
las lanzas del geranio, los almacenes llenos de miel perdida,
la tos, los trajes de tejido brillante,
todo se cubre de un sabor mortal   35
a retroceso y humedad y herida.

Tal vez las conversaciones anudadas, el roce de los cuerpos,
la virtud de las fatigadas señoras que anidan en el humo,
los tomates asesinados implacablemente,
el paso de los caballos de un triste regimiento,   40
la luz, la presión de muchos dedos sin nombre
gastan la fibra plana de la cal,
rodean de aire neutro las fachadas

---

33 *las lanzas del geranio.* Leo aquí un indicio que remite a la Casa de las Flo-
res: «Mi casa era llamada / la casa de las flores, porque por todas partes / esta-
llaban geranios» *(TER,* «España en el corazón»).

36 *retroceso:* usura, disminución, lo contrario del aumento vital. Cfr. «Melan-
colía en las familias», v. 13. — *humedad:* aflojamiento, debilitamiento, pérdida de
frescura o consistencia o erección. Cfr. «rayos humedecidos... campanas moja-
das» («Un día sobresale», vv. 3 y 25); «metal mojado» («Desespediente», v. 21).
— *herida:* laceración, desangramiento, desvitalización.

37-47 *Tal vez las conversaciones,* etc. Esta secuencia mezcla intuiciones de co-
rrosión en los niveles privado y público para configurar un clima de peligro y
amenaza.

38 *la virtud de las fatigadas señoras...* ¿Imagen de las clases acomodadas — bur-
guesas o aristocráticas— de la sociedad española (como en «Estatuto del vino»,
vv. 19-23) en el nivel público? ¿O, en el nivel privado, imagen de Maruca
(comprensiblemente fatigada) y de su madre (al parecer de visita a comienzos
de febrero de 1935, según carta de Maruca a Laura) mientras conversan y fu-
man? ¿O ambas cosas a la vez? — *humo.* Sobre sus connotaciones simbólicas fu-
nestas, cfr. «Ausencia de Joaquín», v. 2; «Maternidad», v. 22; v. 2; «Oda a Fede-
rico García Lorca», vv. 38 y 114; «Vuelve el otoño», v. 5; «Josie Bliss», vv. 7, 9
y 30.

39 *tomates.* Alimentos, nutrición (nivel público). Cfr. «tomates repetidos hasta
el mar» *(TER,* «España en el corazón»).

40 *caballos... triste regimiento:* imagen que en este contexto remitiría a la repre-
sión militar en curso. Ver mi nota al v. 97 (alusión a *herraduras)* de «Estatuto
del vino».

41 *dedos:* esfuerzos, tentativas de acción. Cfr. «La sangre tiene *dedos* y abre tú-
neles / debajo de la tierra» («Maternidad»). — *sin nombre:* lo indistinto, lo no in-
dividualizado, equivalente a *número.* Cfr. nota al v. 4 de «Madrigal escrito en in-
vierno». — El texto parece referirse aquí a oscuras (pero portadoras de *la luz)* y
subterráneas tentativas de resistencia al régimen reaccionario, como en los vv.

como cuchillos: mientras
el aire del peligro roe las circunstancias,   45
los ladrillos, la sal se derraman como aguas
y los carros de gordos ejes tambalean.

Ola de rosas rotas y agujeros! Futuro
de la vena olorosa! Objetos sin piedad!
Nadie circule! Nadie abra los brazos   50
dentro del agua ciega!
Oh movimiento, oh nombre malherido,
oh cucharada de viento confuso
y color azotado! Oh herida en donde caen
hasta morir las guitarras azules!   55

104-108 de «Estatuto del vino». — *CYR* trae coma al fin del verso: la elimino
según *OCP* (y según recomendación de Alonso, 118n).

44 *CYR*, coma tras «cuchillos»: puntúo según *OCP*.

46 *OCP* trae «derrama». — El verso me parece significar: la seguridad de lo
sólido (ladrillos) y el entusiasmo creativo (sal) se disuelven. — *ladrillos:* como el
geranio del v. 33, estos ladrillos me parecen indicio de la Casa de las Flores: «ese
edificio de ladrillos rojos del barrio de Argüelles, llamado la Casa de las Flores»
(Délano, 219). Los ladrillos aluden entonces a la seguridad doméstica, a la cer-
teza familiar. — *sal:* ver nota al v. 13 de «Colección nocturna».

47 *carros:* probablemente con el viejo significado chileno de *tranvías*.

48-55 *Ola de rosas rotas...!* Alonso lee en estos versos una cifra general de *Re-
sidencia* en cuanto rechazo de la movilidad: «cada movimiento de lo vivo es un
paso de muerte, no sólo un paso hacia la muerte cierta con el tiempo, sino ya
un acto de muerte, un morir, una presa que la muerte hace y que ya no suelta»
(17-18). El carácter contextual, luego cambiante, de la simbólica nerudiana
tiende a desmentir el tono absoluto o generalizador de la afirmación de Alonso.
Recuérdese que el sentimiento del tiempo en *Residencia I* se define precisamente
como rechazo de la inmovilidad. Ver, por ejemplo, «Galope muerto», vv.
11-12, 22; «Alianza (sonata)», v. 18; «Caballo de los sueños», v. 25; «Fantasma»,
vv. 4 y 13; «Sistema sombrío», v. 11; «El deshabitado», párrafo 4. Sólo hacia el
fin de la escritura de *Residencia I* (con «Cantares», «Trabajo frío» y «El fantasma
del buque de carga») hace su aparición el miedo al transcurso del tiempo, luego
al movimiento, pero con intermitentes repechadas de la confianza y del entu-
siasmo (a medida que el sujeto establece conexiones reales con el mundo, con
amigos, y en particular consigo mismo y con su propia memoria). Es significati-
vo que la aparición del sentimiento ominoso del paso del tiempo coincida, en el
extratexto, con los últimos meses de la permanencia de Neruda en Batavia, esto
es, con el comienzo del deterioro de su matrimonio con Maruca (segunda mitad
de 1931). — En el presente texto, el miedo al transcurso del tiempo responde a
una conjunción de funestas circunstancias públicas y privadas que agobian al
poeta (ver notas introductora y al v. 22).

MELANCOLÍA EN LAS FAMILIAS

Conservo un frasco azul,
dentro de él una oreja y un retrato:
cuando la noche obliga
a las plumas del búho,
cuando el ronco cerezo   5

---

1 *Conservo un frasco azul.* La imagen *frasco* responde aquí a un mecanismo del lenguaje residenciario que busca circunscribir y materializar (fijar contornos, concretar, objetivar de golpe) algo difícilmente aferrable por los sentidos: en este caso una cierta zona de la memoria. Cfr. «como frascos de oscuras farmacias clausuradas» («Un día sobresale», v. 40). Hay afinidad con *botella,* imagen recurrente en los poemas iniciales de *Residencia II* (ver *infra,* v. 17). — *azul.* «Para mí el color azul es el más bello de los colores. Tiene la implicación del espacio humano, como la bóveda celeste, hacia la libertad y la alegría» (Neruda, *CHV,* 172). — El verso, entonces, significa aproximadamente: "vive dentro de mí (me) conservo una zona bien circunscrita de mi memoria (frasco) y dotada de intenso y oscuro resplandor (azul)". Cfr. «Josie Bliss», poema que exaspera la irradiación azul del recuerdo.

2 *una oreja y un retrato.* Recuerdos emblemáticos: una voz y un rostro, o bien —más ensoñadamente— resonancias ligadas a una figura, a un personaje. La elección del término *oreja* responde a la tentativa (habitual en *Residencia)* de quitar sabor "sentimental" o romántico a la expresión, justamente por el temor a traicionar (revelar) la intensidad del sentimiento.

3-4 *cuando la noche...:* "cuando la noche (me) obliga a vestir las plumas del búho, esto es, cuando me obliga a la reflexión, a la meditación, a la introspección".

5 *ronco:* profundo, denso, oscuramente zumbante de interna circulación vital. Cfr. «con ronco paso llegan» («Enfermedades en mi casa»); «un ronco árbol de venas sacudidas» («El desenterrado»); también «Un día sobresale» (v. 30) y «Estatuto del vino» (vv. 48, 50, 91). — *cerezo:* emblema de la primavera (como estado de ánimo o tensión interior). Cfr. «mástiles enrollados y cerezos / definitivamente circulan...» («Oda a Federico García Lorca»); «un sueño / de cerezas hundidas en la tierra» («Vuelve el otoño»); «De pie como un cerezo sin cáscara ni flores» («Material nupcial»). Antecedentes: «Quiero hacer contigo / lo que la primavera hace con los cerezos» *(VPA,* poema 14); «Ah primavera... la que apiló en su delantal las dulces y esquivas cabelleras del cerezo!» *(ANS,* «Primavera de agosto»).

5-7 *cuando el ronco cerezo...* "Cuando la profunda primavera estalla dentro de mí (desencadenando sus avideces y presiones, rojas como sangre de labios, es decir

se destroza los labios y amenaza
con cáscaras que el viento del océano a menudo perfora,
yo sé que hay grandes extensiones hundidas,
cuarzo en lingotes,
cieno,   10
aguas azules para una batalla,
mucho silencio, muchas
vetas de retrocesos y alcanfores,
cosas caídas, medallas, ternuras,
paracaídas, besos.   15

No es sino el paso de un día hacia otro,
una sola botella
andando por los mares,
y un comedor adonde llegan rosas,

---

pasionales) y me seduce o encandila con estímulos fragmentarios o experiencias
parciales y externas (con cáscaras) que recuerdos ultramarinos se encargan a
menudo de desinflar y de reponer en su lugar". — *amenaza:* irónico, con sentido
de "promete", "seduce". — *cáscaras.* Cfr. «Cáscaras del silencio, de azul turbio»
(«Un día sobresale»), con significado afín. — *el viento del océano:* fuerzas que lle-
gan al poeta a través del océano. Creo que el texto alude a la fuerza de la nostal-
gia de Josie Bliss, erigida como parámetro o modelo de la experiencia plena y
verdadera, y que por ello *perfora* (degrada, desenmascara) las experiencias falsas
o parciales.

8-15 *Yo sé que hay grandes extensiones hundidas,* etc. En esos momentos el poeta
toma conciencia de cuánto su ser actual es una estratificación (el símil es explí-
citamente geológico en vv. 8-13) de experiencias y elementos diversos, incluso
opuestos como el *cieno* (miserias, derrotas, vilezas) en relación al *cuarzo* (zonas o
franjas de transparencia y fuerza minerales) y a las *aguas azules* (disposición hon-
da, intensa y sincera a *una batalla* —probable referencia a la situación política es-
pañola: ver «La calle destruida» y «Estatuto del vino»). — *retrocesos:* ver nota al
v. 36 de «La calle destruida». — *alcanfores:* probable alusión a la situación fami-
liar (precaria salud de Maruca, enfermedad de Malva Marina), si no se refiere a
los propios desfallecimientos y debilidades del poeta.

17-18 *OCP* dispone estos dos versos en uno solo (por descuido de transcrip-
ción). — *botella:* imagen del yo vagabundo y errante, con su "mensaje" a cuestas
(o dentro de sí), que toma conciencia de su identidad unitaria y persistente *(una
sola botella)* a pesar de su varia trayectoria (y consecuente estratificación, aludida
en los versos anteriores). Ver nota al v. 18 de «Desespediente».

19-27 *y un comedor... un comedor abandonado,* etc. Oscura imagen que propongo
interpretar como oblicuo y dramático desahogo de una obsesión de culpa: el
abandono de la amante Josie Bliss (ver «Tango del viudo» y «Arte poética»). La
imagen del *comedor* abandonado (y de la *copa)* vuelve precisamente en un poema

230

un comedor abandonado   20
como una espina: me refiero
a una copa trizada, a una cortina, al fondo
de una sala desierta por donde pasa un río
arrastrando las piedras. Es una casa
situada en los cimientos de la lluvia,   25
una casa de dos pisos con ventanas obligatorias
y enredaderas estrictamente fieles.

Voy por las tardes, llego
lleno de lodo y muerte,
arrastrando la tierra y sus raíces,   30
y su vaga barriga en donde duermen
cadáveres con trigo,
metales, elefantes derrumbados.

Pero por sobre todo hay un terrible,
un terrible comedor abandonado,   35
con las alcuzas rotas
y el vinagre corriendo debajo de las sillas,
un rayo detenido de la luna,
algo oscuro, y me busco

---

dedicado a evocar la apasionada birmana, en 1964: «...a través del mundo me
esperaba. / Yo no llegué jamás, pero en las *copas* / vacías, / en el *comedor muerto*
/ tal vez se consumía mi silencio, / mis más lejanos pasos / ...» *(MIN,* III,
«Amores: Josie Bliss (I)»). — Esta lectura permite conjugar las fórmulas *adonde
llegan rosas* y *como una espina* (referidas al *comedor)* según la clave de la intensa nos-
talgia erótica, atroz medida de comparación para la presente situación de desdi-
cha. — *sala desierta:* referencia global a un cierto espacio o territorio (como *sala
oscura* en «Oda con un lamento» y como *sala decaída* en «Entrada a la madera»).
— *por donde pasa un río...:* el Irrawadhy. — *en los cimientos de la lluvia:* en 1935 una
fórmula como ésta no aparecía aún ligada, en la escritura de Neruda, al "sur de
la infancia". Sobre la lluvia birmana, ver «Josie Bliss (II)» en *MIN,* III («hasta
que un trueno / despertaba la lluvia» y vv. ss.). — En apoyo a mi hipótesis de
lectura de este pasaje (y de vv. 34-48) acude también el poema «Josie Bliss», el
último de *Residencia,* con sus afines referencias a «estrellas de *cristal desquiciado*», a
«*enredaderas* sollozantes» y al «color que el *río* cava» (vv. 16-18).

   34 *CYR,* «sobretodo».

   37 *vinagre:* imagen del rencor y de las laceraciones interhumanas (como en
«Oda a Federico García Lorca», v. 112).

una comparación dentro de mí: 40
tal vez es una tienda rodeada por el mar
y paños rotos goteando salmuera.
Es sólo un comedor abandonado,
y alrededor hay extensiones,
fábricas sumergidas, maderas   45
que sólo yo conozco,
porque estoy triste y viajo,
y conozco la tierra, y estoy triste.

---

41 *tienda*, en el sentido de todo o pabellón de refugio: un lugar mítico (de es-
tructura frágil y modesto pero alto —sagrado— valor para el sujeto): un punto
de referencia vivo, aunque punzante y doloroso, en la extensión (mar) de los
desplazamientos (viajes) vacíos e inútiles, y en medio de la desolación circun-
dante. — Cfr. «dónde está su toldo de olor...?» («Monzón de mayo»), con senti-
do afín.

MATERNIDAD

Por qué te precipitas hacia la maternidad y verificas
tu ácido oscuro con gramos a menudo fatales?
El porvenir de las rosas ha llegado! El tiempo
de la red y el relámpago! Las suaves peticiones
de las hojas perdidamente alimentadas!   5
Un río roto en desmesura
recorre habitaciones y canastos
infundiendo pasiones y desgracias
con su pesado líquido y su golpe de gotas.

Se trata de una súbita estación   10
que puebla ciertos huesos, ciertas manos,
ciertos trajes marinos.

3-5 *El porvenir de las rosas,* etc. Leo: "(Te precipitas hacia la maternidad) en
un tiempo propicio para mí, cuando se cumplen cosas largamente buscadas, de-
seos nutridos con mi esfuerzo y mis desesperanzas". — *tiempo de la red y el relám-
pago!* Tiempo de gratificaciones y reconocimientos ("cosas que no se pierden,
que mi porfía ahora retiene o cosecha") y de intensidades deslumbrantes. Cfr.
«Yo necesito un relámpago de fulgor persistente» («Caballo de los sueños»); «el
relámpago que el beso desprendía» *(CGN,* «Alturas de Macchu Picchu», ii).

6-9 *Un río roto...* Tras la imagen que estos versos desarrollan leo una alusión
al período de relativo desencadenamiento o desenfreno erótico vivido por el
poeta en Buenos Aires (a caballo entre 1933 y 1934) y que se proyecta con mi-
nuciosidad a los textos de la sección III de esta segunda *Residencia,* en particular a
«Agua sexual» (cfr. evidentes afinidades de lenguaje: río, pesado líquido, gotas,
desmesura).

10-12 *una súbita estación,* etc. Sigue la referencia cifrada al trasfondo extratex-
tual de la imagen anterior: este imprevisto período de expansión erótica (y de sa-
tisfacciones literarias) supone bienestar físico *(huesos),* estímulos a la acción poé-
tica *(manos),* intensificada socialidad *(trajes marinos:* probable alusión al vestuario
femenino de la época, o a disfraces de fiesta). — *estación:* cfr. «En la estación ma-
rina» («Barcarola»). — Creo muy probable que los *trajes marinos* del v. 12, alu-
dan (por su emblematicidad dentro del contexto de la *súbita estación)* a la fiesta
de disfraces en casa Girondo-Lage para celebrar la publicación del libro *45 días
y 30 marineros* (Buenos Aires: Tor, 1933), de Norah Lange. Hay foto de la fiesta
en Aguirre, 128-129. Cfr. «Oda a Federico García Lorca», v. 74.

Y ya que su destello hace variar las rosas
dándoles pan y piedras y rocío,
oh madre oscura, ven,   15
con una máscara en la mano izquierda
y con los brazos llenos de sollozos.

Por corredores donde nadie ha muerto
quiero que pases, por un mar sin peces,

13-14 *Y ya que su destello...* Leo: "Y puesto que el fulgor de este momento me enriquece con diversas o desacostumbradas gratificaciones y alegrías *(hace variar las rosas)* que implican estímulos nutricios *(pan)*, consolidación o reafirmación de mi seguridad *(piedras)* y frescura de renovación *(rocío)*..." — Estos versos sugieren un momento de reconciliación entre sociedad (cultura, trabajo, amistad, poesía) y naturaleza. Recuérdense, por contraste, los poco anteriores «Walking around» y «Desespediente».

15-17 *oh madre oscura, ven,* etc. Fortalecido por la propicia situación individual, el poeta se siente capaz de abrirse y de acoger a la futura madre con sinceridad y solidaridad verdaderas, superando el nivel de los conflictos, rechazos, distanciamientos y hostilidades respecto de la mujer. — *con una máscara en la mano izquierda:* la invita a venir, también ella, con una disposición emotiva diversa de la habitual, con otro rostro (la mano izquierda es la mano del corazón). — *y con los brazos llenos de sollozos:* la invita a abandonarse a la vulnerabilidad emocional (propia de la preñez), a venir con confianza.

18-35 *Por corredores donde nadie ha muerto,* etc. Ahora el poeta se dirige a la mujer (y, al mismo tiempo, al hijo por nacer) para auspiciarle "la utopía de lo deshabitado", ficción poética que asumirá particular importancia en el último período de la obra de Neruda (cfr. Sicard, 376-382; Loyola 1981: 433-435 y 441-445). El origen de tal ficción arraiga en el temprano, sostenido y gradual esfuerzo del poeta por recuperar en los textos el espesor y el sentido de su propia infancia: «El carácter fundamentalmente contradictorio que en Neruda tiene la infancia, la aparta de manera definitiva de las mitologías del paraíso perdido para convertirla en un lugar encantado por la ficción de lo deshabitado, pero lugar donde la historia "está ya presente"» (Sicard, 382). Al respecto, cfr. también las excelentes páginas sobre la infancia de Neruda en Concha 1972: 9-65. — *corredores... peces... escamas... náufragos... hotel... túnel... sombra... silencio...,* etc. Ya desde esta primera tentativa de configurarla en la escritura, la ficción de la deshabitación tiene que ver con la aspiración vehemente del sujeto a la renovación total, al desbrozamiento y limpieza radicales para recomenzar desde una situación fresca y abierta. El auspicio de "deshabitación" debe leerse ante todo como una oferta de desobstrucción del yo. Se advierta que en su elaboración entran los mismos (o muy afines) materiales imaginarios que textos recientes han manejado para sugerir el mundo íntimo del poeta: *corredores* evoca las *listas* y *barrotes* de «Barcarola» (v. 65); *un mar sin peces* se explica por los *peces de ensangrentados dientes* y por los *pescados siniestros* de «El sur del océano», donde también circulan *esca-*

sin escamas, sin náufragos,   20
por un hotel sin pasos,
por un túnel sin humo.

Es para ti este mundo en que no nace nadie,
en que no existen
ni la corona muerta ni la flor uterina,   25
es tuyo este planeta lleno de piel y piedras.

Hay sombra allí para todas las vidas.
Hay círculos de leche y edificios de sangre,
y torres de aire verde.
Hay silencio en los muros, y grandes vacas pálidas   30
con pezuñas de vino.

Hay sombra allí para que continúe
el diente en la mandíbula y un labio frente a otro,
y para que tu boca pueda hablar sin morirse,
y para que tu sangre no se derrumbe en vano.   35

Oh madre oscura, hiéreme
con diez cuchillos en el corazón,
hacia ese lado, hacia ese tiempo claro,
hacia esa primavera sin cenizas.

---

mas, náufragos, piedras, sangre, silencio, pezuñas, sombra: hay *hoteles* en «Agua sexual» y
un *túnel* y un *naufragio* en «Sólo la muerte». Y así otras correspondencias.

36-45 *Oh madre oscura, hiéreme,* etc. En esta última fase del apóstrofe el sujeto
insta a la madre a hacer su parte, a llamarlo y sacudirlo y agredirlo emocional-
mente, hasta que su furor vital y su determinación atraviesen los muros de la
discordia y disuelvan todas las resistencias, rencores y rechazos que anidan en el
corazón del poeta, de modo que juntos pueden pasar desde la *deshabitación* a la
rehabitación del mundo. Para pasar desde un tiempo de *negras maderas, agujeros,
sombra, vidrios, agujas,* hasta el *tiempo claro* de una *primavera sin cenizas,* se requieren
diez cuchillos y un sacudón *de sangre y de cabellos desbordados,* una violenta conmo-
ción. — *diez cuchillos.* Para los pitagóricos el número diez tenía el sentido de la
totalidad, del retorno a la unidad (Chevalier-Gheerbrant, s. v. «dix»). Aquí, el
número nueve cifraría a la madre con su hijo (la gestación), el número uno al
poeta. El aire de canción popular que tiene la fórmula «hiéreme con diez cuchi-
llos en el corazón» podría haberle sido sugerida a Neruda por su amigo García
Lorca.

Hasta que rompas sus negras maderas   40
llama en mi corazón, hasta que un mapa
de sangre y de cabellos desbordados
manche los agujeros y la sombra,
hasta que lloren sus vidrios golpea,
hasta que se derramen sus agujas.   45

La sangre tiene dedos y abre túneles
debajo de la tierra.

46-47 *sangre* alude aquí a la conmoción de la gestación-alumbramiento; en otros textos significa la conmoción erótico-pasional, por ejemplo «sangres aéreas» («Trabajo frío») y diversas menciones en «Barcarola», donde también el poeta reclama de una cierta mujer de trenzas un agitamiento de *sangre*, una sacudida visceral. — *tiene dedos:* posee capacidad de acción eficiente *(dedos* está aquí por *manos,* más frecuentemente usado por Neruda en el sentido indicado, como *supra,* v. 11). — *abre túneles / debajo de la tierra.* La intuición de que la vida (relación intensa y verdadera del hombre consigo mismo y con *el otro)* se abra un camino subterráneo (circulación de sangre o linfa vital en la oscura profundidad) tendrá gran importancia y destino en la poesía de Neruda: ver por ejemplo los poemas «Estatuto del vino» («el vino ciego y subterráneo y solo») y «El desenterrado» de *RST-II,* y en particular, más adelante, la sección X de *CGN,* «El fugitivo» (cfr. Loyola 1981: 206-209).

ENFERMEDADES EN MI CASA

Cuando el deseo de alegría con sus dientes de rosa
escarba los azufres caídos durante muchos meses
y su red natural, sus cabellos sonando
a mis habitaciones extinguidas con ronco paso llegan,
allí la rosa de alambre maldito   5
golpea con arañas las paredes
y el vidrio roto hostiliza la sangre,

---

1 *Cuando el deseo de alegría...* Cfr. nota a los vv. 5-7 de «Melancolía en las familias» («Cuando el ronco cerezo / se destroza los labios...»).

2 *escarba los azufres...:* remueve o despeja las pesadumbres.

3 *red:* imagen conexa a la idea de detener el tiempo fugaz o aprehender (y acumular) experiencias positivas duraderas. Cfr. «El tiempo / de la red y el relámpago!» («Maternidad»); «Le palpitan los ojos pálidos en tu red» («Serenata»); «Del aire al aire, como una red vacía» *(CGN,* «Alturas de Macchu Picchu», i). — *sus cabellos sonando.* La alegría (deseada) sugiere la figura de una mujer deseable cuyos cabellos en movimiento, ondulantes, irradiasen seducción y vibración, es decir, vida ("lo sonoro"). Cfr., entre otros ejemplos., «y cuyos cuernos quieren sonar» («Galope muerto», v. 21: ver nota).

4 *mis habitaciones extinguidas:* "mi espíritu marchito, apagado" (Alonso, 208 y 209n), pero al mismo tiempo significa su ámbito físico, "el *aquí-ahora* de mi íntima existencia". Sinécdoque del tipo "plural por singular". La conexión simbólica entre el espíritu y el domicilio (residencia) material del poeta es, por cierto, emblemática en *Residencia* a varios niveles. Cfr. «en mis abandonados dormitorios donde habita la luna» («Sonata y destrucciones»); «y me miro, sostenido por maderas miserables, ... entre paredes bruscamente débiles» («El deshabitado»); «rodean mi residencia solitaria» («Caballero solo»); «caed en mi alcoba en que la noche cae» («Entrada a la madera»); «en mis habitaciones funerales?» («Apogeo del apio»). — *ronco:* ver nota al v. 5 de «Melancolía en las familias».

5 *la rosa de alambre maldito.* Imagen de una situación agudamente contradictoria: coexistencia de alegría y dolor intensos. — *rosa:* «símbolo de toda hermosa y apetecida manifestación de vida» (Alonso, 206). — *alambre:* el alambre de púas, como en «las vestiduras hostiles del alambre» *(CGN,* «Alturas de Macchu Picchu», ii).

6 *arañas.* Cfr. «y arañas de mi propiedad» («Sonata y destrucciones», v. 16: ver nota); «una contextura de araña siniestra» («Colección nocturna», v. 58). Ver en particular la nota al v. 61 de «El desenterrado».

7 *vidrio roto.* Imagen de hostilidad y laceración que ocurre, con variantes, sólo

y las uñas del cielo se acumulan,
de tal modo que no se puede salir, que no se puede dirigir
un asunto estimable,   10
es tanta la niebla, la vaga niebla cagada por los pájaros,
es tanto el humo convertido en vinagre
y el agrio aire que horada las escalas:
en ese instante en que el día se cae con las plumas deshechas,
no hay sino llanto, nada más que llanto,   15
porque sólo sufrir, solamente sufrir,
y nada más que llanto.

El mar se ha puesto a golpear por años una pata de pájaro,
y la sal golpea y la espuma devora,
las raíces de un árbol sujetan una mano de niña,   20
las raíces de un árbol más grande que una mano de niña,
más grande que una mano del cielo,
y todo el año trabajan, cada día de luna
sube sangre de niña hacia las hojas manchadas por la luna,

---

en *Residencia II*. Cfr. «hasta que lloren sus vidrios golpea» («Maternidad»);
«como un desgarrador río de vidrio» («Agua sexual»); «zonas de vidrio roto y
aluminio» («El desenterrado»). — *sangre*: sacudón de vida (el nacimiento de mi
hijo, por ejemplo). Ver nota a los vv. 46-47 de «Maternidad».

18-19 *El mar se ha puesto a golpear por años...* Desde «Imperial del sur» *(ANS)*
el mar representa, para el yo del discurso nerudiano, el modelo de la insistencia,
de la porfía, de la tenacidad infatigable. Bajo la presión del dolor, esa intuición
adquiere aquí un significado insólitamente negativo: el ensañamiento tenaz de
una descomunal fuerza cósmica —la Eternidad terrestre, la vencedora del
Tiempo— sobre un objeto minúsculo, desproporcionadamente pequeño. — *por
años*: amplificación subjetiva del tiempo del dolor, especularmente opuesta a la
extensión infinita del instante privilegiado, como «cuando sólo una hora / crece
de improviso, extendiéndose sin tregua» («Galope muerto»). — *una pata de pája-
ro*: el símil extrema la configuración de lo desproporcionadamente pequeño, y
al mismo tiempo elude, por control de ternura, la que creo ser la fórmula de
base: "un pajarito", que en el lenguaje popular chileno designa a la criatura hu-
mana minúscula y esmirriada. — *sal*: la entusiasta porfía del mar, aquí vista en
negativo. Un caso similar en «El sur del océano», vv. 1 y 27: ver nota.

20-24 *las raíces de un árbol...* Otra inversión de la habitual óptica nerudiana: el
árbol (símbolo de la energía vital de la tierra) deviene aquí árbol feroz, árbol
vampiro cuyas raíces han atrapado la mano de la niña impidiéndole crecer, sor-
biéndole la sangre y la vida «todo el año» (como «por años», v. 18), sin tregua
ni piedad, para nutrir sus hojas que la luna ensucia (y que nada quieren con
el sol).

238

y hay un planeta de terribles dientes   25
envenenando el agua en que caen los niños,
cuando es de noche, y no hay sino la muerte,
solamente la muerte, y nada más que el llanto.

Como un grano de trigo en el silencio, pero
a quién pedir piedad por un grano de trigo?   30
Ved cómo están las cosas: tantos trenes,
tantos hospitales con rodillas quebradas,
tantas tiendas con gentes moribundas:
entonces, cómo?, cuándo?,
a quién pedir por unos ojos del color de un mes frío,   35
y por un corazón del tamaño del trigo que vacila?
No hay sino ruedas y consideraciones,
alimentos progresivamente distribuidos,
líneas de estrellas, copas
en donde nada cae, sino sólo la noche,   40
nada más que la muerte.

Hay que sostener los pasos rotos.
Cruzar entre tejados y tristezas mientras arde
una cosa quemada con llamas de humedad,
una cosa entre trapos tristes como la lluvia,   45
algo que arde y solloza,

25-28 *y hay un planeta...* Esta serie de "blasfemias" nerudianas contra el mar y
contra el árbol (la naturaleza como agente de muerte) se cierra con una implíci-
ta invectiva contra la noche por su complicidad con la luna asesina. El poema
«El sur del océano» (ver nota a sus vv. 28-38) dejó ya en claro la función letal
de la luna en el imaginario de *Residencia*. Pero allí la noche no era cómplice: no
existía, no comparecía, todo el espacio nocturno había sido ocupado por la
luna.

29 *un grano de trigo:* minúscula condensación «del impulso vital, de fuerza que
se desarrolla y expande de dentro a fuera» (Alonso, 231n). — *en el silencio:* en el
espacio profundo y oscuro del crecimiento de la vida.

33 *CYR* trae coma al fin del verso: puntúo según *OCP.*

38 *alimentos progresivamente distribuidos:* ver la nota introductora.

44 *llamas de humedad:* el sudor febril. — *una cosa:* así se refiere Malva Marina
en carta a Sara Tornú (19-IX-1934): «y aquella cosa pequeñilla sufría horrible-
mente de una hemorragia que le había salido en el cerebro al nacer» — en «Una
carta desconocida de PN», *Hispania,* 66 (sept. 1987), 421.

un síntoma, un silencio.
Entre abandonadas conversaciones y objetos respirados,
entre las flores vacías que el destino corona y abandona,
hay un río que cae en una herida,   50
hay el océano golpeando una sombra de flecha quebrantada,
hay todo el cielo agujereando un beso.

Ayudadme, hojas que mi corazón ha adorado en silencio,
ásperas travesías, inviernos del sur, cabelleras
de mujeres mojadas en mi sudor terrestre,   55
luna del sur del cielo deshojado,
venid a mí con un día sin dolor,
con un minuto en que pueda reconocer mis venas.

Estoy cansado de una gota,
estoy herido en solamente un pétalo,   60
y por un agujero de alfiler sube un río de sangre sin consuelo,
y me ahogo en las aguas del rocío que se pudre en la sombra,
y por una sonrisa que no crece, por una boca dulce,
por unos dedos que el rosal quisiera
escribo este poema que sólo es un lamento,   65
solamente un lamento.

50-52 *hay un río... hay el océano... hay todo el cielo...* Se repropone la desproporcio-
nada agresión cósmica contra la criatura. — *una sombra de flecha quebrantada:* este
pequeño impulso hacia la vida, ya débil en sí mismo, es objeto de un ulterior y
desmesurado ataque. Cfr. «Un esfuerzo que salta, una flecha de trigo / tengo...»
(«Diurno doliente»).

53 *CYR,* sin coma tras «Ayudadme»: la introduzco según *OCP.*

53-58 *Ayudadme, hojas... ásperas travesías,* etc. La memoria del poeta introduce
un nivel válido de reconciliación del texto con las figuras de la naturaleza al in-
vocarlas como entidades propicias. Este fragmento se inscribe (con sus nítidas
referencias al mundo de la infancia del poeta) en el importante proceso de recu-
peración general de los recuerdos que crecientemente está interesando a *Resi-
dencia* como vía hacia la descifración-refundación de la identidad del yo-sujeto
del discurso. Ver también «Melancolía en las familias», «Agua sexual», «Josie
Bliss».

65-66 *escribo este poema...* «En ninguna parte [de *Residencia]* los juegos rítmicos
alcanzan un grado tan alto de poder expresivo como en "Enfermedades en mi
casa". El poema consta de seis periodos estróficos [vv. 1-17, 18-28, 29-41,
42-52, 53-58 y 59-66], y un mismo juego rítmico se repite en el final de los tres
primeros y del último» (Alonso, 102).

III

ODA CON UN LAMENTO

Oh niña entre las rosas, oh presión de palomas,
oh presidio de peces y rosales,
tu alma es una botella llena de sal sedienta
y una campana llena de uvas es tu piel.

Por desgracia no tengo para darte sino uñas   5
o pestañas, o pianos derretidos,
o sueños que salen de mi corazón a borbotones,
polvorientos sueños que corren como jinetes negros,
sueños llenos de velocidades y desgracias.

1-4 *Oh niña entre las rosas,* etc. La figura femenina, objeto de la invocación,
primero es vista en relación a lo externo, a su colocación dentro de una imagen
poética del mundo («Oh niña entre las rosas»), mientras las restantes atribucio-
nes la describen a partir de cualidades —encantos— interiores que su ser encie-
rra. *Presidio, botella* y *campana* representan continentes de preciosos contenidos
(tendencia a materializar, circunscribir, fijar contornos, como en *frasco:* ver nota
al v. 1 de «Melancolía en las familias»), como también el astuto símil *presión,* que
juega fonética y semánticamente con *prisión* y *presidio,* pero que directamente
alude a una íntima hermosura en expansión, que pugna o presiona desde aden-
tro por manifestarse («presión de palomas»). — *peces:* profusión de vida en mo-
vimiento, múltiples y vivaces signos de gracia o fascinación (este símbolo am-
bivalente muestra su lado negativo y feroz en «El sur del océano», vv. 19 y 38,
y en «Maternidad», v. 19). — *sal sedienta:* avidez de entusiasmo y estímulos vita-
les. Este caso confirma una vez más el valor habitualmente positivo —y no am-
bivalente, como cree Alonso— que el símbolo *sal* tiene en *Residencia* (ver nota
al v. 13 de «Colección nocturna»). — *una campana llena de uvas:* ver notas al v. 15
de «Juntos nosotros» (sobre *uvas)* y a los vv. 25-26 de «Un día sobresale» (sobre
campana).
  5-6 *uñas, pestañas:* fragmentos del propio ser, referidos probablemente a la ac-
ción-poesía *(uñas,* fragmentos de dedos, manos) y a la diversidad de la intuición
y del ver *(pestañas,* ojos). — *pianos derretidos:* resonancias desvanecidas, con el
probable sentido de recuerdos esfumados o que el poeta no logra aferrar (cfr.
oreja = recuerdo auditivo, en «Melancolía en las familias», v. 2). Imagen tal vez
inspirada en la pintura de vanguardia de la época (o en sugerencias de García
Lorca).
  7 *sueños que salen de mi corazón a borbotones:* cfr. «una botella echando espanto a
borbotones» («Barcarola»), imagen también asociada al corazón.

Sólo puedo quererte con besos y amapolas,   10
con guirnaldas mojadas por la lluvia,
mirando cenicientos caballos y perros amarillos.
Sólo puedo quererte con olas a la espalda,
entre vagos golpes de azufre y aguas ensimismadas,
nadando en contra de los cementerios que corren en
   ciertos ríos   15
con pasto mojado creciendo sobre las tristes tumbas de yeso,
nadando a través de corazones sumergidos
y pálidas planillas de niños insepultos.

Hay mucha muerte, muchos acontecimientos funerarios
en mis desamparadas pasiones y desolados besos,   20
hay el agua que cae en mi cabeza,
mientras crece mi pelo,

10 *con besos y amapolas:* «donde a la pasión se añade la sugerencia de sueño
(P. N.)» —Alonso, 224. Pero sobre el origen y significado habitual del símbolo
amapola, ver nota al v. 12 de «Fantasma».

12 *mirando cenicientos caballos:* con reducida (apagada) disponibilidad emotiva o
afectiva, con poca libertad interior. Cfr. «rojo caballo» («Caballo de los sueños»)
v. 28: ver nota). — *perros amarillos:* (y con) soledad de muerte, helada. Cfr. «pe-
rro infinito» («Cantares», v. 9: ver nota); «se ponen fríos, amarillos, y emigran a
un astro de hielo» («La noche del soldado»).

13 *ANT,* «Sólo puedo quererte con besos a la espalda».

14 *PPD,* «entre vagos golpes y aguas ensimismadas». — *ANT:* falta este
verso.

15 *ANT,* «...cementerios que flotan en ciertos ríos».

16 *ANT,* «con pasto mojado sobre las tristes tumbas de yeso». — *tumbas de
yeso.* Creo que los vv. 15-16 sugieren: '[sólo puedo quererte] en lucha contra el
recuerdo obsesivo [a la espalda] de Josie Bliss', pues *cementerios que corren en ciertos
ríos* aludiría a las ceremonias fúnebres junto al río Irrawadhy (Rangún) y *tum-
bas de yeso* aludiría a la despedida final en Colombo (zapatos blancos de tiza o
yeso: ver nota al v. 32 de «Josie Bliss» y *CHV,* 136).

17 *PPD,* «nadando a través de caparazones sumergidos».

18 *y pálidas planillas de niños insepultos.* Teniendo en cuenta que toda la secuen-
cia regida por *nadando* (desde el v. 15) es un remontar recuerdos —o ex-
periencias *a la espalda*—, me parece que este verso conclusivo alude a la infancia
del poeta mismo, al *niño insepulto* que subsiste en él (mediante la consabida sinéc-
doque del tipo "plural por singular"). — *pálidas planillas:* en el mismo contexto,
¿cuadernos escolares, páginas o "planas" con las balbuceantes primeras tentati-
vas de escritura poética?

221-22 *cae... crece.* El verbo *caer* suscita el antitético *crecer* (o viceversa) tam-
bién en «El sur del océano», vv. 70-71, y en «La calle destruida», vv. 18-21

un agua como el tiempo, un agua negra desencadenada,
con una voz nocturna, con un grito
de pájaro en la lluvia, con una interminable   25
sombra de ala mojada que protege mis huesos:
mientras me visto, mientras
interminablemente me miro en los espejos y en los vidrios,
oigo que alguien me sigue llamándome a sollozos
con una triste voz podrida por el tiempo.   30

(cfr. Sicard, 215-216). — *mientras crece mi pelo:* «el pelo es, en *Residencia*, una forma de objetivación del fenómeno temporal. Representa un crecimiento, pero un crecimiento amenazador, negativo, puesto que es el del tiempo en nosotros y el de nuestra propia muerte» (Sicard, 423).

21-26 *el agua... un agua como el tiempo*, etc. Sobre el significado simbólico de *agua(s)*, ver mi nota a vv. 18-19 de «Sabor». — *un agua negra desencadenada...* En la presente secuencia el símbolo *agua* alude específicamente al *desencadenamiento* del íntimo proceso de recuperación-explicitación de arcaicos estratos de recuerdos personales del poeta, constitutivos de su ser actual (según está fatigosamente descubriendo y descifrando): proceso difícil y *oscuro* (agua *negra*, voz *nocturna*, *sombra*) que en muy importante medida define las zonas finales de la escritura de *Residencia* (ver por ejemplo «Melancolía en las familias», «Agua sexual», «Josie Bliss»). Agua *negra*, entonces, no significa aquí agua siniestra. Notar cómo el penetrar en la memoria implica para Neruda recuperar resonancias, signos auditivos (una *voz*, un *grito):* ver lo arriba señalado a propósito de *pianos derretidos* (v. 6), ver abajo las referencias *oigo, llamándome, triste voz* (vv. 29-30). — *mis huesos.* Cfr. «el hueso del padre» («Sonata y destrucciones»); «De ese modo histórico mis huesos adquirieron gran preponderancia...» («Comunicaciones desmentidas»); «que puebla ciertos huesos» («Maternidad»). Ver las respectivas notas.

26 *PPD, ANT* y *CYR* traen coma al fin del verso: puntúo según *OCP*.

27 *ANT*, «cuando me visto, cuando».

29-30 *oigo que alguien me sigue...* Durante su permanencia en Buenos Aires se desencadena (literalmente) en Neruda la ansiosa necesidad de explorar a través de los textos, con decisión y hasta con cierto sistema, los estratos y meandros de la memoria personal: tarea hasta aquí latente, más bien subterránea o implícita, que los textos habían registrado sólo de manera esporádica y tangencial (cfr. por ejemplo «Sonata y destrucciones», vv. 22-26). En el presente verso ese «alguien que me sigue llamándome a sollozos» sería, entonces, imagen del poeta mismo en edad infantil reclamando resolución (por vía del acceso a los textos) de oscuros conflictos o sueños o miedos inexpresados. O bien podría tratarse de una alusión a Josie Bliss, cuyo recuerdo obsesivo parece retomar al asedio del poeta en Buenos Aires, atraído o convocado tal vez por el rebrote del erotismo (ver nota a vv. 6-9 de «Maternidad»). — *ANT* trae estas variantes: *siento* en lugar de *oigo* (v. 29) y *mojada* en lugar de *podrida* (v. 30).

Tú estás de pie sobre la tierra, llena
de dientes y relámpagos.
Tú propagas los besos y matas las hormigas.
Tú lloras de salud, de cebolla, de abeja,
de abecedario ardiendo.   35
Tú eres como una espada azul y verde
y ondulas al tocarte, como un río.

Ven a mi alma vestida de blanco, con un ramo
de ensangrentadas rosas y copas de cenizas,
ven con una manzana y un caballo,   40
porque allí hay una sala oscura y un candelabro roto,
unas sillas torcidas que esperan el invierno,
y una paloma muerta, con un número.

---

32 *dientes y relámpagos.* «Relámpagos de risa carmesíes» es el v. 13 del soneto
«Retrato de Lisi que traía en una sortija» de Quevedo, que Neruda ciertamente
conocía: ver nota al v. 11 de «Alianza (sonata)». También es de Quevedo «Y
cuando con relámpagos te ríes / de púrpura...» (soneto «A Flori, que traía unos
claveles entre el cabello rubio»). Cfr. Alonso, 188-190, que concluye: «La pro-
cedencia quevedesca de los relámpagos de Neruda es segura» (190n). Sobre su
desarrollo, ver nota al v. 4 de «Maternidad».

33 *Tú propagas los besos y matas las hormigas.* «(En medio de la pululación de
desdichas) tú propagas el amor y anulas con tu presencia la multitud de enojosas
menudencias (P. N.): ante ti se anulan los desagrados que hormiguean en mi
vida» (Alonso, 200). El mismo módulo constructivo había sido usado por Ne-
ruda, también como elogio amoroso, en *THI:* «atajas el color de la noche y li-
bertas a los prisioneros» (poema 9, v. 17). — *besos* = amor. Cfr. «qué definitivo
beso...?» («Significa sombras»); «yo escucho entre el disparo de los besos»
(«Agua sexual»). — *hormigas:* representación de multitud desagradable, enojosa
(P. N., en Alonso, 200).

34-35 *Tú lloras de salud,* etc. Tú lloras «con un *llorar* que no significa dolor,
sino extremamiento de la intensidad vital; no lloras de dolor, sino de salud, llo-
ras de cebolla (desconcertante poéticamente, aunque claro intelectualmente: si
lloras es por algo puramente biológico, no de desconsuelo psíquico), lloras de
frenesí vital, "de vida ardiente" (= "de abeja", P. N.)» —Alonso, 219. *Abecedario
ardiendo:* conversación (palabras, hablar) abundante, entusiasta, intensa, apasio-
nada.

36 *espada.* Cfr. un caso similar, también referido a una mujer: «en tu rayo de
luz [el poeta] se dormía / afirmado como en una espada» («Fantasma»). — *azul
y verde:* dotada de valores diversos y complementarios: nocturna y diurna, oscu-
ra y solar, compleja y natural, espiritual y física, hecha de sueños y carne, de
hondura y levedad, de reposo y tensión.

38-43 *PPD* varía, dispone y puntúa así estos versos finales:

38 Ven a mi alma vestida de blanco, y con un ramo
39 de ensangrentadas rosas y copas de cenizas.
40 Ven con una manzana y un caballo.
41 Porque allí hay una sala oscura y un candelabro roto,
42 unas sillas torcidas que esperan el invierno
43 y una paloma muerta, con un número.

— *hay una sala oscura,* etc. Representación asociable al *terrible comedor abandonado* de «Melancolía en las familias (v. 23: «...una sala

MATERIAL NUPCIAL

De pie como un cerezo sin cáscara ni flores,
especial, encendido, con venas y saliva,
y dedos y testículos,
miro una niña de papel y luna,
horizontal, temblando y respirando y blanca,   5
y sus pezones como dos cifras separadas,
y la rosal reunión de sus piernas en donde
su sexo de pestañas nocturnas parpadea.

Pálido, desbordante,
siento hundirse palabras en mi boca,   10
palabras como niños ahogados,
y rumbo y rumbo, y dientes crecen naves,
y aguas y latitud como quemadas.

1-3 *De pie como un cerezo*, etc. La posición erguida del yo subraya plásticamente, desde el comienzo, el propósito de fuerte afirmación de su sexualidad en sí misma, esto es, del propio "ser naturaleza" (cerezo) en su esencialidad y desnudez, sin cubrimientos (cáscara) ni adornos (flores). En el fondo: autoafirmación del yo a partir de sí mismo, a partir de sus exclusivas exigencias, atributos, experiencias biográficas. Creo ver aquí la secreta clave de la relación entre erotismo y memoria que este período de *Residencia* manifiesta.

5 *horizontal*. Es claro que la oposición *(yo) de pie / (ella) horizontal* busca marcar visualmente una actitud que quiere ser dominante dentro de la situación. — *PPD*, coma tras «respirando».

7-8 *PPD* proponía originalmente:

> 7 y la negra reunión de sus piernas en donde
> 8 su sexo parpadea como un ojo de sangre.

10-11 *siento hundirse palabras*, etc. Oscuro pasaje, que tentativamente leo así: "siento aquellas palabras (cifras de mis ya antiguos, ocultos o sofocados deseos, sentimientos, necesidades, y que tenían sólo una existencia simbólica, ficticia, irreal, externa, como sin aire, sin realidad) devenir verdad, sustancia, energía y acción dentro de mí, e inundarme" (por esto el yo se siente «desbordante», v. 9). — *niños ahogados:* recuérdense los *niños insepultos* de «Oda con un lamento», v. 18 (ver nota).

12-13 *PPD* proponía un solo verso (no dos): «y me crecen los dientes en

La pondré como una espada o un espejo,
y abriré hasta la muerte sus piernas temerosas,   15
y morderé sus orejas y sus venas,
y haré que retroceda con los ojos cerrados
en un espeso río de semen verde.

La inundaré de amapolas y relámpagos,
la envolveré en rodillas, en labios, en agujas,   20
la entraré con pulgadas de epidermis llorando
y presiones de crimen y pelos empapados.

La haré huir escapándose por uñas y suspiros,
hacia nunca, hacia nada,
trepándose a la lenta médula y al oxígeno,   25

---

forma aterradora». — *y rumbo y rumbo,* etc. La definitiva lección en dos versos
muy probablemente fue escrita en España, tras haber atravesado el poeta una
vez más el océano, es decir, tras una ulterior clarificación y precisación de la
imagen primitiva. Porque *rumbo, naves, aguas, latitud* aluden a viajes, a desplaza-
mientos por el planeta. Leo entonces: "tanto viajar y tantas naves han hecho
crecer mis dientes [han hecho madurar en mí la agresividad sexual, el reconoci-
miento y aceptación de mis peculiares exigencias, la autoafirmación], y lo que
océanos y distancias prepararon quema (arde) ahora en mi sangre". — La
versión primitiva *(PPD)* indica que *dientes crecen naves* hay que leerlo en la direc-
ción *naves (hacen crecer) dientes* (cfr. diversa lectura de Alonso, 119-121, y nota al
v. 8 de «Trabajo frío»). — *aguas y latitud como quemadas* podría leerse, en alterna-
tiva: "(pero) ese tiempo-espacio de océanos y variados territorios fue desaprove-
chado, fue mal vivido, fue quemado sin beneficio, mis dientes que crecían fue-
ron despilfarrados, o ignorados, o menospreciados por mí mismo". Además:
aguas podría no querer aludir a océanos sino a la interioridad profunda, al in-
consciente del yo, como en «Sabor», v. 18, y en «Oda con un lamento», vv. 21
y 23 (ver notas), sin alterar sustancialmente la(s) lectura(s) que propongo. —
OCP elimina la coma tras «y rumbo y rumbo», v. 12.

14 *La pondré como una espada...* «Como el guerrero pone frente a sí la espada o
como se pone un espejo de mano en frente de uno, así te pondré yo frente a mí;
porque tú eres "tan brillante y limpia" (P. N.) y luminosa como un espejo o
como una espada.» — Alonso, 237.

15 *PPD,* «...sus piernas asustadas».

18 *verde:* color emblemático de la naturaleza. El ímpetu sexual manifiesta
aquí el "ser naturaleza" del yo, con vehemencia que parece querer recuperar re-
tardos.

19 *amapolas y relámpagos:* ver notas al v. 12 de «Fantasma», al v. 4 de «Mater-
nidad», al v. 32 de «Oda con un lamento».

24 En vez de este verso *PPD* proponía sólo: «hacia adentro,».

agarrándose a recuerdos y razones
como una sola mano, como un dedo partido
agitando una uña de sal desamparada.

Debe correr durmiendo por caminos de piel
en un país de goma cenicienta y ceniza,   30
luchando con cuchillos, y sábanas, y hormigas,
y con ojos que caen en ella como muertos,
y con gotas de negra materia resbalando
como pescados ciegos o balas de agua gruesa.

---

26 *PPD*, coma al fin del verso.
27-28 *PPD* traía:

    27 y con el alma hirviendo
    28 como una olla hirviendo con cangrejos.

— *una uña de sal desamparada:* una brizna de energía o frenesí sobrante. Sobre el
significado simbólico de *sal,* ver mi nota al v. 13 de «Colección nocturna».
    29-34 En *PPD* la forma primitiva de esta secuencia final era:

    29 Debe correr durmiendo por caminos de piel
    30 en un país de nácar y goma cenicienta,
    31 luchando con hormigas y cuchillos y sábanas
    32 y con ojos que caen en ella como muertos.
    33 Y me van resbalando gotas del corazón
    34 como pescados ciegos o balas de agua gruesa.

AGUA SEXUAL

Rodando a goterones solos,
a gotas como dientes,
a espesos goterones de mermelada y sangre,
rodando a goterones
cae el agua,   5
como una espada en gotas,
como un desgarrador río de vidrio,
cae mordiendo,
golpeando el eje de la simetría, pegando en las costuras
   del alma,
rompiendo cosas abandonadas, empapando lo oscuro.   10

Solamente es un soplo, más húmedo que el llanto,
un líquido, un sudor, un aceite sin nombre,
un movimiento agudo,

1-10 *Rodando a goterones... cae el agua,* etc. Esta agua no es lluvia, remite en
cambio al «agua que cae en mi cabeza...», un agua como el tiempo, un agua negra
desencadenada» de «Oda con un lamento», y al «río roto en desmesura» de
«Maternidad» (ver las notas respectivas). El *agua sexual* es al mismo tiempo el
agua de la memoria y de la subconsciencia. — *goterones... gotas... espesos goterones:*
imagen clave y recurrente en este momento de *Residencia.* Cfr. «gotas de negra
materia... balas de agua gruesa» («Material nupcial»); «con su pesado líquido y
su golpe de gotas» («Maternidad»). — *río:* otro símbolo recurrente en los poe-
mas de Buenos Aires, dentro de un común clima de alusiones: «un espeso río
de semen verde» («Material nupcial»); «ondulas al tocarte, como un río», «na-
dando en contra de los cementerios que corren en ciertos ríos» («Oda con un
lamento»). El ya citado «río roto en desmesura» abre una breve secuencia-
resumen, distanciada y globalizadora, dentro de un poema posterior a los tres
de la sección III («Maternidad», vv. 6-12: ver notas respectivas). — *espada... des-
garrador... vidrio... mordiendo...* El agua o linfa de la sexualidad-memoria (explora-
ción de la subconsciencia), reveladora de secretos olvidados o reprimidos, ilu-
minadora de zonas lúgubres del alma, cae dentro del sujeto produciendo dolor,
heridas, laceraciones: su trabajo de penetración es difícil, procede *golpeando, pe-
gando, rompiendo* resistencias, provocando inseguridades o incertezas («golpeando
el eje de la simetría»). — *CYR* trae coma al final del v. 4: la suprimo según
OCP.

haciéndose, espesándose,
cae el agua,   15
a goterones lentos,
hacia su mar, hacia su seco océano,
hacia su ola sin agua.

Veo el verano extenso, y un estertor saliendo de un granero,
bodegas, cigarras,   20
poblaciones, estímulos,
habitaciones, niñas
durmiendo con las manos en el corazón,
soñando con bandidos, con incendios,
veo barcos,   25

17-18 *hacia su mar,* etc. Estas imágenes aluden a la condición interior en que
hasta ahora ha vivido el sujeto: oceánica ignorancia de sí mismo; existencia he-
cha de movimientos vacíos, sin conciencia del (o sin fidelidad al) propio ser,
por eso «ola sin agua». — *seco océano:* el yo como un inmenso pozo ávido (de au-
toconocimiento y de vida verdadera): esa *agua,* ese *desgarrador río de vidrio,* si bien
doloroso es sentido como necesario.

19 *Veo.* Verbo reiterado con insistencia en el texto. Junto con *miro, escucho,
admito, estoy mirando, oyendo,* implica —en la representación del existir-actuar del
yo— un desarrollo de acercamiento e inclusión respecto de los verbos *paseo,
paso* y *cruzo* de «Walking around», los que a su vez suponían una tentativa —
entre otras— de superación de los límites de los viejos e implícitos "veo", "mi-
ro", "escucho" y "huelo" de «Caballero solo». — *Veo el verano extenso, y un ester-
tor...* Tímida "entrada a la memoria (sexual)", cautelosa inmersión en zonas de la
subconsciencia. Estoy cierto de que este verso es una muy sintética anticipación
(de casi 40 años) del episodio de iniciación sexual que Neruda contará en detalle
por primera vez sólo en sus *memorias* («El amor junto al trigo», *CHV:* 40-43).
Lo que es ilustrativo de sus dificultades de su recordar. — *PPD,* sin coma tras
«extenso».

21 *poblaciones:* ver nota al v. 24 de «La calle destruida».

23 *PPD* trae: «durmiendo con la mano en el corazón».

25 *veo barcos.* En el contexto de una inmersión en la memoria sexual, este
verso sería una estilizadísima alusión a las aventuradas navegaciones orientales
de Neruda y Álvaro Hinojosa en la segunda mitad de 1927 y a comienzos de
1928. Pero quiero ser más preciso: yo creo que este verso se refiere al mismo
"cuento de puertos" (aquel fugaz cuanto intenso encuentro erótico) que sólo al-
gunos meses más tarde, en Madrid, será evocado hacia el final del poema «Las
furias y las penas» de *Tercera residencia* (me refiero a la breve digresión que co-
mienza con el verso «Recuerdo sólo un día»), y que treinta años después, en
1964, será también evocado —más detenidamente— por el poema «Rangoon
1927» de *Memorial de Isla Negra,* II.

veo árboles de médula
erizados como gatos rabiosos,
veo sangre, puñales y medias de mujer,
y pelos de hombre,
veo camas, veo corredores donde grita una virgen,   30
veo frazadas y órganos y hoteles.

Veo los sueños sigilosos,
admito los postreros días,
y también los orígenes, y también los recuerdos,
como un párpado atrozmente levantado a la fuerza   35
estoy mirando.

Y entonces hay este sonido:
un ruido rojo de huesos,
un pegarse de carne,
y piernas amarillas como espigas juntándose.   40
Yo escucho entre el disparo de los besos,
escucho, sacudido entre respiraciones y sollozos.

Estoy mirando, oyendo,
con la mitad del alma en el mar y la mitad del alma en la
   tierra,
y con las dos mitades del alma miro el mundo.   45

---

26 *CYR* trae coma al fin del verso: la suprimo según *OCP*.

26-31 *veo árboles de médula / erizados...* Serie de evidentes imágenes sexuales. Sobre *pelos* y *medias*, cfr. Alonso, 241.

32 *veo los sueños sigilosos:* "me sumerjo en los inquietantes sueños reveladores que subrepticiamente me asaltan".

33 *los postreros días:* las experiencias recientes. Cfr. «sometido a la hora postrera y sus perfumes» («Comunicaciones desmentidas», párrafo final: ver nota).

34 *los orígenes:* el mundo (espacio-tiempo) de la infancia. Ver notas al v. 15 de «Caballo de los sueños» y al v. 5 de «Sistema sombrío».

35-36 *como un párpado atrozmente levantado...* Redimensión del «ardiente testigo» de *Residencia I.* Lo que define al nuevo *ver* (mirar, escuchar, sentir...) es la inclusión total del yo dentro del campo visual. No sólo la realidad externa: hasta la secreta intimidad del yo es puesta ahora en discusión. El antiguo *ver (RST-I)* operaba a partir de un yo supuestamente definido y acotado en su fisonomía interior. Ahora, en cambio, el sujeto admite la necesidad de explorarse y redescubrirse por dentro, como base para una verdadera refundación de sí mismo. Ta-

253

Y aunque cierre los ojos y me cubra el corazón enteramente,
veo caer un agua sorda,
a goterones sordos.

Es como un huracán de gelatina,
como una catarata de espermas y medusas.   50
Veo correr un arco iris turbio.
Veo pasar sus aguas a través de los huesos.

---

rea difícil, incómoda y dolorosa, que exige autoviolencia, tarea cuesta arriba: es
el sentido de estos versos.

45 *PPD* traía: «y con la mitad seca del alma miro el mundo».

IV

Tres cantos materiales

ENTRADA A LA MADERA

Con mi razón apenas, con mis dedos,
con lentas aguas lentas inundadas,
caigo al imperio de los nomeolvides,
a una tenaz atmósfera de luto,
a una olvidada sala decaída,   5
a un racimo de tréboles amargos.

Caigo en la sombra, en medio
de destruidas cosas,
y miro arañas, y apaciento bosques
de secretas maderas inconclusas,   10
y ando entre húmedas fibras arrancadas
al vivo ser de substancia y silencio.

1-2 *Con mi razón apenas:* no tanto con mi razón [cuanto con mi sangre y con
mi intuición subconsciente]. — *con mis dedos:* cfr. «La sangre tiene dedos» («Ma-
ternidad», v. 36: ver nota). — *aguas:* ver notas a vv. 18-19 de «Sabor», a vv.
21-26 de «Oda con un lamento», a vv. 1-10 de «Agua sexual».

3 *caigo.* «Este movimiento de penetración hacia abajo, caída y hundimiento,
esta voluntad de descenso, es uno de los elementos más determinantes en la
poesía de Neruda; podemos denominarlo el ánimo de Orfeo, y es como la fuer-
za de gravedad en el mundo que las *Residencias* configuran» (Concha 1963: 22).
— En «Agua sexual» y en «Oda con un lamento» el *caer* se refería a lo visto o
experimentado por el sujeto: «cae el agua», «el agua que cae». En el presente
poema el *caer* se refiere al sujeto mismo del discurso. — *nomeolvides.* La elección
de este nombre (entre otros posibles nombres de flores) me parece condiciona-
da por el recurso a la memoria (del mundo forestal de la infancia) que el texto
supone.

5 *una olvidada sala decaída:* imagen que cabe relacionar con: «al fondo / de
una *sala desierta* por donde pasa un río / arrastrando las piedras...» (del contem-
poráneo texto «Melancolía en las familias», vv. 22-24: ver nota); y con «allí hay
una *sala oscura»* («Oda con un lamento», v. 41).

7-12 *Caigo en la sombra,* etc. Descenso órfico a la profundidad de *la muerte en
la naturaleza,* ámbito oscuro, «la sombra», que el texto en esta primera zona ase-
dia con referencias funerarias («atmósfera de *luto»*) y alusiones a procesos de
bio-degradación, -interrupción, -desgarramiento y -destrucción («sala *decaída»,*
«maderas *inconclusas», «destruidas* cosas», y más adelante «alas

257

Dulce materia, oh rosa de alas secas,
en mi hundimiento tus pétalos subo
con pies pesados de roja fatiga,   15
y en tu catedral dura me arrodillo
golpeándome los labios con un ángel.

Es que soy yo ante tu color de mundo,

---

secas», «pálidas espadas *muertas»,* «cicatrices *amarillas»).* Esta percepción de múltiples signos de *muerte* es recurrente en la *memoria* del mundo forestal de la infancia: «Se hunden los pies en el follaje muerto... Un tronco podrido: qué tesoro!» («El bosque chileno», en *CHV,* 13); «entierro / los fatigados pies / en el detritus / de viejas flores, en las defunciones / de aves, hojas y frutos» («La tierra austral», en *MIN-I);* «troncos rotos / caídos en la selva, devorados por lianas / y escarabajos» *(CGN,* XV, i). Ver también, desde este punto de vista, «La copa de sangre» *(P.NN,* 159-160) y «Alturas de Macchu Picchu», i-ii *(CGN,* II). Cfr. Loyola 1978a, 65-66. — *miro arañas:* «yo vivía con las arañas, / humedecido por el bosque» («Dónde estará la Guillermina?», en *ETV);* «las arañas / de cabellera parda» («La tierra austral», en *MIN-I); «*una inmensa araña de cabellera roja me mira» («El bosque chileno», en *CHV,* 13). Las arañas forman parte del nivel de *la sombra* en la foresta. Ver notas al v. 16 de «Sonata y destrucciones», y al v. 6 de «Enfermedades en mi casa» y al v. 61 de «El desenterrado», a propósito del valor simbólico de *arañas* en otro ámbito.

14 *hundimiento... subo:* verso gozne del descenso-ascenso (verticalidad órfica, como en «Alturas de Macchu Picchu»: cfr. Loyola 1981, 150-155).

15 *roja:* apasionada, ferviente. Cfr. «un ruido rojo de huesos» («Agua sexual»); «su rojo caballo» («Caballo de los sueños»).

16-17 *y en tu catedral dura...* El bosque como espacio sagrado (y centro mítico del mundo), cuyos árboles ponen en comunicación los niveles del cosmos: la profundidad de las raíces, la superficie emergente, la altura de las copas. El bosque como templo, ya en un poema de 1920: «Esta iglesia no tiene...» *(CRP);* y después: «el extravío / bajo / la bóveda, la nave, / la tiniebla del bosque» *(MIN-I,* «La tierra austral»). — *dura:* en el sentido de áspera, salvaje, sin adornos endulzadores; cfr. «...tus piernas / recostadas como detenidas y *duras* aguas solares», refiriéndose a las piernas de Josie Bliss («Tango del viudo»). — *con un ángel.* Según J. Concha (1963: 24), la resonancia cristiana que suscita *catedral,* extraña a la visión nerudiana del mundo, el poeta irónicamente «la rompe a continuación con otro elemento de la misma tradición (ya más discutible, por cierto): el *ángel».* Meléndez (1936) lee en cambio: «se golpea no el pecho, sino los labios, con un ángel para purificarlos antes de hacer su petición».

18 *Es que:* indicador de énfasis. Ver nota al v. 17 de «Galope muerto». — *soy yo.* Esta formulación (en lugar de hipotéticos "aquí estoy yo", "aquí llego yo") tiende a enfatizar una autorrepresentación *totalizante y central* del yo, a la que concurren todas sus potencias o capacidades: razón, ojos (veo), intuición profunda (aguas), un sentido de acción (manos, dedos), y también sus carencias (soledad, incumplimiento, avidez). *Totalidad* al mismo tiempo deseada (es el ob-

ante tus pálidas espadas muertas,
ante tus corazones reunidos,   20
ante tu silenciosa multitud.

Soy yo ante tu ola de olores muriendo,
envueltos en otoño y resistencia:
soy yo emprendiendo un viaje funerario
entre tus cicatrices amarillas: 25
soy yo con mis lamentos sin origen,
sin alimentos, desvelado, solo,
entrando oscurecidos corredores,
llegando a tu materia misteriosa.

---

jeto de la plegaria final) y afirmada: en este soy yo se conjugan la "degradación" (precariedad suplicante) y la "profecía" (vehemencia afirmativa de la propia condición). — *ante tu color de mundo.* Leo: "ante ti, que resumes (condensas) el ser y la identidad naturales (aspecto, sustancia, energía, dignidad, contradicciones de belleza y espanto, de vida y muerte) del planeta que habitamos". La autorrepresentación totalizante del poeta *(soy yo)* busca confrontarse inicialmente con una imagen también totalizante del alto interlocutor al cual endereza su discurso y su plegaria.

19 *tus pálidas espadas muertas:* «impulsos vegetativos aquietados y lignificados» (Alonso, 236). Creo que el verso alude simplemente al humus vegetal, al «follaje muerto» *(CHV,* 13), a las hojas que cayendo por siglos estratifican los senderos del bosque. Hojas como *espadas* en el doble sentido de la forma y de la agresividad (energía, impulso) vital que ellas objetivan o materializan.

22-25 *muriendo... otoño... funerario...* Dentro del contradictorio movimiento de la naturaleza vegetal (ola de olores/muriendo, otoño/resistencia), esta secuencia acentúa la dirección *muerte,* la dimensión oscura. — *viaje funerario:* fórmula ambivalente que por un lado alude a la peregrinación (en acto) del yo a lo íntimo de la destrucción —o muerte— en la naturaleza, y por otro a las condiciones de soledad, abatimiento y postración (agonía de la afectividad, del entusiasmo vital, de la esperanza) en que el yo realiza su viaje (que por ello es «funerario»). — *OCP,* v. 25, trae *«sus* cicatrices» (errata).

26-27 *soy yo con mis lamentos,* etc. Estos dos versos resumen, al interior de la figura arquetípica del *descenso órfico,* la fase del extravío precedente (situación de desdicha y desconcierto que hace necesaria la extrema experiencia de la *caída* en lo profundo, en lo oscuro, en la muerte, como vía a la revelación y al renacer). — *soy yo.* La asociación que establece Sicard (130-131) entre este *soy yo* (reiterado cuatro veces con el mismo orden verbo + pronombre) y el *yo soy* del título del capítulo XV de *CGN,* es por cierto muy pertinente. Pero desde mi punto de vista estas autorreferencias son afines y a la vez opuestas: totalidad precaria, anhelada y suplicante (soy yo, *RST) /* totalidad fuerte, realizada y orgullosa (yo soy, *CGN).* El diverso orden de los elementos y la consiguiente simetría espe-

Veo moverse tus corrientes secas,   30
veo crecer manos interrumpidas,
oigo tus vegetales oceánicos
crujir de noche y furia sacudidos,
y siento morir hojas hacia adentro,
incorporando materiales verdes   35
a tu inmovilidad desamparada.

Poros, vetas, círculos de dulzura,
peso, temperatura silenciosa,
flechas pegadas a tu alma caída,
seres dormidos en tu boca espesa,   40
polvo de dulce pulpa consumida,
ceniza llena de apagadas almas,
venid a mí, a mi sueño sin medida,
caed en mi alcoba en que la noche cae

---

cular entre ambos sintagmas (soy yo/yo soy) no son por lo tanto indiferentes.
— *TCM*, v. 27, acentúa «sólo» (errata).

30-36 *Veo moverse tus corrientes secas*, etc. Las hojas en «El otoño de las enreda-
deras» *(ANS)*, como las cosas en «La calle destruida», eran vistas desde afuera
en su desintegración, en su pérdida, inermes y sumisas frente a la corrosión del
tiempo. Ahora los "ojos internos" del poeta las ven en movimiento, viviendo su
destrucción como parte de un proceso que las trasciende. Recuperación de la
destrucción: en la naturaleza la muerte no existe como tal, es sólo una fase de la
Vida. Instalado en el seno profundo de la madera-materia, el poeta intuye con
todos sus sentidos (veo, oigo, siento) cómo la vida y la muerte se confunden en
el gran proceso de la fertilidad. — *veo... oigo... siento*. Esta secuencia puede ser leí-
da como un desarrollo de los *veo, admito, estoy mirando, escucho* (ojos, oídos, senti-
dos internos) emersos o activados en «Agua sexual».

37-42 *Poros, vetas, círculos...* Invocación y loor de los signos que manifiestan la
viva intimidad de la materia-madera (incluyendo los signos "oscuros"). La se-
cuencia es comparable a la serie novena (ix) de «Alturas de Macchu Picchu»,
también ella escrita en endecasílabos.

43-48 *venid a mí, a mi sueño...* Plegaria final: el poeta atrae al discurso sus pro-
pios signos "oscuros" (sueños, noche) y reclama de la silenciosa multitud vege-
tal, también para esos signos, la recuperación: vale decir, su integración al fe-
cundo batallar *de la vida y de la muerte* («a vuestra vida, a vuestra muerte asid-
me») que preside los procesos de la materia. — *caed en mi alcoba:* ver nota al v. 4
de «Enfermedades en mi casa». — *en que la noche cae... como agua rota:* "donde mis
sueños y mi poesía (mi sentido profético) caen sin cesar en el vacío". Lo que el
poeta reclama —una vez más— es la capacidad de aumento, de crecimiento, de
continuidad fecunda y eficaz del propio ser (eso que admira y envidia en la ma-
teria-madera, en la naturaleza, donde el transcurso del tiempo es recibido sin

y cae sin cesar como agua rota,   45
y a vuestra vida, a vuestra muerte asidme,
a vuestros materiales sometidos,
a vuestras muertas palomas neutrales,
y hagamos fuego, y silencio, y sonido,
y ardamos, y callemos, y campanas.   50

---

zozobras ni desolación, donde la muerte no sólo no es pérdida ni derrota ni va-
cío, sino que, desarrollando su contraria, contribuye a asegurar la continuidad,
la fertilidad, el movimiento, la Vida). La imagen *agua rota,* con el mismo sentido
de pérdida y de no retención (negación del aumento), también en «El sur del
océano», v. 3 (ver nota).

49-50 *y hagamos fuego, y silencio...* La fase del *retorno* (ver nota introductora)
aparece solamente insinuada: el poeta auspicia su propio regreso al ámbito hu-
mano (la sociedad, la historia) es unidad y alianza con la naturaleza (por eso los
plurales *hagamos, ardamos, callemos).* Esta fase asume la forma de dos series inte-
grativas y paralelas: una de sustantivos, otra de verbos, con sabia ruptura al fi-
nal. — *fuego, ardamos.* Cfr. «Ángela Adónica», vv. 9, 10 y 16; «Diurno doliente»,
v. 15; «Monzón de mayo», v. 14; «Arte poética», v. 18; «Sonata y destruccio-
nes», v. 19; «Trabajo frío», v. 20; «Walking around», v. 26; «Desespediente», v.
27; «Enfermedades en mi casa», v. 46; «Oda con un lamento», v. 35. La varian-
te *brasa* ocurre en «Juntos nosotros», v. 42; en «Monzón de mayo», v. 27; en
«La noche del soldado» («hay algo de brasa abandonada que se gasta sola»). —
silencio, sonido. Cfr. «Un día sobresale», en particular vv. 1, 8, 10, 39, 46, 49;
«Sólo la muerte», vv. 2, 11; «Barcarola», vv. 7, 65 y otros. — *campanas.* «Lo ro-
tundo, henchido, sonoro: plenitud con hermosura» (Alonso, 222). Imagen aso-
ciada a vibración vital, a entusiasta tensión del cuerpo y del espíritu, a regocijo
ardiente y sanguíneo. Alonso *(ibíd.)* señala este bien hallado antecedente: «Oh
poder celebrarte con todas las palabras de alegría. / Cantar, arder, huir, como
un campanario en las manos de un loco» *(VPA,* poema 13), haciendo notar
cómo varios de estos elementos, «formando imágenes como de fotografías su-
perpuestas», se conjugan en los dos versos finales de «Entrada a la madera».
Cfr. «Caballo de los sueños», v. 34; «Colección nocturna», v. 41; «Un día sobre-
sale», v. 25; «Barcarola», v. 19; «Oda con un lamento», v. 4.

APOGEO DEL APIO

Del centro puro que los ruidos nunca
atravesaron, de la intacta cera,
salen claros relámpagos lineales,
palomas con destino de volutas,
hacia tardías calles con olor   5
a sombra y a pescado.

Son las venas del apio! Son la espuma, la risa,
los sombreros del apio!
Son los signos del apio, su sabor
de luciérnaga, sus mapas   10
de color inundado,
y cae su cabeza de ángel verde,
y sus delgados rizos se acongojan,
y entran a los pies del apio en los mercados
de la mañana herida, entre sollozos,   15
y se cierran las puertas a su paso,
y los dulces caballos se arrodillan.

1-2 *Del centro puro que los ruidos nunca / atravesaron:* del silencio. — *cera:* «vale,
sin duda, por lo visual y táctil del troncho del apio; pero también por lo silen-
cioso» (Alonso, 212n).

4 *palomas... volutas:* «la vida que surge es (...), en su más poética generalidad,
paloma. Y el tránsito de la materia a la vida es vuelo, que aquí se concretiza por
asociación con las estrías del apio: *volutas.* El apio, pues, se genera poéticamente
de los relámpagos que el fuego desprende y de un vuelo de palomas» (Concha
1963: 28). Sobre el significado simbólico de *palomas,* cfr. Alonso, 209-213, y en
esta edición las notas al v. 32 de «Galope muerto» y al v. 34 de «Juntos noso-
tros».

10-11 *sus mapas / de color inundado:* cfr. «hasta que un mapa / de sangre y de
cabellos desbordados / manche los agujeros...» («Maternidad»). La imagen *ma-
pas* parece aludir a manchas de forma irregular, como los países o continentes
en los mapas.

12-17 *y cae su cabeza... se acongojan... en los mercados... entre sollozos...* El vía crucis
del vegetal hacia el mercado pone al poeta en contacto con una dimensión de

Sus pies cortados van, sus ojos verdes
van derramados, para siempre hundidos
en ellos los secretos y las gotas: 20
los túneles del mar de donde emergen,
las escaleras que el apio aconseja,
las desdichadas sombras sumergidas,
las determinaciones en el centro del aire,
los besos en el fondo de las piedras.   25

A medianoche, con manos mojadas,
alguien golpea mi puerta en la niebla,
y oigo la voz del apio, voz profunda,
áspera voz de viento encarcelado,
se queja herido de aguas y raíces,   30
hunde en mi cama sus amargos rayos,
y sus desordenadas tijeras me pegan en el pecho
buscándome la boca del corazón ahogado.

Qué quieres, huésped de corsé quebradizo,
en mis habitaciones funerales?   35
Qué ámbito destrozado te rodea?

secreto sacrificio en la circulación de la vida (pasaje desde la naturaleza a la so-
ciedad).

26 *TCM*, «A media noche».

26-33 *A medianoche, con manos mojadas,* etc. Esta secuencia "narrativa" propo-
ne una antropomorfización del *apio* similar a la del *vino* en el texto siguiente, y
también ligada a una imagen de la situación política española a finales de 1934
(ver notas introductoras a «La calle destruida» y a «Estatuto del vino»). Más en
general, la secuencia sugiere los requerimientos de parte de asuntos, temas, mo-
tivos "materiales", relacionados con la vida "material" y cotidiana, con la vida
objetiva (y no con los sueños), que reclaman un espacio en la escritura del poe-
ta. Es significativo que el visitante llegue *a medianoche,* en el seno de la noche,
que en el código residenciario es el ámbito de los sueños y de la poesía. — *con
manos mojadas:* débilmente, con fuerza contenida. Cfr. «campanas mojadas»
(«Oda con un lamento», v. 25); «un agrio cielo de metal mojado» («Desespe-
diente», v. 21). — *en la niebla:* alusión indirecta a (o proyección de) una situación
de incerteza o penumbra en el poeta, a dificultades para ver claro. —
encarcelado... herido... amargos: cfr. notas a vv. 29-35 y 83-108 de «estatuto del
vino». — *buscándome la boca del corazón ahogado:* "reclamando mi canto, mi poesía
(boca), ahora ocupada o sofocada por mi desolación afectiva".

35 *habitaciones funerales:* cfr. «a mis habitaciones extinguidas» («Enfermedades
en mi casa», v. 4: ver nota).

36 *TCM:* «Qué trigo destrozado te rodea?»

Fibras de oscuridad y luz llorando,
ribetes ciegos, energías crespas,
río de vida y hebras esenciales,
verdes ramas de sol acariciado,   40
aquí estoy, en la noche, escuchando secretos,
desvelos, soledades,
y entráis, en medio de la niebla hundida,
hasta crecer en mí, hasta comunicarme
la luz oscura y la rosa de la tierra.   45

---

41 *aquí estoy:* énfasis rotundo y autoafirmativo, distante de la precariedad ansiosa que en parte definía al *soy yo* de «Entrada a la madera» y del cual se propone como desarrollo. — *en la noche:* "con mi poesía así como ella es, nocturna": disponibilidad a acoger y traducir preocupaciones ajenas, asuntos "materiales" y "naturales" de otras gentes (de los que el apio es aquí símbolo y condensación), pero sin alterar la que el sujeto siente como "identidad nocturna" de su poesía.

43 *TCM,* faltan las comas tras «entráis» y al fin del verso.

45 *la luz oscura y la rosa de la tierra:* «los secretos de la vida y del mundo» (P. N., en Alonso, 268). Recuérdese que hasta aquí *luz oscura* equivaldría, en el imaginario personal y subjetivo del poeta, a la *noche* (sueños, amor, poesía), como esa nocturna *voz de luz* de «Alianza (sonata)». Aquí se trata de una *luz oscura* objetiva, extrapersonal, que proviene de ese nivel en que el apio y los hombres se unifican: la naturaleza *(la tierra).*

ESTATUTO DEL VINO

Cuando a regiones, cuando a sacrificios
manchas moradas como lluvias caen,
el vino abre las puertas con asombro,
y en el refugio de los meses vuela
su cuerpo de empapadas alas rojas.   5

Sus pies tocan los muros y las tejas
con humedad de lenguas anegadas,
y sobre el filo del día desnudo
sus abejas en gotas van cayendo.

Yo sé que el vino no huye dando gritos   10
a la llegada del invierno,
ni se esconde en iglesias tenebrosas
a buscar fuego en trapos derrumbados,
sino que vuela sobre la estación,
sobre el invierno que ha llegado ahora   15
con un puñal entre las cejas duras.

1-5 *regiones* ("lo extenso"), *sacrificios* ("lo doloroso"): «Los dos miembros se re-
componen en "extensión dolorosa" (P. N.). Regiones con sacrificios, la anchura
del mundo con sus desgracias. Así pues cuando en este valle de lágrimas llue-
ven lividices *(como lluvias* ilustra a *caen*, no a *moradas)*, cuando se acumulan inso-
portablemente los dolores, (...) el vino se desencierra, se dispone a actuar, y "en
el hueco del tiempo" (P. N., *en el refugio de los meses)* vuela su impulso vital»
(Alonso, 268-269). — *RDP*, v. 4, transcribe «las mesas» en lugar de «los meses»
(que trae *TCM).*

9 *abejas:* «Son símbolo del ardor de la vida, del frenesí amoroso o báquico o
dionisíaco»; aquí *abejas en gotas* está por «la ardorosa fuerza vital del vino» (Alon-
so, 217-218).

10-16 *invierno.* El invierno a fines de 1934 no se presenta amable para Neru-
da (triste situación familiar: enfermedad de la hija, miseria conyugal) ni para la
república española (consecuencias de la revolución de octubre de 1934 en Astu-
rias y de su feroz represión), por lo cual puede servir de soporte a siniestras re-
presentaciones. Creo que en las alusiones a «iglesias tenebrosas», a «trapos de-

Yo veo vagos sueños,
yo reconozco lejos,
y miro frente a mí, detrás de los cristales,
reuniones de ropas desdichadas.   20

A ellas la bala del vino no llega,
su amapola eficaz, su rayo rojo,
mueren ahogados en tristes tejidos,
y se derrama por canales solos,
por calles húmedas, por ríos sin nombre,   25
el vino amargamente sumergido,
el vino ciego y subterráneo y solo.

---

rrumbados» y al invierno que «ha llegado ahora / con un puñal», se superponen
las esferas privadas y pública de la existencia del poeta. Téngase en cuenta: 1)
que en la poesía de Neruda los momentos anticlericales sólo ocurren en función
de un contexto político o de una exigencia humana de orden histórico, ético
y/o estético: el anticlericalismo nunca interesó al poeta como bandera de lucha
aislada; 2) el invierno tiene habitualmente un valor positivo en el imaginario
nerudiano, incluso cuando es crudo y amenazante, porque en la génesis de su
representación está el invierno del "sur de la infancia": cfr. «qué mar de invier-
no... trata de sobrevivir...?» («El deshabitado»: ver nota respectiva); «Ayudad-
me... inviernos del sur» («Enfermedades en mi casa»). Luego, se trata aquí de
un particular *invierno* que justifica anomalías (el mismo *invierno* de «La calle des-
truida», v. 9). — *fuego:* ver nota a vv. 49-50 de «Entrada a la madera». — *puñal:*
como símbolo del odio al interior de la sociedad, cfr. «quién guarda sin puñal
(como las encarnadas / amapolas) su sangre?» («Alturas de Macchu Picchu», ii).
— *TCM* y *RDP*, v. 16: «con con un puñal mojado entre las cejas».

  20 *reuniones de ropas desdichadas:* burgueses, gentes vacías, sólo cáscara o apa-
riencia, ropas que envuelven la nada. Cfr. «y se habla favorablemente de la
ropa, [...] como si por las calles fueran las prendas y los trajes vacíos por com-
pleto» («Ritual de mis piernas»); «No pude asir sino un racimo de rostros o de
máscaras [...] como ropas dispersas» («Alturas de Macchu Picchu», ii).

  22 *amapola... rojo:* ambos términos tienen que ver con embriaguez, pasión, in-
tensidad vital. Cfr. nota al v. 12 de «Fantasma».

  23 *tristes tejidos:* coraza que sofoca o rechaza los estímulos (la acción violenta
pero vivificante) del vino.

  24-27 *y se derrama...* Leo: "y [entonces] se derrama...", etc., suponiendo que el
texto alude aquí a espacios y estratos populares —oscuros y marginales— del
tejido social; espacios y estratos que acogen al vino (que por ello deviene «amar-
gamente sumergido», «subterráneo», etc.), en oposición a los sectores acomoda-
dos, burgueses y convencionales (las «reuniones de ropas desdichadas» y los
«tristes tejidos» de vv. 20 y 23) que lo rechazan.

Yo estoy de pie en su espuma y sus raíces,
yo lloro en su follaje y en sus muertos,
acompañado de sastres caídos   30
en medio del invierno deshonrado,
yo subo escalas de humedad y sangre
tanteando las paredes,
y en la congoja del tiempo que llega
sobre una piedra me arrodillo y lloro.   35

Y hacia túneles acres me encamino
vestido de metales transitorios,

---

28 *Yo estoy de pie...* «Me instalo por el acto poético [por endopatía o proyección sentimental] en el vino, lo vivo desde dentro de él, desde la espuma hasta la raíz» (Alonso, 303). — Notar la progresión desde *soy yo* («Entrada a la madera») a *aquí estoy, en la noche* («Apogeo del apio») hasta el presente *Yo estoy de pie* que sugiere un enérgico alzarse, una disposición combativa, más allá del «escuchando secretos, / desvelos, soledades («Apogeo del apio»).

29-35 *yo lloro en su follaje y en sus muertos,* etc. El v. 28 ha iniciado una secuencia dominada por signos de dolor, violencia, solidaridad y participación. ¿Cuál es el factor común? Sin querer mínimamente forzar la interpretación, creo que la secuencia pone en conexión la conciencia-voluntad del sujeto con una siniestra situación externa, cuyo referente sería la grave situación política en que ha desembocado la república española a fines de 1934, tras la sangrienta represión organizada por los generales Franco y Goded en Asturias (octubre-noviembre). — *en su follaje y en sus muertos.* Continúa la imagen del vino como *árbol* (espuma = copa, raíces, y ahora follaje) pero también como *pueblo* («en sus muertos»), anticipando el *árbol del pueblo* de «Los libertadores» *(CGN,* IV). — *sastres caídos... invierno deshonrado:* posible alusión a víctimas de la represión (¿artesanos de izquierda, anarquistas quizá?) que ensucia la gestión republicana en ese invierno. — *yo subo escalas.* «L'échelle est le symbole par excellence de *l'ascension* et de la *valorisation,* se rattachant à la symbolique de la verticalité» (Chevalier-Gheerbrant, s. v. «échelle»). La figura de la escala se asocia en Neruda a importantes revelaciones. «Entonces en la escala de la tierra he subido / ... / hasta ti, Macchu Picchu» *(CGN,* II, vi). Ver también la escalera del sueño de Florencio Rivas, en *HYE,* XV. — *escalas de humedad y sangre.* El movimiento ascensional *(yo subo)* complementa el descendente del vino *(sumergido, subterráneo),* con el cual el poeta se identifica (vv. 28-29): esbozo de tropismo órfico (descenso-ascenso en la profundidad oscura). *Humedad* y *sangre:* pobreza (cfr. «por calles húmedas», v. 25) y dolor. — *tanteando las paredes:* con alguna incerteza o inseguridad. — *me arrodillo:* la revelación asume carácter sagrado, como en el v. 16 de «Entrada a la madera».

37 *vestido de metales transitorios:* animado de efímeras fuerzas, o de impulsos repentinos, frágiles.

hacia bodegas solas, hacia sueños,
hacia betunes verdes que palpitan,
hacia herrerías desinteresadas,   40
hacia sabores de lodo y garganta,
hacia imperecederas mariposas.

Entonces surgen los hombres del vino
vestidos de morados cinturones,
y sombreros de abejas derrotadas,   45
y traen copas llenas de ojos muertos,
y terribles espadas de salmuera,
y con roncas bocinas se saludan
cantando cantos de intención nupcial.

Me gusta el canto ronco de los hombres del vino,   50
y el ruido de mojadas monedas en la mesa,
y el olor de zapatos y de uvas
y de vómitos verdes:
me gusta el canto ciego de los hombres,
y ese sonido de sal que golpea   55
las paredes del alba moribunda.

---

42 *hacia imperecederas mariposas.* Conjunción paradójica de lo duradero y de lo frágilmente hermoso (o fugazmente bello). Cfr. «En lo alto de las manos... / el arrancar de mariposas cuya luz no tiene término» — «Alianza (sonata)».

45 *abejas derrotadas:* "el amortiguamiento de lo vivo" (P. N., en Alonso, 218). Cfr. *supra*, nota al v. 9.

48 y 50 *con roncas bocinas... el canto ronco:* ver nota al v. 5 de «Melancolía en las familias».

52 *TCM* y *CYR,* coma al fin del verso: la suprimo, según *OCP.*

55 *y ese sonido de sal que golpea:* Alonso (240) lee «los golpes devoradores de la sal», con sentido de salmuera. No estoy de acuerdo. Alonso no llegó a entender que el significado simbólico de *sal* es generalmente positivo en *Residencia* (como en el caso presente), y que un verso como «y la sal golpea y la espuma devora» («Enfermedades en mi casa», v. 19) es la excepción confirmante cuanto significa, como aquí, porfía entusiasta, fermento tenaz, energía viva e insistente (¡la del mar!), pero en negativo, en dirección letal. Aquí, en cambio, «ese sonido de sal» *golpea* en la habitual dirección de la Vida. Remito a mi nota al v. 13 de «Colección nocturna». *Salmuera* aparece explícitamente *supra*, v. 47.

56 *CYR:* «las paredes del *alma* moribunda». Errata que corrijo según *TCM* y *OCP:* «alba».

Hablo de cosas que existen, Dios me libre
de inventar cosas cuando estoy cantando!
Hablo de la saliva derramada en los muros,
hablo de lentas medias de ramera,   60
hablo del coro de los hombres del vino
golpeando el ataúd con un hueso de pájaro.

Estoy en medio de ese canto, en medio
del invierno que rueda por las calles,
estoy en medio de los bebedores,   65
con los ojos abiertos hacia olvidados sitios,

57-58 *Hablo de cosas que existen...!* Significativa denuncia del carácter realista
de la propia poética, como advirtiendo: "no es necesario que nadie invite a mi
poesía a ser realista, ella lo es ya en alto grado: basta leerla con atención". — A
propósito de estos versos, Rosales (1978: 103) recuerda: «Fueron un grito a
tiempo, una bandera. Encarnaban (...) las primeras relaciones disidentes dentro
del movimiento de vanguardia.»

61 *hablo del coro de los hombres del vino.* Linfa vital y sangre común, el vino
emerge ante los nuevos ojos (el nuevo *ver*) del poeta como un factor de cone-
xión y cohesión con otros hombres, al interior de una esfera dionisíaca en lucha
con la muerte (es decir, en lucha por la integración de la muerte a la Vida en el
espacio social). Los "hombres del vino" encarnan en el ámbito humano la po-
tencia vital de la naturaleza, aparecen investidos también ellos de esa mezcla de
«otoño y resistencia» que definía a la materia viva en «Entrada a la madera».
Como Alberto Rojas Giménez, los "hombres del vino" reúnen en sí mismos la
poesía y la marginalidad económico-social.

62 *golpeando el ataúd:* luchando contra la muerte. — *con un hueso de pájaro:* cfr.
«una pata de pájaro» («Enfermedades en mi casa»): los "hombres del vino",
como la niña enferma, en lucha contra una potencia cósmica descomunal, des-
proporcionada, frágilmente armados. — Posible resonancia del «He golpeado
los ataúdes» de García Lorca *(Poeta en Nueva York,* poema «Iglesia abandonada»,
que Neruda leyó ya en Buenos Aires, en *Poesía,* dic. 1933).

63 *Estoy en medio de ese canto:* declaración de solidaridad y participación: toma
de posición.

64 *invierno que rueda por las calles:* este verso deja en claro que la imagen *invier-
no* alude particularmente, en este texto, a una cierta situación *pública,* a un cierto
estado de hechos que concierne a la sociedad.

65-68 *estoy en medio de los bebedores,* etc. El poeta *está...* (toma posición) con
todo su ser, con todos los niveles de su existencia: la conciencia (ojos abiertos),
la memoria (recordando), el dolor y el vacío afectivos (durmiendo caído sobre
cenizas del pasado), es decir, con sus actuales preocupaciones. Convergencia de
lo público y de *lo privado* en el horizonte de intereses del texto. — con los ojos
abiertos... cfr. «Agua sexual», vv. 35-36.

269

o recordando en delirante luto,
o durmiendo en cenizas derribado.

Recordando noches, navíos, sementeras,
amigos fallecidos, circunstancias,   70
amargos hospitales y niñas entreabiertas:
recordando un golpe de ola en cierta roca
con un adorno de harina y espuma,
y la vida que hace uno en ciertos países,
en ciertas costas solas,   75
un sonido de estrellas en las palmeras,
un golpe del corazón en los vidrios,
un tren que cruza oscuro de ruedas malditas
y muchas cosas tristes de esta especie.

A la humedad del vino, en las mañanas,   80
en las paredes a menudo mordidas por los días de invierno

69-79 *Recordando noches...* Esta secuencia es una glosa analítica del v. 67. —
navíos, sementeras, como *granero* y *barcos* en «Agua sexual» (vv. 19 y 25: ver notas).
— *amigos fallecidos:* el poeta piensa sin duda en Alberto Rojas Giménez. — *niñas
entreabiertas.* Imagen de incierta lección. Podría aludir, no muy finamente, a re-
cuerdos eróticos, si el término *niñas* tiene aquí la acepción coloquial chilena de
"muchachas jóvenes y deseables", como la tiene en «Colección nocturna», v. 38;
«Juntos nosotros», v. 32; «El joven monarca» («Amor de niña de pie pequeño y
gran cigarro»); «Sólo la muerte», v. 19; «Oda con un lamento», v. 1; «Agua se-
xual», v. 22. Pero la vecindad de *amargos hospitales* podría no ser casual, tratán-
dose entonces de una alusión a víctimas de violencias (¿la represión prolonga-
da?) o más probablemente a la propia hija enferma («La chica, me decían los
médicos, se muere, y aquella cosa pequeñilla sufría horriblemente de una hemo-
rragia que le había salido en el cerebro al nacer» — escribe Neruda a Sara Tor-
nú en su carta del 19-IX-1934), con sinécdoque del tipo "plural por singular".
— *un golpe de ola...* Lo particular por lo general: el poeta alude probablemente a
la playa de Puerto Saavedra a través de la memoria de un detalle. — *y la vida que
hace uno...* Evocación de los años vividos por el poeta en Asia sud-oriental (vv.
74-76; «ciertas costas solas» es Wellawatta). — *vidrios:* laceraciones, desgarra-
mientos, dolores: cfr. «Maternidad», v. 44; «Agua sexual», v. 7; «Enfermedades
en mi casa», v. 7 — *un tren... ruedas malditas:* imagen construida sobre el recuer-
do doloroso del tren nocturno Santiago-Temuco, ligado a lúgubres experiencias
familiares (desencuentro con el padre) o afectivas (desencuentros eróticos) al re-
greso del poeta desde Oriente. Cfr. «sonaría con un ruido oscuro, con sonido de
ruedas de tren con sueño» («Barcarola», v. 7: ver nota).
    81-82 *paredes... invierno... bodegas.* Paréntesis que por un momento reintroduce

270

que caen en bodegas sin duda solitarias,
a esa virtud del vino llegan luchas,
y cansados metales y sordas dentaduras,
y hay un tumulto de objeciones rotas,   85
hay un furioso llanto de botellas,
y un crimen, como un látigo caído.

El vino clava sus espinas negras,
y sus erizos lúgubres pasea,
entre puñales, entre mediasnoches,   90
entre roncas gargantas arrastradas,
entre cigarros y torcidos pelos,
y como ola de mar su voz aumenta
aullando llanto y manos de cadáver.

---

el invierno personal, privado. — *bodegas sin duda solitarias:* autorreferencia.
Cfr. «No quiero continuar... / de subterráneo solo, de bodega con muertos»
(«Walking around»); «Veo... / bodegas, cigarras» («Agua sexual»).

83-87 *a esa virtud del vino llegan luchas,* etc. Alonso lee *luchas:* «los impulsos
combativos de los hombres»; *objeciones rotas:* «las prevenciones de todo orden y
las represiones higiénicas y morales que inútilmente se quieren imponer (rotas),
alusión elaborada con elementos referentes además a los altercados de borra-
chos»; *furioso llanto de botellas:* «ya la tragedia ha desencadenado su furor y el do-
lor, y lloran las botellas volcadas» (Alonso, 284). — Teniendo en cuenta la
identificación que el texto establece entre el vino y la humanidad marginal y po-
bre *(humedad* asociada a pobreza en vv. 25, 32 y 80), creo que esta secuencia
quiere ser —tras una vaga máscara de alboroto etílico— la secreta alegoría de la
conflictividad político-social y de la violencia represiva que el poder reacciona-
rio (dominante en el gobierno) ha desencadenado en España como venganza y
exorcismo de la revolución asturiana. La referencia cifrada según esta clave
me parece así aclararse. *Luchas* no alude a altercados de borrachos. Imagen del
poder represivo es el v. 84: *cansados metales* = fuerzas anacrónicas, desgastadas;
sordas dentaduras = agresividad despiadada, feroz, irracional (sorda) frente al sen-
tido de la acción popular. El v. 85 es en cambio una imagen de la revolución
misma, destruida y silenciada, mientras el v. 86 habla de la indignación y del
dolor populares (del vino y sus botellas). El v. 87 resume la represión: fusila-
mientos, masacres, asesinatos individuales y masivos *(un crimen),* cárcel y casti-
gos *(un látigo).* — *TCM* y *CYR,* sin coma al fin del v. 84: puntúo según *OCP.*

88-94 *El vino clava sus espinas negras,* etc. Continuación y desarrollo de la ale-
goría. La secuencia configura la respuesta (contrarreacción) del vino agredido:
formas punzantes de sombría violencia defensiva *(espinas negras, erizos lúgubres)*
contrapuntean desde el lado popular el ejercicio del crimen nocturno, del encar-
celamiento y la tortura por parte del poder (a lo cual creo que aluden los vv.
90-92, si no se refieren a formas nocturnas y clandestinas de reunión y resisten-

Y entonces corre el vino perseguido   95
y sus tenaces odres se destrozan
contra las herraduras, y va el vino en silencio,
y sus toneles, en heridos buques en donde el aire muerde
rostros, tripulaciones de silencio,
y el vino huye por las carreteras,   100
por las iglesias, entre los carbones,
y se caen sus plumas de amaranto,
y se disfraza de azufre su boca,
y el vino ardiendo entre calles usadas
buscando pozos, túneles, hormigas,   105
bocas de tristes muertos,
por donde ir al azul de la tierra
en donde se confunden la lluvia y los ausentes.

---

cia). — *su voz aumenta / aullando llanto y manos de cadáver.* La creciente actividad
del vino (= pueblo, gente pobre y marginal) expresa y da vida eficaz al *llanto* (su-
frimiento) y a las *manos* (acción) de sus muertos en lucha *(cadáver).*

95-108 *Y entonces corre el vino perseguido,* etc. Conclusión de la alegoría. Perse-
cución, resistencia, silencio, fuga y luchas del vino por sobrevivir y renacer. —
herraduras: aquí, armas del poder represivo (por alusión a la caballería del ejérci-
to, de la Legión Extranjera, de los regulares marroquíes, de la policía). Cfr. nota
al v. 29 de «Caballo de los sueños». — *silencio.* La voz del "vino perseguido" (vv.
93 y 95) deviene silencio transitorio. — 104-108 *y el vino ardiendo...* El "vino per-
seguido", acosado, busca vías y conductos subterráneos hacia la profundidad
que preserve la memoria y la voz de los muertos, el sentido del sacrificio y de la
lucha, para que todo ello resurja, renazca y vuelva a florecer sobre la superficie
de la tierra, a pleno día. El vino es aquí sangre fertilizante, como la de Caupoli-
cán, el empalado: «La sangre quemante caía / de silencio en silencio, abajo, /
hacia donde está la semilla / esperando la primavera» *(CGN,* IV, vii). —
hormigas. Este símbolo de sentido negativo (ver nota al v. 33 de «Oda con un la-
mento») cambia aquí de valor, deviene ahora signo propicio en cuanto secreta
alusión a Delia del Carril, llamada afectuosamente *Hormiga,* entre otras cosas
por su activismo político (que cuenta en esta imagen). — *bocas de tristes muertos:*
cfr. «El desenterrado». — *azul.* Aquí color emblemático de la memoria y de
toda oscura profundidad o estrato donde se unifican y conectan los múltiples
canales del existir, asegurando la circulación, la continuidad y el crecimiento de
la vida. Ver nota al v. 5 de «Oda a Federico García Lorca». — *en donde se con-
funden la lluvia y los ausentes:* ambos son fertilizantes del *renacer* (que tiene igual
significado en la naturaleza y en la historia).

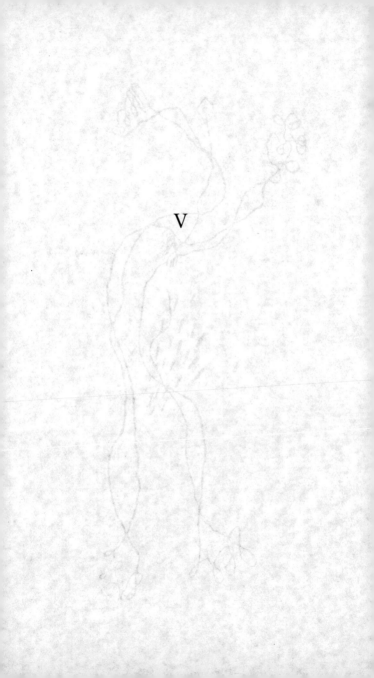

V

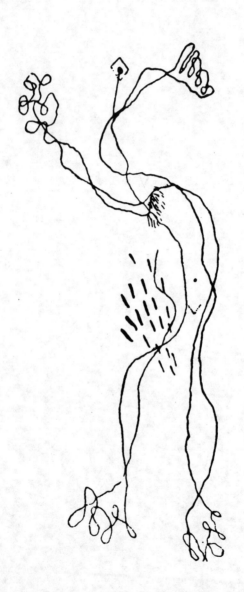

ODA A FEDERICO GARCÍA LORCA

Si pudiera llorar de miedo en una casa sola,
si pudiera sacarme los ojos y comérmelos,
lo haría por tu voz de naranjo enlutado
y por tu poesía que sale dando gritos.

Porque por ti pintan de azul los hospitales   5
y crecen las escuelas y los barrios marítimos,
y se pueblan de plumas los ángeles heridos,
y se cubren de escamas los pescados nupciales,
y van volando al cielo los erizos:
por ti las sastrerías con sus negras membranas   10
se llenan de cucharas y de sangre,
y tragan cintas rotas, y se matan a besos,
y se visten de blanco.

Cuando vuelas vestido de durazno,
cuando ríes con risa de arroz huracanado,   15
cuando para cantar sacudes las arterias y los dientes,
la garganta y los dedos,

---

5 *Porque por ti pintan de azul los hospitales*. De este módulo poético hay un antecedente en *THI*: «y por ti mi hermana no viste de negro» (poema 9, v. 4). — «Para mí el color azul es el más bello de los colores. Tiene la implicación del espacio humano, como la bóveda celeste, hacia la libertad y la alegría. La presencia de Federico, su magia personal, imponían un atmósfera de júbilo a su alrededor. Mi verso probablemente quiere decir que incluso los hospitales, incluso la tristeza de los hospitales, podían transformarse bajo el hechizo de su influencia y verse convertidos de pronto en bellos edificios azules» (relato de una explicación de este verso por su autor, en *CHV*, 172). — *azul*. Ver nota al v. 1 de «Melancolía en las familias».

10 *sastrerías*. Cfr. «Caballo de los sueños», v. 6; «Walking around», v. 2. "Por ti suceden cosas insólitas en las sastrerías."

11 *cucharas*: cosas nutrientes o apetitosas; sensualidad o excitación del comer. — *sangre*: pasiones, desvaríos, delirio del cuerpo, conmoción; cfr. nota al v. 46 de «Maternidad».

me moriría por lo dulce que eres,
me moriría por los lagos rojos
en donde en medio del otoño vives   20
con un corcel caído y un dios ensangrentado,
me moriría por los cementerios
que como cenicientos ríos pasan
con agua y tumbas,
de noche, entre campanas ahogadas: 25
ríos espesos como dormitorios
de soldados enfermos, que de súbito crecen
hacia la muerte en ríos con números de mármol
y coronas podridas, y aceites funerales:
me moriría por verte de noche   30
mirar pasar las cruces anegadas,
de pie y llorando,
porque ante el río de la muerte lloras
abandonadamente, heridamente,
lloras llorando, con los ojos llenos   35
de lágrimas, de lágrimas, de lágrimas.

Si pudiera de noche, perdidamente solo,
acumular olvido y sombra y humo
sobre ferrocarriles y vapores,
con un embudo negro,   40
mordiendo las cenizas,
lo haría por el árbol en que creces,
por los nidos de aguas doradas que reúnes,
y por la enredadera que te cubre los huesos
comunicándote el secreto de la noche.   45

22-29 *cementerios... campanas ahogadas... soldados enfermos...* Creo que esta secuen-
cia alude a la ominosa situación política y social que reina en España tras la re-
presión de la revolución asturiana. Ver notas introductoras a «La calle destrui-
da» y a «Estatuto del vino». — *campanas:* ver nota al v. 50 de «Entrada a la ma-
dera».

32 *OCP,* «de pie llorando» (sin la «y»).

37-41 *Si pudiera de noche...* "Por ti, por la magia de tu ser y de tu poesía [vv.
42-45], intentaría incluso cosas imposibles para mí (Si *pudiera...*) como sepultar
la memoria de mi infancia *(ferrocarriles)* y de mis viajes *(vapores)."*

Ciudades con olor a cebolla mojada
esperan que tú pases cantando roncamente,
y silenciosos barcos de esperma te persiguen,
y golondrinas verdes hacen nido en tu pelo,
y además caracoles y semanas,   50
mástiles enrollados y cerezas
definitivamente circulan cuando asoman
tu pálida cabeza de quince ojos
y tu boca de sangre sumergida.

Si pudiera llenar de hollín las alcaldías   55
y, sollozando, derribar relojes,
sería para ver cuándo a tu casa
llega el verano con los labios rotos,
llegan muchas personas de traje agonizante,
llegan regiones de triste esplendor,   60
llegan arados muertos y amapolas,
llegan enterradores y jinetes,
llegan planetas y mapas con sangre,
llegan buzos cubiertos de ceniza,
llegan enmascarados arrastrando doncellas   65
atravesadas por grandes cuchillos,
llegan raíces, venas, hospitales,
manantiales, hormigas,
llega la noche con la cama en donde

---

47 *roncamente.* Este adverbio «descubre en el canto aquella cualidad de miste-
rio y vibración que el mismo García Lorca llamó duende» (Alonso, 200). Ver
mi nota al v. 5 de «Melancolía en las familias».

49 *golondrinas:* ver nota al v. 21 de «Alianza (sonata)».

51 *cerezas:* ver nota al v. 5 de «Melancolía en las familias».

55-56 *Si pudiera llenar de hollín...* "Si pudiera obstruir la máquina de la buro-
cracia (o del poder) y destruir (o detener) la del tiempo."

59-66 *llegan muchas personas...* Leo en esta parte de la secuencia (definida por
la reiteración anafórica de *llegan)* un elenco estilizado, vagamente referencial, de
figuras y motivos de la literatura de Federico.

68 *hormigas:* probable alusión a Delia del Carril (en un nivel confidencial y ci-
frado, a diferencia de la mención del v. 75). Cfr. «Estatuto del vino», v. 105, y
respectiva nota.

69-70 *noche... cama... arañas... húsar solitario.* La precedente alusión a *hormigas*
(Delia) atrae por contraste al texto una imagen cuyo referente es, creo, la situa-

muere entre las arañas un húsar solitario,   70
llega una rosa de odio y alfileres,
llega una embarcación amarillenta,
llega un día de viento con un niño,
llego yo con Oliverio, Norah,
Vicente Aleixandre, Delia,   75
Maruca, Malva Marina, María Luisa y Larco,
la Rubia, Rafael, Ugarte,

---

ción conyugal del poeta. — *arañas:* ver nota al v. 6 de «Enfermedades en mi casa» y al v. 61 de «El desenterrado». — *húsar solitario.* Autorreferencia que se explicaría por la toma de posición del poeta ante la situación política española (nivel de la acción, del combate). *Húsar* me parece una figura autorreferencial situada entre el *alférez* de la prosa final de *Anillos* (principiante en la jerarquía de la acción) y el futuro ambicionado *capitán* de *VCP.* Ver nota a vv. 62-65 de «Colección nocturna».

74-81 *llego yo con Oliverio...* Los nombres aquí enumerados conectan y unifican los dos espacios de la amistad entre Federico y Neruda: Buenos Aires y Madrid.

74 *Oliverio* = Oliverio Girondo (1891-1967), poeta argentino a quien Neruda dedica un poema evocativo en *Fin de mundo* (1969). — *Norah* = Norah Lange (1906-?), escritora argentina, esposa de Girondo. En 1933 publicó *45 días y 30 marineros* (¿relación con el v. 12 de «Maternidad»?).

75 *Vicente Aleixandre:* «poeta de dimensión ilimitada» lo define Neruda en *CHV,* 166. Ver «Vicente Aleixandre» en *PNN,* 74-75; testimonio de Aleixandre sobre Neruda en *NJV,* 11-15, y en *Los encuentros* (1985²). — *Delia* = Delia del Carril, argentina, segunda esposa del poeta. Ver: de Neruda, *CHV,* dos poemas en *MIN,* IV; Teitelboim, *passim;* entrevista en Bizarro (1979); R. Alberti, «La "hormiguita" y otras hojas perdidas», en *El País,* Madrid (10-XI-1985).

76 *Maruca* = María Antonieta Hagenaar (o Agenaar) Volgelzanz. Ver: Teitelboim, *passim;* Aguirre (1980); *CLR;* y en esta edición mis notas introductoras (y también las que siguen) a «Comunicaciones desmentidas», «Cantares», «El fantasma del buque de carga», «Barcarola», «Sólo la muerte», «Maternidad». — *Malva Marina* (1934-1942): ver nota inicial a «Enfermedades en mi casa». — *María Luisa* = María Luisa Bombal (1910-1980), importante narradora chilena *(La amortajada, La última niebla).* Amiga de adolescencia, Neruda la reencuentra en Buenos Aires en 1933, trabajando también en el consulado de Chile. Sobre MLB hay libros recientes de Hernán Vidal y de Lucía Guerra Cunningham. — *Larco* = Jorge Larco (1897-?), pintor argentino, marido de María Luisa, que diseñó y realizó la cubierta de *PPD.*

77 *la Rubia* = Sara Tornú, esposa de Pablo Rojas Paz, argentina, a quien Neruda y Federico dedicaron el ejemplar único de *PPD.* Ver carta de Neruda a la Rubia (19-IX-1934), editada y presentada por J. Loveluck, en *Hispania* 66 (septiembre de 1983), 420-422. — *Rafael* = Rafael Rodríguez Rapún, español, uno de los fundadores de La Barraca, animador y administrador del grupo, amigo y secretario personal de Federico cuando Neruda llega a Madrid. Federico lo lla-

Cotapos, Rafael Alberti,
Carlos, Bebé, Manolo Altolaguirre,
Molinari,   80
Rosales, Concha Méndez,
y otros que se me olvidan.

Ven a que te corone, joven de la salud
y de la mariposa, joven puro
como un negro relámpago perpetuamente libre,   85
y conversando entre nosotros,
ahora, cuando no queda nadie entre las rocas,
hablemos sencillamente como eres tú y soy yo:
para qué sirven los versos si no es para el rocío?

Para qué sirven los versos si no es para esa noche   90
en que un puñal amargo nos averigua, para ese día,

maba «Tres Erres». Murió en 1937 combatiendo por la república en el frente de
Santander (Matamorosa). Puccini supone que este *Rafael* sea Rafael Bergamín,
hermano de José (1962: 692). Pero en verdad sólo a Rodríguez Rapún podía
Neruda (dirigiéndose a Federico) llamar simplemente Rafael. — *Ugarte* =
Eduardo Ugarte, español, cofundador, codirector, coescenógrafo de La Ba-
rraca, cineasta por vocación, yerno de Carlos Arniches y concuñado de Ber-
gamín, leal y devotísimo amigo de Federico (quien le decía «Ugartequé» porque
siempre respondía «¿qué?» cuando lo llamaban). Murió en exilio, en México. —
Sobre Rodríguez Rapún y sobre Ugarte hay preciosa información en L. Sáenz
de la Calzada (1976). — *OCP*, sin coma tras «Rafael» (por lo cual propone un
inexistente "Rafael Ugarte").

78 *Cotapos* = Acario Cotapos, músico chileno, gran fabulador. Ver: *CHV*,
381-383; «Oda a Acario Cotapos» en *PPS* (1962). — *Rafael Alberti*. Neruda lo
llamaba *confrère*. Ambos poetas han escrito muchísimo sobre la amistad que los
unió. De Neruda, ver: *CGN* (XII), *CHV*, *PNN*.

79 *Carlos* = Carlos Morla Lynch, diplomático chileno, gran amigo de Federi-
co desde marzo de 1929 (ver su propio libro de recuerdos). Pero Neruda lo
acusará de haber traicionado a Miguel Hernández, negándole el asilo que lo
pudo haber salvado *(CHV*, 175). *Bebé* era el nombre con que todos conocían a
su mujer, «que cantaba con voz de ángel» (Sáenz de la Calzada, 43). — *Manolo
Altolaguirre:* ver *CHV*, 168-9; *PNN*, 241-247.

80 *Molinari* = Ricardo E. Molinari (1898-?), poeta argentino. En 1933 publi-
ca *Nunca* en las Ediciones Héroe (de M. Altolaguirre), Madrid. Estrecha amis-
tad con Neruda al regresar a Buenos Aires.

81 *Rosales* = Luis Rosales (Granada, 1910). Premio Cervantes 1982 por el
conjunto de su obra literaria. — *Concha Méndez:* la mujer de Altolaguirre era,
también ella, una reconocida poetisa.

para ese crepúsculo, para ese rincón roto
donde el golpeado corazón del hombre se dispone a morir?

Sobre todo de noche,
de noche hay muchas estrellas,   95
todas dentro de un río,
como una cinta junto a las ventanas
de las casas llenas de pobres gentes.

Alguien se les ha muerto, tal vez
han perdido sus colocaciones en las oficinas,   100
en los hospitales, en los ascensores,
en las minas,
sufren los seres tercamente heridos
y hay propósito y llanto en todas partes:
mientras las estrellas corren dentro de un río interminable 105
hay mucho llanto en las ventanas,
los umbrales están gastados por el llanto,
las alcobas están mojadas por el llanto
que llega en forma de ola a morder las alfombras.

Federico,   110
tú ves el mundo, las calles,
el vinagre,
las despedidas en las estaciones
cuando el humo levanta sus ruedas decisivas

---

94 *Sobre todo de noche.* El énfasis del verso busca subrayar el importante cam-
bio en la colocación simbólica de la noche que los versos siguientes implican.

95-98 *de noche hay muchas estrellas,* etc. El sentido y los valores poéticos de la
nocturnidad (representados por las estrellas) no se colocan espacialmente en la
alta bóveda sino aquí abajo, sobre la tierra: importan sólo las estrellas que se re-
flejan en el río que bordea las poblaciones o caseríos pobres, las que por ello
han adquirido un significado humano. Esta valorización de la oscuridad (noc-
turnidad) y del abajo (tierra, agua) populares, es decir, del *pueblo-noche,* es una
importante intuición que buscará su lugar en el imaginario simbólico de Neruda
y que alcanzará su más cumplida formulación en «El fugitivo» de 1948 *(CGN,*
X). Cfr. Loyola 1981: 206-209. — *OCP,* sin coma al fin del v. 96.

104 *CYR* trae coma al fin del verso: puntúo según *OCP.*

hacia donde no hay nada sino algunas   115
separaciones, piedras, vías férreas.

Hay tantas gentes haciendo preguntas
por todas partes.
Hay el ciego sangriento, y el iracundo, y el
desanimado,   120
y el miserable, el árbol de las uñas,
el bandolero con la envidia a cuestas.

Así es la vida, Federico, aquí tienes
las cosas que te puede ofrecer mi amistad
de melancólico varón varonil.   125
Ya sabes por ti mismo muchas cosas,
y otras irás sabiendo lentamente.

126-127 *OCP* puntúa así estos dos versos:

126 Ya sabes por ti mismo muchas cosas.
127 Y otras irás sabiendo lentamente.

ALBERTO ROJAS GIMÉNEZ VIENE VOLANDO

Entre plumas que asustan, entre noches,
entre magnolias, entre telegramas,
entre el viento del Sur y el Oeste marino,
    vienes volando.

Bajo las tumbas, bajo las cenizas,   5
bajo los caracoles congelados,
bajo las últimas aguas terrestres,
    vienes volando.

Más abajo, entre niñas sumergidas,
y plantas ciegas, y pescados rotos,   10
más abajo, entre nubes otra vez,
    vienes volando.

Más allá de la sangre y de los huesos,
más allá del pan, más allá del vino,

1-3 *Entre plumas que asustan,* etc. «Las flores funerarias y los telegramas de aviso se juntan con las plumas de misterio y con las desmedidas dimensiones de las noches, del viento polar y del Oeste oceánico (es en Chile), para fijar con cuatro trazos el tremendo momento en que [el poeta] toma noticia de la muerte de su amigo» (Alonso, 298). — *plumas que asustan:* ¿aves de mal agüero? (Por el clima "realista" de esta primera estrofa, referida al ámbito actual del poeta, pienso en probables visiones de los días precedentes —por ejemplo, de ciertos pájaros—, posteriormente interpretadas como signos anunciadores o premonitorios. Cfr. el relato sobre Federico y el «preconocimiento de su muerte» en *CHV,* 172-173.) — *el Oeste marino:* tal vez no se refiere al océano Pacífico (al oeste de Chile), como lee Alonso, sino al Atlántico, al oeste de la península ibérica (donde fue escrito el poema), y que es el espacio oceánico del «vienes volando».

4 *vienes volando.* No es nueva en *Residencia* la imagen relativa a una figura o a un fuerte sentimiento-estímulo que desde el espacio originario (Chile) sobrevuela océanos y latitudes hasta alcanzar al sujeto distante. Cfr. «sangres aéreas» («Trabajo frío», v. 7: ver nota). Una diversa representación elegíaca en «Ausencia de Joaquín».

más allá del fuego,   15
　　vienes volando.

Más allá del vinagre y de la muerte,
entre putrefacciones y violetas,
con tu celeste voz y tus zapatos húmedos,
　　vienes volando.   20

Sobre diputaciones y farmacias,
y ruedas, y abogados, y navíos,
y dientes rojos recién arrancados,
　　vienes volando.

Sobre ciudades de tejado hundido   25
en que grandes mujeres se destrenzan
con anchas manos y peines perdidos,
　　vienes volando.

---

15 *más allá del fuego.* ¿Por qué este hexasílabo (trocaico) que rompe —por única vez en el poema— la regularidad de los endecasílabos de la estrofa sáfico-adónica? Probablemente el texto quiere crear así un silencio rítmico deliberado, que por un lado busca cerrar con el énfasis resonante del vacío la enumeración precedente (elementos fundamentales de la vida) y que por otro anuncia y refuerza el estribillo (puesto que el vacío equivale a un pentasílabo como «vienes volando»).

17 *vinagre:* ver nota al v. 37 de «Melancolía en las familias».

18 *entre putrefacciones y violetas:* entre las dimensiones contradictorias de la muerte: cfr. notas a los vv. 31 y 32 de «Sólo la muerte».

21 *Sobre diputaciones...* El desplazamiento o "vuelo" del amigo muerto se verifica a varios niveles (cuyos indicadores son preposiciones o locuciones preposi-tivas que alternadamente encabezan y caracterizan estrofas o series de estrofas: *bajo, entre, sobre, más allá de, junto a;* o bien adverbios o locuciones adverbiales: *mientras, más abajo;* todos estos elementos concurren a un juego rítmico de repe-ticiones, variantes y resonancias que definen la estructura musical del texto). Pero *sobre* no se opone a *bajo* ni a *más abajo:* son sólo dos perspectivas del vuelo de altura. Las estrofas encabezadas por *sobre* aluden al ámbito social de la degra-dación, del dolor y del prosaísmo letal (que incluye farmacias, abogados, dientes arrancados, ciertas ciudades, dentistas, cines, congregaciones monjiles, como en «Walking around» y «Desespediente»). Las estrofas encabezadas por *bajo* y *más abajo* (vv. 5-12) aluden a la dimensión de la más *alta* y noble profundidad de la tierra, del océano, de la materia, de la memoria, del amor, de la unidad vida-muerte: lo *bajo* es aquí *altura,* así como el descenso a lo hondo y a lo oscuro es al mismo tiempo ascensión en «Entrada a la madera», en «Estatuto del vino» y en otros poemas de *Residencia,* y más tarde en «Alturas de Macchu Picchu».

Junto a bodegas donde el vino crece
con tibias manos turbias, en silencio,   30
con lentas manos de madera roja,
    vienes volando.

Entre aviadores desaparecidos,
al lado de canales y de sombras,
al lado de azucenas enterradas,   35
    vienes volando.

Entre botellas de color amargo,
entre anillos de anís y desventura,
levantando las manos y llorando,
    vienes volando.   40

Sobre dentistas y congregaciones,
sobre cines, y túneles, y orejas,
con traje nuevo y ojos extinguidos,
    vienes volando.

Sobre tu cementerio sin paredes   45
donde los marineros se extravían,
mientras la lluvia de tu muerte cae,
    vienes volando.

29-32 *ROC-2, MCR-2* y *ANT:* esta estrofa aparecía situada entre la 11.ª y la 12.ª (esto es, entre los vv. 44 y 45) de la versión *CYR* que aquí reproduzco. El desplazamiento se explica en razón del juego rítmico y musical del texto: *CYR* pone en sucesión dos estrofas encabezadas por *sobre* (vv. 41 y 45), antes separadas, reforzando así el juego de combinaciones y resonancias rítmicas con *sobre* y *mientras* que el poema despliega entre los vv. 45-46 (y que Alonso elogia en página 98 por sus «virtudes rítmicas de extraordinaria hermosura»). Notar que el aumento cuantitativo de las unidades encabezadas por *sobre* (vuelo de altura) tiende a equilibrar —y a enmarcar— la proliferación del movimiento de *caída* (lo que *cae* o *desciende)* que el indicador *mientras* insistentemente introduce. — *Junto a bodegas donde el vino crece:* cfr. «Estatuto del vino» y respectivas notas.

33 *Entre aviadores desaparecidos:* «la imaginación poética elabora "datos" concretos (aviadores nunca hallados: Neruda mismo más de una vez emplearía el chilenísimo "más perdido que el teniente Bello") que se proyectan hacia el vuelo sin regreso, el vuelo de la muerte» (Loveluck 1974: 372).

Mientras la lluvia de tus dedos cae,
mientras la lluvia de tus huesos cae,   50
mientras tu médula y tu risa caen,
      vienes volando.

Sobre las piedras en que te derrites,
corriendo, invierno abajo, tiempo abajo,
mientras tu corazón desciende en gotas,   55
      vienes volando.

No estás allí, rodeado de cemento,
y negros corazones de notarios,
y enfurecidos huesos de jinetes:
      vienes volando.   60

Oh amapola marina, oh deudo mío,
oh guitarrero vestido de abejas,
no es verdad tanta sombra en tus cabellos:
      vienes volando.

No es verdad tanta sombra persiguiéndote,   65
no es verdad tantas golondrinas muertas,
tanta región oscura con lamentos:
      vienes volando.

El viento negro de Valparaíso
abre sus alas de carbón y espuma   70
para barrer el cielo donde pasas:
      vienes volando.

Hay vapores, y un frío de mar muerto,
y silbatos, y meses, y un olor
de mañana lloviendo y peces sucios: 75
      vienes volando.

---

61 *amapola marina:* cfr. nota al v. 12 de «Fantasma».

62 *vestido de abejas:* «Por su ardiente vitalidad, al amigo muerto (...) lo repre-
senta "vestido de abejas", esto es, como un apretado enjambre» (Alonso, 219).

74 *OCP* trae «mesas» (errata evidente).

Hay ron, tú y yo, y mi alma donde lloro,
y nadie y nada, sino una escalera
de peldaños quebrados, y un paraguas:
        vienes volando.   80

Allí está el mar. Bajo de noche y te oigo
venir volando bajo el mar sin nadie,
bajo el mar que me habita, oscurecido:
        vienes volando.

Oigo tus alas y tu lento vuelo,   85
y el agua de los muertos me golpea
como palomas ciegas y mojadas:
        vienes volando.

Vienes volando, solo, solitario,
solo entre muertos, para siempre solo,   90
vienes volando sin sombra y sin nombre,
sin azúcar, sin boca, sin rosales,
        vienes volando.

---

78 *OCP* trae coma tras «nadie».

86 *y el agua de los muertos me golpea:* cfr. la segunda estrofa de «Ausencia de
Joaquín» (en particular: «precipitándose en las aguas, en ciertas aguas... sobre mí
salpican estas aguas»).

89 *ROC-2, MCR-2* y *ANT,* «Vienes volando solo, solitario» (sin coma tras
«volando»). — *OCP,* «Vienes volando, solo solitario» (sin coma tras «solo»).

91 *ROC-2,* «vienes volando. Sin sombra y sin nombre» (punto tras «volan-
do»). — *MCR-2* y *ANT,* como *CYR.*

92-93 *CYR* elimina un verso de las versiones *ROC-2, MCR-2* y *ANT,* que
traían (la cursiva es mía):

> sin azúcar, sin boca, sin rosales,
> *extendido en el aire de la muerte,*
> vienes volando.

EL DESENTERRADO

Homenaje al Conde de Villamediana.

Cuando la tierra llena de párpados mojados
se haga ceniza y duro aire cernido,
y los terrones secos y las aguas,
los pozos, los metales,
por fin devuelvan sus gastados muertos,   5
quiero una oreja, un ojo,
un corazón herido dando tumbos,
un hueco de puñal hace ya tiempo hundido
en un cuerpo hace tiempo exterminado y solo,
quiero unas manos, una ciencia de uñas,   10
una boca de espanto y amapolas muriendo,
quiero ver levantarse del polvo inútil
un ronco árbol de venas sacudidas,

---

6 *quiero una oreja, un ojo.* A propósito de la enumeración que aquí comienza:
«El hacinamiento de *membra disjecta* y de objetos heterogéneos en los versos de
Pablo Neruda es evidentemente uno de los rasgos que lo unen a los demás poe-
tas vanguardistas de nuestra época. (...) Los *membra disjecta* pueden obedecer a
una intuición contraria a la [de descomposición y desmembramiento]: los cuer-
pos se van constituyendo, y, en la operación, los miembros vagan y se buscan
con individualidad:

> Cómo muchas cabezas pulularon sin cuello,
> y erraban brazos desnudos, viudos de hombros,
> y vagaban ojos solitarios, carentes de frente.

Estos versos no son de Neruda, sino de Empédocles, *La naturaleza,* II, 307-309.
/ Así iba naciendo la vida en el mundo. Pablo Neruda se imagina no de muy
distinto modo la resurrección de la carne. Los miembros disociados por la
muerte milenaria se incorporan con exacerbada individualidad, buscando cada
uno su función peculiar» (Alonso, 287 y 293).

11 *una boca de espanto y amapolas muriendo.* «En esta imagen las amapolas sugie-
ren como nota fundamental la sangre del asesinado, pero conllevan como ar-
mónicos la pasión amorosa y la masculinidad» (Alonso, 224n). Ver nota al v.
12 de «Fantasma».

yo quiero de la tierra más amarga,
entre azufre y turquesa y olas rojas   15
y torbellinos de carbón callado,
quiero una carne despertar sus huesos
aullando llamas,
y un especial olfato correr en busca de algo,
y una vista cegada por la tierra   20
correr detrás de dos ojos oscuros,
y un oído, de pronto, como una ostra furiosa,
rabiosa, desmedida,
levantarse hacia el trueno,
y un tacto puro, entre sales perdido,   25
salir tocando pechos y azucenas, de pronto.

Oh día de los muertos! oh distancia hacia donde
la espiga muerta yace con su olor a relámpago,
oh galerías entregando un nido
y un pez y una mejilla y una espada,   30
todo molido entre las confusiones,
todo sin esperanzas decaído,
todo en la sima seca alimentado
entre los dientes de la tierra dura.

Y la pluma a su pájaro suave,   35
y la luna a su cinta, y el perfume a su forma,

---

15 *PDV* y *CYR*, coma al fin del verso: la suprimo según *OCP*.

17 *quiero una carne despertar sus huesos:* cfr. Alonso, 120, y mi nota al v. 8 de
«Trabajo frío».

26 *de pronto.* Alonso (119) critica como anómala la colocación final de este *de
pronto,* y también el caso análogo «y desaparecidos irremediablemente y de pron-
to» («Sistema sombrío»). Sobre el rigorismo normativo de Alonso, cfr. Lozada,
53-73, y Crema 1947.

27 *PDV,* coma tras «muertos». — *oh distancia hacia donde:* ejemplo de trata-
miento espacial de lo temporal (Alonso, 285n).

28 *PDV* trae «...con su olor a relámpago!,». *CYR* y *OCP* eliminan el signo
de admiración.

36 *y el perfume a su forma.* «¡La forma del perfume! La forma de lo menos
plástico, de lo menos reducible a extensión entre todo lo sensible. Ya no hay la
limitación del concepto de forma a lo que la crítica suele llamar "características
formales", o sea, la disposición artística de la materia sensible, ni tampoco la re-

y, entre las rosas, el desenterrado,
el hombre lleno de algas minerales,
y a sus dos agujeros sus ojos retornando.

Está desnudo,   40
sus ropas no se encuentran en el polvo,
y su armadura rota se ha deslizado al fondo del infierno,
y su barba ha crecido como el aire en otoño,
y hasta su corazón quiere morder manzanas.

Cuelgan de sus rodillas y sus hombros   45
adherencias de olvido, hebras del suelo,
zonas de vidrio roto y aluminio,
cáscaras de cadáveres amargos,
bolsillos de agua convertida en hierro:
y reuniones de terribles bocas   50
derramadas y azules,
y ramas de coral acongojado
hacen corona a su cabeza verde,
y tristes vegetales fallecidos
y maderas nocturnas le rodean,   55

---

ducción de forma a la idea de continente como contraparte del contenido. La forma del perfume no puede ser otra que la organización de su ser en una entidad. Tener forma es tener validez de individuo, de cosa individualizable, conocible y reconocible mediante ciertos rasgos caracterizadores que le marcan una fisonomía propia. (...) En suma, en su voluntad de estilo Pablo Neruda estima primero como ideal poético la ausencia de forma: lo que nos entra del mundo y lo que nos sale de la fragua interior debe aparecer tal cual viene, como materia sin reducirse a fisonomía; después dignifica la idea de forma y le da acogida como elemento de creación» (Alonso, 148-149).

37 *OCP* trae «el desterrado» (errata evidente).

42 *y su armadura rota se ha deslizado al fondo del infierno.* Alonso lee en este verso un ejemplo del afán de escapar hacia lo desmesurado, característico del lenguaje de *Residencia.* «La tendencia de esta fantasía a franquear los límites le hace imaginar que la metálica armadura ha ido a parar, no al fondo de la tierra (lo que naturalísticamente estaría justificado como reincorporación), sino al fondo *del infierno*» (Alonso, 272).

49 *PDV* y *CYR,* coma al fin del verso: puntúo según *OCP* y recomendación de Alonso, 118n.

54 *PDV* y *CYR,* coma al fin del verso: la suprimo en acuerdo con *OCP* y con recomendación de Alonso, 118n.

y en él aún duermen palomas entreabiertas
con ojos de cemento subterráneo.

Conde dulce, en la niebla,
oh recién despertado de las minas,
oh recién seco del agua sin río,   60
oh recién sin arañas!

Crujen minutos en tus pies naciendo,
tu sexo asesinado se incorpora,
y levantas la mano en donde vive
todavía el secreto de la espuma.   65

---

56 *PDV* trae «aun». — *palomas entreabiertas:* cfr. «niñas entreabiertas» («Estatuto del vino, v. 71).

59 *oh recién despertado de las minas.* Leo en este verso el signo manifestador de otra de las intenciones secretas del texto: la de establecer una conexión de sentido entre *poesía asesinada* (Villamediana) y *mineros asesinados,* refiriéndose a los muertos durante la represión militar en Asturias (octubre-noviembre de 1934) y durante la consecuente "operación de limpieza" o persecución política llevada a cabo en el resto del país. A finales de marzo de 1935 las fuerzas populares de izquierda están empezando a recobrarse («recién despertado») del duro golpe, pero han logrado ya movilizar activamente a la opinión pública española contra las sentencias de pena capital que penden sobre Belarmino Tomás, González Peña y otros dirigentes. El poema establece así un nivel de contacto con «La calle destruida», «Apogeo del apio» y «Estatuto del vino», que en mayor o menor medida aluden también al mismo asunto (ver mis notas a esos textos). Creo que un estudio comparativo del léxico, del imaginario y de la atmósfera lírica en esos poemas lograría verificar razonablemente la hipótesis de una subterránea conexión entre ellos en el nivel señalado. Esta perspectiva de lectura carga de un nuevo y particular sentido no sólo determinados momentos de «El desenterrado» (por ejemplo, los vv. 5, 15-16, 27-34, incluyendo la «niebla» del v. 58 que ya apareció en «Apogeo del apio», v. 27, dentro de un contexto afín), sino también la entera concepción del poema, que a mi entender bien poco tiene que ver con la «apocalíptica resurrección de la carne» o con el día del juicio final que, en el sentido bíblico, repetidamente parece leer Alonso (148, 210, 272, 293). Remito a mi nota introductora a este poema.

60 *recién seco del agua sin río:* recién liberado (seco) de la muerte (del silencio impuesto, forzado, es decir del agua inmóvil, detenida, pútrida, "sin río"). Cfr. «como un ladrido sin perro... como un zapato sin pie, como un traje sin hombre...» («Sólo la muerte», vv. 12 y 25 ss.).

61 *arañas:* símbolo de circunstancias siniestras o míseras, funestas, dolorosas, mortificantes: causas de degradación o miedo o impotencia. Cfr. «Colección nocturna» (v. 58), «Sonata y destrucciones» (v. 16), «El deshabitado» (línea 10), «Enfermedades en mi casa» (v. 6), «Oda a Federico García Lorca» (v. 70). Sin estas connotaciones simbólicas: «Entrada a la madera» (v. 9).

290

VI

EL RELOJ CAÍDO EN EL MAR

Hay tanta luz tan sombría en el espacio
y tantas dimensiones de súbito amarillas,
porque no cae el viento
ni respiran las hojas.

Es un día domingo detenido en el mar,   5
un día como un buque sumergido,
una gota del tiempo que asaltan las escamas
ferozmente vestidas de humedad transparente.

Hay meses seriamente acumulados en una vestidura
que queremos oler llorando con los ojos cerrados,   10
y hay años en un solo ciego signo del agua
depositada y verde,

---

1 *Hay tanta luz tan sombría...* El Día es oscuridad. Cfr. «la oscuridad de un día
transcurrido» [«No hay olvido (sonata)»]. — Algunas ediciones de *Residencia*
traen por error «tanta luz sombría»: así por ejemplo, la de Losada, 1971 (Bibl.
Clás. y Cont., 4.ª ed.).

2 *de súbito amarillas:* que decaen o pierden sentido de improviso, como si en-
vejeciesen. Cfr. «Desespediente», v. 37; «Oda con un lamento», v. 12; «No hay
olvido (sonata)», v. 15; pero en «Agua sexual», v. 40, el sintagma «piernas ama-
rillas» parece proponer un significado diferente del color amarillo en cuanto
identificado, allí, con el color de las espigas (como en «Alturas de Macchu Pic-
chu», II).

7-8 *escamas... ferozmente vestidas...* Aquí «escamas» está por peces (Alonso, 262).
Cfr. «El sur del océano», en particular los vv. 17-19 y 38 (relación *tiempo-mar-
peces*).

9-12 *Hay meses seriamente acumulados,* etc. El poeta «sigue atisbando la acumu-
lación del tiempo, primero en un vestido abandonado, donde reencontramos
viejos días de nuestra vida (bosquejo de una escena de nostalgia aguda: el aman-
te huele llorando y con los ojos cerrados un vestido de la amante perdida), lue-
go en una poza de agua estancada y vieja, recubierta de verdín» (Alonso, 262).
— Pero agrego: al texto interesa *distinguir* entre dos modalidades de acumula-
ción del tiempo personal: una es la memoria *viva* de una intensa experiencia pa-
sada (concentrada y revivida de pronto en un objeto-símbolo conexo: la «vesti-
dura»); la otra es la condensación *mortal* de una experiencia desgastada, corroí-

hay la edad que los dedos ni la luz apresaron,
mucho más estimable que un abanico roto,
mucho más silenciosa que un pie desenterrado,   15
hay la nupcial edad de los días disueltos
en una triste tumba que los peces recorren.

Los pétalos del tiempo caen inmensamente
como vagos paraguas parecidos al cielo,
creciendo en torno, es apenas   20
una campana nunca vista,
una rosa inundada, una medusa, un largo

----

da, devenida tiempo inmóvil y empantanado (que se concentra en un «solo cie-
go signo» del agua putrefacta). El texto opone así dos objetivaciones de la acu-
mulación temporal: por un lado la *vestidura*, en conexión con un agua viva (las
lágrimas) y con un olor atrayente; por otro el *solo ciego signo* (un gesto, un tacto)
en conexión con un agua muerta, detenida, «depositada», y con un olor-color
repelente (verde-fétido, «el verdín del agua estancada» que dice Alonso).

13-17 *hay la edad que los dedos...*, etc. Este pasaje reitera la precedente dicoto-
mía. Los vv. 13-15 se refieren a un tiempo pasado (y concluido) que el sujeto
confiesa no haber aferrado (vivido) cabalmente ni con los sentidos *(dedos)* ni
con los ojos de la razón *(luz)*. Un pasado que en la íntima memoria del yo ha
desarrollado vida y vigencia, prestigio *(estimable)*, profundidad *(silenciosa)* y pre-
sencia actuales. Un pasado que el texto pondera con objetos-imágenes del pre-
sente: un *abanico roto* (en contraste con la *vestidura* del v. 9) y un *pie desenterrado*
(¿pre-intuición de «El desenterrado», v. 62?), que tal vez alude al "resurgir", al
"volver a caminar" del poeta en España. Los vv. 16-17 aluden en cambio a otro
tiempo que ha hecho un camino inverso: desde un pasado *nupcial* hasta hoy de
triste tumba. A los días oscuros y profundos pero *no aferrados* (en el ayer), el texto
contrapone estos días antaño nupciales pero hoy *disueltos*, mortalmente disgre-
gados en la acumulación del tiempo. — Leo en todo el pasaje (vv. 9-17) una
doble y crítica configuración de dos memorias amorosas que el poeta vive hoy
como opuestas y cuyos personajes *eran/son* Josie Bliss y María Antonieta Hage-
naar. Indicios respectivos: el sustantivo *luz*, que la memoria de Neruda asociará
muchas veces al sol de Ceylán y, por extensión, a toda la experiencia vivida en
Oriente (ver por ejemplo el poema «Aquella luz» de *MIN*, II, cuyo primer verso
es: «Esta luz de Ceylán me dio la vida»); y el adjetivo *nupcial*, que no necesita co-
mentarios. Pero notar que *luz* equivale también a *razón* en el lenguaje nerudia-
no: compárese el v. 13 del presente texto con el v. 1 de «Entrada a la madera»
(«Con mi razón apenas, con mis dedos»). Los dos significados de *luz* no se ex-
cluyen aquí, más bien se refuerzan. — *peces:* ver notas a los vv. 7-8 y 29-30.

18-23 *Los pétalos del tiempo*, etc. «Las cuatro imágenes ilustrativas, *campana,
rosa, medusa, latido,* marcan una progresiva desmaterialización de lo contempla-
do. Hacia eso se endereza el esfuerzo poetizador» (Alonso, 37). — *caen:* sobre la
temática del *caer,* cfr. Sicard, 214ss.

latido quebrantado:
pero no es eso, es algo que toca y gasta apenas,
una confusa huella sin sonido ni pájaros,   25
un desvanecimiento de perfumes y razas.

El reloj que en el campo se tendió sobre el musgo
y golpeó una cadera con su eléctrica forma
corre desvencijado y herido bajo el agua temible
que ondula palpitando de corrientes centrales.   30

---

24 *pero no es eso:* cfr. «Vuelve el otoño», vv. 7 y 20. Sobre explicitaciones de la insatisfacción expresiva en *Residencia*, ver Alonso, 34-47. — *es algo que toca y gasta apenas:* cfr. «El fantasma del buque de carga».

25 *una confusa huella sin sonido ni pájaros:* despojada de su forma, resonancia y vitalidad originarias. — *huella:* cfr. «El sur del océano», vv. 13 y 68. — *sin sonido:* cfr. «huesos sin sonido» («Sólo la muerte», v. 2). — *pájaros:* con sentido afín, cfr. «Serenata», v. 7; «Barcarola», v. 64 (ver nota).

26 *un desvanecimiento de perfume y razas.* Al «imperceptible contacto [del tiempo] todo se desvanece, lo mismo el perfume, cuyo modo de existir consiste en volatilizarse, que las razas en su vana apariencia de perduración» (Alonso, 39). — Leo más bien, en *perfumes y razas,* una oblicua alusión a la concreta experiencia de gentes diversas y varias (entre ellas, en particular, Josie Bliss) vivida por el poeta en el Asia suroriental.

27-28 *reloj.* «El símbolo sorprende a causa de su frialdad casi intelectual. Es, tal vez, la única parte de *Residencia en la tierra* en que el pensamiento poético se muestra desnudo de toda carga afectiva» (Sicard, 126). No tanto, diría yo. Símbolo del tiempo personal (ver nota introductoria), el reloj parece aquí referido a una experiencia amorosa reciente, a un encuentro íntimo y campestre, quizás en una colina desde la cual se veía el mar (en el lenguaje nerudiano el término *cadera* suele implicar connotaciones eróticas), un encuentro cuya intensidad logró, fugazmente, detener el flujo del tiempo, el movimiento (cfr. la estrofa final de «La calle destruida»). La fórmula «El reloj... se tendió...» podría entonces significar "unidad de tiempo (que) se extendió", es decir, algo similar a esa «hora [que] crece de improviso, extendiéndose sin tregua» («Galope muerto», vv. 36-37: ver nota).

29-30 *corre desvencijado y herido,* etc. Hay que subentender: *"ahora* corre desvencijado y herido", etc. (o bien: *de nuevo, otra vez* corre...). El reloj (aquella experiencia) que hace algunas horas se tendió (se detuvo) sobre el musgo, *ahora* se ha reintegrado *(caído)* al dominio del movimiento implacable. Aquel «día domingo» = «gota de tiempo» *(supra,* vv. 5 y 7), fugazmente detenido, sumergido en una cápsula de mar como en un líquido amniótico (atemporalidad), termina por sucumbir al asalto de las feroces escamas = peces (vv. 7-8), que representan los estímulos indispensables, los deseos auténticos, las necesidades profundas y verdaderas, ese oscuro cuanto irrenunciable mundo de valores del yo, sus fantasmas, anhelos y esperanzas, sus íntimas utopías personales o sueños de felicidad (su *cielo*, que dicen algunos textos), que por estar ligados al tiempo real son causa de dolor, tristeza o angustia (y por ello a veces se trata de peces o escamas feroces, «peces de ensangrentados dientes» o «pescados siniestros», como en «El sur del océano»). El mar —habitual símbolo paterno para Neruda en cuanto modelo de acción y de porfía— ha devenido «agua temible»: bajo su apariencia de imperturbable majestuosidad —eternidad— las «corrientes centrales» y profundas del tiempo objetivo (movimiento, cambio, transcurso) imponen su ley. — El resultado implícito del texto es la improponibilidad del *día especial* como base de arraigo existencial (por lo cual es asociable a «Diurno doliente»: ver mis notas a ese poema).

VUELVE EL OTOÑO

Un enlutado día cae de las campanas
como una temblorosa tela de vaga viuda,
es un color, un sueño
de cerezas hundidas en la tierra,
es una cola de humo que llega sin descanso   5
a cambiar el color del agua y de los besos.

No sé si me entiende: cuando desde lo alto
se avecina la noche, cuando el solitario poeta

---

2 *OCP*, «de vaga vida» (errata).

3 *es un color*. "Es una impregnación, una atmósfera en que el yo y las cosas están inmersos". El término *color* ocurre con cierta insistencia en el último período de la escritura de *Residencia*: cfr. «La calle destruida», v. 55; «Entrada a la madera», v. 18; «Josie Bliss», vv. 1, 2, 15, 18, 26.

3-4 *un sueño de cerezas...* "Un sueño de plenitud, una ambición o posibilidad de renacer, una experiencia maravillosa, estimulante, cuyo recuerdo duerme sepultado (pero inmarchitable, fresco, activo) bajo la tierra". Cfr. nota al v. 5 de «Melancolía en las familias».

5-6 *es una cola de humo...* Cfr. «Es una cola / de ásperas crines» («La calle destruida», vv. 3-4). — *humo*: cfr. «Josie Bliss», vv. 7-9 y 30; y la nota al v. 38 de «La calle destruida». — Leo en los vv. 3-6 una múltiple tentativa (o variado asedio) tendente a aferrar un elemento o sistema de elementos (un recuerdo, un sueño, una ambición, un propósio, una experiencia, una obsesión, una culpa, un fantasma, o todo ello a la vez) que desde el pasado gravita sobre el presente del poeta, limitándolo, disturbándolo, afectándolo en el ejercicio de la poesía y del amor. — *agua*: ver nota a los vv. 18-19 de «Sabor».

7-9 *No sé si se me entiende*: cfr. nota al v. 24 de «El reloj caído en el mar». — *cuando desde lo alto / se avecina la noche... ventana... otoño*. El retorno del otoño aparece en conexión con el retorno del crepúsculo (cuyo nombre es evitado) al discurso del poeta. Indicio de regresión a viejos estados de ánimo, a pretéritas angustias e incertidumbres (lo cual parece ser precisamente la intención del texto, donde cristaliza una más entre las operaciones de la memoria en este periodo). Cfr. este afín antecedente: «Por la ventana [como en el v. 9] el anochecer cruza como un fraile, vestido de negro, que se parara frente a nosotros lúgubremente. El anochecer es igual en todas partes (...). Ay del que no sabe qué camino tomar, del mar o de la selva, ay del que regresa y encuentra dividido su terreno, en esa hora débil...» *(HYE, VI)*.

297

a la ventana oye correr el corcel del otoño
y las hojas del miedo pisoteado crujen en sus arterias,   10
hay algo sobre el cielo, como lengua de buey
espeso, algo en la duda del cielo y de la atmósfera.

Vuelven las cosas a su sitio,
el abogado indispensable, las manos, el aceite,
las botellas,   15
todos los indicios de la vida: las camas sobre todo,
están llenas de un líquido sangriento,
la gente deposita sus confianzas en sórdidas orejas,
los asesinos bajan escaleras,
pero no es esto, sino el viejo galope,   20
el caballo del viejo otoño que tiembla y dura.

---

10 *y las hojas del miedo pisoteado crujen en sus arterias.* Cfr. «sonaría con un ruido oscuro... / como el otoño en hojas, / como sangre» («Barcarola»). Antes de *Residencia*, cfr. «El otoño de las enredaderas» *(ANS)* y la secuencia IX de *HYE,* toda ella dedicada al otoño.

11 *lengua de buey:* cfr. «Galope muerto», v. 20. Véase *infra*, nota al v. 20 del presente texto.

16-17 *las camas sobre todo... líquido sangriento...* Leo en estos dos versos una alusión a la infelicidad conyugal y familiar (enfermedad de Malva Marina) del poeta. — *camas:* ver nota a los vv. 42-46 de «Sólo la muerte».

18-19 *sórdidas orejas... los asesinos...* Si los dos versos precedentes se refieren a la esfera privada del poeta, estos dos aluden en cambio a la esfera pública: la crítica situación política española del otoño de 1934 (gobierno reaccionario, cruenta represión militar en Asturias). El v. 18 se refiere quizás a la amenaza de los delatores. Ver notas (introductoras y otras) a «La calle destruida» y a «Estatuto del vino».

20 *pero no es esto:* cfr. «pero no es eso» («El reloj caído en el mar», v. 24: ver nota). — *el viejo galope.* Santí (pág. 76) hace notar la recurrencia, en este texto, de motivos ya presentes en «Galope muerto»: las campanas, el galope mismo, la lengua del buey, «even the reflexive remark». Agrego: «como se oyen desde el alto de los caminos» resuena en «cuando desde lo alto / se avecina la noche»; y el actual «perfume de vaga podredumbre enterrada» evoca naturalmente aquel lejano «perfume de las ciruelas que rodando a tierra / se pudren en el tiempo». Creo que estas recurrencias no son casuales y que la fórmula *el viejo galope* alude a una cierta circunstancia remota (ver *infra*, notas a los vv. 22-25) pero también al viejo poema, emblemático —para Neruda— de aquella circunstancia y de un logrado reflexionar sobre el tiempo de la naturaleza en relación con el tiempo personal del yo. No está demás recordar que «Galope muerto» fue escrito, con toda probabilidad, en el verano y el otoño chilenos de 1926.

El caballo del viejo otoño tiene la barba roja
y la espuma del miedo le cubre las mejillas
y el aire que le sigue tiene forma de océano
y perfume de vaga podredumbre enterrada.   25

Todos los días baja del cielo un color ceniciento
que las palomas deben repartir por la tierra:
la cuerda que el olvido y las lágrimas tejen,

22-23 *otoño... miedo:* relación ya introducida más arriba, vv. 9-10. — *barba roja.* Leo: la imagen del «caballo del viejo otoño» busca convocar terrores, fantasmas, angustias de la infancia-adolescencia del poeta (un espacio-tiempo dominado por la figura del padre de la *barba roja).* El operar de la memoria en este período implica —no sin dificultad y sufrimiento— la unificación de los miedos del pasado y del presente. — Concha (1972) comenta estos versos, y los dos que siguen, en el marco de su característica lectura de *Residencia:* «Lo vemos: el cuerpo fantasmal de la bestia alcanza dimensiones monstruosas, se estira como una mancha de los sueños hasta abarcar los grandes círculos materiales: el aire, el océano, la tierra. El orbe entero se congrega y se integra en el espectro del animal. Unidad tensamente contradictoria, en el caballo coexisten los atributos del conquistador y del indígena: la barba que es señal distintiva del extranjero étnico, y el miedo ansioso de los autóctonos» (pág. 269).

24 *y el aire que le sigue tiene forma de océano.* La circunstancia o mundo del «caballo del viejo otoño» incluye en primer lugar, dentro del recuerdo del poeta, al *océano:* importante personaje de su infancia-adolescencia, asociado a temores y esperanzas, a sentimientos oscilantes de impotencia y confianza, y en particular a la conciencia del paso del tiempo (cfr. *CRP,* «Playa del sur»; *HOE,* poema 2; *RIV,* 164-166; *ANS,* «Imperial del sur»; y «El sur del océano» en *Residencia,* como reencuentro conflictivo). Pero el océano es también la dimensión geográfica que lo separa del sur-de-la-infancia (viajes) y que a la vez lo prolonga (vehículo de recuerdos y fantasmas persistentes).

25 *y perfume de vaga podredumbre enterrada.* Junto al océano, el otro gran personaje del sur-de-la-infancia es el *bosque.* Por su conexión sintáctica con el verso precedente y por el oxímoron *perfume/podredumbre,* creo que este verso alude al viejo amado humus de los bosques del sur, a los procesos de biodegradación vegetal, a la *muerte* en la selva de la infancia (en este punto el texto introduce y anuncia uno de los motivos claves del inminente «Entrada a la madera», escrito algunas semanas más tarde: ver nota a sus vv. 7-12).

28 *olvido... lágrimas...* La noción de *olvido* pasa por un momento de revisión y ambigüedad, al punto de parecer una forma de aludir a la *memoria.* «No hay olvido», dirá el título del texto sucesivo: como el dolor (lágrimas), contribuye a establecer la unidad y la continuidad (la cuerda) de la vida. Recuérdese por contraste el uso de «olvido» en *Residencia I:* «es la forma de olvido que prefiero» («Sonata y destrucciones»); «veo las muertes [olvido] que están entre nosotros desde ahora / ... / ... tu brusca respiración / oída en largas noches sin mezcla de olvido» («Tango del viudo»).

el tiempo que ha dormido largos años dentro de las campanas,
todo,

los viejos trajes mordidos, las mujeres que ven venir la nieve,
las amapolas negras que nadie puede contemplar sin morir,
todo cae a las manos que levanto
en medio de la lluvia.

---

32 *amapolas negras:* «símbolos misteriosos del enigma de la vida (P. N.)» — Alonso, 224-225. Cfr. nota al v. 12 de «Fantasma».

33-34 *todo cae a las manos que levanto...* El texto elude los ojos del poeta para recuperar sus manos. Desde los varios *veo* de «Agua sexual» a este solemne *levanto las manos.* El "arte poética" del nuevo yo es una fórmula de aceptación del propio pasado en cuanto constitutivo, también del presente. Aceptación que no ha sido fácil para el poeta, por complejas razones que lo empeñaban en una autoafirmación contra o al margen del yo pretérito. — *cae... levanto.* Estos dos versos condenan y resumen la polaridad *arriba/abajo* (presente también en «El reloj caído en el mar»): dos espacios extremos —o estratos límites— al interior del Día-Todo = Realidad, pero que al mismo tiempo representan la verticalidad de la memoria. — *lluvia.* La aceptación del pasado atrae al texto (en posición conclusiva, relevante) un símbolo mayor de la infancia nerudiana: la lluvia, aquí significativamente asociada a las manos = acción [poética]. Cfr. esta lejana convocación de la lluvia, con opuesto sentido de impotencia: «Lluvia, amiga de los soñadores y los desesperados, compañera de los inactivos y los sedentarios..., destruye el deseo de acción... *(ANS,* «Soledad de los pueblos» [1925]).

NO HAY OLVIDO (SONATA)

Si me preguntáis en donde he estado
debo decir «Sucede».
Debo de hablar del suelo que oscurecen las piedras,
del río que durando se destruye:

---

1 *Si me preguntáis*. El poeta en verdad se autoriza a sí mismo (a través del inter-
locutor ficticio) a preguntarse sobre el significado e incidencia actuales del pro-
pio pasado (ver nota introductoria), lo que es una novedad caracterizante de este
período de la escritura residenciaria. — *en dónde he estado*. Referencia explícita y
global al fundamento autobiográfico de esta poesía, al que antes Neruda ha aludi-
do cauta y fragmentariamente con fórmulas como *orígenes* («Caballo de los sue-
ños», «Sistema sombrío», «Agua sexual») o *patrimonio* (ver «Sonata y destruccio-
nes», vv. 21-26), y también con indicadores relativos a sus desplazamientos y
viajes («distancias», «vagas leguas») y otros similares. — *CYR* trae «donde». Co-
rrijo «dónde» según *OCP*.

2 *«Sucede»*. Signo explícito de la aceptación de la memoria personal en cuan-
to ámbito de desciframiento y de registro poéticos. Con la fórmula *sucede* el poeta
separa, individualiza y nombra —por primera vez— el registro del acontecer
presente y pasado del yo como operación específica dentro de la escritura de
Residencia. Así, la fórmula *sucede* parece representar la modulación "narrativa" de
la fórmula "inventarial" *hay*, que abunda en *Residencia II* como nuevo signo del
testimonio (ver nota al v. 1 de «Sólo la muerte»).

3-4 *Debo de hablar*. La curiosa diferencia morfosintáctica que el texto estable-
ce entre este verso y el precedente para afirmar una similar o igual actitud de
obligación y no de conjetura, según corresponde al uso normativo de *deber de +
infinitivo)*, podría obedecer a razones métrico-rítmicas (construir un alejandrino)
si no se trata de un simple (y rarísimo en Neruda) caso de ultracorrección. El
sentido obligativo (y no conjetural o posibilista) del presente verso me parece
reafirmado y reforzado más abajo por el v. 10 («Si me preguntáis... tengo que
conversar...»). — *suelo... piedras... río...* En su nivel más general de significación,
estos dos versos parecen querer distinguir entre lo terrestre-sólido-inmóvil (¿lo
prosaico?) y lo fluido-líquido-móvil (¿lo poético, lo profundo?). Atendiendo a
los hábitos alusivos de *Residencia* y al contexto de obsesiones en que el poema
fue escrito, me inclino a leer en estos versos la declaración afirmativa del propio
derecho a referirse, el poeta en su poesía, explícitamente, al episodio Josie Bliss
de Rangún y Colombo (cosa que hará en el contemporáneo texto sucesivo, «Jo-
sie Bliss»). Cfr. «al fondo / de una sala desierta por donde pasa un río / arras-
trando las piedras» («Melancolía en las familias», vv. 22-24: ver nota). Alusio-
nes al río Irrawadhy hay en casi todos los textos vinculados a la figura de Josie

no sé sino las cosas que los pájaros pierden, 5
el mar dejado atrás, o mi hermana llorando.
Por qué tantas regiones, por qué un día
se junta con un día? Por qué una negra noche
se acumula en la boca? Por qué muertos?

Si me preguntáis de dónde vengo tengo que conversar con co-
   sas rotas, 10
con utensilios demasiado amargos,
con grandes bestias a menudo podridas
y con mi acongojado corazón.

Bliss (en *Residencia;* en *MIN,* II). Con menos probabilidad estos versos podrían
referirse a las rocas y a la desembocadura del río Imperial en Puerto Saavedra
(cfr. «El sur del océano», v. 63). — *del río que durante se destruye.* Sin implicacio-
nes deliberadamente filosóficas. Pienso más bien en un uso irónico (enmascara-
dor de sentimientos) de la tradición.

5 *no sé sino...* Este comienzo me parece confirmar mi lectura de los versos
precedentes: el poeta admite fundar su escritura *también* sobre experiencias del
pasado, sobre recuerdos, sobre lo que verdaderamente conoce y le importa. —
las cosas que los pájaros pierden: los recuerdos que vienen desde lejos y que la dis-
tancia (en el espacio y en el tiempo) tiende a degradar hacia el olvido (cfr. la
imagen del pájaro de olvido en «Josie Bliss», vv. 26-30).

6 *mar... hermana.* Otra zona de la memoria: el sur de la infancia.

7-9 *Por qué tantas regiones...?* Leo en estos versos, como en algunos de «Estatu-
to del vino» y de «La calle destruida», la superposición de las esferas privada y
pública de la existencia del poeta: situación personal y situación de la república
española tras la represión militar en Asturias. — *regiones:* indicador de espacios
recorridos, de desplazamientos, como «distancias» y «vagas lenguas» *(Residencia
I).* Pero cfr. «Estatuto del vino», v. 1 (ver nota). — *por qué un día se junta con un
día?* Percepción del tiempo como acumulación negativa. Cfr. «Sistema som-
brío», vv. 11-12. — *una negra noche se acumula.* Notar que la suma negativa de los
días equivale a una «negra noche». Pero la expresión *negra noche* se solía usar
también a propósito de fascismos. — *muertos.* Con significado personal-privado,
cfr. «No quiero continuar... de bodega con muertos » («Walking around»). Con
relación a la esfera pública, cfr. «yo lloro en su follaje y en sus muertos» y «bo-
cas de tristes muertos» («Estatuto del vino», vv. 29 y 106: ver notas).

10 *OCP,* coma tras «vengo».

10-13 *tengo que conversar con cosas rotas, / con utensilios...* Creo probable que Ne-
ruda juegue aquí con la alternativa *conversar con / conversar de* usando la primera
opción al puesto de la segunda para eludir la formulación obvia o habitual (ten-
go que conversar *de* cosas rotas...) y para soslayar o atenuar, por pudor, el desa-
hogo emotivo (como sería "hablar *de* mi acongojado corazón"). — *utensilios de-
masiado amargos:* probable alusión a objetos domésticos de enfermería, relaciona-
dos con el agravarse del mal de Malva Marina.

No son recuerdos los que se han cruzado
ni es la paloma amarillenta que duerme en el olvido,   15
sino caras con lágrimas,
dedos en la garganta,
y lo que se desploma de las hojas:
la oscuridad de un día transcurrido,
de un día alimentado con nuestra triste sangre.   20

He aquí violetas, golondrinas,
todo cuanto nos gusta y aparece
en las dulces tarjetas de larga cola
por donde se pasean el tiempo y la dulzura.
Pero no penetremos más allá de esos dientes,   25
no mordamos las cáscaras que el silencio acumula,
porque no sé qué contestar:
hay tantos muertos,
y tantos malecones que el sol rojo partía,
y tantas cabezas que golpean los buques,   30
y tantas manos que han encerrado besos,
y tantas cosas que quiero olvidar.

14-20 *No son recuerdos...* "Aclaremos: no se trata de nostalgias complacientes,
ni de un recordar entendido como operación arqueológica, sino de la presencia
viva, punzante y contrastante de la memoria (vida pasada) en mi vida actual". —
paloma amarillenta. «La paloma amarillenta que duerme en el olvido es la concre-
ción de la vida pasada» (P. N., en Alonso, 211). — *caras con lágrimas:* ver nota al
v. 29. — *día transcurrido... día alimentado con nuestra triste sangre.* Alonso (60) lee
aquí una reproposición, «con versión más apaciguada y melancólica», del v. 4
de «Arte poética». Yo creo que la perspectiva y el sentido de la enunciación son
diversos, si no opuestos.
    28-32 *hay tantos muertos,* etc. En este fragmento final se superponen clara-
mente lo privado y lo público, lo presente y lo pasado del poeta. — *muertos:* cfr.
arriba, nota a los vv. 7-9. — *y tantos malecones que el sol rojo partía...* Los vv. 29-31
son, creo, imágenes asociadas al recuerdo de la final despedida entre el poeta y
Josie Bliss (Colombo, 1929). Cfr. «Josie Bliss», vv. 31-32; *CHV,* 136-137.

JOSIE BLISS

Color azul de exterminadas fotografías,
color azul con pétalos y paseos al mar,
nombre definitivo que cae en las semanas
con un golpe de acero que las mata.

Qué vestido, qué primavera cruza,   5
qué mano sin cesar busca senos, cabezas?

---

1 *Color azul de exterminadas fotografías.* «Hay una antítesis entre el color azul de
las fotografías y el hecho de que estén exterminadas. El azul es un color vivo y
fresco, y una fotografía exterminada, más bien amarillenta.» (Carrillo-Herrera /
Pieper, 360). — *Color azul.* Cfr. mis notas al v. 1 de «Melancolía en las familias»
y al v. 5 de «Oda a Federico García Lorca».

2 *con pétalos y paseos al mar:* signos de la experiencia vivida por el poeta en
Oriente: las flores en la cabeza de Josie Bliss (ver nota a vv. 24-25 de «Diurno
doliente»; alusiones en «La noche del soldado», en «El joven monarca», en
CHV, 124) y la playa con palmeras en Wellawatta (ver nota introductoria a
«Establecimientos nocturnos»).

3 *nombre definitivo.* Momento fundamental del texto y de *Residencia II:* el re-
cuerdo de Josie Bliss —con todo su significado vivencial— es finalmente admi-
tido con todos los honores —con plena identidad— en la escritura del poeta.
La inolvidable amante birmana, ya fuertemente individualizada y arraigada en la
Memoria, ahora conquista *nombre* en el Texto. El paso no ha sido fácil. Se re-
cuerda que en *Residencia* el término *nombre* es signo de individuación, por oposi-
ción a *número* (ver nota al v. 4 de «Madrigal escrito en invierno»). En «Oda con
un lamento», v. 43, el recuerdo de Josie Bliss era todavía «una paloma muerta,
con un *número*», esto es, aún sin pleno acceso a la escritura.

4 *con un golpe de acero que las mata:* con una fuerza tal (con tanta intensidad)
que los años transcurridos no existen. «Tu recuerdo anula el tiempo» (Alonso,
247). Lo que el «golpe de acero» ha matado en realidad son las resistencias o di-
ficultades del poeta a la textualización plena y decidida del recuerdo. — *acero:*
símbolo de fuerza o energía, como *metal.* Cfr. nota al v. 3 de «Alianza (sonata)».

5 *Qué... qué...* «El *qué* repetido insinúa, junto a la nominación, un gesto deícti-
co, mostrativo, hacia un pasado (...) que pugna por constituirse en el presente»
(Carrillo-Herrera / Pieper, 361). Cfr. una secuencia similar en «Diurno dolien-
te», vv. 16-18. — *vestido:* cfr. la crónica «Contribución al dominio de los trajes»
[1928], recogida en *PNN,* 58-59; también «El joven monarca».

6 *qué mano:* «En esta búsqueda sensual, indagadora, por corporeizar, concre-

El evidente humo del tiempo cae en vano,
en vano las estaciones,
las despedidas donde cae el humo,
los precipitados acontecimientos que esperan con espada: 10
de pronto hay algo,
como un confuso ataque de pieles rojas,
el horizonte de la sangre tiembla, hay algo,
algo sin duda agita los rosales.

---

tar y estabilizar la imagen, juega un rol esencial la mano, instrumento cognosci-
tivo fundamental que se encuentra a lo largo de toda la obra del poeta» (Carri-
llo-Herrera / Pieper, 362). Cfr. «Juntos nosotros», vv. 7 y 25-28; «Entrada a la
madera», v. 1; «Alturas de Macchu Picchu» *(CGN,* II, i: ver nota al v. 24 de
«Tango del viudo»). — *sin cesar busca senos, cabezas?* Reconstitución (textualiza-
ción) de un cuerpo (recuerdo) a través de sus fragmentos. Operación asociable a
la de «El desenterrado». — *cabezas.* Cfr. arriba, nota al v. 2. Un caso más de si-
nécdoque del tipo "plural por singular": *cabezas* por *la cabeza* (de Josie Bliss). —
CYR trae coma al fin del verso (e inicia con minúscula el v. 7): puntúo según
OCP y recomendación de Alonso, aunque ésta a Carrillo-Herrera / Pie-
per le parece ociosa «puesto que no se trata aquí de una oración verdaderamen-
te interrogativa» (361n).

7-10 *El evidente humo del tiempo cae en vano,* etc. Leo: "Nada pueden (contra un
cierto pasado que pugna por reconstituirse = por alcanzar pleno acceso al texto)
ni el simple paso del tiempo, ni las estaciones (sea como referencias temporales,
sea como lugares donde inician los desplazamientos o viajes), ni las despedidas
en cuanto voluntad de separación y olvido, ni tampoco los acontecimientos de
la esfera pública cuya amenazante gravedad podría haber ocupado incluso el es-
pacio de la nostalgia." — *los precipitados acontecimientos que esperan con espada:* leo en
este verso una ulterior referencia a la situación que —en el extratexto— sigue
sacudiendo a la república española a raíz de la represión militar en Asturias en
octubre-noviembre de 1934 (ver notas a «La calle destruida» y a «Estatuto del
vino»).

12 *como un confuso ataque de pieles rojas.* A pesar de la distancia y del tiempo
transcurrido, la nostalgia erótica asalta de pronto al sujeto con violencia confu-
sa, con desordenado y creciente asedio, con la dispersa intensidad y porfía de
un «ataque de pieles rojas». En la elección de esta imagen participa probable-
mente la condición "salvaje" y primitiva del personaje evocado. Cfr. «Tango del
viudo»; «Amores: Josie Bliss» *(MIN,* III); *CHV,* 124.

13 *el horizonte de la sangre tiembla:* se despiertan y agitan los deseos, reviven y
arden otra vez los rescoldos de la pasión. — *sangre,* con sentido de pasión eróti-
ca: cfr, «sangre olvidada» (al final de «Comunicaciones desmentidas»); «sangres
aéreas» («Trabajo frío»); «como sangre» («Barcarola»); «Agua sexual», vv. 3 y
28; y por afinidad, «La sangre tiene dedos» («Maternidad», v. 46).

14 *rosales.* «Como tantas veces, una concreción material de fenómenos psí-
quicos. Y en *los rosales,* una salva de sugerencias: las rosas del recuerdo, el perfu-

Color azul de párpados que la noche ha lamido,   15
estrellas de cristal desquiciado, fragmentos
de piel y enredaderas sollozantes,
color que el río cava golpeándose en la arena,
azul que ha preparado las grandes gotas.

Tal vez sigo existiendo en una calle que el aire hace llorar   20
con un determinado lamento lúgubre de tal manera
que todas las mujeres visten de sordo azul:
yo existo en ese día repartido,
existo allí como una piedra pisada por un buey,
como un testigo sin duda olvidado.   25

Color azul de ala de pájaro de olvido,
el mar completamente ha empapado las plumas,
su ácido degradado, su ola de peso pálido

---

me del recuerdo, las rosas del amor, la hermosura de la vida, el revivir de ansias
dormidas, el perfume, recogido en su rosa y de pronto extendido por el viento»
(Alonso, 208).

15 *párpados que la noche ha lamido.* Imagen de la dulzura erótica, si se tiene en
cuenta que *noche* implica valores de interioridad, amor y poesía.

16-18 *cristal desquiciado... enredaderas... río:* cfr. nota a los vv. 19-27 de «Melan-
colía en las familias».

19 *las grandes gotas:* condensaciones de vida plena y profunda. Cfr. «Galope
muerto», v. 42; «Trabajo frío», v. 26; «Un día sobresale», v. 70; «Agua sexual»,
vv. 1-4 (ver las respectivas notas).

20 *Tal vez sigo existiendo...* Cfr., desde una perspectiva distanciada: «No en-
cuentro la calle ni el techo / de la loca que me quería» *(ETV,* «Regreso a una
ciudad»). Ver también: «La desdichada» *(ETV);* «Amores: Josie Bliss» *(MIN,*
III). — *OCP,* «al aire» (errata).

22 *visten de sordo azul:* recuérdese el *vestido* del v. 5 (ver nota).

23 *en ese día repartido:* en ese día inmóvil, fijo para siempre, pero dividido o
fragmentado en los días del tiempo transcurrido desde entonces. Cfr. «El día ya
se había repartido» *(ETC,* «Aquí vivimos»).

26 *pájaro de olvido.* Paradójicamente, símbolo del recuerdo invencible: su viva
intensidad perdura más allá de la distancia y del tiempo. El término *olvido* se re-
fiere aquí a la originaria intención de olvidar, cuya derrota es precisamente el
tema del texto. Cfr. «No hay olvido (sonata)», v. 5, y «Vuelve el otoño», v. 28
(ver nota).

27 *el mar completamente...* Leo: «[aunque] el mar completamente [le] ha empa-
pado las plumas».

28 *su ácido degradado:* cfr. «su ácido aéreo» («Colección nocturna», v. 27: ver
nota), con sentido afín.

persigue las cosas hacinadas en los rincones del alma,
y en vano el humo golpea las puertas.   30

Ahí están, ahí están
los besos arrastrados por el polvo junto a un triste navío,
ahí están las sonrisas desaparecidas, los trajes que una mano
sacude llamando el alba:
parece que la boca de la muerte no quiere morder rostros,   35
dedos, palabras, ojos:
ahí están otra vez como grandes peces que completan el cielo
con su azul material vagamente invencible.

---

30 *humo.* Lo que oscurece, lo que impide ver, lo que cancela de nuestra vista
(de nuestro horizonte de vida) seres y cosas. En oposición a *pájaro de olvido* (v.
26), porque *humo* es aquí símbolo del verdadero olvido (en cuanto pérdida de
raíces impulsivas, de antecedentes, de toda continuidad estimulante). Aparece
por tercera vez en este texto (ver arriba, vv. 7 y 9). Cfr. «Vuelve el otoño», v. 5;
«Oda a Federico García Lorca», v. 114.

31 *Ahí están, ahí están.* Este sintagma deíctico (que se repite aún en los vv. 33
y 37) es el signo que resume el sentido global del texto: «el esfuerzo del poeta
logra transformar definitivamente el pasado amoroso, en la imagen de la aman-
te, en un elemento del presente» (Carrillo-Herrera / Pieper, 369).

362 *los besos arrastrados por el polvo junto a un triste navío.* Leo aquí una alusión a
la final despedida de Josie Bliss en un muelle de Colombo. Cfr. el relato de
CHV, 136-137 (que cito en la nota introductora a este texto), y «No hay olvido
(sonata)», vv. 29-31.

33-34 *sonrisas... trajes:* signos de una experiencia que no se deja olvidar. Notar
la relación cruzada entre *trajes-mano* (v. 33) y *vestido-mano* (vv. 5-6).

35-36 *OCP* (1962, 1968, 1973): «la boca de la muerta». Al parecer las edi-
ciones 1968 y 1973 repiten (por distracción del corrector Homero Arce) una
de las numerosas erratas de la edición 1962. — *rostros, dedos, palabras, ojos:* ver
arriba, nota al v. 6.

37 *otra vez:* de nuevo en la escritura (como en «Juntos nosotros» o «El joven
monarca»). — *como grandes peces:* ver nota a vv. 29-30 de «El reloj caído en el
mar». — *cielo:* ver notas al v. 14 de «Colección nocturna» y a la línea final de
«Establecimientos nocturnos».

APÉNDICE I

Notas introductoras a los poemas

GALOPE MUERTO

Anticipaciones: 1) *CLA* = *Claridad* 133 (agosto de 1926); 2) *ROC-1* = *Revista de Occidente*, LXXXI (marzo de 1930), 332-333. — «'Galope muerto' es lo más serio y perfecto que he hecho (1925)», declara Neruda a Eandi en carta desde Batavia, 2-VII-1930 (Aguirre, 86). El poema parece escrito en los primeros meses de 1926, «adentro del anillo del verano», pero Neruda sostenía que hubo una publicación del texto en 1925, la que hasta hoy no ha sido encontrada y que en mi opinión no existe. La memoria del poeta habría sobrepuesto: 1, que la escritura de *Residencia* comienza efectivamente en 1925 con «Serenata» o quizás con «Madrigal...»; 2, que «Galope muerto» inaugura (pero en 1926) la atmósfera poética y el lenguaje que *Residencia* característicamente desarrollará. — El oxímoron del título emblematiza desde el comienzo el sistema de oposiciones (acumulación/pérdida, arriba/abajo, degradación/profecía, sombra/luz, silencio/sonido...) que define al libro y a su vocación descifradora. — Parcialmente influida aún por la forma de *Tentativa*, la versión *CLA* —impresa en versalitas— ofrece las siguientes diferencias de puntuación respecto de la versión *CYR* que reproduzco: (I) falta la coma al final de los versos 1, 4, 7, 8, 11, 12, 14, 15, 18, 24, 25, 26, 29 y 39; (II) falta la coma tras «pesando» en v. 6; tras «sin embargo» en v. 12; tras «alrededor» en v. 15; tras «constante» e «incierto» en v. 18; tras «eso», «inmóvil» y «deteniéndose» en v. 22; tras «entonces» e «inmenso» en v. 23; tras «ay» en v. 25; tras «multitudes» en v. 26; tras «oceánico» en v. 30; tras «bien» en v. 32; tras «tiempo» en v. 33; tras «improviso» en v. 37; (III) trae dos puntos en vez de coma tras «percibir», al final del v. 22; (IV) falta el signo interrogativo tras «húmeda», al final del v. 33. — Comentarios: Alonso, 177-184, *passim;* Bennett 1974-5; Concha 1972, 247-279; Cortínez 1975, 6-45; Jofré 1981 y 1987; Lozada, 216-222; Sicard 1981, 219-223, *passim;* Yurkiévich 1971 (que ve en este texto una «tentativa de captación global de la totalidad cósmica»).

ALIANZA (SONATA)

No conozco anticipaciones de este texto. Por su significado simbólico global y por algunos rasgos de lenguaje —todavía cercanos a *THI*— lo presumo escrito en Chile (1926), un poco antes o un poco después de «Galope muerto». — *Alianza* «es un substantivo abstracto (...) que conlleva el sentido militar de "pacto entre beligerantes", junto a un huidizo matiz erótico proveniente de su alusión nupcial» (Concha 1963: 7). A mi leer, se trata más bien de un pacto de fidelidad (alianza) que el poeta establece con la Noche al abandonar su espacio para internarse en el Día (ver Apéndice II). — *Sonata:* indica que el poema tiene un carácter íntimo, a la vez apasionado y contenido —¿en oposición a cantata o a sinfonía?—, donde el «elemento nacido del dolor busca una salida triunfante que no reniega en la altura su origen trastornado por la tristeza» *(CHV,* 138, a propósito de la sonata para violín y piano de César Franck —la proustiana frase de Vinteuil—, «secreta influencia aquí confesada»). — Comentarios al texto: Concha 1963, 7-8; Cortínez 1975, 51-76; Gallagher, 44-47.

CABALLO DE LOS SUEÑOS

Anticipación: *ROC-1 = Revista de Occidente,* LXXXI (marzo de 1930), 335-336. — Texto escrito en Chile, primera mitad de 1927 (abril o mayo), poco antes de partir Neruda hacia Oriente. — Si bien emerge desde una situación coyuntural, determinada por la perspectiva de iniciar una carrera diplomática (ver notas a los vv. 6 y 15), al mismo tiempo el texto es imagen de un conflicto permanente que reaparecerá más de una vez, bajo formas diversas, en la obra de Neruda: es el bifronte retrato de las dos almas del poeta (por eso, quizás, destacado con la cursiva). — El tema del texto es una tensión contradictoria que busca resolución en la íntima sinceridad del poeta, y cuyos términos serían: por un lado, la tentación a aceptar la *norma* social, la convención, la prosa (no siempre respulsiva) de lo cotidiano, el código de las formas comunes, los ritos de la tribu, en suma, una vía realista de conducta capaz de sacar al sujeto de su marginación y de auspiciarle seguridad, paz y un razonable disfrute de la existencia; por otro lado, el impulso a reafirmar una vocación de *libertad* ligada a sueños, nocturnidad, embriaguez, ilusiones anticonformistas, utopías, sensualidad, sinceridad del sexo (vivir el *ser naturaleza* del yo), despliegue y expansión de la propia individualidad, acción incisiva (productiva, eficaz, transformadora) sobre el mundo, en suma, la vía de las ambiciones poéticas y proféticas del sujeto. Pero atención: no se trata aquí de una

variación sobre el tradicional contrapunto romántico *norma/libertad,* ni
de una ejercitación sobre el cliché literario de la constricción social del
individuo. El texto propone, en cambio, los términos de un conflicto
real, duro y lacerante: *ambos* polos u opciones atraen al sujeto con se-
ducción contradictoria. Esta *tensión* irresuelta gobierna la estructura del
poema, cuyo movimiento es de alternancia de espacios separados (sin
conexión sintáctica entre ellos): los vv. 1-8 y 15-25 proponen el espa-
cio de la *norma;* los vv. 9-14 y 26-34, el espacio de la *libertad.* El título
del texto, como el énfasis del lenguaje ligado a ese título, privilegian la
opción *libertad,* pero sin negar la opuesta (la alternancia yuxtapone, no
compara). Los dos versos finales formulan la aspiración a una conver-
gencia resolutiva: el espacio improbable del encuentro o transacción
entre los términos positivos del conflicto. Importa tener en cuenta la
óptica anarquista del poeta en ese período (cfr. Concha 1972). — Sólo
a partir de *CYR* Neruda dispone la cursiva para destacar determina-
dos textos de *Residencia* (en *N* la tipografía era uniforme). — Un texto
afín: «Comunicaciones desmentidas» (ver notas). — Una comparación
con el poema «Pegaso» de Darío, en Gutiérrez Mouat.

DÉBIL DEL ALBA

No conozco anticipaciones de este poema, que presumo escrito en
Santiago de Chile, octubre o noviembre de 1926, durante un período
de desaliento y de grandes penurias económicas. Por aquel tiempo es-
cribe a su hermana Laura: «Si vieras que estoy desamparado y aburri-
do de todo.» Sórdidos problemas de subsistencia y de pensiones por
pagar: «Haz que me manden telegráficamente la plata, porque estoy
comiendo una sola vez al día», «contéstame con rapidez que estoy muy
pobre y no sé qué hacer», «estoy ya viejo para no comer todos los
días». Esta precaria situación influye sin duda en la escritura del poeta,
quien, sin embargo, lucha por preservar su identidad y propósitos. El
poema fue escrito probablemente en la habitación alquilada de la calle
García Reyes, 25, que Neruda compartía con sus amigos Tomás Lago
y Orlando Oyarzún.

UNIDAD

No conozco anticipaciones de este poema, pero menciono una ver-
sión casi contemporánea a *N* que cita Puccini 1986: *PSA = Poesía,*
Buenos Aires, núm. 4-5 (agosto-septiembre de 1933). — Texto escri-
to probablemente en Chile, 1926 o comienzos de 1927.

No conozco anticipaciones de este poema, que presumo escrito en Santiago de Chile hacia finales de 1926 o a comienzos de 1927, o bien, con menos probabilidad, en noviembre o diciembre de 1927 en Rangún (ver nota a los vv. 13-14).

AUSENCIA DE JOAQUÍN

Anticipaciones: 1) *AGR* = Aguirre, 155, versión titulada «Muerte de Joaquín» y fechada «Wellawatta, Ceilán, enero de 1930»; 2) *ADL* = versión que sirve de prefacio a: Joaquín Cifuentes Sepúlveda, *El adolescente sensual. Poemas* (Santiago: Imp. El Esfuerzo, 1930), pág. 7; 3) *LTS* = revista *Letras,* Santiago, 22 (julio de 1930), pág. 19. — *AGR* parece ser la versión original. *ADL* y *LTS* no presentan variantes respecto de *N* y *CYR*. — El título del poema alude a Joaquín Cifuentes Sepúlveda, poeta chileno, amigo de Neruda, personaje de vida inquieta y bohemia que nació en 1900 y murió de sífilis en 1929 en Buenos Aires: «Me dicen que se había casado allí, seguramente pensaba tranquilizarse, porque en verdad hizo una dolorosa, desventurada vida. Tristeza! Era el más generoso y el más irresponsable de los hombres, y una gran amistad nos unió y juntos nos dedicamos a cierta clase de vida infernal. Luego, sin ningún incidente ni explicación, conscientes lentamente de nuestras diferencias, nos separamos por completo y, ahora lo veo, para siempre. Mi triste y buen compañero!» (carta de Neruda a Eandi, 31-X-1929, en Aguirre, 58). Años antes Neruda había escrito un llamado «A los poetas de Chile», en *Juventud,* 16 (septiembre-octubre de 1921), para liberar al amigo que cumplía condena por homicidio en la cárcel de Talca; y un comentario a su libro *La Torre:* «El acento rodante de algunas poesías de JCS», en *Claridad,* 87 (12-V-1923). Cfr. el poema «Locos amigos», *Memorial de Isla Negra,* II; y Teitelboim, 97-101 y *passim.* Con su habitual mala memoria para las fechas, Neruda señala en *CHV* (409) que este poema lo escribió en 1928: error evidente, puesto que JCS murió en 1929 (líneas más abajo el poeta equivoca igualmente el año de escritura de «Alberto Rojas Giménez viene volando»). — Comentarios al texto: Cortínez 1980, Himelblau.

MADRIGAL ESCRITO EN INVIERNO

Este poema «fue escrito en 1925, publicado en 1926» (P. N., en carta a Eandi del 5-IX-1931, en Aguirre, 102). Si el texto fue realmente escrito en el invierno chileno de 1925 —la memoria de Neruda no era muy de fiar en cuanto a fechas—, sería el más antiguo poema de *Residencia*. — Anticipaciones: 1) *ATN-1* = *Atenea*, 5 (julio de 1926), 478-479, bajo el título «Dolencia»; 2) *AGR* = Aguirre, 156, versión enviada por Neruda a Eandi con la misma carta del 5-IX-1931 y fechada «Santiago de Chile, 1925», pero en realidad es copia de una versión ya reelaborada y con el nuevo título, muy próxima a *N* y muy distante de *ATN-1*. — En carta a Albertina Rosa Azócar desde Colombo (18-XII-1929), Neruda recuerda para ella los cuatro primeros versos, dando así identidad externa a la figura destinataria del poema *(NJV*, 61). — Sobre la métrica del poema, Alonso (152n.), señala que «en sus seis estrofas Neruda ha tenido unas líneas formales en alternancia: las estrofas impares tienen por base el eneasílabo, y las pares el endecasílabo; líneas formales medio ocultas en la maraña, como ciertos dibujos de acertijo, pues también hay versos de diez y de doce sílabas». Al respecto, cfr. nota al v. 20 de «Lamento lento». — Comentario al texto: Cortínez 1973.

FANTASMA

Anticipación: *ATN-2* = *Atenea*, 10 (diciembre de 1926), bajo el título «Tormentas». Esta versión, si bien ya organizada en grupos estróficos de cuatro versos, parece un poema residual de *THI* por sus rasgos de lenguaje (estilo, sintaxis) y por la ausencia casi total de puntuación y mayúsculas. La reelaboración *(N, CYR)* podría ser temprana, pues también introduce ecos estilísticos de *Tentativa* (cfr. versos 13-14) y tiende a eludir la puntuación en las estrofas 2, 3 y 4. Pero al mismo tiempo ambas versiones ilustran en modo significativo, con sus rasgos anunciadores, el pasaje desde *Tentativa* a *Residencia*. — *ATN-2* traía seis estrofas: la cuarta fue eliminada en la versión definitiva.

LAMENTO LENTO

Anticipaciones: 1) *AGR* = Aguirre, 157, versión titulada «Duelo decorativo», fechada «Batavia, Java, 1931» y enviada a Eandi con carta del 5-IX-1931; 2) *NJV* = [Pablo Neruda,] *Neruda joven. Cartas y poemas* (Madrid: edición del Banco Exterior de España, 1983): facsímil de un manuscrito de Neruda sobre papel apergaminado que trae el título «Lamento lento» y la fecha «Java, 1931». (Hay dos libros —*NJV* y *CMR*— elaborados con los poemas y cartas que Neruda hizo llegar a Alberina Rosa Azócar entre 1921 y 1932: cosa curiosa, ninguno de los dos libros transcribe tipográficamente el *manuscrito* de «Lamento lento» de que se disponía, sino la versión definitiva según *OCP,* como se puede verificar en *NJV,* 83, y en *CMR,* 146. Afortunadamente, *NJV* incluye también el facsímil del manuscrito.) — Del cotejo entre ambas anticipaciones emerge un problema de precedencia. *AGR* trae un título que fue desechado y que seguramente era el original, pero el texto —salva una inversión en el v. 3— coincide con el definitivo. En cambio, *NJV* trae el título, pero su texto ofrece variantes que parecen de una versión primitiva, anterior a *AGR* y a *N.* Téngase en cuenta, además, que en su carta del 5-IX-1931 Neruda declara a Eandi que «"Duelo decorativo" lo escribí hace algunos días» (Aguirre, 102), lo cual asigna a *AGR* la más alta probabilidad de ser la versión original. ¿Cómo conciliar todos estos datos? Arriesgo una hipótesis: el manuscrito que en facsímil trae *NJV* sería una copia tardía, especialmente hecha por Neruda para Albertina Rosa —con quien había roto por carta en 1930— cuando la reencontró en Chile en 1932 (cfr. carta del 15-V-1932 en *NJV,* 65; la misma y otras dos en *CMR,* 367-374) y cuando el texto tenía ya título y forma definitivos; esa copia tardía, sin embargo, en mi opinión habría sido escrita por Neruda de memoria, quizás en el lugar mismo de algún breve encuentro con Albertina, a modo de recuerdo o de reproche final (y entonces no cabría hablar de variantes en *NJV,* sino simplemente de fallas o confusiones en la memoria del poeta, debidas, tal vez, a algún juego de consonancias o resonancias que Neruda barajó durante la elaboración del texto en 1931 y que por asociación emotiva acudió también a la nueva cita). — Sobre la métrica y la forma de este texto, ver nota al v. 20.

COLECCIÓN NOCTURNA

Anticipaciones: 1) *CRT = Cartel,* Montevideo, 7 (julio de 1930), versión que no logré reexaminar directamente para esta edición; 2) *ATN-5 = Atenea,* 66 (agosto de 1930), 31-34; 3) *AHB = Alma Hebrea,* Temuco (mayo de 1932), 9-10, que reproduce un original probablemente entregado a la revista en Temuco mismo, al regresar Neruda desde Oriente (al pie del texto: «Especial para *Alma Hebrea»).* — Aunque las anticipaciones más antiguas son de 1930, presumo que este poema fue originalmente escrito en septiembre de 1927, en el barco de carga *Elsinor* que llevaba a Neruda y a su amigo Álvaro Hinojosa hacia Singapur, poco después de haber sido escrito el artículo «El sueño de la tripulación» (fechado «Golfo de Bengala, setiembre de 1927»), publicado en *La Nación*, Santiago (26-II-1928) y después recogido en *Anales de la Universidad de Chile*, 157-160 (1971), 69-70, y en *PNN*, 36-38. Pero ver nota al v. 35. Creo probable que la versión original (1927), tal vez incompleta o insatisfactoria, haya sido revisada y/o completada hacia finales de 1929 en Wellawatta, mientras Neruda preparaba los originales de *Residencia* que envió a España en noviembre de ese año (cfr. Aguirre, 59). De ahí el relativo retraso de las anticipaciones. — Antecedentes sobre el origen del motivo *el soñar de los otros*, central al texto: 1) Marcel Schwob, «La ciudad durmiente» [«La cité dormante», relato simbólico incluido en *Le Roi au masque d'or* (París, 1920)], traducción de Neruda y Romeo Murga, *Zig-Zag*, 953 (26-V-1923), recogida en *OCP*, III, 755-759; 2) Pierre Loti, *Mon frère Yves*, cap. XXVIII, líneas sobre marineros que duermen; 3) *HYE*, XV, el sueño de Florencio Rivas; 4) «Caballo de los sueños»; 5) la crónica «El sueño de la tripulación», citada más arriba. Consecuente: «Número y nombre», en *El Mercurio* (26-II-1933), recogido en *FDV*, 13-16. — En una nota-comentario sobre «Las extrañas historias de Marcel Schwob», *Claridad*, 95 (7-VII-1923), Neruda escribe que el pensamiento de Schwob «cruza las edades y *recolecta* los hechos singulares». Acaso sea esta idea de *recolección* la que resuena años más tarde en el título «Colección nocturna», si no es una simple coincidencia.

JUNTOS NOSOTROS

Anticipaciones: 1) *AGR* = Aguirre, 158-159, versión enviada por Neruda a Eandi con carta del 8-IX-1928 («Quiere usted leer estas cosas que le acompaño?»), pues en su respuesta del 18-XI-1928 (Aguirre, 39-40) Eandi informa haber entregado a periódicos argentinos tres textos: «Juntos nosotros», «La noche del soldado» y «Sonata y destrucciones» (que fueron escritos sin duda poco antes, a mediados de 1928 en Rangún); 2) *ATN-3* = *Atenea*, V, 9 (30-XI-1928), 384-386. — No conozco las eventuales publicaciones argentinas de los tres textos (Eandi no confirma si llegaron, efectivamente, a imprimirse). — La figura femenina, destinataria interna de este poema, en mi opinión es la misma que subyace a «La noche del soldado», «El joven monarca», «Diurno doliente», «Tango del viudo» y «Josie Bliss». Cfr. *CHV*, 122-125, y los poemas «Amores: Josie Bliss» (I y II) en *Memorial de Isla Negra* (1964), III. — Notar el contraste entre la autocelebración entusiasta y jubilosamente física del yo enunciador-protagonista del presente poema, y los autorretratos, más bien sombríos o melancólicos, incluidos precedentemente en «Caballo de los sueños», «Débil del alba» y «Sabor». Pero ver mis notas a «La noche del soldado».

TIRANÍA

No conozco anticipaciones de este poema. Su datación es difícil de establecer, pero por indicios y correspondencias lo supongo escrito en Rangún, entre mayo y julio de 1928, muy poco antes de «Sistema sombrío», «La noche del soldado» y «Soneta y destrucciones». El título *Tiranía* alude al peso de una íntima obligación poética (y «profética») que el aislamiento hace insoportable. Leo en el texto una llamada de auxilio a la noche en un momento de gran riesgo: el poeta, acorralado por la soledad y la incertidumbre se siente resbalar hacia 'otra noche' = la 'seducción diurna' = Josie Bliss (cfr. notas a «La noche del soldado», «Juntos nosotros», «Diurno doliente»; y carta a Eandi del 11-V-1928, en Aguirre, 33, que da una idea de la situación originadora del texto). — *CYR* reproduce sin variantes la versión de *N*.

SERENATA

El más antiguo entre los poemas de *Residencia* publicados antes de *N* (pero ver nota introductora a «Madrigal escrito en invierno»). — Anticipaciones: 1) *ZZG* = *Zig-Zag*, 1086 (12-XII-1925); 2) *AZC* = Rubén Azócar, *La poesía chilena moderna*, antología (Santiago, Ediciones Pacífico del Sur, 1931), 310-311; 3) *ROC-1* = *Revista de Occidente*, LXXXI (marzo de 1930). — La versión *AZC* parece basada en un manuscrito original, posterior a 1925 y anterior a 1930, que corrige la puntuación y algunos detalles de *ZZG* («Rubén Azócar me informó personalmente en Santiago, en agosto de 1962, que para su recopilación él había manejado originales de Neruda, que se le habían extraviado después», Lozada, 380). — Según Rafael Alberti *(La arboleda perdida)*, fue Pedro Salinas quien logró que la *Revista de Occidente* publicara al menos tres poemas de *Residencia*, ya que se negaba a editar el libro completo, cuyos originales había hecho llegar Neruda desde Oriente (en el estado que el libro había alcanzado hacia el 20-XI-1929; cfr. Aguirre, 59). ¿Fue Salinas quien eligió, entre tantas posibilidades, tres de los poemas 'fundadores' de *Residencia*? *(ROC-1* incluye «Galope muerto», «Serenata» y «Caballo de los sueños».) — Sobre la índole nocturna del texto, ver Concha 1963 y mi *Introducción*, II, 1.

DIURNO DOLIENTE

No conozco anticipaciones de este texto, que presumo escrito en Rangún durante la segunda mitad (¿octubre?) de 1928, poco antes de partir Neruda para Colombo vía Calcuta. Tras dos poemas nocturnos («Tiranía» y «Serenata»), otros dos —éste y «Monzón de mayo»— centrados en el motivo del "día especial" o singular: paréntesis de vibración entre la homogeneidad letal de los días ordinarios. Pero el conflicto que el poeta abstrae en el presente texto tiene que ver justamente con la imposibilidad de anclar su existencia (su identidad, su poesía) en esta diurnidad efímera e insuficiente, si bien plena, estimulante y placentera en sí misma. Quisiera hacerlo, ha intentado hacerlo: «Yo adonde llego asumo un sueño vegetal, me fijo un sitio y trato de echar alguna raíz, para pensar, para existir» *(CHV,* 107). La soledad y la necesidad de anclaje no logran, sin embargo, hacer del "día especial" el nuevo fundamento capaz de exorcizar los viejos sueños, los antiguos propósitos, los tenaces fantasmas ligados a la memoria, a ciertos recuerdos, a ciertos lugares y experiencias del pasado, a ciertos modos, formas y figuras de la ambición profética que la nostalgia insiste en reproponer como la incitación verdadera, como el estímulo convincente, como el horizonte de acción en que el poeta se puede reconocer a fondo. De ahí la encrucijada que una carta a Eandi formulará así: «Yo no hallo cosas en mi vida o a mi alrededor tan completamente puras como para invitarme. Y en escoger siento que se va el tiempo. Horrores» (carta del 16-I-1929, en viaje hacia Colombo: en Aguirre, 43). — El poema abstrae y traduce a lenguaje simbólico la conflictividad de fondo ínsita en la relación amorosa entre Neruda y Josie Bliss, cuya plenitud sensual determinó la única verdadera tentación de arraigo que el poeta vivió en Oriente (ver indicios en vv. 7, 15, 20, 24-25). Sugiero leerlo en conexión intertextual con «La noche del soldado», «Juntos nosotros» y «El joven monarca» (antecedentes), con «Tango del viudo» (consecuente próximo) y con «Josie Bliss» (consecuente remoto). Y también con «Arte poética» (ver nota introductora).

MONZÓN DE MAYO

Anticipaciones: 1) *NAC-1 = La Nación,* Santiago (22-XII-1929), versión titulada «Monzón de Junio» y fechada «Colombo, 1928»; 2) *AZC =* Rubén Azócar, *La poesía chilena moderna* (Santiago, Ediciones Pacífico del Sur, 1931), 309-310, versión titulada «Monzón de Junio»; 3) *ATN-4 = Atenea,* 58 (octubre de 1929), 242-243, versión que corrige el título y algunos detalles comunes a las versiones *NAC-1* y

319

AZC, precedentes. — Texto que presumo escrito originalmente en mayo de 1929 (o, en todo caso, durante la primera mitad de 1929, a poco de haberse instalado Neruda en Colombo). — La vacilación del título podría deberse a incertezas del poeta sobre el régimen temporal o periódico de los monzones, o bien a simples razones de eufonía. — Puesto que Neruda desembarcó en Ceilán el 16-I-1929, la fecha «Colombo, 1928» que trae *NAC-1* sería el resultado de una distracción, quizás atribuible a que el poeta dactilografió —en Colombo— las copias de «Monzón de Junio» sucesivamente a las de «Tango del viudo» que fechaba «Calcuta, 1928». Se recuerda que Neruda tenía una relación difícil con su memoria de las fechas. — Sobre el significado central del poema, ver nota a los vv. 23-24.

ARTE POÉTICA

No conozco anticipaciones de este importante poema, que presumo escrito en Calcuta a finales (noviembre o diciembre) de 1928, poco después de «Tango del viudo». No es casual que ambos poemas ofrezcan cierta vecindad de imágenes, de tono emotivo y sobre todo de respiración rítmica y métrica. Hay entre ellos un ligamen secreto y profundo. Abandonar Rangún ha significado en verdad renunciar a Josie Bliss (cfr. *CHV,* 124) y Neruda siente le necesidad de equilibrar ante sí mismo ese difícil gesto autolesivo, tan contrario a su más honda sinceridad sexual, con la reafirmación solemne de su misión descifratoria y profética. Ello explica que Neruda escriba *en este momento* un texto de título y alcance tan incumbentes como es «Arte poética». El esfuerzo de precisión simbólica y de intensidad lírica es en este poema deliberadamente proporcional a la gravedad de la pérdida a que Neruda se ha constreñido. Aplicarse a definir con exactitud y cuidado la propia *tarea* equivale aquí a un melancólico pero resuelto llamarse a la *Haltung,* como única vía para contrarrestar y exorcizar los todavía fascinantes llamados de la *seducción* dejada atrás. — Desde un punto de vista más general, el sacrificio del *destino erótico* en favor del *destino profético* (en sentido nerudiano) supone que Neruda, en un determinado momento, comenzó a vivir su relación amorosa con Josie Bliss como una amenaza a su identidad, o, dicho de otro modo, como un imprevisto conflicto entre su *ser naturaleza* (embriaguez, anticonformismo, sensualidad, sinceridad del sexo, eros) y su *ser cultura* (identidad, memoria, escritura, profecía), conflicto tanto más doloroso cuanto desacostumbrado, contrario a la experiencia y a la inclinación unificadora del poeta. «Tango del viudo» y «Arte poética» documentan y a la vez traducen a un altísimo nivel poético-simbólico dos perspectivas de ese conflicto.

— Sugiero leer este poema también en conexión intertextual con «Diurno doliente» (el antes) y con «Monzón de mayo» (el después).

SISTEMA SOMBRÍO

No conozco anticipaciones de este texto, que presumo escrito en Rangún, en julio (o inicios de agosto) de 1928, más o menos contemporáneamente a «La noche del soldado» y a «Sonata y destrucciones», con los que ofrece significativas afinidades. — El título quiere ser la abstracción simbólica de la situación límite, extremadamente opresiva, en la que ha desembocado el decurso del poeta: la antigua Noche tutelar, aliada y protectora, ha dejado de sostener los sueños y la tarea profética del yo, lo ha abandonado, y en cambio ha pasado a integrarse en un solo y único *sistema* con la inmovilidad lúgubre y letal del Día. Es la misma situación que, en prosa circunstanciada, describen los primeros párrafos de «La noche del soldado». Y que empuja al poeta a refugiarse en la seducción del 'día especial' = Josie Bliss (cfr. «Juntos nosotros», «Diurno doliente». La Noche ya no opone al Día sus estímulos proféticos, nutrición y sostén de la tarea (diurna) del poeta, «porque, en ese "sistema sombrío", la noche se conforma [ahora] con suceder al día sin ser el lugar de su constante renovación» (Sicard 1981: 190).

ÁNGELA ADÓNICA

Anticipación: *ATN-4* = *Atenea*, 58 (octubre de 1929), 245-246. — *NJV* incluye el facsímil de una copia dactiloscrita, sin firma ni fecha, que reproduce el poema en su forma definitiva (como *N* y *CYR*): copia seguramente tardía (¿1932?). — El texto original es de incierta datación, dada la índole esencial e intemporal de su lenguaje de canción erótica. — Me inclino a suponerlo escrito en Wellawatta durante la primera mitad de 1929. — Su métrica sigue el esquema de la estrofa sáfico-adónica (tres endecasílabos y un pentasílabo), salvo los dos primeros versos que son dodecasílabos. El título tiene que ver obviamente con la estrofa, pero quizás haga referencia a alguna determinada amiga del período de Ceilán, a alguna muchacha inocente —como un ángel— y desprejuiciada en sus costumbres (bi)sexuales, que bien podría se aquella que Neruda evoca en *CHV*, 140, o una de las tres (Patsy, Ellen, Artihya) que menciona en «Territorios» *(MIN-II)*. — Pero, ¿por qué aquella copia sin firma ni fecha llegó a manos de Albertina Azócar? Podría tratarse de un poema rezagado (escrito en Chile entre mediados de 1926 y mediados de 1927), dedicado a una mujer que ejerce sobre Neruda considerable atracción erótica (ver cartas en *NJV*) y cuyo nombre tiene las mismas iniciales de Ángela Adónica (el poeta habitualmente se dirigía a ella con seudónimos varios). O bien, de un poema escrito sí en Wellawatta durante la primera mitad de 1929, pero como una especie de sueño erótico destinado a estimular a la distante y fría Albertina, a quien el poeta, a lo largo de 1929, trató en vano de convencer para que fuera a Ceilán para compartir su exilio (cfr. *NJV*, 56-64). — El problema no me parece de fundamental importancia. El texto es ante todo una canción sin tiempo, variante — también en la métrica— de esa «poesía del corazón, que consuele aflicciones», a que se alude en una carta a Eandi (Aguirre, 102). Ver nota al v. 20 de «Lamento lento».

SONATA Y DESTRUCCIONES

Anticipaciones: 1) *AGR* = Aguirre, 160-161, versión enviada por Neruda a Eandi con carta del 8-IX-1928 desde Rangún (ver nota introductora a «Juntos nosotros»), por lo cual presumo que el poema fue escrito poco antes, a mediados de 1928 (¿julio, agosto?); 2) *ATN-3* = *Atenea*, V, 9 (30 de noviembre de 1928), 386-387. — Sobre el título del texto, ver nota al v. 16. — Comentario al poema en Alonso, 201-202.

LA NOCHE DEL SOLDADO

Anticipación: *AGR* = Aguirre, 162-164. El original de esta versión fue enviado por Neruda a Eandi con carta desde Rangún, 8-IX-1928, por lo cual presumo que fue escrito poco antes (a comienzos de agosto, a juzgar por la correspondencia textual que señalo en nota a líneas 17-18). — En general, *CYR* sigue la versión de *N*, salvo en algunos detalles de grafía y puntuación. — *N* y *CYR* cambian por dos puntos (:) todos los casos de punto y coma (;) que hay en *AGR*.

COMUNICACIONES DESMENTIDAS

No conozco anticipaciones de este texto, pero por algunos indicios que leo en él lo presumo escrito en Weltevreden (barrio residencial periférico de Batavia, Java) a finales de noviembre o comienzos de diciembre de 1930, poco antes o poco después del matrimonio de Neruda con María Antonieta Hagenaar (6-XII-1930). — Leo en el texto la tentativa del poeta de explicar(se) un cierto desplazamiento o tránsito, sentido como necesario, desde un espacio a otro (en el extratexto: desde Colombo a Batavia), desde una situación de riesgo, dolor y precariedad a otra de asentamiento y estabilidad. (En el fondo: su decisión de contraer matrimonio.) Un sistema de circunstancias insatisfactorias, causa de un íntimo deterioro en el *pasado,* es evocado desde la perspectiva *presente* de una modificación ocurrida, desde una nueva disposición. El título del texto implicaría así la descalificación de precedentes experiencias de contacto-comunicación, o de una en particular (el plural por el singular no es infrecuente en *Residencia*). — El texto repropone el conflicto *libertad/norma* ya tematizado en «Caballo de los sueños» (ver nota introductora a ese poema), pero en términos diversos y en cierto modo opuestos: esta vez la dimensión crítica del texto se endereza al espacio de la *libertad* (en el pasado), en tanto que el espacio de la *norma* (en el presente y futuro) se impregna de resignada sumisión, si no de clara aceptación. (El título subraya la crítica al espacio de la libertad, o sea, al espacio de las "comunicaciones" que el poeta busca desmentir.) — Ver notas a «Establecimientos nocturnos» y a «El deshabitado».

EL DESHABITADO

No conozco anticipaciones de este texto que presumo escrito en el Hotel der Nederlanden, en Weltevreden, sector periférico de Batavia (Java), en los últimos días de junio de 1930, recién llegado el poeta a la sede de su nuevo puesto consular. El título del texto traduce el estado de ánimo de Neruda, ya cansado de desplazamientos que lo llevan de un exilio a otro, de una soledad a otra peor, cada vez más vacío de estímulos, contactos y raíces.

EL JOVEN MONARCA

No conozco anticipaciones de este texto escrito seguramente en Rangún hacia mediados de 1928, poco después de los afines «La noche del soldado» y «Juntos nosotros» (ver notas a ambos textos). La figura femenina será individualizada más tarde por el poeta mismo bajo el nombre Josie Bliss (cfr. *CHV,* 122-125). Esta prosa nos introduce en la intimidad doméstica de la 'seducción diurna', antes celebrada en «Juntos nosotros». Pero en su parte final despunta el conflicto existente en la relación del poeta con su amante birmana, conflicto profundo y doloroso cuya crisis será tematizada en «Diurno doliente» y en «Tango del viudo».

No conozco anticipaciones de este texto. Lo supongo escrito en Colombo durante la primera mitad de 1930 (poco antes del traslado a Batavia). — Quiero imaginar al poeta en la fase final de una noche de juerga en algún "establecimiento nocturno" de la ciudad, en estado de lúcida y melancólica embriaguez al cabo de algunas horas de alcohol, humo, música, conversaciones y mujeres, aislándose en cualquier rincón o mesa de una *verandah* abierta a las estrellas, entre clientes adormecidos, para escribir estas líneas. O bien ya de regreso al bungalow de Wellawatta, después de unos pocos pasos por la extensa playa, sentado en la terraza que da al jardín, solo ante la noche inmensa. — Al parecer, esta casa junto a la playa es propicia a las melancolías estelares, como ciertos lugares costeros de la adolescencia del poeta: «Vivo a la orilla del mar, en las afueras de esta gran ciudad [Colombo], en una aldea que se llama Wellawatta y que tiene cierto parecido con el nunca olvidado Puerto Saavedra» (carta a doña Trinidad, la madrastra, 14-III-1929, en *CLR*, 45). — *Establecimientos nocturnos:* la sinécdoque del tipo "plural por singular" tiende a dar un cierto grado de abstracción y distancia a la traducción poética de experiencias íntimas y muy concretas de Neruda (cfr. «Comunicaciones desmentidas», «Melancolía en las familias», «Enfermedades en mi casa»).

ENTIERRO EN EL ESTE

No conozco anticipaciones de este texto escrito seguramente en Rangún, hacia mediados de 1928, y que supone un singular intento (entre el verso y la prosa) de establecer contacto con el mundo concreto, si bien ajeno, que rodea al poeta. Ver nota a la línea 26 de «La noche del soldado» («dónde está esa curiosidad profesional...?»). — En *CHV*, 120-121, Neruda se manifiesta en prudente desacuerdo con quienes opinan que el esoterismo religioso y filosófico de los países orientales en que vivió habría influido sobre ciertos aspectos de la escritura de *Residencia:* «el Oriente me impresionó como una grande y desventurada familia, sin destinar sitio en mi conciencia para sus ritos ni para sus dioses. No creo, pues, que mi poesía de entonces haya reflejado otra cosa que la soledad de un forastero trasplantado a un mundo violento y extraño».

CABALLERO SOLO

La sección III de *Residencia I* podría definirse "secuencia de la soledad sexual" si atendemos al motivo temático que domina en el conjunto de sus cuatro textos y que al parecer les confiere unidad y fisonomía dentro de la organización del libro (ver nota introductora a «El fantasma del buque de carga», donde el motivo no es visible). — «Caballero solo» fue escrito probablemente en Wellawatta a finales de 1929 o comienzos de 1930. Los meses que precedieron al traslado a Batavia (junio de 1930) fueron particularmente penosos para Neruda en el plano sexual. Al punto de confesar a Eandi (carta del 5-X-1929): «Quiero también casarme, pero pronto, mañana mismo, y vivir en una gran ciudad» (Aguirre, 56). En carta a Albertina Rosa desde Wellawatta (17-XII-1929): «Porque será ésta la última vez en nuestras vidas en que tratemos de juntarnos. Me estoy cansando de la soledad, y si tú no vienes, trataré de casarme con alguna otra» *(NJV,* 58). Y todavía a Eandi desde Wellawatta (27-II-1930): «La cuestión sexual es otro asunto trágico... Éste tal vez es el más importante motivo de miseria» (Aguirre, 77-78). — En el texto, como en «Ritual de mis piernas», resuenan lecturas de D. H. Lawrence y de otros escritores ingleses: «Leo casi solamente en inglés, toda clase de cosas, especialmente los nuevos ingleses —hace tres días ha muerto el más grande entre ellos, D. H. Lawrence» (en la misma carta a Eandi del 27-II-1930: Aguirre, 78). De este poema hay una anticipación en revista *Célula,* Santiago (1932), que no he podido cotejar directamente.

RITUAL DE MIS PIERNAS

Anticipaciones: 1) *AGR* = Aguirre, 165-167, versión fechada «Ceylán, 1930», enviada a Eandi con carta desde Sabang, Sumatra, 9-VI-1930, en viaje hacia Singapur (Aguirre, 85 y 86); 2) *AZC* = Rubén Azócar, *La poesía chilena moderna* (Santiago, Ediciones Pacífico del Sur, 1931), 312-313; 3) *IND* = revista *Índice,* Santiago, 9 (diciembre de 1930), 15, versión también fechada «Ceylán, 1930» (primera mitad de 1930, puesto que en junio Neruda se traslada a Batavia). — Resonancias de D. H. Lawrence: ver nota introductora a «Caballero solo». — Sobre el prosismo rítmico y sintáctico en este poema, ver Alonso, 132-138, cuya lectura («lo descrito... como tema que desarrollar por vías racionales») ha generado el equívoco de considerarlo un texto de fácil comprensión. — Otro comentario en Lozada, 160-166. Sobre la estructura y el sentido del texto, ver mis notas a los vv. 25-37, 48-56.

EL FANTASMA DEL BUQUE DE CARGA

Anticipaciones: 1) *ATN-6* = *Atenea*, 87 (mayo de 1932), 185-187, versión primitiva; 2) *AGR* = Aguirre, 168-170, versión corregida, enviada a Eandi a finales de febrero de 1933, cuando *N* ya estaba en prensa. — El poema fue escrito en el carguero *Forafric*, de la compañía inglesa Andrew Weir, a finales de febrero o (más probablemente) en marzo de 1932, durante el viaje de regreso de Neruda a Chile a través de los océanos Índico y Atlántico sur. «Hice mi viaje en un terrible barco de carga que tardó 75 días en traerme. Volví a ver mi prisión de Ceilán, luego Mozambique, y el océano» (carta a Eandi, 26-IX-1932, en Aguirre, 111). Esos setenta y cinco días incluyen en realidad los trece o quince de la primera etapa, Batavia-Colombo, en un barco holandés de línea. El *Forafric* zarpa de Colombo alrededor del 15 de febrero y atraca en Puerto Montt el 18 de abril de 1932. Acompaña al poeta su primera esposa, la holandesa María Antonieta Hagenaar, con quien se había casado en Batavia el 6-XII-1930. Viaje interminable y de veras terrible para el poeta, que retorna a su patria sin dinero y con una mujer a quien ya no ama. (Me parece muy indicador que Neruda, al reorganizar definitivamente los originales de *Residencia* para su publicación en Chile, haya decidido insertar este texto en la sección III del libro, esto es, en la "secuencia de la soledad sexual" o de los conflictos y angustias sexuales. Neruda sintió este poema afín a los otros tres de la sección, creo, porque subterráneamente ligado a la figura de la mujer que viajó con él durante esos meses de plomo en el carguero *Forafric* y que ha devenido signo y espejo de su actual situación de miseria afectivo-sexual.) — Ver nota introductoria a «Caballero solo». — Acerca de este poema, cfr. Alonso, 65-67, Concha 1963: 14-16, Loyola 1985: 143-145, y en particular Schopf 1971.

TANGO DEL VIUDO

Anticipaciones: 1) *ATN-4* = *Atenea*, 58 (octubre de 1929), 243-245; 2) *AGR* = Aguirre, 171-172, versión fechada «Calcuta, 1928». — El texto fue escrito durante el viaje de traslado del poeta desde Rangún a Colombo: «Apenas comenzó el barco a sacudirse en las olas del golfo de Bengala, me puse a escribir el poema "Tango del viudo"» *(CHV*, 124). Pero la escritura definitiva es de Calcutta, donde Neruda reencontró a su amigo Álvaro Hinojosa y donde se quedó durante dos meses, entre comienzos de noviembre de 1928 y el 8 de enero de 1929 (desembarcó en Colombo el 16). El poema puede ser datado, entonces, entre el 5 y el 15 de noviembre de 1928. — Durante más de treinta años el texto fue leído sin que se conociese con exactitud su trasfondo anecdótico, revelado por primera vez en las crónicas autobiográficas que Neruda escribió para *O Cruzeiro Internacional* (1962). El relato pasó después, con leves variantes, a *CHV*, 122-125. Sobre el personaje femenino: «Me enamoré de una nativa. Se vestía como una inglesa y su nombre de calle era Josie Bliss. Pero en la intimidad de la casa, que pronto compartí, se despojaba de tales prendas y de tal nombre para usar su deslumbrante sarong y su recóndito nombre birmano» *(CHV,* 124). Es la misma figura que inspira los textos «La noche del soldado», «Juntos nosotros», «El joven monarca», «Diurno doliente» y, naturalmente, «Josie Bliss». — En el título «Tango del viudo» el poeta ironiza su propia "debilidad" frente a un sentimiento. Para un chileno, *tango* equivale (en sentido irónico) a lamento o desahogo impúdicamente sentimental. — Una lectura del texto como parodia, en González-Ortega, 1985. — Ver mi nota introductora a «Arte poética».

CANTARES

No conozco anticipaciones de este poema, que presumo escrito en Weltevreden (Batavia) durante la segunda mitad de 1931, por la misma época de «Lamento lento» y con similar disposición métrica (estrofas breves en que predominan los versos eneasílabos, a los que se mezclan irregularmente algunos decasílabos). — *Cantares*. Este título, extraño por lo genérico y por lo aparentemente inadecuado al carácter del poema (y Neruda era un sapientísimo titulador de sus textos), se explica como probable formulación irónica de *canciones,* término que Neruda usa para referirse a «Lamento lento» en carta a Eandi (5-IX-1931): «[es] producto de mi viejo deseo de hacer una poesía del corazón, que consuele aflicciones, como las canciones y tonadas populares, (...) pero sin elementos populares», etc. (Aguirre, 102; ver mi nota al v. 20 de «Lamento lento»). La destinataria interna de «Lamento lento» y de las otras *canciones* residenciarias («Madrigal...», «Fantasma») es, se sabe, proyección de Albertina Rosa Azócar, con quien Neruda había roto por carta a comienzos de 1930, cuando ella se negó a venir a Colombo para compartir su exilio (cfr. *NJV,* 56-64; Aguirre, 78). La reaparición misma de esa figura, así como la tristeza y la nostalgia erótica del texto, son indicios de que algo o mucho va mal en el matrimonio del poeta con María Antonieta Hagenaar, celebrado en Batavia el 6-XII-1930, aunque en sus cartas a Eandi y a Laura se declara feliz. Ahora bien, «Cantares» quiere formular o expresar el mismo motivo de fondo de «Lamento lento», la nostalgia erótica, pero escondiéndola, mimetizándola bajo el follaje del motivo más general —y no menos real— de la gran desolación del exiliado, del poeta que sobrevive privado de estímulos, sintiéndose obligado a ese ocultamiento por razones de íntima dignidad (puesto que Albertina Rosa lo ha herido y abandonado). Dicho en otras palabras: «Cantares» es un texto que a nivel de fondo quiere ser *canción* en el sentido arriba citado —y por ello asume la forma métrica que Neruda en esa época reserva a sus *canciones*—, pero al mismo tiempo no quiere admitirlo. De ahí el título «Cantares», que creo amargo y (auto)irónico como el título «Tango del viudo», si bien con diversa modulación.

TRABAJO FRÍO

No conozco anticipaciones de este poema, probablemente el último que Neruda escribió durante el exilio en Oriente (sin contar «El fantasma del buque de carga», compuesto durante el viaje de retorno a Chile). La escritura del texto es contemporánea o próxima a las de «Lamento lento» y «Cantares» (en Weltevreden, Batavia, segunda mitad de 1931) y comparte con éstos la disposición métrica en estrofas breves con predominio absoluto de versos eneasílabos, a los que se mezclan irregularmente algunos decasílabos. — El texto presenta particulares problemas de puntuación. *CYR* elimina varias de las comas que traía *N* (una en el v. 4, todas en la última estrofa). *OCP* corrige sistemáticamente la puntuación, reponiendo en parte la de *N* (última estrofa) e introduciendo comas al final de los vv. 5, 16, 18 y 19. Sin garantía de una intervención directa de Neruda, acojo sólo en un caso las correcciones de *OCP*. Según el criterio general de la presente edición, procuro respetar al máximo posible la lección de *CYR*. — El poema tematiza (y a ello alude el título «Trabajo frío») la obsesión del tiempo que en Batavia se ha hecho angustiosa para Neruda (ver la nota a los vv. 3-4 de «Cantares»). Pero la disposición métrica denuncia cuánto el texto aspira secretamente a ser también *canción* —en el sentido nerudiano—, aunque lo manifieste de modo menos evidente y más indirecto aún que «Cantares» (ver mi nota introductora a ese poema).

SIGNIFICA SOMBRAS

Anticipaciones: 1) *LTS* = *Letras,* Santiago, 22 (julio de 1930), página 19; 2) *IND* = *Índice,* Santiago, 9 (diciembre de 1930), pág. 15, versión fechada «Ceylán, 1930»; 3) *AZC* = Rubén Azócar, *La poesía chilena moderna* (Santiago, Ediciones Pacífico del Sur, 1931), pág. 311. — La versión original de este texto enviada a Chile al parecer a comienzos de 1930, junto con «Ausencia de Joaquín» o con «Ritual de mis piernas», desde Wellawatta. Pero creo probable que haya sido escrita un par de meses antes, a modo de texto conclusivo para el bloque de originales de *Residencia* que Neruda despachó a España el 20-XI-1929, según precisa una carta a Eandi (Aguirre, 59). Su solemnidad de tono, de imágenes y de propósitos establece, en efecto, una cierta semejanza entre este poema y «Sonata y destrucciones», texto destinado a cerrar una precedente tentativa de estructuración y ordenación del libro, a mediados de 1928 (cfr. carta a Eandi desde Rangún, 8-IX-1928, en Aguirre, 34). Pero aún más interesantes son las diferencias, que hablan del camino recorrido entre dos momentos análogos en el proceso de escritura de la primera *Residencia*.

UN DÍA SOBRESALE

No conozco anticipaciones de este poema, probablemente escrito en Chile a mediados de 1933 (invierno), y que con «Sólo la muerte» parece querer iniciar un ciclo poético de gran aliento (con ambiciones cósmicas y a la vez con minucioso anclaje en lo real inmediato). A pesar del título, el texto no busca reproponer el motivo del *día especial* (cfr. «Diurno doliente», «Monzón de mayo») ni retomar el tema de «Débil del alba» (donde el día pálido invadía penosamente, tambaleante, el espacio abandonado por la fuerte noche): busca en cambio manifestar el común día poderoso, el Día-Todo (= Tiempo-Realidad), cuyo valor y definición emerge —*sale*— por encima y más allá de —*sobre*— sus materiales constitutivos. Los versos «De lo sonoro *salen* números» y «De lo sonoro *sale* el día», respectivamente al inicio y al final del texto, parecen proponer un juego de sentido (y a la vez un juego fonético-rítmico, como en el v. 5) que el título subraya y desarrolla. — Gutiérrez Monat lee este poema en conexión intertextual con «Melancolía» de Darío.

SÓLO LA MUERTE

Anticipaciones: 1) *PPD = Paloma por dentro*, en *FDV*, 107-111; 2) *NAC-2 = La Nación*, Buenos Aires (18-III-1934); 3) *ANT =* Anguita-Teitelboim, *Antología*, 129-130. — Texto escrito en Chile a mediados de 1933, ya entrado el invierno probablemente. — *PPD* parece ser la versión original. La dedicatoria de *Paloma por dentro* a Sara Tornú, manuscrita por Neruda, trae fecha «Abril 1934», pero los textos mismos seguramente fueron mecanografiados varios meses antes: así se explica que *NAC-2,* de 18-III-1934, traiga una versión evidentemente posterior a *PPD.*

BARCAROLA

Anticipaciones: 1) *MCR-1 = El Mercurio,* Santiago (28-I-1934); 2) *AGR* = Aguirre, 173-175; 3) *AVE = El aviso de escarmentados...* (a finales de 1934), versión que no logré reexaminar para esta edición. — Algunos indicios de este elaboradísimo texto me hacen conjeturar una primera redacción escrita en Chile, ya entrado el otoño de 1933 y en relación con algunos viajes al sur (ver nota inicial a «El sur del océano»). Aquella versión habría sido perfeccionada y completada en Buenos Aires durante la segunda mitad del mismo año. *MCR-1* sería el primer resultado de este trabajo, mientras *AGR* es una versión intermedia, ulteriormente revisada en *CYR.* — Comentarios a este poema en Alonso, 83-88, 93-96, 162-176, y en Lozada, 63-69. Ver también Gutiérrez Monat.

EL SUR DEL OCÉANO

No conozco anticipaciones de este texto, que presumo escrito en el otoño chileno de 1933 (como «Barcarola»). — «Y ya después de muchos años, volví mi vida hacia el mar solitario de mi infancia, hacia un trozo del mar de la frontera que es la región de Chile de donde vengo, y hacia ese desierto mar que siempre golpea mi sueño y abre para mí las puertas de la noche del tiempo, escribí alguna vez "El sur del océano"» *(VJS,* «Viaje por las costas del mundo»). — El poeta se refiere a la extensa y desolada playa de Puerto Saavedra, al oeste de Temuco, que la escritura prerresidenciaria de Neruda había elaborado como espacio mítico de la afectividad (de los sentimientos, del amor adolescente) en «Playa del sur» *(CRP),* en varios de los *Veinte poemas de amor,* en «Imperial del sur» *(ANS),* en diversos pasajes de *HYE* y en otros textos dispersos. Cfr. notas al v. 12 de «Fantasma» y al v. 30 de «Barcarola». — A comienzos de abril de 1933 Neruda viajó a Temuco solo, sin su mujer, y se quedó en el sur por una semana (según resulta de una carta de María Antonieta Hagenaar a Laura Reyes desde Santiago, 14-IV-1933). Un mes más tarde viajó de nuevo, igualmente solo, a raíz de una enfermedad de su padre, permaneciendo en el sur algunos días entre el 6 y el 12 de mayo aproximadamente (hay en mi archivo copias de un telegrama de Neruda a Laura, 5-V-1933, anunciando viaje, y de una carta del 15-V-1933 en el que el poeta, ya de regreso, pide a su hermana nuevas noticias sobre la salud de su padre). Hasta donde sé, estos dos breves viajes fueron los únicos que Neruda hizo al sur durante 1933 (en agosto se trasladó a Buenos Aires), y al parecer tampoco hizo otros en 1932 —por penurias económicas, por ajetreos de festejos y de preparación de ediciones, por disgustos con su padre— desde los días del regreso a Chile (abril de 1932). Por lo cual tiendo a asociar a estos dos viajes las escrituras de «Barcarola» y de «El sur del océano» (este último poema probablemente fue concebido durante el segundo viaje). — Comentarios: Alonso, 43-45, *et passim;* Lozada, 245-249; Concha 1972: 271-273.

WALKING AROUND

Anticipación: *PPD = Paloma por dentro,* en *FDV,* 135-137, versión primitiva escrita seguramente en Buenos Aires entre octubre y diciembre de 1933. — Por su forma y sentido, el título en inglés me parece un guiño literario que convoca y/o remite al *Ulysses* de Joyce, escritor que Neruda había leído ya en Colombo (ver Aguirre, 59 y 78) y que vuelve a reclamar el interés del poeta en Buenos Aires. Por la misma época en que escribe «Walking around» Neruda publica su traducción de dos textos de *Chamber Music,* de James Joyce, en una revista dirigida por Pedro Juan Vignale: *Poesía,* Buenos Aires, I, 6-7 (octubre-noviembre de 1933), pág. 17. Cfr. Puccini, 1965.

DESESPEDIENTE

Anticipación: *PPD = Paloma por dentro,* en *FDV,* 141-142, versión escrita muy probablemente en Buenos Aires, entre octubre y diciembre de 1933, como «Walking around». — El título del poema es un neologismo nerudiano, resultante del cruce entre *desesperación* y *expediente* (por entonces Neruda escribía *espediente,* según se lee en un verso desechado de *PPD:* «a la bahía de los espedientes» — véase nota a vv. 19-22).

LA CALLE DESTRUIDA

No conozco anticipaciones de este poema, que por indicios presumo escrito en la Casa de las Flores, Madrid, a finales de enero o comienzos de febrero de 1935. Es decir, en pleno invierno. Hay una alusión al invierno en v. 9 (cfr. «Estatuto del vino») y a la *tos* en v. 35, que pongo en relación con una carta de Maruca Hagenaar (a Laura) fechada el 3 de febrero de 1935 (hay copia en mi archivo) donde comunica: «Neftalí está hace una semana en cama con una bronquitis sin gravedad, pero tiene que cuidarse mucho. El invierno en Madrid es insoportable para nosotros: sufrimos mucho frío.» El poema parece escrito en un momento depresivo (y quizá en cama, durante un período de encierro, sin salir a la calle, con la presencia de Maruca, la visita de la suegra y, sobre todo, el agravamiento de la enfermedad de la niña), en un momento en que todo parece desintegrarse y caer en ruinas. — En carta personal, Pedro Gutiérrez Revuelta (University of Houston) me señala una pista importante en otro plano: «creo que detrás de los efectos destructivos del tiempo habría que escuchar los ecos de los efectos destructores de la revolución silenciosa de octubre de 1934 en España. Para mí el poema anticipa "Canto sobre unas ruinas" *[TER*, "España en el corazón"] escrito ya en plena guerra civil. De hecho, el título del poema proviene de la cuarta estrofa del poema de Rodrigo Caro *A las ruinas de Itálica:* "Fabio, si tú no lloras, pon atento / la vista en luengas calles destruidas." El poema de Caro y los efectos destructivos del tiempo —y de la guerra— formarían el gozne entre los dos poemas de Neruda» (carta del 20-VI-1986). — En efecto, la intuición del deterioro y de la ruina admite ser leída también *en el nivel público,* en cuanto eco de la grave situación político-social (represión y autoritarismo reaccionarios) que pesa sobre la república española tras el sofocamiento a sangre y fuego de la revolución asturiana. Leo en «Estatuto del vino» (ver notas) una reacción más directa, inmediata y enérgica del poeta (que escribe en otro estado de ánimo) frente a esos acontecimientos. También en aquel texto (que creo un poco anterior) se mezclaban los niveles público y privado. Testimonio documental del punto de vista *político* de Neruda al respecto, en un pasaje de una carta a Eandi (fechada en enero de 1935): «De amigos como siempre, estoy rodeado de ellos, Alberti (ahora en París *porque el régimen reaccionario feroz lo encarcelaría),* Lorca, Bergamín, poetas, pintores, etc.» (Aguirre, 134).

MELANCOLÍA EN LAS FAMILIAS

No conozco anticipaciones de este poema, que por indicios presumo escrito en Madrid a finales de enero o a comienzos de febrero de 1935, como «La calle destruida». — *OCP* (1973) modifica el título original: reporta «Melancolía en la familia», sin dar razón de este cambio que no creo autorizado por Neruda. Aunque el sentido real del título podría corresponder a "melancolía en la familia" o "en mi familia", la modificación formal es —cuando menos— superflua, porque en *Residencia* verificamos frecuentes casos de sinécdoque del tipo "plural por singular" (como «Comunicaciones desmentidas», «Establecimientos nocturnos» y «Enfermedades en mi casa», para ejemplificar sólo a nivel de títulos de poemas). — La escritura del poema responde a un período de depresión y melancolía en Neruda, con achaques de invierno y en particular con la terrible amargura por la hidrocefalia que se ha comenzado a manifestar en Malva Marina (ver nota introductora y al v. 22 de «La calle destruida»), lo cual sin duda ha determinado creciente distancia, y hasta irracional rencor, hacia la cónyuge Maruca (ver nota al v. 23 de «La calle destruida»). — Si el título del texto da cuenta de la situación en que fue escrito, su contenido en cambio se proyecta a la memoria, a una situación del pasado que por indicios juzgo afín a la evocada por el poema «Josie Bliss». La naciente relación con Delia del Carril (la Hormiga) no consigue espantar al tenaz fantasma de la "pantera birmana".

MATERNIDAD

No conozco anticipaciones de este poema que presumo escrito en Buenos Aires, marzo o abril de 1934. Por entonces Neruda escribe a su padre anunciándole que «lo haremos abuelo en agosto de este año» (carta inédita del 24-III-1934: hay copia en mi archivo). Circunstancias extratextuales condicionan el sesgo de la escritura del poema: una situación matrimonial deteriorada, pesadamente insatisfactoria; un relativo mejoramiento de la situación individual de Neruda, tanto en el plano del trabajo consular cuanto en el de los contactos humanos (en Buenos Aires el poeta ha conquistado nuevos espacios de reconocimiento, de amistad personal y literaria —en particular, su decisivo encuentro con García Lorca—, de relaciones eróticas); la emersión de un fuerte anhelo de paternidad. La destinataria interna del texto aparece construida e interpelada con los rasgos de una figura femenina que ha dejado de inspirar estímulos afectivos y pasiones al poeta, figura devenida lúgubre y ácida, pero cuya maternidad incipiente podría reabrir expectativas de acercamiento revitalizado y sincero, de nuevo sentido para la relación. La conciencia de la propia afirmación individual se proyecta al preámbulo del texto (vv. 3-14) como base de una disposición solidaria, atenta e incluso esperanzada, abierta a los cambios que el acontecimiento del parto podría comportar. La cursiva indica la importancia que tenía para el poeta la eventualidad de prolongarse en un hijo.

ENFERMEDADES EN MI CASA

No conozco anticipaciones de este poema, cuya fecha de escritura puede ser fijada entre el 18 y el 25 de agosto de 1934, en Madrid, según se desprende del comienzo de una carta de Neruda a su padre: «Querido papá: El día 18 del presente nació nuestra hija que lleva los nombres de Malva Marina Trinidad, en homenaje a mi querida mamá. No me he apresurado a comunicarle la noticia porque todo no ha andado muy bien. Parece que la niña nació antes de tiempo y ha costado mucho que viva. Ha habido que tener doctores todo el tiempo y a obligarla a comer con sonda, inyecciones de suero, y con cucharadas de leche, porque no quería mamar. Hubo momentos de mucho peligro, en que la guagua se moría y no sabíamos qué hacer. Ha habido que pasar muchas noches en vela y aun el día sin dormir para darle el alimento cada dos horas, pero el médico nos dice recién que ya no hay peligro, si bien la criatura necesitará mucho cuidado. Pienso que como yo también di mucho cuidado, podremos criarla. Dentro de veinte días más se comenzará a darle aceite de bacalao, como a mí me hacían tomar, y que es la única salvación de los niños raquíticos. / La niña es muy chiquita, nació pesando 2 kilos 400 gramos, pero es muy linda, como una muñequita, con ojos azules como el abuelo, la nariz de Maruca (por suerte) y la boca mía. Todo el mundo la encuentra muy linda y pronto le mandaré una fotografía. Por supuesto que la lucha no ha terminado aún, pero creo que se ha ganado ya la mejor parte y que ahora adelantará de peso y se pondrá gordita pronto» (carta fechada: «Madrid, España, 25 de agosto de 1934»: hay copia en mi archivo).

ODA CON UN LAMENTO

Anticipaciones: 1) *PPD = Paloma por dentro,* en *FDV,* 115-117; 2) *ANT* = Anguita-Teitelboim, *Antología,* 130-131. — La versión original de este texto probablemente fue escrita en Buenos Aires a finales de 1933 o comienzos de 1934. — La figura destinataria del poema podría corresponder, en la realidad extratextual, a la hermana de María Luisa Bombal, Loreto, de quien Neruda se enamora en los últimos meses de 1933 (según informa fugazmente Teitelboim 1984: 144). El breve período de Buenos Aires —entre agosto de 1933 y mayo de 1934— es uno de los peor conocidos de toda la biografía de Neruda. Parece caracterizarlo, entre otras cosas, un violento reflorecer de la vida erótica (extraconyugal) del poeta. De ello serían indicios los tres textos de la sección de *Residencia II* que esta «Oda con un lamento» inaugura, seguida por «Material nupcial» y «Agua sexual» (ver también

«Maternidad», nota introductora y notas a los vv. 3-14), y la anécdota erótica recordada en *CHV*, 161-163.

MATERIAL NUPCIAL

Anticipación: *PPD = Paloma por dentro*, en *FDV*, 127-128. — La versión original de este poema, próxima a *PPD* si no coincidente, probablemente fue escrita a finales de 1933 o a comienzos de 1934 en Buenos Aires (ver notas introductoras a «Maternidad» o a «Oda con un lamento»). — Un detalle curioso: el título de este poema ha sido sistemáticamente equivocado por Alonso (1951), por Lozada (1971) y también por mí (Loyola 1964), que hemos leído *«Materia* nupcial». — Dentro del discurso nerudiano, lo novedoso o singular de este texto no es, por cierto, el tema, sino la actitud del sujeto lírico frente a él. La vehemencia erótica no aparece aquí subordinada —al menos explícitamente— a ningún proyecto o finalidad exteriores a la vehemencia misma. En el *Hondero (HOE)* y en algunos de los *Veinte poemas de amor* el ímpetu sexual venía propuesto como vía hacia el fundamento del hacer poético (cfr. Loyola 1981: 19-22 y 39-43). En «Juntos nosotros» y en «Ángela Adónica» —que en cierta medida son los antecedentes residenciarios de este «Material nupcial»—, la exclusividad del tema sexual aparece todavía "justificada" por la fascinación, por el *oculto fuego*, por la carga vital y pasional, en suma, por las promesas gratificantes con que el objeto erótico seduce al poeta. Es *ella* quien explica o "justifica" la focalización sexual del asunto de esos textos. Lo singular de «Material nupcial» es, en cambio, precisamente la autonomía del ímpetu erótico, el cual concentra sobre sí mismo, más que sobre su objeto, la atención del texto, como si respondiese sólo al impulso unilateral y arbitrario del sujeto. El discurso poético se sitúa en la perspectiva de una agresividad sexual que imagina por anticipado su propio desencadenamiento inminente, textualizándolo en el futuro (pondré, abriré, morderé, inundaré...) y en el "deber ser" (debe correr). Lo cual configura un ánimo de escritura interesado no tanto al erotismo de la situación cuanto a la afirmación del propio ímpetu sexual en sí mismo, como si éste necesitase ser reconocido por el yo. Téngase en cuenta, al respecto, que el reflorecimiento erótico del poeta durante el período de Buenos Aires se relaciona causalmente, en modo extraño y oscuro, con el impulso hacia la memoria, hacia la recuperación, en la escritura, de estratos más o menos arcaicos de recuerdos.

AGUA SEXUAL

Anticipación: *PPD = Paloma por dentro*, en *FDV*, 121-123. — La versión original de este poema, próxima a *PPD* si no coincidente, probablemente fue escrita hacia finales de 1933 o a comienzos de 1934 en Buenos Aires (ver «Maternidad», «Oda con un lamento», «Material nupcial»). — Poema afín a «Caballero solo» *(RST-I)* por la común visión de un pulular de energía sexual. Pero en «Caballero solo» el yo era asediado por la sexualidad ajena, por el erótico magma o bosque viviente que otros hombres y mujeres hacían proliferar en torno a él (reducido a una especie de *voyeur* con ojos sólo externos). En «Agua sexual» el asedio viene desde adentro, desde la propia sexualidad. Este poema supone un *ver* con los ojos *internos* del yo, si bien no hay separación entre lo visto y el yo que ve. El sujeto aquí *ve* el mundo, pero también *se ve* en el mundo. Un aspecto importante de este diverso *ver* es su proyección hacia la memoria, que falta en «Caballero solo». Hablando en términos simbólicos: los ojos externos del yo determinan en «Caballero solo» una visión fundamentalmente seca-sólida-terrestre (exterior y en superficie, anecdótica), mientras en «Agua sexual» la visión ha devenido *también* húmeda-líquida-marina (interior y en profundidad, vertical, sustancial). Cfr. vv. 43-45 del texto.

ENTRADA A LA MADERA

Anticipación: *TCM = Tres cantos materiales* (abril de 1935). — Poema escrito en Madrid, probablemente a finales de 1934 o comienzos de 1935. — Dentro de la historia simbólica que *Residencia* desarrolla, es como si el esfuerzo realizado en «Agua sexual» para reconocer y penetrar el núcleo *natural* de la vida en el espacio social (ámbito humano que incluye al yo) hubiese desbloqueado el acceso a una clave descifratoria del misterio de la *naturaleza* misma, poniendo en nueva conexión los dos ámbitos. «Agua sexual» era una inmersión en el *ser naturaleza* del hombre. «Entrada a la madera» es una inmersión en la secreta profundidad de la materia-madera (el ámbito de *lo verde*: cifra de la Naturaleza por excelencia); es el postergado descenso al interior de «los grandes zapallos» que el poeta, desde el exterior, intuía en «Galope muerto»; es el cumplimiento del viejo anhelo (implícito en algunas prosas de *Anillos*, aparte «Galope muerto») de aproximar entre sí el tiempo circular (naturaleza) y el tiempo progresivo (historia, sociedad, individuo, yo). — Partiendo de una observación etimológica de Concha 1963:12, aunque no la menciona, Santí hace notar que en el título «Entrada a la madera» resuena la expresión *entrar en materia*: en lo importante, en lo significativo (83). La estructura del poema sigue el modelo arquetípico del *descenso órfico* (ver nota al v. 3), cuyos momentos característicos son reconocibles en el texto: (1) extravío o desdicha precedente del sujeto, que aquí los vv. 26-27 condensan; (2) descenso-ascenso, tropismo vertical que ocupa la mayor parte del texto, incluyendo subfases también típicas: caída al territorio de la muerte y de las ruinas (vegetales);·deíxis, subida, homenaje; contemplación y alabanza del misterio de la fertilidad; plegaria de incorporación e integración; (3) retorno, aquí insinuado en los vv. 49-50 finales. — Comentarios en Concha 1963: 20-27; Santí, 83-90.

APOGEO DEL APIO

Anticipación: *TCM* = *Tres cantos materiales* (abril de 1935). — Texto escrito en Madrid, probablemente hacia finales de 1934 o comienzos de 1935. — Es, «sobre todo al comienzo, casi una oda elemental, de temple risueño y luminoso» (Concha 1963: 27-28). — Sobre el nivel referencial *público* del texto, ver notas a sus vv. 26-33, 41, 45.

ESTATUTO DEL VINO

Anticipaciones: 1) *TCM* = *Tres cantos materiales* (abril de 1935); 2) *RDP* = *Revista del Pacífico,* Santiago, 2 (julio de 1935): reproducción de un fragmento (vv. 1-44) de la versión *TCM.* — Texto escrito hacia finales de 1934 o a comienzos de 1935 en Madrid (cfr. vv. 11 y 15: «a la llegada del invierno», «sobre el invierno que ha llegado ahora», cuya información, según hábitos nerudianos, es muy probablemente realista). — Antropomorfización del vino, como la del apio y la de la materia-madera en los precedentes *cantos materiales.* — En el nivel *privado* de la escritura de este poema ha influido sin duda el recuerdo de Alberto Rojas Giménez, amigo fallecido en Chile algunos meses antes, y que en la memoria de Neruda encarnaba la afinidad entre el vino y la poesía, entre la embriaguez y la vida. «Era un ángel lleno de vino», le escribió a su amiga argentina Sara Tornú (carta del 19-IX-1934). «Taberna Rojas Giménez» llamó Neruda a la habitación destinada a funciones de bar en su casa de Isla Negra. Ver más adelante el poema a Rojas Giménez. — Hay en el texto un nivel referencial *público* (pero cifrado, y hasta ahora no advertido) que concierne a la siniestra situación político-social que vive la república española a finales de 1934, tras la sangrienta represión de octubre-noviembre en Asturias (ver notas a vv. 10-16, 29-35, 83-108). En esta clave, el poema abre con referencias a matanzas *(sacrificios)*, al espacio en que ocurren *(regiones:* la elección del término sería intencional) y a la represión generalizada que las sigue *(manchas moradas,* donde el color apuntaría a su inspiración reaccionaria y clerical-episcopal).

ODA A FEDERICO GARCÍA LORCA

No conozco anticipaciones de este poema, que creo escrito en Madrid durante la primavera de 1935, probablemente alrededor del cumpleaños de Federico (5 de junio). — Neruda había conocido a Federico en Buenos Aires, en casa de Pablo Rojas Paz y Sara Tornú (la Rubia), el 13 de octubre de 1933. Inmediata amistad y recíproca admiración. En mayo de 1934 García Lorca acoge al amigo a su llegada a España, y se prodiga para introducirlo e imponerlo en el ambiente literario madrileño, logrando disolver rivalidades y desavenencias en el común reconocimiento del poeta chileno (con la notoria excepción de Juan Ramón Jiménez). Neruda estaba habituado a la envidia, a la zancadilla y al "ninguneo" que en su tierra algunos notables de las letras pretendían ejercitar en su contra (aparte su peculiar vulnerabilidad al comentario desfavorable, sobre todo si emitido en Chile). Por eso el comportamiento generoso y fraterno de Federico, tan evidentemente sincero además, lo conmueve en lo más profundo del ánimo y allí queda grabado para siempre. Pero no sólo gratitud, afecto y especular admiración hay en la «Oda a FGL»: ella expresa en particular el íntimo regocijo y desahogo de Neruda por este pleno cumplimiento de su intenso sentido de la amistad *inter pares,* lo cual, como se sabe, es difícil de alcanzar en el mundo de las letras por las complejas desconfianzas que suelen prevalecer. Creo que en Neruda esta propensión amistosa era muy importante y fuerte, y por ello era extremadamente cauteloso en tal terreno y en un cierto nivel: porque nada lo atemorizaba más (como buen niño tímido-orgulloso que fue toda su vida) que la "traición" o el desaire a su sinceridad abiertamente formulada. De ahí los varios malentendidos que jalonan su existencia. Desde esta perspectiva, la «Oda a FGL» es un texto único en toda la vida-poesía de Neruda.

ALBERTO ROJAS GIMÉNEZ VIENE VOLANDO

Anticipaciones: 1) *ROC-2 = Revista de Occidente,* CXXXIII (julio, 1934), 47-51; 2) *MCR-2 = El Mercurio,* Santiago (21-X-1934); 3) *ANT =* Anguita-Teitelboim, *Antología,* 131-133. — Puesto que Rojas Giménez murió en Santiago el 25 de mayo 1934 y que Neruda recibió los telegramas con la noticia en los días inmediatamente sucesivos, se puede presumir que la versión original de este poema fue escrita a finales de mayo-comienzos de junio 1934, en Barcelona (a donde el poeta había llegado desde Buenos Aires sólo algunos días antes). — En carta a su amiga Sara Tornú (la Rubia), fechada en Madrid el 19-IX-1934 y reproducida en *Hispania* 66 (sept. 1983), Neruda evoca a pocos meses de distancia: «Te diré que se me ha muerto mi amigo el poeta Alberto Rojas Giménez; Oliverio [Girondo] lo conoció. Era un ángel lleno de vino; un acompañante ideal para mí y Norah [Lange] y Amado [Villar]. Cuando murió me morí de pena; lloraba mucho con ataques de pena y no sabía qué hacer, porque si hubiera muerto aquí habría estado con él y por lo menos me hubiera consolado. Entonces me fui en Barcelona a una gran catedral de marineros, la Basílica de Santa María del Mar, inmensa, oscura, llena de piedra y de pequeños barcos votivos y de huracanes barrocos. Pero como no sabía rezar fui a buscar a un amigo católico [el pintor chileno Isaías Cabezón], que rezó en cada uno de los innumerables altares; en la oscuridad sólo ardían los cirios de un metro que compré para mi amigo, en el altar mayor, y yo, de rodillas, me sentí contento. Entonces escribí una poesía que se llama "Alberto Rojas Giménez viene volando", y que te mando aparte en una revista que la ha publicado *[ROC-2]*. Es un himno fúnebre, solemne, y si lo lees en tu casa, ha de hacerlo Amado Villar, con voz acongojada, porque de otra manera no estaría bien» (pág. 422). Este documento, desconocido hasta hace poco y recuperado por J. Loveluck, confirma el relato que Neruda hizo en 1962 para *O Cruzeiro Internacional* y que después pasó a sus memorias *(CHV,* 60-61). — La métrica del poema sostiene con regularidad el esquema de la estrofa sáfico-adónica (secuencia de tres endecasílabos que rematan en un pentasílabo, el cual en este caso se repite en todas las estrofas, funcionando como un estribillo: «vienes volando»), con excepción de la cuarta y de la última estrofas. Cfr. «Ángela Adónica» en *Residencia I.* — Sobre A. Rojas Giménez (1900-1934), cfr. Neruda, *CHV,* 58-61; Alegría 1983, 61 y ss.; Wilberto Cantón, *Posiciones* (México, 1950); Alejandro Vázquez, «Alberto Rojas Giménez, poeta errante», *Atenea* 255-256 (septiembre-octubre 1946). Un análisis del poema: Loveluck, 1974.

EL DESENTERRADO

Anticipaciones: *PDV = Poesías de Villamediana* (julio, 1935). — Texto escrito en Madrid durante la primera mitad de 1935, probablemente en marzo o abril. La idea de un poema sobre Villamediana tiene que ver con Vicente Aleixandre (y también con José Bergamín, director de la revista *Cruz y Raya)*. En carta a Eandi, fechada «Enero, 1935», refiere Neruda: «Ayer he ido por primera vez a ver a uno de los [poetas] más nuevos: Vicente Aleixandre» (Aguirre, 134-135), aunque Aleixandre mismo (1975) declara haber conocido a Neruda en octubre de 1934. Cinco años más tarde, en Chile, Neruda recordará: «En un barrio todo lleno de flores, entre Cuatro Caminos y la naciente Ciudad Universitaria, en la calle Wellingtonia, vive Vicente Aleixandre. / Es grande, rubio, rosado. Está enfermo desde hace años. Nunca sale de casa. Vive casi inmóvil. (...) Todas las semanas me espera, en un día determinado, que para él, en su soledad, es una fiesta. No hablamos sino de poesía. Aleixandre no puede ir al cine. No sabe nada de política. / De todos mis amigos lo separo, por la calidad infinitamente pura de su amistad. En el recinto aislado de su casa la poesía y la vida adquieren una transparencia sagrada. / Yo le llevo la vida de Madrid, los viejos poetas que descubro en las interminables librerías de Atocha, mis viajes por los mercados (...). O leemos largamente a Pedro Espinosa, Soto de Rojas, Villamediana. Buscábamos en ellos los elementos mágicos y materiales que hacen de la poesía española, en una época cortesana, una corriente persistente y vital de claridad y de misterio.» («Mis amistades y enemistades literarias», *Qué Hubo*, Santiago, 44 20-IV-1940; recogido en *PNN*, 74-75). — Comenta Alonso: «"El desenterrado" es como un triunfal desquite de toda la poesía desintegralista del autor. Y en ese poema en el que hay una sorda y agitada alegría en la contemplación de la apocalíptica resurrección de la carne, el poeta ha sentido el triunfo y servidumbre de la forma interior y exterior. El poeta canta la reconstrucción de todo lo perecedero cuando haya sonado la trompeta final.» Y agrega en nota: «Parece haber impresionado especialmente a nuestro poeta en su admirado Villamediana algunos sonetos al Juicio Final» (148). — Al agrupar en la sección V los textos dedicados a tres poetas, Neruda trata de delimitar el sitio de su propia obra dentro de la tradición poética de lengua castellana en España y en América Latina: Federico representa el espacio unificador del presente, Rojas Giménez el pasado inmediato y local (el substrato humilde, la base social subdesarrollada, la diversidad, la marginación y la soledad en el último rincón del mundo), en tanto que Villamediana es el espacio unificador en el pasado, la memoria común del idioma. Neruda resucita y prolonga a Villamediana (desde otra ladera o territorio) no menos que Federico. Al mismo tiempo, Neruda propone la resurrección y recomposición de Villamediana como metáfora de la propia reunificación, del propio renacer en España desde un pasado disperso, confuso y fragmentado. El texto, por lo tanto, se inscribe con modalidad específica en la amplia y multiforme operación de reconquista y asunción de la memoria, en otros sectores afrontada también por «Agua sexual», «Entrada a la madera» y «Josie Bliss», y cuyo sentido último es la nueva refundación de la identidad poética del yo enunciador-protagonista de *Residencia*. — Sobre el personaje Villamediana escribió Neruda: «No podemos olvidar a los fantasmas. Y cuando éstos, como Juan de Tarsis, cruzaron como un relámpago de amatista un minuto de la historia poética, dejando un fulgor de fósforo que atraviesa y rompe las páginas de los libros y los esparce en un pequeño vendaval oscuro, debemos recordar al fantasma» *(VJS,* «Viaje por las costas del mundo»). — Creo advertir en el texto un nivel referencial subterráneo, relativo al cruento sofocamiento de la revolución de los mineros en Asturias (octubre-noviembre, 1934). Al respecto, ver nota al v. 59.

EL RELOJ CAÍDO EN EL MAR

No conozco anticipaciones de este texto. Lo presumo escrito durante el verano de 1934 (¿julio?), quizás en Barcelona (por la alusión al mar) durante alguno de los viajes frecuentes que el poeta debía hacer por razones de trabajo (mientras se decidía oficialmente su traslado a Madrid): «al principio anduve tan mal de ánimo, inestable, errante entre Barcelona y Madrid, y un poco desesperado por mi destino» (Aguirre, 134). — La situación de escritura que presumo para este poema tiene que ver con una relación amorosa naciente (¿Delia del Carril?), a la cual aludiría la estrofa final, pero cuya fuerza de aferramiento o arraigo es insuficiente para disolver la oscura depresión que afecta al poeta por insatisfacciones de trabajo y por el vacío de su vida conyugal. El recuerdo de una remota experiencia amorosa—Josie Bliss— comienza a entrometerse en el hoy obsesivo parámetro de plenitud, haciendo más penosa la apremiante conciencia de la acumulación temporal (ver notas a vv. 9-17). — La oposición *reloj / mar* reformula, desde una nueva perspectiva, el conflicto *tiempo progresivo / tiempo circular* que con diversas modulaciones asedia al sujeto desde la época de los *Veinte poemas de amor*. El reloj es imagen de la escansión temporal del yo (la edad personal, el transcurso individual) mientras el mar representa ahora no sólo la dimensión eterna (circular) de la naturaleza sino también la implacabilidad de un tiempo social cuya acumulación procede sin tregua, ajena e indiferente a la angustia del poeta y a su ánimo de integración. — A través de las fórmulas «un día domingo detenido en el mar» (v. 5), «una gota de tiempo que asaltan las escamas / ferozmente vestidas...» (vv. 7-8) y «El reloj que en el campo se tendió sobre el musgo» (v. 27), el texto reitera —bajo nuevas condiciones y desde una diversa perspectiva— la temática que ya «Diurno doliente» y «Monzón de mayo» desarrollaron en *Residencia I*: la imponibilidad del *día especial* como fundamento de una nueva existencia. — Comentario en Sicard, 124-127.

VUELVE EL OTOÑO

No conozco anticipaciones de este texto. Lo presumo escrito en Madrid, durante el otoño de 1934, a finales de octubre o comienzos de noviembnre, contemporáneamente a la represión militar en Asturias (a la cual, creo, hay una rápida alusión en vv. 18-19). — La recuperación de los recuerdos (que en realidad, en lo inmediato, tiende ahora a crear un espacio textual para la obsesiva nostalgia de Josie Bliss) asume en este poema un giro importante. No preparado aún para la plena admisión del recuerdo de Josie Bliss en su escritura, el poeta se apoya en la llegada del otoño —clave adolescente ligada al paso del tiempo y a viejos miedos— para saltar hacia el pasado más lejano, hacia el espacio-tiempo fundador. Con el otoño retornan así el crepúsculo, el océano, el bosque, las figuras (el caballo, la barba roja del padre) del sur de la infancia. Desde allá, desde el pasado profundo, reemprenderá el poeta —en veloz recorrido, con nuevo y más convencido impulso— su viaje a través de la memoria hasta englobar *el recuerdo* que verdaderamente le interesa. Es lo que harán los poemas sucesivos —y finales del libro— una vez unificados y afrontados los miedos del pasado y del presente.

NO HAY OLVIDO (SONATA)

No conozco anticipaciones de este texto, que creo escrito en Madrid entre febrero y marzo de 1935. — La amargura por el agravarse de la enfermedad de Malva Marina, además de destruir los últimos residuos de adhesión en su matrimonio con Maruca Hagenaar, ha precipitado al poeta en una melancolía profunda que, sin embargo, encontrará salida justamente en el retomar con mayor fuerza el hilo de la recuperación de los recuerdos (cuya fase decisiva había iniciado pocos meses antes el poema «Vuelve el otoño»). Por ello los títulos de los dos últimos poemas de *Residencia* son directos, inequívocos, rotundos. En una situación de extrema emergencia el poeta apela decididamente, ya sin reservas, al mundo de la memoria personal para refundar su identidad desde la ladera privada (desde la esfera pública ayudarán «los precipitados acontecimientos que esperan con espada», según

la alusión del poema «Josie Bliss», v. 10: ver nota). Las figuras de De-
lia del Carril y de Federico (este último en cuanto condensación de la
tradición y del presente de la poesía de lengua castellana; Delia, en
cuanto mezcla de eros y acción política) parecen haber actuado como
puentes entre las esferas pública y privada. — El texto poetiza la «per-
duración de lo aparentemente olvidado» (Alonso, 270n). El término
sonata indica que el poema tiene un carácter íntimo, recogido y perso-
nal, sin las implicaciones filosóficas que el sintagma *No hay olvido* po-
dría sugerir. Ver la nota introductora al poema «Alianza (sonata)». —
Análisis del texto: cfr. Rodríguez Fernández (1972).

JOSIE BLISS

No conozco anticipaciones de este poema, que presumo escrito en-
tre febrero y marzo de 1935, como «No hay olvido (sonata)», en Ma-
drid. — La colocación del poema como cierre del libro tiene un signi-
ficado tan preciso cuanto complejo. No se trata sólo de que la obsesiva
nostalgia de Josie Bliss logra por fin conquistar pleno acceso a la escri-
tura del poeta (en poemas precedentes, tales «Oda con un lamento» o
«Melancolía en las familias», el recuerdo de la amante birmana apare-
cía aún como alusión críptica, oblicua, secreta, y, todavía más, como
factor perturbador para la construcción del presente y del futuro del
yo: por ello era aún objeto de resistencias o reservas por parte del poe-
ta, como un diabólico y fascinante lastre heredado del pasado, como la
cifra última de esas «tantas cosas que quiero olvidar», y por lo mismo
no se la podía *nombrar,* esto es, reconocer en la escritura). Es la entera
Memoria del poeta, es el conjunto de los *orígenes* (tanto los remotos
como los más recientes) lo que a través del emblemático título «Josie
Bliss» conquista *nombre* (individuación y función) en el Texto nerudia-
no. Un hombre inicial, al menos: un primer verdadero nombre.
(Otros textos posteriores, como «La copa de sangre» [1938] y «Alturas
de Macchu Picchu» [1945], verificarán que «Josie Bliss» había conden-
sado sólo el comienzo —un válido comienzo— de un interminable
propósito.) «Josie Bliss» representa así el resultado triunfante, no por
ello menos doloroso, de un largo y difícil esfuerzo de Neruda. Pero es
también un punto de (re)partida, una base, un Fundamento (como ya,
desde otra perspectiva, intuyó Jaime Concha). Por eso se engaña quien
lea este poema como una intimista clausura melancólica de *Residencia
en la tierra.* — Las dificultades de Neruda para aceptar en su escritura
(plenamente, con *nombre)* las más importantes zonas de su Memoria,
resultarán menos extrañas o sorprendentes si se tiene en cuenta su ju-
venil tendencia a afirmarse "hacia adelante", como empinándose sobre

(o buscando ciegamente superar) su propio y personal pasado. Lo cual implica que el gran obstáculo (pero a la vez el motor de su batalla expresiva, de su poesía) era el desconocimiento de sí mismo, de su verdadera y profunda *naturaleza/historia,* que empecinadamente tratará de recuperar. Desde esta perspectiva, el esfuerzo y la trayectoria de Neruda encarnan y condenan, en el nivel individual, toda la aventura intelectual y cultural de América Latina. Pero no es este el lugar adecuado para profundizar el problema, de modo que, por ahora, me limito a insinuarlo. — En un pasaje culminante el texto alude escuetamente, pero con nitidez, al recuerdo de la despedida final entre Josie Bliss y el poeta (Colombo, 1929), despedida que muchos años después Neruda evocará con más detalle: «No podía dejarla poner un pie en mi casa. Era una terrorista amorosa, capaz de todo. / Por fin un día se decidió a partir [de retorno a Rangún]. Me rogó que la acompañara hasta el barco. Cuando éste estaba por salir y yo debía abandonarlo, se desprendió de sus acompañantes y, besándome en un arrebato de dolor y amor, me llenó la cara de lágrimas. Como en un rito me besaba los brazos, el traje y, de pronto, bajó hasta mis zapatos, sin que yo pudiera evitarlo. Cuando se alzó de nuevo, su rostro estaba enharinado con la tiza de mis zapatos blancos. No podía pedirle que desistiera del viaje, que abandonara conmigo el barco que se la llevaba para siempre. La razón me lo impedía, pero mi corazón adquirió allí una cicatriz que no se ha borrado. Aquel dolor turbulento, aquellas lágrimas terribles rodando sobre el rostro enharinado, continúan en mi memoria.» *(CHV,* 136-137; antes en *O Cruzeiro Internacional,* Río de Janeiro, 1-IV-1962). — «En el insistente azul de este poema debe haber una nota realista; quizás el vestido o los ojos, o la impresión del cielo. El azul lo llena todo: "Sinfonía en azul" habría titulado Darío una poesía así.» (Alonso, 246). — Un detallado y útil análisis de este poema: Carrillo-Herrera / Pieper (1981); ver también Concha 1963, 37-38; Sicard, 344-347; Santí, 90-96. — La recomposición (re-textualización) de la imagen de Josie Bliss a través de la enumeración de fragmentos de su cuerpo (en particular, vv. 6 y 35-36) establece una relación de afinidad y complementariedad entre este poema y «El desenterrado».

APÉNDICE II

La dimensión axiológica y simbólica
(Algunas figuras nodales)

abeja(s). Vibración vital, entusiasmo. – «Galope muerto», *24;* «Diurno doliente», *15;* «Estatuto del vino», *9;* «ARG viene volando», 62.

acción. Hacer coexistir la escritura (la poesía, los sueños) con la acción eficiente es uno de los problemas claves del yo enunciador-protagonista de *Residencia.* – Ver en particular: «Galope muerto», *22-31;* «Caballo de los sueños», *n.i., 30-32;* «Colección nocturna», *29-32,* 42-43, *62-65,* 74-75; «Sonata y destrucciones», *27-33;* «La calle destruida», *48-55* (negación); «Apogeo del apio», *26-33, 41-45;* «Estatuto del vino», *63-68; «Oda a FGL», 89-122;* «Vuelve el otoño», *33-34.*

acumulación, acumular. La búsqueda de una imagen-símbolo de la acumulación o condensación de vida substancial es característica de la primera *Residencia.* En la segunda, la imagen retoma un sentido más tradicional, pero siempre ligado al cambio cuantitativo que determina un salto de cualidad (positivo negativo). – «Galope muerto», *39;* «Caballo de los sueños», *12-14;* «Débil del alba», 9-14; «Unidad, 18-19; «Juntos nosotros», *15, 34;* «Ritual de mis piernas», *13-24;* «Trabajo frío», 22 (en negativo); «Significa sombras», 11; «La calle destruida», 8; «El reloj caído en el mar», *9-12;* «No hay olvido (sonata)», *9,* 26; «Josie Bliss», 29.

agua(s). Símbolo decisivo y constante, en cuya compleja significación podrían distinguirse dos direcciones principales: 1) imagen de la vida interior (del yo), de la intuición profunda, del subconsciente, de la memoria; 2) imagen del tiempo-eternidad y, a la vez, de lo único que sobre la tierra es capaz de vencerlo (aguas oceánicas). – «Sabor», *18-19, 20;* «Ausencia de Joaquín», *5,* 10; «Diurno doliente», 31; «Arte poética», 5; «Sonata y destrucciones», 19; «Ángela Adónica», 6; «El fantasma del buque de carga», 8, 9, 19, *51, 56;* «Barcarola», 8; «El sur del océano», *3,* 15, 17; «Melancolía en las familias», 11; «Enfermedades en mi casa», 26; «Oda con un lamento», *21-23;* «Material nupcial», *13; «Agua sexual», 1-10,* 15, 47, 52; «Entrada a la madera», 2, 45; «Apogeo del apio», 30; «Oda a FGL»,

24, 43; «ARG viene volando», 7, 86; «El desenterrado», 3; «El reloj caído en el mar», 11-12, 29; «Vuelve el otoño», 6; «Josie Bliss», *3-4.*

araña(s). En conexión: 1) con circunstancias siniestras o míseras; 2) con la memoria de la infancia. – «Colección nocturna», 58; «Sonata y destrucciones», 16; «El deshabitado», 10; «Enfermedades en mi casa», 6; «Entrada a la madera», *9;* «Oda a FGL», 70; «El desenterrado», *61.*

árbole(s). Las connotaciones de este símbolo pasan desde valores femeninos (ya presentes en *THI:* «a tu árbol noche querida sube un niño») hacia valores masculinos. Tal cambio parece ligado al desarrollo del proceso de individuación del sujeto enunciador-protagonista. – «Juntos nosotros», 4; «Diurno doliente», 5; «Comunicaciones desmentidas», 7; «Enfermedades en mi casa», *20-24* (en negativo: árbol de la muerte); «Agua sexual», 26-27; «Estatuto del vino», *29;* «Oda a FGL», 41, 121; «El desenterrado», 13.

arriba/abajo. Dialéctica de la verticalidad que atraviesa y define la escritura de *Residencia.* Proceso desde lo perfecto (ilusorio) hacia lo oscuro y complejo (verdadero). Sobre antecedentes prerresidenciarios, *vid.* Loyola 1983: 371, nota 10. – «Galope muerto», *21,* 33, 35; «Alianza (sonata)», *5,* 13; «Caballo de los sueños», *9-14,* 30-34; «La noche del soldado», 43-45; «Juntos nosotros», *passim;* «Un día sobresale», *46;* «Sólo la muerte», *20;* «El sur del océano», *70-71;* «Entrada a la madera», *14;* «Oda a FGL», *94-109;* «ARG viene volando», *21,* 54; «Vuelve el otoño», 3-4, 7, 25, 26-27, *33-34.*

azul. Color de la anhelada integración (día-noche, arriba-abajo, luz-oscuridad, masculino-femenino, acción-memoria, conciencia-subsconciencia, razón-desvarío). Por ello es el color de la belleza. Cfr. esta «Introducción», I, 21. – «Lamento lento», 19; «La noche del soldado», 28; «Un día sobresale», 39; «Barcarola», 23; («lúgubre azul» de una noche degradada); «El sur del océano», 46-47; «La calle destruida», 55; «Melancolía en las familias», *1,* 11; «Oda con un lamento», *36;* «Estatuto del vino», *107;* «Oda a FGL», *5;* «El desenterrado», 51; «Josie Bliss», *n.i., 1,* 2, 15, 19, 22, 26, 38.

buey(es). Véanse en particular mis notas al v. 34 de «Juntos nosotros» y a los vv. 13-24 de «Ritual de mis piernas». Otros casos: «Galope muerto», 20; «Sistema sombrío», 2; «Vuelve el otoño», 11, *20;* «Josie Bliss», 24.

caballo. En el nivel arquetípico, imagen de la fuerza e impetuosidad del instinto vital, de la espontaneidad profunda. La sinceridad afirmativa de la naturaleza. Representación del movimiento y de toda manifestación activa de la vida (p. ej., el océano, el silencio, el día, el otoño —según contextos determinados). Con referencia al yo enunciador-protagonista de *Residencia:* símbolo del impulso a la *indi-*

viduación en cuanto proceso de diferenciación respecto de la *norma* (valores colectivos tradicionales, 'oficiales'), sin que ello signifique propensión al aislamiento o al individualismo: antes bien, afirmación de la propia diversidad como vía hacia una más amplia y auténtica vida de relación y de socialización. Por todo ello la figura del caballo aparece asociada en *Residencia*, en su nivel simbólico fundamental, a valores de identidad, libertad y expansión (acción) del yo en el seno de la sociedad. Conexión con el desarrollo de la conciencia del sujeto respecto del mundo y de su propia identidad (de su colocación y función en ese mundo). Connotaciones de gallardía y prestancia establecen un ligamen entre la figura del *caballo* y la del *capitán* (o *húsar)*, que no se hace explícito a través de la figura del *jinete* (imagen-puente entre los referentes: naturaleza y sociedad). En ciertas circunstancias o contextos, la significación de este símbolo asume valores negativos. Variantes: *corcel, galope*. Indicaciones sobre el desarrollo del símbolo en otras obras de Neruda, en Loyola 1981: 319-320. – «*Galope* muerto», 11-12; *«Caballo* de los sueños», *28;* «Madrigal escrito en invierno», *3;* «Colección nocturna», *36;* «Sonata y destrucciones», 6; «El fantasma del buque de carga», 20, 21; «Tango del viudo», 36; «Un día sobresale», 42, *65;* «El sur del océano», 13, 68; «La calle destruida», *40;* «oda con un lamento», 8, *12,* 40; «Apogeo del apio», 17; «Oda a FGL», 21; «Vuelve el otoño», *20-22.* – Relación con otras figuras de animales *(paloma, buey):* ver notas a los vv. 15 y 34 de «Juntos nosotros».

caer. Imagen abundantísima en ambas *Residencias,* obviamente en conexión con la dialéctica de la verticalidad. – «Galope muerto», 21, 35; «Alianza (sonata)», 13; «Débil del alba», 25; «Unidad», 17; «Ausencia de Joaquín», *passim;* «Lamento lento», 3; «Colección nocturna», 8; «Arte poética», 17; «La noche del soldado», 15, 54; «El fantasma del buque de carga», 67; «Trabajo frío», 26; «Un día sobresale», 34, 71; «Sólo la muerte», 7; «Barcarola», 22; «El sur del océano», 35, *70;* «Desespediente», 1, 17, 34; «La calle destruida», 20, 54; «Melancolía en las familias», 14; «Oda con un lamento», *21;* «Agua sexual», *5,* 7, 15, 47; «Entrada a la madera», *n.i., 3, 7-12, 14, 39, 44-45;* «Estatuto del vino», 102; «ARG viene volando», *47-50;* «El reloj *caído* en el mar», 3, 18; «Vuelve el otoño», *33-34;* «Josie liss», 3, 7, 9.

capitán. Figura dominante por prestancia y gallardía, en conexión con: 1) la obediencia poética; 2) la jerarquía de la acción. En *Residencia* no concierne al yo directamente (sino a través de la variante *húsar),* pero sí indirectamente porque simboliza el máximo modelo de la identidad que el poeta ambiciona. – «Caballo de los sueños», *3;* «Colección nocturna», *62-65;* «Oda a FGL», *70 (húsar).*

conocimiento. En cuanto tentativa de descifración de enigmas esenciales que subyacen a las cosas y al acontecer, la escritura de *Residencia* supone actividad y propósito cognoscitivos. El término mismo no siempre aparece en los textos. Variante: *ciencia(s)*. – «Galope muerto», *22-31;* «Colección nocturna», *29-32;* «Arte poética», 5, *20-21;* «Sonata y destrucciones», *13, 27-33;* «Ritual de mis piernas», *13-24;* «Tango del viudo», *24;* «Sólo la muerte», 30; «Agua sexual», *32-36, passim;* «Entrada a la madera», *n.i., passim;* «Estatuto del vino», *17-18, passim;* «Melancolía en las familias», *3-15,* 46, 48; «Oda a FGL», *126-127;* «El desenterrado», 10.

crecer, crecimiento. Imagen alternativa a *acumulación* o *aumento* en el área de la representación de las modificaciones cuantitativo-cualitativas. – «Galope muerto», 22-31, 36-37, 38-42; «Débil del alba», 10; «Fantasma», 17; «Trabajo frío», 11; «Un día sobresale», 4; «Sólo la muerte», 14 (variante hinchar: 22, 33-45); «El sur del océano», 9, *71;* «La calle destruida», 18; «Enfermedades en mi casa», 63; «Oda con un lamento», 22; «Material nupcial», 12; «Apogeo del apio», 44; «El desenterrado», 43; «El reloj caído en el mar», 20.

deber. La escritura como misión es una categoría al mismo tiempo constante y cambiante a lo largo de la obra de Neruda. Asume nombres y contenidos diversos, si bien afines. La fórmula *deber,* que en *Residencia* aparece sólo una vez, tendrá presencia asidua desde *CGN* en adelante. – «Significa sombras», *21.* – Sin ser nombrada, o nombrada con variantes, la noción está implícita en: «Galope muerto», 22-31; «Débil del alba», 9-14, 24-27; «Unidad», 13-16; «Sabor», *passim;* «Colección nocturna», 74-75; «Diurno doliente», 22-34; «Monzón de mayo», 10-12, 13-16; «Arte poética», 16-19; «Sistema sombrío», *9-10;* «Sonata y destrucciones», *passim;* «La noche del soldado», 15-18; «Establecimientos nocturnos», 17-18; «Entierro en el Este», 1; «Cantares», 20-26; «Significa sombras», *passim;* reaparece en «Entrada a la madera», *37-50;* «Apogeo del apio», 26-45; «Estatuto del vino», 57-68; «Oda a FGL», 89-122; «Vuelve el otoño», 33-34.

degradación. La retórica del autorretrato incluye, en *Residencia I,* una constante de alienación y dependencia, similar a la fervorosa porfía de un amante tenazmente rechazado. Los propósitos de descifración o testimonio de la realidad del mundo (del Día), que el sujeto empecinadamente desarrolla en los textos, no encuentran respuesta gratificante ni consoladora. El poeta se sitúa en el mundo con sumisión *(obediencia, paciencia),* sin ilusiones, sin desesperación, antes bien obstinándose en sostener un servicio de amor no correspondido por la entidad destinataria (y no merecido a juzgar por las apariencias), movido por una radical cuanto desolada confianza *(certi-*

dumbre) en el objeto de su afán. Este *servicio degradado* asume variadas configuraciones que van desde la impotencia a la esclavitud. Aparte los ejemplos que enseguida enumero, adviértanse las autorrreferencias degradadas en algunos títulos de poemas: *soldado* (por comparación con *alférez o capitán), deshabitado, viudo.* Pero no se trata de un problema personal del yo: es función del poeta asumir la *degradación general,* que parece afectar a todas las actividades humanas, y no sólo a la suya, en el tiempo social (cfr. «Colección nocturna», 70-73). Lo cual implica una dolorosa confrontación con el significado y función de la degradación *(muerte)* en la naturaleza. – «Galope muerto», 25; «Caballo de los sueños», *1-2;* «Débil del alba», *24-27;* «Unidad», 13-14; «Sabor», 5-6; «Diurno doliente», *1-4;* «Arte poética», *11-14;* «Sistema sombrío», 9-10; «Sonata y destrucciones», 2-4; «La noche del soldado», 15-18; «El deshabitado», 30-34; «Establecimientos nocturnos», 1-2; «Ritual de mis piernas», 36-37; «Cantares», *9,* 12-13; en *Residencia II* la degradación concierne más a la representación de la realidad exterior (envilecimiento o desgaste de las cosas y del acontecer) que a la del sujeto: «Un día sobresale», 2-3; «Walking around», 30-45; «Desespediente», *passim;* «La calle destruida», 24-36; «Enfermedades en mi casa», 11-13; «Entrada a la madera», *7-12,* 19, *30-36* (la bio-de-gradación: la muerte en la naturaleza); «El reloj caído en el mar», 11-12, 16-17; «Vuelve el otoño», 32; «Josie Bliss», 28.

descenso/ascenso. La dialéctica de la verticalidad *(arriba/abajo)* asume en *Residencia II* el modelo arquetípico del *descenso órfico.* Ver en especial: «Entrada a la madera», *n.i., 3, 14, passim.* Y también: «Un día sobresale», 33, *46;* «Sólo la muerte», *20;* «Agua sexual», *passim* (cfr. «Introducción», II, 15); «Estatuto del vino», *32, 104-108;* «El desenterrado», *n.i., passim;* «Vuelve el otoño», *33-34.* – Cfr. *arriba/abajo, caer,* y también «Introducción», II, 19-21.

día. El pasaje desde la Noche al Día (en cuanto objeto del poetizar) define a *Residencia.* Mientras las obras nerudianas del periodo 1924-1926 *(VPA, THI, ANS, HYE)* configuran *la travesía de la Noche* (Loyola 1986a), *Residencia* realiza en cambio *la travesía del Día* (la realidad diurna) para desembocar en una nueva Noche integradora (ver «Introducción», II, 21). «Galope muerto» textualiza el momento del cambio de registro. – En oposición a la Noche (= las noches),en *Residencia I* los días (= el Día) son el espacio de la uniformidad mortal, del olvido y de la discontinuidad homogeneizantes: ver «Alianza (sonata)», *18;* «Débil del alba», *1, passim;* «Sabor», 7; «Sistema sombrío», *n.i., 1-4;* «No hay olvido (sonata)», *7-8;* «Josie Bliss», 23. – La descriminación numérica *noches/día* («Arte poética», 17-18) confirma que lo decisivo en *Residencia* es la difícil afirmación del Día. La homogeneidad siempre positiva del espacio nocturno permite evocarlo en plural, en tanto que la uniformidad negativa de «los días blancos de espacio» constriñe al poeta a recortar en esa masa hostil algún segmento favorable: *un día* azarosamente sorprendido o aislado entre tanta tristeza, un *día especial*. – Sobre el motivo del *día especial* (y su fragilidad) ver en particular: «Galope muerto», *36-37;* «Caballo de los sueños», *26-34; «Diurno* doliente», *n.i., 12-15,* 20; «Monzón de mayo», *5-12;* «El reloj caído en el mar», 5-8, *27-30*. – El motivo de la *seducción diurna* (encarnado por la figura de Josie Bliss) está presente en «Juntos nosotros», *«Diurno* doliente», «El joven monarca» (ver mis notas a esos textos). – Momentos de indecisión (o encabalgamiento) entre el Día y la Noche en «Juntos nosotros», 1, y en «La noche del soldado», 33-34; mientras que una precoz y ambiciosa tentativa (fallida) de integración aparece desarrollada en «Un día sobresale», *n.i., 7, passim*.

espacio. A veces con sentido de territorio o distancias. – «Débil del alba», 23; «Colección nocturna», 23; «Diurno doliente», 22; «Arte poética», 1; «Ángela Adónica», 4; «Sonata y destrucciones», 1-2; «El deshabitado», 33; «El fantasma del buque de carga», 1, 69; «Tango del viudo», 33; «Cantares», 16; «Trabajo frío», 17; «El desenterrado», *27;* «El reloj caído en el mar», 1.

extenderse, extensión. El verbo *extenderse* (y sus variantes: *estirarse, dilatarse, tenderse)* aparece usado generalmente en el sentido de expansión temporal (a veces espacial). El sustantivo *extensión,* con más frecuencia en el sentido espacial (sólo a veces temporal). – En el primer sentido, relación con el motivo del *día especial*. – «Galope muerto», *37, 40;* «Alianza (sonata)», 16-17; «Unidad», 15; «Juntos nosotros», 37; «Arte poética», 10; «Significa sombras», 12; «Un día sobresale», *7,* 69; «Barcarola», 19; «El sur del océano», 35; «Melancolía en las familias», *8,* 44; «El reloj caído en el mar», *27-28.*

humedad, húmedo. Imagen abundantísima en ambas *Residencias*. De la compleja (y contradictoria) maraña de sus significados verificables, destaco: 1) degradación, sordidez: «Colección nocturna», *55;* «Walking around», 30; – 2) dolor: «Sonata y destrucciones», *19;* – 3) frescura nocturna u oscura (erótica): «Galope muerto», *33;* «Débil del alba», 5; «Juntos nosotros», 14; – 4) debilitamiento, aflojamiento, desvitalización: «Un día sobresale», *2-3;* «La calle destruida», *36;* – 5) pobreza, marginación social: «Estatuto del vino», 25, *32,* 80; «ARG viene volando», 19.

humo. Con valor positivo, asociado al *fuego* o al *arder*: «Sabor», 22; «Juntos nosotros», 47. – Con valor negativo, como una niebla negra (funesta) que ofusca o enturbia o amarga los recuerdos (de ciertas situaciones de separación), por lo cual equivale al *olvido* o al

352

transcurso ominoso y letal del tiempo *(muerte):* «Ausencia de Joaquín», 2; «Maternidad», 22; «Enfermedades en mi casa», 12 (¿producto del fuego febril?); «Oda a FGL», 38, 114; «Vuelve el otoño», *5;* «Josie Bliss», *7, 9, 30.* – El *humo* funesto establece una conexión simbólica entre «Ausencia de Joaquín», 1-2; «Oda a FGL», 113-116; «Vuelve el otoño», 5; «No hay olvido (sonata)», 29; «Josie Bliss», 7-9. En el conjunto de estas secuencias circula la siguiente serie de imágenes: *partida-despedidas-estaciones-malecones-humo.* Creo que la clave de este circuito simbólico está en el asedio progresivo del recuerdo de Josie Bliss sobre la memoria-escritura del poeta (cfr. «Josie Bliss», *n.i.,* 7-10; «Introducción», II, 9 y 21).

inmóvil. Atributo definidor del transcurso temporal en casi toda *Residencia I.* A partir de «Cantares», en cambio, el tiempo-realidad es experimentado por el sujeto como *movimiento* vacío y letal (culminación: «La calle destruida», 48-55). Ambas percepciones son opuestas sólo en apariencia. – Inmovilidad en negativo (uniformidad): «Galope muerto», *11-12, 22;* «Alianza (sonata)», 18; «Caballo de los sueños», 24; «Fantasma», 4, *13;* «Monzón de mayo», 28; «Sistema sombrío», 11; «El deshabitado», 6-8; «Cantares», *18.* – Inmovilidad en positivo: «Sabor», 21; «La noche del soldado», 48; «Entrada a la madera», *36* (naturaleza). – Sobre la cuestión *inmovilidad/movilidad* en general, cfr. mi nota a los vv. 48-55 de «La calle destruida».

invierno. En conexión con: – 1) la memoria de la infancia: «El deshabitado», 27; «Enfermedades en mi casa», 54; – 2) la muerte y el olvido: «Tango del viudo», 18; «Sólo la muerte», 36; «Oda con un lamento», 42; «ARG viene volando», 54; – 3) aspectos privados y públicos de una circunstancia determinada (el invierno español de 1934-1935): «Estatuto del vino», *10-16, 31, 64, 81;* «La calle destruida», *9;* – 4) tristezas de amor: «Madrigal escrito en *invierno».*

libertad/norma. Oposición experimentada por el sujeto como tensión contradictoria (atracción simultánea): «Caballo de los sueños», *n.i.,* 15, 23, 28; *passim;* «Comunicaciones desmentidas», *n.i., 34-39.* – Cfr. «Introducción», II, 4 y 11.

luna. En cuanto figura que individualiza el principio femenino materno (en el interior del gran espacio materno que es la Noche), la luna acusa en *Residencia* una presencia habitualmente discreta y atenuada (y poco abundante), como si el poeta le asignase un papel de confianza, seguro y estable, que no es necesario destacar. Así en «Serenata», 17; «Sonata y destrucciones», 15; como adjetivo *lunar* en «Comunicaciones desmentidas», 26, y en «Significa sombras», 12; «La calle destruida», 11; «Material nupcial», 4; «El desenterrado», 36. – Pero ese mismo estatuto simbólico de signo materno explica que en *Residencia* la figura de la luna ofrezca relieve enérgico y fuerte *sólo en negativo*, esto es, cuando el poeta la presenta (con vehemencia acusadora) en función de *madre malvada*: «el sur del océano», *28-51;* «Enfermedades en mi casa», 23, 24, *25-28.* Esta modulación negativa de la luna coincide con momentos de extremo abatimiento o dolor en el itinerario del sujeto enunciador. – Ocasionalmente la luna aparece en función de la memoria: «Melancolía en las familias», 38; «Enfermedades en mi casa», 56.

lluvia. Imagen con significación simbólica variable. El valor que dominará en la obra posterior de Neruda (fundado sobre recuerdos de infancia en el sur de Chile), en *Residencia* se está sólo constituyendo y perfilando (en la medida misma en que la escritura asume progresivamente los estratos de la memoria del yo enunciador-protagonista). – Orientaciones simbólicas o alusivas distinguibles: – 1) en relación con la dialéctica de la verticalidad *(arriba/abajo, descenso/ascenso):* «Débil del alba», *25-27;* «El sur del océano», *70-71;* «Estatuto del vino», *108;* «Vuelve el otoño», *33-34;* – 2) elemento del paisaje chileno del sur: «Madrigal escrito en invierno», 15; «Barcarola», 44; «El sur del océano», 70-71; – 3) elemento de paisajes extraños: «Monzón de mayo», 29 (lluvia implacable, amenazante); «La noche del soldado», 18-25 (imagen de la monotonía, de la uniformidad temporal); «Melancolía en las familias», 25 (en función de la memoria); – 4) imagen asociada a la tristeza, la desolación, la muerte: «Sólo la muerte», 14; «Barcarola», 12; «Enfermedades en mi casa», 45; «ARG viene volando», 47, 49, 50, 75.

mano(s). En conexión (como —o a través de— *dedos)* con la sensualidad táctil y con la *acción* en sus varias formas (en particular, el ejercicio de la misión poética: en este sentido es interesante confrontar «Alianza», 5, y «Vuelve el otoño», *33-34,* como polos emblemáticos de un desarrollo). – «Juntos nosotros», 7, 39; «El sur del océano», 24; «Maternidad», 11; «Entrada a la madera», *31;* «Apogeo del apio», *26-33;* «Estatuto del vino», *94;* «ARG viene volando», 30, 31, 39; «El desenterrado», 10, 64; «No hay olvido (sonata)», *31;* «Josie Bliss», *6, 33.*

memoria. Sobre el desarrollo de esta importante clave temática de *Residencia,* cfr. «Introducción», II: 7, 9, 15, 19-21. – El eje *acción/memoria* reformula desde otra perspectiva la dialéctica de la verticalidad *(arriba/abajo)* y contribuye a la refundación del eje *día/noche* (lo claro y lo oscuro, la razón y la subconsciencia). *Residencia* desemboca, al final de un itinerario difícil y atormentado, en un espacio de integración de lo femenino (la memoria) y lo masculino (la acción). – Destaco algunos momentos importantes de la tematización progresiva de la *memoria:* «Colección nocturna», *5-10;* «Sonata y des-

354

trucciones», *23-26;* «El deshabitado», 27-29; «Cantares», 1-2; «Oda con un lamento», *15-30,* 41-43; «Material nupcial», *1-3* (nota), 10-11-; «Agua sexual», *1-10, 19-31;* «El reloj caído en el mar», *9-17;* «Enfermedades en mi casa», *53-58;* «Vuelve el otoño», *n.i.,* 5-6, 20, 25; «Entrada a la madera», *7-12;* «Estatuto del vino», *69-79;* «El desenterrado», *n.i.;* «No hay olvido (sonata)», *n.i.,* 1-2, *5-6;* «Josie Bliss», *n.i., 3, 6, 7-10.*

movimiento. Cfr. *inmóvil.*

muerte, muerto(s). La muerte como olvido: «Tango del viudo», 31; «Josie Bliss», 35. – La muerte como pérdida y abismo en los poemas elegiacos «Ausencia de Joaquín» y «ARG viene volando». – La dimensión más significativa en *Residencia* concierne a una dialéctica de la renovación: el poeta verifica que la Muerte es condición y parte de la Vida en la naturaleza (procesos orgánicos), y se interroga sobre la ausencia (¿aparente?) de un circuito similar en el ámbito del hombre (la historia, la sociedad, el individuo, el poeta mismo), donde la muerte implica ruptura, abismo, discontinuidad, dolor, zozobra. Destaco al respecto: «Galope *muerto»,* n.i., *passim;* «Caballo de los sueños», 12-14; «Significa sombras», 16; «Sólo la *muerte», 10-11, 12, 13-14, 28-29, 30, 31, 36* (notas); «Entrada a la madera», *7-12,* 19, 34, *43-48* (notas); «El desenterrado», *n.i., passim;* «Vuelve el otoño», *25.* – En algunos de los últimos poemas de *Residencia* el término *muertos* alude reiteradamente a la cruenta represión de la revolución asturiana del otoño de 1934: «Estatuto del vino», *29,* 106; «No hay olvido (sonata)», *9, 28.*

negro. Como en la simbología tradicional, puede significar *funesto, sombrío* o *siniestro:* «Sistema sombrío», 1; «Maternidad», 40; «Oda a FGL», 10; «ARG viene volando», 58; «No hay olvido (sonata)», 8. – Pero con significado nerudiano e innovador equivale a *nocturno* (con valor positivo) o *enigmático:* «Colección nocturna», *11;* «Juntos nosotros», 19; «Un día sobresale», *36;* «Barcarola», 37; «Material nupcial», 33; «Vuelve el otoño», 32.

noche. Categoría simbólica central. – Poemas dedicados (y dirigidos) a la Noche en cuanto espacio (materno) de refugio y sostén para la tarea profética, en cuanto sede de los sueños y del amor, en cuanto aliada del poeta en su dura travesía del Día: «Serenata», «Alianza (sonata)», «Tiranía». Sobre la noche como fuente de nutrición poética, notar el contraste que separa a «Arte poética», 17, de «Entrada a la madera», 44-45 (ver contextos). El valor ensoñador de la noche es constante: «Madrigal escrito en invierno», 2, 9; «Lamento lento», 1; «El joven monarca», 15-16; «Tango del viudo», 35; «Trabajo frío», 6; «Apogeo del apio», *26,* 41; «Oda a FGL», 45; «Josie Bliss», *15.* – Pero, como sucede con *árbol, luna, mar,* también la *noche* asume valor simbólico negativo en determinados contextos (circunstancias de dolor o abatimiento extremos): «La *noche* del soldado», *passim;* «Tango del viudo», 11; «El sur del océano», *5-8;* «Enfermedades en mi casa», *27,* 40. Valor negativo según el simbolismo tradicional de la noche: «No hay olvido (sonata)», *8.* – Tentativa de redistribución de los valores simbólicos *día/noche* en «Un día sobresale», n.i., 5, *7,* 23-24, 39, *49, 65.* – Ruptura de la alianza con la vieja noche: «Barcarola», *32.* – Hacia la refundición de la Noche «Oda a FGL», *90-98* (ver «Introducción»), II, 21).

nombre. Cifra de la individuación (de lo real, del *otro,* del propio yo), del acceso pleno a la escritura. Ver «Introducción», II, 9 y 20-21. – Notar títulos de poemas que nombran (individuan) en función de la amistad («Ausencia de Joaquín», «Oda a Federico García Lorca», «Alberto de Rojas Giménez viene volando») o del amor «Ángela Adónica» —seudónimo—, «Josie Bliss» —«nombre de calle»—). Ver las *notas introductorias* a cada uno de estos textos. – El término *nombre* aparece en: «Madrigal escrito en invierno», *4;* «Lamento lento», 2; «Arte poética», *21;* «Sonata y destrucciones», *31;* «Tango del viudo», 17, 24-26; «La calle destruida», *41,* 52; «Josie Bliss», *3 (n.i.).*

número(s). Lo indistinto, lo no individuado, lo que no tiene nombre, lo que no puede o no logra ser nombrado. O bien: cada una de las unidades que —repitiéndose idénticas— integran un conjunto homogéneo (con valor positivo o negativo). – *número/nombre:* hay incluso un poema pararresidenciario cuyo título es «Número y nombre» (1933), recogido en *FDV,* 13-16 (ver «Introducción», II, 13). – «Galope muerto», *24;* «Alianza (sonata)», *16;* «Unidad», *2;* «Un día sobresale», *1-2;* «La calle destruida», *41;* «Oda con un lamento», *43;* «Oda a FGL», 28. – El v. 43 de «Oda con un lamento» («y una paloma muerta, con un número») es particularmente ilustrativo. Se refiere a algo hermoso y vivo (paloma perteneciente al pasado (por eso muerta), pero aún no reconocido en toda su individualidad, perfil, importancia para el sujeto (aún sin nombre, sólo «con un número»). El verso se inserta así en el difícil camino que conduce a la nominación de Josie Bliss en el último poema del libro (sobre sus implicaciones, ver «Introducción», II, 9 y 20-21).

océano, mar. Figura que individualiza el principio masculino paterno. Desde «Imperial del sur» *(ANS)* el océano costero es para Neruda el modelo máximo de la tenacidad y de la porfía en la acción (insistencia de las olas contra las rocas). Imagen del tiempo-eternidad y, a la vez, de lo que devora al tiempo-memoria («El sur del *océano», 19-27)* y de lo único que sobre la tierra es capaz de vencer al tiempo-desgaste («El fantasma del buque de carga», *51-62).* Los términos *mar* y *océano* son usados en *Residencia* aproximadamente como sinónimos intercambiables, salvo, creo, en los dos textos escritos en Barcelona: «ARG viene volando», 81, y «El reloj caído en el *mar*» (donde obviamente el término *océano* parece improponible). – Como sucede con *árbol, luna, noche*, también el *océano-mar* asume en determinados contextos, o circunstancias, connotaciones hostiles o temibles o lúgubres: «Cantares», 10; «Barcarola» y «El sur del océano», *passim;* «Enfermedades en mi casa», *18-19;* «El reloj caído en el mar», *n.i., 29-30.* – En ocasiones el *mar* funciona como indicador espacial de nostalgias (del sur de la infancia en «El deshabitado», 27; de la *patria* erótica en «Josie Bliss», 2) o de distancias-desplazamientos (en «Melancolía en las familias», 7, 18, 41; «No hay olvido [sonata]», *6;* «Josie Bliss», 27). O como parámetro de comparación en la retórica del autorretrato: «Agua sexual», *17,* 44; y en otras configuraciones: «Entrada a la madera», 32, «Vuelve el otoño», *24.* En este último ejemplo confluyen la memoria y la dimensión geográfica (tiempo y espacio).

oído, oigo, oír-escuchar. Operación clave del *poeta-antena* (Alonso) dirigida hacia el exterior (enigmas del tiempo-realidad) y hacia el interior (enigmas del tiempo-yo: ambiciones, sueños, memoria, subsconsciencia), hacia el sujeto mismo y hacia el *otro.* – Privilegiada a lo largo de la primera *Residencia* en cuanto operación 'profética' por excelencia, en la segunda será flanqueada por *ver* y por *oler* respecto del mundo interno (memoria, subconsciencia), mientras conservará su función respecto del mundo externo. Coexistencia ejemplar de *oír* y *ver* en «Agua sexual». – «Galope muerto», 39; «Caballo de los sueños», *28;* «Débil del alba», *10-11;* «Ausencia de Joaquín», 8; «Arte poética», *6-8;* «Sonata y destrucciones», 6; «Tango del viudo», 34-35; «Trabajo frío», *3;* «Oda con un lamento», *29;* «Agua sexual», *37-43;* «Entrada a la madera», *32;* «Apogeo del apio», *28, 41;* «El desenterrado», 6 («oreja»), 22; «Vuelve el otoño», *9.*

olor (oler, olfato). En conexión con: 1) percepción de la fuerza de la vida en la naturaleza: «Unidad», 4; «Entrada a la madera», 22; «Apogeo del apio», 5; «El desenterrado», 28; – 2) sensualidad, nostalgia erótica: «Juntos nosotros», 5-6; «Tango del viudo», *21-22;* «El desenterrado», 19; «El reloj caído en el mar», *10;* – 3) percepción del paso ominoso del tiempo: «El fantasma del buque de carga», *26-32;* – 4) percepción de la degradación del individuo en el ámbito social: «Walking around», 5; «Desespediente», 39; «ARG viene volando», 74.

otro. Respecto del *otro* en sociedad (seres humanos no individualizados por el amor o la amistad, no nombrados), predomina en *Residencia* una concepción de raíz romántica: por un lado el sector *prosaico* (poblado de notarios, monjas, sastres, abogados, dentistas, boxeadores, sacerdotes, tahúres, mendigos, empleados, profesores, etc.); por otro lado el sector *poético* (habitado por niños, novias, enamorados, adúlteros, doncellas; amigos, compañeros; marineros, guitarreros, poetas). Notar la tendencia a definir al *otro* por su actividad social, trabajo u oficio. Hacia el final de *Residencia* se insinúan modificaciones importantes en la concepción del *otro*. – Destaco: «Colección nocturna», 70-73, *passim;* «Caballero solo»; «Ritual de mis piernas»; «Un día sobresale»; «Sólo la muerte»; «Barcarola», *53-54* (nota): «Walking around»; «Desespediente»; «La calle destruida»; «apogeo del apio»; «Estatuto del vino»; «Oda a FGL».

peces. Manifestaciones multitudinarias y menudas (imprevistas, efímeras, insistentes, difícilmente aferrables) de *vida* exterior e interior al sujeto. Tumulto de signos estimulantes o dolorosos, deseables o temibles. Como los *pájaros,* los *peces* son particularmente presentes en *Residencia II.* – «Fantasma», 8; «Un día sobresale», 12-15; «el sur del océano», *19,* 38; «Maternidad», 19; «Oda con un lamento», *2;* «Material nupcial», 34; «ARG viene volando», 10, 75; «El desenterrado», 30; «El reloj caído en el mar», 17, *29-30;* «Josie Bliss», 37.

piedra(s). En conexión simbólica con: – 1) lo simple y elemental de la naturaleza: «Unidad», *3-5;* «Walking around», 6; «Estatuto del vino», 35; – 2) seguridad, solidez, lo inconmovible, o bien, dureza: «Sonata y destrucciones», 12; «La calle destruida», 4; «Maternidad», 14; «ARG viene volando», 53; – 3) elemento de la memoria: «Melancolía en las familias», 24; «Oda a FGL», 116; «No hay olvido (sonata)», 3; «Josie Bliss», 24.

podredumbre, podrido. Imagen que se inserta significativamente en la dialéctica de la renovación *(muerte/vida):* «Galope muerto», *9-10;* «Entrada a la madera», *7-12, 19* (notas); «Vuelve el otoño», *25* (en los dos últimos casos: conexión con la memoria de la infancia). – Degradación: «ARG viene volando», 18; «No hay olvido (sonata)», 12.

profecía, profético. Constante compensatoria que *Residencia I* introduce y contrapone regularmente a la constante de *degradación* (cfr.). Cada vez que el sujeto enunciador-protagonista se autodescribe en términos de impotencia, debilidad, alienación o esclavitud (en el sentido explicado en la voz *degradación),* sucesivamente su discurso reintroduce, sin desmentir lo anterior, la dignidad y el orgullo de la propia figura, y en particular la razón misma de todo su operar. El contrapunto *degradación/profecía* no implica entonces antagonismo ni exclusión, sino un mutuo reforzamiento. – Lo *profético* alude a un deber, a una tarea irrenunciable, a una misión desciframiento (de enigmas que conciernen a la realidad exterior e interior al yo) que parte de una hipótesis positiva y esperanzada, pero que de hecho se confronta con obstáculos e imposibilidades y que en definitiva se ofrece al sujeto como un horizonte a contrapelo, difícil, duro y de problemática consecución. Por esto la tarea profética aparece amenazada por insidias y asechanzas y por la tentación a renunciar (ver mi nota introductora a «Arte poética» e «Introducción», II, 8; «Comunicaciones desmentidas», 1). – Refiriéndose a «Arte poética», Santí define así la *profecía* residenciaria: «Thus by providing a secular, or at least nonbiblical, context, [the poem] views prophecy as a visión: not a speaking *before* or prediction, but a speaking *forth* or revelation, a mission with more of a rhetorical than an exclusively religious sense. [...] Prophecy is, finally, the fiction that identifies the visionary act.» (1982:42). – *Lo profético* desaparece en *Residencia II* como término visible y como atributo explícito de la figura del yo enunciador-protagonista, pero no como impulso de fondo ni como ambición secreta. Por el contrario, en *Residencia II* es posible rastrear un desarrollo vivo del viejo *sentido profético*. – Menciones directas: «Colección nocturna», 20; «Arte poética», *19;* «Comunicaciones desmentidas», 1. – En conexión, destaco: «Galope muerto», 30-31; «Caballo de los sueños», 3-4, 30-32, 35-36; «Débil del alba», 14; «Sabor», *15-25;* «Colección nocturna», 29-32, 74; «Diurno doliente», *8-9,* 29-34; «sonata y destrucciones», 5, 12, 17, *passim;* «Comunicaciones desmentidas», 40-41; «Tango del viudo», *41* (nota); «Trabajo frío», *6* (nota); «Significa sombras», 18-21; «Barcarola», *53-54* (nota); «Entrada a la madera», *18, 26-27, passim;* «Apogeo del apio», 41-45; «Estatuto del vino», 17-18, 28-35, 57-68; «Oda a FGL», 90-109.

río(s). En relación con: – 1) representaciones eróticas: «Ángela Adónica», 11; «Oda con un lamento», 37; «Material nupcial», 18; – 2) la muerte: «Sólo la muerte», *20-21;* «El desenterrado», *60;* – 3) la vida: «Apogeo del apio», 39; «Oda a FGL», *96;* – 4) acumulación, tumulto de emociones en movimiento: «Trabajo frío», *8;* «Enfermedades en mi casa», 61; – 5) la memoria: «Melancolía en las familias», 23; «Maternidad», 6; «Oda con un lamento», 15; «Agua sexual», *7;* «No hay olvido (sonata)», 4; «Josie Bliss», 18.

sal(es). Símbolo frecuente de signo habitualmente *positivo* (y no negativo, ni siquiera ambivalente, como supone Alonso), debido a su originaria relación con el océano-mar (estímulos, modelo de acción) y con experiencias infantiles (ver «Colección nocturna», *13,* nota). – Referencia explícita a los dos grados o aspectos del símbolo: «Cantares», *14-15.* – Otros casos: «Unidad», 5; «Diurno doliente», *19;* «Monzón de mayo», 12; «Sonata y destrucciones», *7;* «El fantasma del buque de carga», 2; «Trabajo frío», *7;* «Un día sobresale», 26; «el sur del océano», *1,* 27; «La calle destruida», 46; «Enfermedades en mi casa», 19 (contextualmente en negativo, como *mar); «*Oda con un lamento», *3;* «Material nupcial», 28; «Estatuto del vino», *55;* «El desenterrado», 25.

silencio/sonido. En general el *silencio* designa un espacio (profundo, oscuro, secreto) de incubación, germinación y desarrollo incipiente de la Vida-Realidad (lo *sonoro). –* En la primera *Residencia* los términos *silencio* y *sonido* son poco frecuentes: aparecen más bien bajo forma de variantes *(sin sonido, sin ruido, mudo, callado, acallar; ruido, golpe,* rumores varios como *silbido, gong, relinchar, gemido, aullar, tos, patear,* etc.). El *silencio* no se opone diametralmente al *sonido:* es su dimensión complementaria. El *sonido* es el signo manifiesto de la Vida-Realidad: símbolo bifronte de su vibrar estimulante y fascinador («Galope muerto», «Sabor») o de su movimiento lúgubre y amenazador (el gemido del tiempo en «Trabajo frío»). Tal ambivalencia (diurna) no concierne al *silencio,* cuyo valor simbólico es normalmente positivo en *Residencia I* (donde la pareja *sonido/silencio* es subsidiaria y dependiente —pero no coincidente— respecto de la pareja *día/noche* que domina el campo de la representación poética). Hay una atmósfera de *silencio* (amoroso) en los tres *madrigales* interconectados por la figura de una amante silenciosa (Albertina en el extratexto; cfr. *VPA,* poema 15). – A partir de «El fantasma del buque de carga», y a lo largo de *Residencia II,* se advierte una redistribución de acentos y valores simbólicos: la correlación *sonido/silencio* desplaza a *día/noche* del nivel dominante, al menos hasta que la creciente apertura a la *memoria* haga posible una refundación de la *Noche* (cfr.). En esta redistribución, el *silencio* aproxima su significado al de la *muerte* (pero dentro de la dialéctica *vida/muerte:* ver «Sólo la muerte»). – Sobre la correlación *sonido/silencio,* ver: «Galope muerto», *passim;* «Colección nocturna», *passim;* «El fantasma del buque de carga», *passim;* «Un día sobresale», en especial mis notas a los vv. 39, 39-45, 46, 49; «Sólo la muerte», «Barcarola» y «El sur del océano», *passim;* «Enfermedades en mi casa», 3, 29; «Entrada a la madera», 49-50. – Destaco algunos otros casos de *silencio:* «Galope muerto», 15, *18;* «Alianza (sonata)», 2; «Débil del alba», 5; «Estatuto del vino», 97, 99. – Y de *sonido* (sonoro, sonar): «Galope muerto», *21, 34;* «Sabor», 21; «Arte poética», *6,* 18, 20; «Agua sexual», 37-42; «Estatuto del vino», 55.

sombra(s). Nocturnidad, sueños, lo irracional, la poesía; lo oscuro de la propia condición (intuición, memoria, subsconsciencia), de la realidad, del amor: «Débil del alba», 5; «Colección nocturna», *7-8, 36;* «Juntos nosotros», 6; «Monzón de mayo», *20;* «Arte poética», *1;* «Sistema *sombrío»,* n.i.; «Sonata y destrucciones», 11; «Tango del viudo», 16, 39; «Cantares», 12; «Significa *sombras»;* «Un día sobresale», 19, 45, 69; «Maternidad», 27, 32, 43; «ARG viene volando», 91. – Oscuridad asociada a la muerte: «Barcarola», 39; «La calle destruida», 8; «Enfermedades en mi casa», 62; «Oda a FGL», 38; «ARG viene volando», 63, 65. – Oscuridad en el seno de la naturaleza (la muerte dentro de la dialéctica de la renovación: *muerte/vida),* incluyendo los estratos oscuros y bajos (naturales) de la sociedad: «Entrada a la madera», 7, 28; «Apogeo del apio», 6, 23, *45;* «Estatuto del vino», 95-108; «Oda a FGL», 94-98.

tenaz, tenacidad. Con referencia a la obstinación y perseverancia del sujeto en la tarea profética: «Débil del alba», *27;* «Sabor», 9, 16, 20-25; «Colección nocturna», 74; «Diurno doliente», 31; «Sonata y destrucciones», 5; «La noche del soldado», 30. – Tenacidad del tiempo: «Sistema sombrío», 14. – Tenacidad enemiga: «Ritual de mis piernas», 67. – Tenacidad de la naturaleza (y de la memoria): «Entrada a la madera», 4; «Estatuto del vino», 96.

testigo, testimonio. Situado entre la *degradación* y la *profecía* (cfr.), el *testigo* deviene la suprema figura autoalusiva en *Residencia I.* El testimonio es una transacción, un *compromesso:* puesto que la realidad diurna (el Día como objeto del poetizar, de la escritura) parece rechazar los empeños del sujeto, quien sin embargo no puede ni quiere renunciar a su vocación 'profética', el testimonio es así el único comportamiento digno que el yo enunciador-protagonista puede adoptar frente a tan «largo rechazo» («Sabor», 12). En otros términos: la tensión que gobierna los textos de *Residencia I* es el resultado de un *control* expresivo que *en el nivel de autorrepresentación* se formaliza precisamente a través de la figura del *testigo,* último eslabón del proceso desacralizador de la imagen del yo iniciado en *VPA* y *THI* (cfr. Loyola 1983). El testigo no es el simple espectador, neutro y pasivo, de su propio drama (como entiende Sicard 1981: 109): es, por el contrario, el empecinado *manifestante* (el que rinde testimonio) de una difícil relación *yo/mundo.* No pudiendo ni celebrar ni renegar el objeto de su amor, el sujeto se limita a rendir un controlado pero ardiente testimonio de él. Es a través de la figura del *testigo* como la primera *Residencia* resuelve el conflicto dialéctico *degradación/profecía* (cfr.). – Los términos *testigo* y *testimonio* (en el sentido indicado) desaparecen en *Residencia II,* pero asistimos en cambio a una verdadera exacerbación de la tarea testimonial a través de la intensificación del inventario desencantado del mundo. El signo textual más ostensible de esta nueva fase del testimonio es la repentina proliferación del verbo *hay* (del que *sucede* es una variante específica) a partir de «Sólo la muerte», 1, *passim.* – Los términos *testigo* y *testimonio* tienen lugar en: «Sonata y destrucciones», *28-33;* «Trabajo frío», 9; «Significa sombras», 19; y con diverso significado en «Josie

Bliss», 25. − Otros abundantes ejemplos de *hay* se registran en: «El sur del océano», «Walking around», «Melancolía en las familias», «Maternidad», «Enfermedades en mi casa», «Oda con un lamento», «Estatuto del vino», «Oda a FGL», «El reloj caído en el mar», «No *hay* olvido (sonata)», «Josie Bliss».

tiempo. Entre las múltiples formas que el *tiempo* asume en *Residencia,* destaco: − 1) tiempo que se extiende: «Galope muerto», 37; «Fantasma», 4 (en negativo); «El reloj caído en el mar», 27; − 2) tiempo como uniformidad vacía: «Alianza (sonata)», 18; «Caballo de los sueños», 4, 24; «Sistema sombrío», 11; «Sabor», 7; − 3) tiempo y rueda: «Lamento lento», 13-16; − 4) tiempo como océano: «Tiranía», 5; «El sur del océano», 16, *17, 27;* − 5) tiempo y sonido: «Un día sobresale», 24; − 6) tiempo como fantasma: «El fantasma del buque de carga», *passim;* − 7) tiempo como usura o desgaste: «La calle destruida», 3, *passim;* «El reloj caído en el mar», 24; − 8) tiempo como perturbación o amenaza: «Ritual de mis piernas», 5; «Cantares», 3-7; «Trabajo frío», 1-3, 20; − 9) tiempo como muerte-abismo: «ARG viene volando», 54; − 10) tiempo como modulación de la vida en la naturaleza: «Galope muerto», *passim;* «Unidad», 3; «Entrada a la madera», n.i., *passim;* − 11) tiempo y memoria: «Oda con un lamento», 23, 30; «El reloj caído en el mar», *7,* 9, 11, 13-17, 18; «No hay olvido (sonata)», 24; «Josie Bliss», 3, 7; − 12) tiempo e historia: «Estatuto del vino», 34.

ver (y *mirar*). Términos afines: *ojos, párpados, pestañas.* − Fórmula de la penetración (acción) poética en la realidad exterior e interior al sujeto (particularmente en su *memoria*). − Tiene lugar de modo caracterizador en *Residencia II.* − «Un día sobresale», *58-65;* «Enfermedades en mi casa», 31; «Oda con un lamento», 6 *(pestañas);* «Material nupcial», 4; «Agua sexual», *n.i., 19-36,* 42, 46-52 (insistentes *veo* y variantes a partir del v. 19); «Entrada a la madera», *30-36.*

verde. Color emblemático de la naturaleza, asociado a lo fresco, erecto, vigoroso, saludable. En trance (ascendente) de *extensión, aumento, crecimiento.* Lo dinámico y vivo. − «Galope muerto», 10; «Monzón de mayo», 1; «Ángela Adónica», 5; «Comunicaciones desmentidas», 10; «El fantasma del buque de carga», 57; «Sólo la muerte», *33-34;* «Walking around», 16; «Maternidad», 29; «Material nupcial», 18; «Entrada a la madera», 35; «Apogeo del apio», 12, 18, 40; «Estatuto del vino», 53; «Oda a FGL», 49; «El desenterrado», 53. − Excepcionalmente en negativo: «El reloj caído en el mar», *12* (verdín, verde-fétido).

viento. Símbolo que puede significar fuerza, energía, agresividad viril, y/o vehículo de la memoria (desde espacios distantes). − «Sabor», 20 (nota); «Colección nocturna», *5, 39;* «Monzón de mayo», 1-3,

30; «Arte poética», *16;* «Tango del viudo», 34; «Un día sobresale», *10;* «El sur del océano», *9-10;* «Melancolía en las familias», *7;* «Apogeo del apio», 29; «Oda a FGL», 73; «ARG viene volando», 3, 69.

vigía. Desarrollo de la figura del *centinela* (que aparece en *THI;* cfr. Loyola 1983) y antecedente-variante del *testigo* (cfr.). – «Sistema sombrío», *9-10;* «Sonata y destrucciones», 9.

violeta(s). Sobre el sentido general del símbolo, ver mis notas a los vv. *31, 32* y *35* de «Sólo la muerte», y al v. *22* de «La calle destruida». – Otros casos: «Caballo de los sueños», 19; «Un día sobresale», 68; «Desespediente», 26; «ARG viene volando», *18;* «No hay olvido (sonata)», 21. – Variante *morado:* «Sólo la muerte», 21; «Estatuto del vino», *44.*

zapallos. «Galope muerto», *39-42.* – Cfr. mis notas a los vv. 15 y 34 de «Juntos nosotros» y a los vv. 13-24 de «Ritual de mis piernas».

Colección Letras Hispánicas

DE PRÓXIMA APARICIÓN